GUTES ESSEN

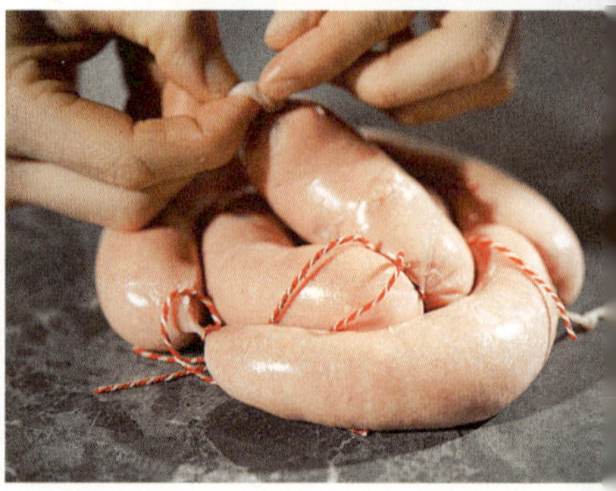

GUTES ESSEN

LEBENSMITTEL SELBER MACHEN

Bettina Snowdon

Stiftung Warentest

MIDORI

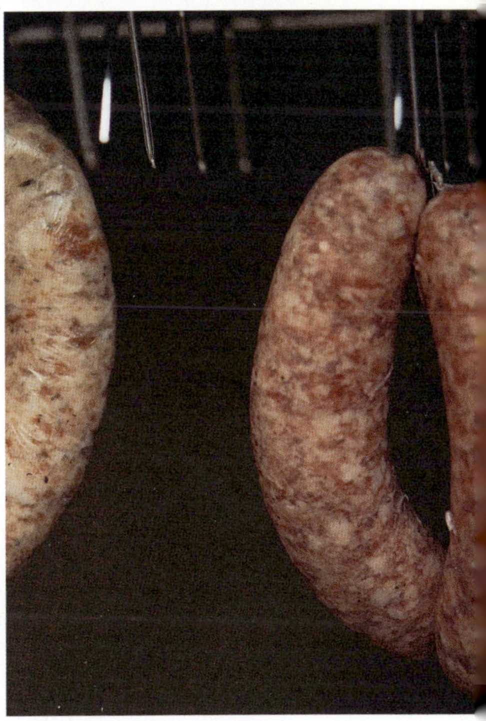

SELBST GEMACHT IST VIEL MEHR ALS NUR SELBST VERSORGT

Wer zum ersten Mal in seinem Leben ein knuspriges und wunderbar frisches, duftendes Brot aus dem Ofen zieht, das er vom ersten Schritt an selbst gebacken hat, wird ein zutiefst zufriedenstellendes Gefühl kennenlernen. Und es wird vermutlich nicht bei der einen Erfahrung bleiben, denn dieses so einfach erzeugte Erlebnis macht Lust auf mehr. Es macht Lust auf weitere Experimente mit Grundnahrungsmitteln, aus denen mit einfachsten oder etwas komplexeren Methoden Lebensmittel werden, die seit Jahrhunderten zu unserer Kultur gehören.

Wer mit eigenen Händen Zutaten mischt, Teig knetet, einen Laib formt und ihn in den Ofen schiebt, kehrt für diesen Augenblick zurück in Zeiten, in denen die Zubereitung von Nahrung noch selbstverständlich bei jedem selbst lag und wesentlicher Bestandteil des Überlebenskampfes war. Doch in vorindustrieller Zeit wurde in den Haushalten nicht nur gebacken, sondern auch gewurstet, geräuchert, gebuttert, vergoren und sonst noch alles Mögliche an Lebensmitteln hergestellt, die zur regionalen Kultur gehörten. Das entsprechende Know-how war Teil des Volksvermögens – nicht jeder konnte alles, aber viele konnten vieles. Heute hingegen ist es weitgehend zum Spezialistenwissen geworden, das nur noch von Herstellungsbetrieben beherrscht wird und sich vor allem an wirtschaftlichen und technologischen Maßstäben orientiert. Wie man einfache Lebensmittel selber macht, das ist vielen heute weitgehend unbekannt.

Doch das Interesse daran stieg in den letzten Jahren stark, die Hinwendung zum Einfachen wird umso größer, je mehr die technisierte Herstellung von Lebensmitteln den Bezug zu den Ursprüngen abkoppelt. Zu sehen, wie ein selbst angesetzter Sauerteig seine Wirkung entfaltet und letztlich ein lockeres Brot entstehen lässt, kann dann in seiner Einfachheit und Nützlichkeit zum Aha-Moment werden.

EIN MODERNES ABENTEUER

In diesem Buch geht es um diese modernen Abenteuer: Wie stellt man Sauerteigbrot, Frischkäse, Weinessig, Leberwurst, Fischmarinaden, Tofu und vieles andere mehr unter üblichen Haushaltsbedingungen in der eigenen Küche her? Zu jedem dieser Lebensmittel liefert es Informationen über das Produkt an sich, listet auf, was man für die heimische Herstellung braucht, wo man die nötigen Zutaten und, wenn nötig, erforderlichen Utensilien bekommt. In Schritt-für-Schritt-Beschreibungen mit Fotos wird das Prinzip der Methode gezeigt und in vielen Rezepten Beispiele für die Umsetzung gegeben.

Die Zubereitungs- bzw. Herstellungstechniken sind so beschrieben, dass man sie als Laie und Einsteiger sofort verstehen und umsetzen kann. Dagegen sieht die professionelle Praxis oft ganz anders aus. Aus diesem Grund stehen hier einfache Grundzubereitungen und Basisrezepte im Vordergrund, allzu komplizierte und möglicherweise heikle Prozeduren werden ausgeklammert. Auch muss man sich keine teuren Spezialgeräte zulegen, um anfangen zu können. Lediglich in einigen Bereichen werden bestimmte Utensilien und Zutaten benötigt, deren Kosten aber überschaubar sind. Werden industrielle Verfahren beschrieben, dann zur Anschauung und Orientierung und nicht als Anleitung. In einzelnen Fällen – wenn etwa der Salz- und Essiggehalt einer Lake oder eine Teigmischung festgelegt werden müssen – kommt man um den Taschenrechner nicht herum. Dann aber wird der Rechenvorgang jedesmal deutlich dargestellt, und man muss nur noch die Mengen einsetzen, mit denen man gerade arbeiten will. Tabellarische Übersichten stellen eine zusätzliche Hilfe dar.

ES KANN LOSGEHEN

Sind die notwendigen Zutaten und Utensilien vorhanden, kann es losgehen. Für Ungeübte kann es sinnvoll sein, zunächst ein paar der Rezepte auszuprobieren, um ein Gefühl für die Methode zu entwickeln, bevor sie sich an eigene Versuche wagen. Doch mithilfe der Schritt-für-Schritt-Anleitungen ist es grundsätzlich möglich, sofort selbst ohne konkrete Rezeptvorlage zu experimentieren. All das macht Mut zum Versuch im eigenen Haushalt.

In manchen Fällen wird das Ergebnis nicht an das Produkt heranreichen, das man aus industrieller Produktion gewohnt ist, oder sich geschmacklich, optisch oder in der Konsistenz davon unterscheiden, denn die Möglichkeiten im eigenen Haushalt stehen in mancher Hinsicht hinter denen der industriellen Produktion zurück. Das hat aber nicht nur Nachteile, sondern auch den unschlagbaren Vorteil, selbst bestimmen zu können, was drin ist. Einige Hilfsstoffe, die in der Industrie zur besseren Verarbeitung eingesetzt werden müssen, sind bei der Handarbeit nicht nötig. Auch auf viele Konservierungsstoffe kann man verzichten. Ein eindeutiges Qualitätsplus gegenüber dem industriellen Produkt.

Wer Lebensmittel gewerblich herstellt, unterliegt sehr strengen Richtlinien zur Einhaltung der Hygiene. Für den Hobbyhandwerker gelten sie zwar nicht, solange er nur für den Eigenverbrauch produziert. Aber man sollte sich sehr bemühen, so hygienisch wie möglich zu arbeiten. Denn nicht nur der Umgang mit rohem Fleisch, Fisch, Milch und weiteren Produkten birgt bei Unsauberkeit und falscher Handhabung nicht unerhebliche Risiken für die eigene Gesundheit. Diese hohen hygienischen Anforderungen sind beim Selbermachen nicht immer einzuhalten, Risiken der Verkeimung sind hier nicht ganz auszuschließen. Wer nicht die Möglichkeiten hat, einwandfreie hygienische Bedingungen zu schaffen, sollte manche Methoden lieber nicht im Haushalt umsetzen. Dazu gehört besonders die Rohwurstherstellung und die Haltbarmachung von Fisch durch Einmachen, In-Gelee-betten oder Trocknen. Auf Seite 8 ist eine Reihe von Maßgaben zur Einhaltung der Hygiene zusammengestellt, die man unbedingt beachten sollte.

AUF DEN GESCHMACK GEKOMMEN

Wer das Selbermachen von Brot, Käse, Wurst, Milchprodukten, Tofu etc. als Hobby zu seiner persönlichen Zufriedenheit bzw. zur Selbstversorgung nicht nur gelegentlich, sondern öfter ausüben und weiterentwickeln möchte, sollte strategisch vorgehen und sich von Anfang an Notizen machen: Welche Produkte wurden verwendet, mit welchen Mengen und Zeiten hat man es versucht, wie war das Ergebnis? Auf diese Weise lassen sich Erfahrungen nachlesen, Fehler (erneut) vermeiden und routinemäßige Vorgehensweisen entwickeln. Und niemals aufgeben, wenn beim ersten Mal nicht alles (oder gar nichts) nach Wunsch läuft! Umgekehrt misslingt nach überraschendem Anfängerglück oft erst der zweite Anlauf – gerade dann weitermachen!

Denken Sie daran, dass ihre Ausgangsprodukte natürliche, nicht genormte Zutaten sind, deren Zusammensetzungen schwanken, sich daher nicht hundertprozentig vorhersehbar verhalten und dass auch äußere Bedingungen wie Temperatur und Luftfeuchtigkeit unterschiedlich sind. Vielleicht wird auch deshalb am Anfang etwas misslingen. Doch Erfahrung und ein Gefühl, das Sie entwickeln, werden Sie mit der Zeit sicherer im Umgang mit solchen Unwägbarkeiten machen. Hat man den Bogen erst einmal raus, sollte es nicht an Mut zu Experimenten fehlen, denn am besten lernt man bekanntlich aus Irrtümern und Fehlern. Braucht man Hilfe, findet man im Internet jede Menge Foren – sei es Räuchern, Brotbacken, Käsen, Sojamilchmachen und, und, und –, auf denen man sich austauschen kann und Unterstützung findet, wenn es mal nicht klappt. Oder Sie fragen den Handwerker im Laden ums Eck.

Ob Sie gelegentlich einfach etwas ausprobieren wollen oder ob Sie sich schon auf die Semi-Professionalität zubewegen – vergessen Sie nie den Spaß am Selbermachen.

HYGIENISCHE GESICHTSPUNKTE UND NOTWENDIGKEITEN

Professionelle Hersteller von Milch-, Fleisch-, Fisch-, Getreide- und allen anderen in diesem Buch behandelten Produkten müssen sehr strenge hygienische Auflagen erfüllen. Ihre Produkte und Betriebe werden regelmäßig kontrolliert. Aber wer unter Hobby-Aspekten und üblichen Haushaltsbedingungen zum Beispiel Dickmilch, Kochschinken oder Räucherlachs herstellen möchte, muss sich an keine gesetzlichen Vorgaben halten, solange er mit seiner Tätigkeit keine gewerblichen Absichten verbindet.

HYGIENE ZU HAUSE

Zu Hause muss man aber erst recht auf hygienische Umstände achten, da weder Räumlichkeit, Ausstattung, noch persönliche Erfahrung für die manchmal etwas heiklen Herstellungsprozesse als ideale Voraussetzung angesehen werden können.

Bakterien sind überall in der Luft und besetzen natürlich auch sämtliche Dinge in der Küche, ob Lebensmittel, Arbeitsflächen, Gefäße oder andere Utensilien. Deshalb ist äußerste Sauberkeit angesagt, denn gerade bei Prozessen, bei denen ganz bestimmte Bakterienkulturen das gewünschte Ergebnis erzeugen – wie bei Joghurt oder Sauerteig –, können Fremdbakterien das Ergebnis verfälschen oder sogar zunichtemachen und die Haltbarkeit gefährden. So sollte man nie während des Käsemachens gleichzeitig einen Hefe- oder Sauerteig in der Küche gehen lassen, damit dessen spezifische Bakterien und Hefen nicht in den Käse übergehen – und umgekehrt genauso.

Schwerwiegender noch ist es bei leicht verderblichen Lebensmitteln wie Fleisch und Fisch, die sehr anfällig für bakterielle Kontaminierung sind, was schwere gesundheitliche Folgen haben kann.

Trotzdem lässt sich die notwendige Hygiene herstellen, wenn man sich an die nachfolgenden Punkte hält, die man bei sämtlichen Methoden befolgen sollte.

LEBENSMITTEL

Leicht verderbliche Lebensmittel wie Fisch, Fleisch, Geflügel und Hackfleisch sollen mit jeweils separaten Messern, Löffeln etc. bearbeitet werden. Die Gerätschaften sind anschließend mit mindestens 60 °C heißem Wasser und geeigneten Reinigungsmitteln zu säubern.

GERÄTE UND ZUBEHÖR

→ Gläser und ihre Deckel, in die das Lebensmittel eingefüllt werden soll, sollten vor dem Gebrauch sterilisiert werden, indem man sie 5 bis 7 Minuten in kochendes Wasser legt und dann auf einem frisch gebügelten – und dadurch keimarmen – Küchentuch abtropfen lässt. 15 Minuten bei 130 °C im Backofen (Gläser geöffnet lassen!) erfüllen denselben Zweck. Nicht keimfrei, aber immerhin sehr keimarm werden Gläser, Deckel, Gummiringe und sämtliche anderen zum Konservieren benötigten Utensilien in der Spülmaschine, die man auf die höchste Temperaturstufe stellt.

→ Lappen oder Tücher zum Abwischen sollten vorher bestenfalls gekocht oder heiß gewaschen worden sein. Wer viel Kleckereien wegwischen muss, sollte den Lappen hin und wieder wechseln. Dasselbe gilt für Schwämme. Und wenn abgewischt werden muss, dann sehr sorgfältig, und keine Reste stehen lassen!

→ Küchenbretter: Aus hygienischen Gründen wird immer wieder empfohlen, mit einem Kunststoffbrett zu arbeiten, weil man es in die Spülmaschine stecken kann. Holzbrettern wird nachgesagt, dass sich in den Ritzen Pilze und Schimmel festsetzen können. Neuere Untersuchungen haben aber ergeben, dass Küchenbretter aus Holz hygienischer als bisher vermutet und manchmal sogar besser sind als Exemplare aus Kunststoff. Kiefern-, Lärchen- und Eichenholz wirken sogar antibakteriell. Allerdings sollte man trotzdem bemüht sein, das Holzbrett möglichst sorgfältig per Hand zu reinigen, indem man es heiß abspült, abbürstet und gut trocknen lässt. Anschließend Hände waschen.

→ Schüsseln, Eimer und andere Behältnisse: Sie müssen aus Edelstahl, Glas, lebensmittelechtem Kunststoff oder Porzellan bzw. Keramik sein. Diese Materialien lassen sich rückstandsfrei reinigen und sind säurebeständig.

→ Arbeitsgeräte, z. B. Messer und Schneidebretter, sollten keine Risse aufweisen, korrosionsbeständig und leicht zu reinigen sein.

WASCHEN UND SPÜLEN

→ Hände waschen: Unerlässlich vor und nach der Arbeit mit leicht verderblichen Lebensmitteln und solchen, die nicht erhitzt werden. Nach einem Toilettengang sind die Hände besonders gründlich zu waschen. Wer an seinen Händen Wunden hat, sollte sie mit wasserdichtem Pflaster abkleben oder einen Einmalhandschuh tragen.

→ Spülen: Ob beim Handspülen oder mit der Spülmaschine: Je höher die Wassertemperatur, desto besser die Reinigungs- und antibakterielle Wirkung. Beim Spülen sollten sämtliche Rückstände sorgfältig entfernt werden. Beim Handspülen ist darauf zu achten, dass das Spülwasser vollständig mit frischem Wasser abgespült wird – entweder unter laufendem Wasserhahn oder unter Nutzung eines zweiten Wasserbeckens. Das Geschirrtuch sollte jeweils frisch eingesetzt werden.

→ Trennung von unsauberen und sauberen Arbeitsschritten: Vorbereitende Tätigkeiten wie waschen, putzen, schneiden von Lebensmitteln – dazu gehört auch das Filetieren von Fisch und das Plattieren von Fleisch – sind von Arbeiten mit bereits gesäuberten, geputzten und auf andere Weise vorbereiteten Lebensmitteln zu trennen. Beide Gruppen sollten nicht miteinander in Berührung kommen. Entweder ist man an verschiedenen Plätzen tätig, oder man erledigt erst die unsauberen Arbeiten, reinigt dann den Arbeitsbereich und macht sich danach an die sauberen Tätigkeiten.

→ Regeln für den Kühlschrank: Um wechselseitige Verunreinigungen und sonstige Beeinträchtigungen zu vermeiden – insbesondere wenn sich empfindliche Lebensmittel wie Fisch, Geflügel und Hackfleisch darin befinden –, sollte man sie gut verpackt bzw. in verschließbaren Behältnissen und berührungsfrei lagern. Zubereitete Lebensmittel oberhalb von rohen lagern. Leicht verderbliche sollten an der kühlsten Stelle, das ist meist die Glasplatte über dem Gemüsefach, liegen. Eier kommen in verschließbare Dosen o. Ä., wenn der Platz in der Tür nicht mehr ausreicht. Niemals noch warme Speisen in den Kühlschrank stellen, weil sie die Temperatur anderer Lebensmittel erhöhen und damit eine Verkeimungsgefahr bedeuten können. Überfüllung des Kühlschranks vermeiden, damit eine gute Luftzirkulation besteht. Außerdem sollten Kühlgeräte regelmäßig ausgewaschen werden.

GETREIDE – DER GROSSE ERNÄHRER

Getreideanbau gehört zur Menschheitsgeschichte wie die Butter zum Brot: Kaum sesshaft, begannen die Menschen mit dem Anbau der zu den Süßgräsern gehörenden Pflanzen, wie 10 000 Jahre alte Belege zeigen. Im Laufe der Jahrtausende entwickelte man aus den wilden Sorten enorm ertragreiche Pflanzen, ohne die menschliche Ernährung heute nicht denkbar wäre. Und noch immer ist Getreide für viele Teile der Weltbevölkerung das Hauptnahrungsmittel.

Irgendwann hat man festgestellt, dass sich der mehlige Inhalt des Korns mit Flüssigkeit zu einem zähen Brei verbindet, der sich durch Hitzeeinwirkung zu einem essbaren Fladen verwandelt – das erste Brot war gebacken. Als dann noch Hefen aus der Luft und durch Gärung aus Roggenbrei entstandener Sauerteig für das Aufgehen des Brotes sorgten, es essbarer, leichter verdaulich und schmackhafter machten, war die Brotkultur zu ihrer Hochform aufgelaufen. Über viele Jahrhunderte war es in jedem Haushalt gang und gäbe, eigenes Brot zu backen. Seitdem aber unzählige Brotsorten im Handel erhältlich sind, ist das Selberbacken etwas aus der Mode gekommen. Doch mit zunehmendem Einblick in die Gepflogenheiten der Backindustrie, die sich mit ihren Teiglingen aus China, ihrem großzügigen Umgang mit Backhilfsmitteln und Zusatzstoffen weit von dem ursprünglichen Produkt aus Mehl und Wasser entfernt hat, wird die Lust aufs Selberbacken wieder größer.

DIE GLORREICHEN SIEBEN

Sieben Hauptsorten in diversen Züchtungsausprägungen zählen zu den Getreiden. Mais, Weizen und Reis sind die drei, die weltweit am häufigsten angebaut werden. Wobei Mais und Reis bei den deutschen Brotsorten weniger Bedeutung haben. Danach kommen, zusammen mit einem Anteil von weniger als zehn Prozent an der Gesamternte, Roggen, Gerste, Hafer und Hirse. Die urtümlichen Weizen-Unterarten Dinkel, Einkorn, Emmer und Kamut spielen eine mehr oder weniger untergeordnete Rolle, wobei aber Dinkel aufgrund seiner guten Verträglichkeit, seiner guten Backeigenschaften und seines kräftigen Geschmacks immer mehr Verbreitung findet. Alle Sorten zeichnen sich durch einen hohen Eiweiß- und Kohlenhydratanteil (besonders Ballaststoffe), viele B-Vitamine und einen respektablen Eisengehalt aus, außerdem enthalten die Sorten wichtige Mineralstoffe und Spurenelemente. Darüber hinaus besitzen die meisten von ihnen noch einen ganz besonderen Stoff, den kein anderes Nahrungsmittel bieten kann: das Gluten oder Klebereiweiß.

GLUTEN: SEGEN UND FLUCH

Gluten ist ein Eiweißkomplex mit der Eigenschaft, zusammen mit Flüssigkeit einen zähen, fließfähigen, elastischen Brei zu bilden. So bringt es die wichtigste Voraussetzung mit, damit Teige und auch lockere Gebäcke entstehen können, seien es Brot, Nudeln oder andere Teigwaren. Reines Gluten, das aus Weizen ausgewaschen wird, wird zu Seitan verarbeitet, der gerne als pflanzlicher Fleischersatz verwendet wird (Seitan siehe Seite 66). Nicht alle Getreidearten enthalten Gluten: Reis, Mais und Hirse besitzen es nicht und sind deshalb alleine ungeeignet für die Teigherstellung.

Gluten ist aber auch zu einem Reizwort geworden, denn immer mehr Menschen scheinen darauf mit unangenehmen Überempfindlichkeiten zu reagieren. Die Veranlagung dazu, die in ihrer krankhaften Ausprägung den Namen Zöliakie bzw. einheimische Sprue trägt, führt zu Entzündungsreaktionen der Darmschleimhaut und damit zu Verdauungsproblemen. Aber nicht verwechseln: Gluten ist kein schädlicher Nahrungsbestandteil! Nur wer die Veranlagung zu dieser Überempfindlichkeitsreaktion in sich trägt, reagiert auch darauf.

DIE GETREIDEGATTUNGEN

WEIZEN

Zahlreiche Sorten mit spezifischen Ansprüchen und für unterschiedliche Verwendungszwecke machen Weizen nach Mais und Reis zum weltweit meistangebauten Getreide. Seine guten Backeigenschaften verdankt das Korn der idealen Eiweißzusammensetzung und sie machen es zum Brotgetreide Nummer eins.

Für den Einsatz in der Küche ist die Unterscheidung in Hart- und Weichweizen wichtig. Ersterer ist vor allem Basis für italienische Pasta, während Weichweizen mit seinem deutlich weicheren, mehligeren Korn und geringeren Eiweißgehalt zum Beispiel für Backwaren, aber auch für Eiernudeln verwendet wird.

Das Korn ist in verschiedenen Vermahlungsgraden erhältlich, neben Mehl und Dunst in der gröberen Form als Grieß und schließlich als Schrot. Für Bulgur werden Hartweizenkörner vor dem Schneiden gedämpft und getrocknet, der feiner gekörnte Couscous wird aus Grieß hergestellt. Beiden ist durch die Vorbehandlung gemeinsam, dass sie nur noch mit Wasser fertiggequollen werden müssen, was blitzschnell und sogar ohne Kochen geht. Vorgekochte ganze Hartweizenkörner (Eblyweizen) müssen nur wenige Minuten erwärmt werden. Aus dem Keim wird das wertvolle Weizenkeimöl gepresst.

ROGGEN

In der Küche spielt Roggen die größte Rolle beim Backen von Broten. Mit Roggenmehl gebackene Brote sind fester und schwerer, aber auch aromareicher als jene aus Weizen, denn anders als bei Weizen kann das Klebereiweiß kaum ein Gerüst bilden,

Weizen
Mais
Reis
Roggen
Hafer
Gerste
Hirse
Amaranth
Dinkel

das die beim Backen entstehenden Gase hält und so eine lockere Krume bildet. Teig mit Roggenmehl muss deswegen gesäuert werden, traditionell mit dem ebenfalls auf Roggenbasis hergestellten Sauerteig, sonst geht das Brot nicht auf. Roggen gibt es als Flocken und Mehl und ist außerdem Basis für Brände wie Korn und Wodka.

DINKEL UND GRÜNKERN

Neben Weizen hat sich in den letzten Jahrzehnten auch die alte, fast schon vergessene Sorte Dinkel wieder durchgesetzt. Dinkel ist zwar bei der Ernte etwas aufwendiger, da er noch entspelzt werden muss, was beim Weizen entfällt. Dafür ist er genügsam im Anbau und wird auch häufig von Weizenmehl-Allergikern vertragen. Geschmacklich ist er kräftiger als Weizen und leicht nussig. Wie Weizen ist Dinkel als Mehl, Flocken und Grieß erhältlich.

Grünkern, ein Dinkelprodukt, ist einst als Retter in der Not entstanden. Um klimabedingten Ernteausfällen zuvorzukommen, erntete man den Dinkel in früheren Zeiten lieber noch unreif, bevor er durch drohende Unwetter ganz verloren war. Um das noch feuchte, grüne Korn dann zu trocknen, röstete man es leicht. Durch dieses sogenannte Darren bekam das Korn ein wunderbar würziges, nussig-rauchiges Aroma. Heute hat Grünkern wegen seiner deftigen Würze besonders bei Vegetariern eine Renaissance erfahren und ist besonders beliebt für Suppen, Füllungen und Bratlinge.

GERSTE

Gerste eignet sich vor allem zum Mälzen. Werden die Kohlenhydrate durch Keimung in Zuckermoleküle aufgeschlossen, entsteht Malz, das macht Gerste für die Malzherstellung zum Bierbrauen interessant. Auch Whiskymalz, Malzkaffee und Backmalz entstehen auf diese Weise. In der Küche findet Gerste in geschälter und polierter Form als die etwas aus der Mode gekommenen Graupen Verwendung, aber auch in Form von Flocken, Schrot, Mehl und Grütze, den lediglich grob zerkleinerten Körnern.

HAFER

Hafer kennt man in erster Linie in der geflockten Ausformung. Ob kernig, zart oder in Form der vor allem für die Babyernährung eingesetzten und aus Hafermehl gewalzten Schmelzflocken. Im Gegensatz zu Flocken anderer Getreidesorten sind diese besonders verträglich und wohlschmeckend. Als Hafergrütze, mit langer Tradition in Großbritannien zum Frühstück beliebt, oder als Mehl ist Hafer ebenfalls erhältlich.

Getreideähnliche Sorten *Wie Getreide verwendet, aber nicht damit verwandt, sind die kleinen Körnchen von Quinoa und Amaranth, beide lateinamerikanischer Herkunft, sowie Buchweizen, ein Knöterichgewächs mit charakteristischen eckigen Körnern. Zusammen mit anderen Getreiden werden sie etwa beim Backen eingesetzt, aber auch als Beilagen serviert. Aus küchentechnischer Sicht werden sie zu den Getreiden gezählt.*

KAMUT

Auch die alte Weizensorte Kamut ist wieder auf dem Vormarsch. Das Korn ist nicht nur fast doppelt so groß wie herkömmliche Weizenkörner, es hat auch einen deutlich höheren Gehalt an Eiweiß, ungesättigten Fettsäuren, Vitaminen und Mineralstoffen und außerdem gute Backeigenschaften. Vermutlich stammt Kamut aus Ägypten, wird aber heute nur in Teilen Nordamerikas angebaut. Da er wegen seiner schlechten Reaktion auf Kunstdünger und Pestizide für den konventionellen Anbau nicht taugt, ist er nur aus Bioanbau erhältlich.

REIS

Reis, ein Grundnahrungsmittel in vielen Ländern der Welt, kommt in zahlreichen Sorten vor und bietet dadurch eine beachtliche Bandbreite an Zubereitungsmöglichkeiten. Während Rundkornreis eher klebrig kocht und deshalb die richtige Wahl für Risotto, Breie und Suppen ist, ist Langkornreis je nach Herkunft locker bis klebrig und kommt gerne als Beilage auf den Teller. Basmati- und Duftreis gehören dazu. Bei uns weniger verbreitet ist der Mittelkornreis, der vor allem in Asien geschätzt wird. Naturreis, also ungeschälter Reis, hat noch viele wertvolle Inhaltsstoffe.

MAIS UND HIRSE

Mais kennen wir einerseits als Gemüse, andererseits wird das gemahlene oder geschrotete Korn auch wie anderes Getreide verwendet; Polenta ist gequollener Maisgrieß, Tortillas werden mit Maismehl gebacken.

Hirse, hauptsächlich in gekochter Form, wird als Beilage serviert, kann als Mehl aber auch, zusammen mit anderen Getreidesorten, verbacken werden.

DAS MAHLEN

Bevor Getreide gemahlen werden kann, ist sorgfältige Reinigung vonnöten. In einem mechanischen Verfahren werden Fremdkörper wie Sand, kleine Steine, Stroh und Unkrautsamen entfernt. Auch das giftige Mutterkorn, das im Roggen und auch im Weizen auftreten kann, wird damit ausgesondert.

Nach dem Reinigungsprozess wird das Getreide nun genetzt, also befeuchtet. Das hat verschiedene Gründe: Die Schale lässt sich beim Mahlen besser vom Mehlkörper trennen, auch Kleie, Mehl und der Mehlkern werden mürber.

Erst dann beginnt der Mahlvorgang, der aus verschiedenen Stufen besteht. Jeder Mahlgang erzeugt ein feineres Produkt. Nach jedem Mahlen werden die gröberen Bestandteile ausgesiebt und diese Zwischenprodukte zu den verschiedenen, nach DIN-Norm festgesetzten Mehltypen, zu Schrot, zu Dunst und zu Grieß zusammengestellt. Für den Hausgebrauch kann direkt fein gemahlen werden.

MEHL, SCHROT, DUNST, GRIESS, KLEIE UND GRÜTZE

Mehl, Dunst, Grieß oder Schrot – ausschlaggebend ist der Feinheitsgrad des Mahlens. Mehl ist die feinste Ausmahlung, Dunst liegt im Feinheitsgrad zwischen Mehl und Grieß, der schon eine sicht- und spürbare Körnigkeit besitzt. Schrot ist deutlich gröber als Grieß gemahlen. Grütze wird hauptsächlich aus Gerste und Hafer, teilweise auch aus Dinkel hergestellt. Sie wird nicht durch Mahlen gewonnen sondern mithilfe von Grützeschneidern und ist noch gröber als Schrot.

Kleie ist schließlich der Anteil des Korns, der beim Mahlen zurückbleibt, das sind Schalen, je nach Ausmahlungsgrad die Aleuronschicht (die feine Schicht zwischen Schale und Mehlkörper) und der Keimling.

DIE MEHLTYPEN

Es gibt kaum ein Land, in dem so viele Brotsorten vorhanden sind wie in Deutschland. Die vielen Backwaren von Brötchen, Kuchen, Feingebäcken bis hin zu Pizza, haben verschiedene Ansprüche, die eine einzige Sorte

GETREIDE

Sorte	Verwendung	Angeboten als
Weizen – Hartweizen	Pasta, Beilage	Mehl, Bulgur, Couscous, vorgequollene Körner, Grieß
Weizen – Weichweizen	Brot, Backwaren, Eiernudeln	Mehl, Flocken, Grieß, Öl des Keims
Dinkel	Backwaren, Nudeln	Mehl, Vollkornmehl, Flocken, Grieß
Grünkern	für Füllungen, Suppen, Bratlinge	Flocken, Grieß, ganzes Korn, Mehl
Roggen	Brot, Korn, Wodka	Mehl, Vollkornmehl, Flocken
Gerste	Malz (Bierbrauen), Graupen,	Mehl, Schrot, Graupen, Grütze
Hafer	Müslis, Haferflocken, Backwaren, Grütze	Mehl, Flocken
Mais	Tortillas, Polenta	Mehl, Grieß
Hirse	Beilage, Backwaren	ganze Körner, Mehl

GETREIDEÄHNLICHE SORTEN (PSEUDOGETREIDE)

Sorte	Verwendung	Angeboten als
Buchweizen	Blinis, Backwaren, Grütze, Nudeln	ganze Körner, Mehl
Quinoa und Amaranth	Beilage, Backwaren, Nudeln	ganze Körner, Mehl

Griffig und glatt *Die Klassifizierung nach glattem, halbgriffigem, griffigem und doppelgriffigem Mehl ist vor allem in Österreich verbreitet. Weizenmehltype 405 ist ein glattes Mehl, das sich beim Griff sehr weich und glatt anfühlt, fast wie Staub. Griffige Mehle sind weniger fein vermahlene Mehle, die man deutlicher in der Hand spürt.*

Mehl niemals erfüllen könnte. Deshalb werden die für das Backen gängigsten Getreidearten und -gattungen wie Weizen, Dinkel, Roggen in verschiedenen Ausmahlungsgraden, den Mehltypen, im Handel angeboten.

Diese Typenangaben machen eine Aussage über den Mineralstoffgehalt des Mehles: Je feiner das Mehl gemahlen wird und je mehr der groben Randschichten (Kleie) entsprechend ausgesiebt werden, desto heller ist das Mehl, enthält dann aber auch weniger Mineralstoffe, weil sich diese hauptsächlich in der Kleie befinden. Eine Mehltype beziffert, wie viel Milligramm Mineralstoffe noch in 100 Gramm Mehl-Trockenmasse (der Asche) vorhanden sind, bei der Type 450 sind es etwa 450 Milligramm in 100 Gramm Weizenmehl. Da Vollkornmehle den vollen Mineralstoffgehalt enthalten, der aufgrund der natürlichen Schwankungen nicht festgelegt werden kann, gibt es für sie auch keine Typenbezeichnung.

In Österreich sind die Ausmahlungsgrade etwas anders als in Deutschland festgelegt, sie sind, was die Backeigenschaft betrifft, aber recht ähnlich. Die Schweiz dagegen verzichtet ganz auf diese Art der Typisierung.

SPEZIALMEHLE

Neben den Mehlen in verschiedenen Ausmahlungsgraden gibt es noch auf bestimmte Verwendungen abgestimmte Spezialmehle.

→ Spätzlemehl ist etwas grobkörniger als anderes und klumpt weniger – ideal zum Schaben der schwäbischen Nudelspezialität.

→ Strudelmehl hat eine geringere Wasseraufnahmefähigkeit, dadurch bekommen Teige mehr Elastizität und lassen sich hauchdünn ausziehen.

→ Wird einer Mischung aus dunklem Weizenmehl und Roggenmehl ein Anteil gemälzten Weizens beigefügt, erhält man Malzmehl für leicht süßliche, etwas klebrige Brote.

→ Das sehr fein vermahlene Chapatimehl aus der nordindischen und pakistanischen Küche wird aus einer Mischung aus Vollkorngerste, Vollkornweizen und Hirse vermahlen. Ersatzweise nimmt man Weizenmehl Type 1050.

→ Tempuramehl, die Grundlage für Tempurateig zum Ausbacken, besteht aus einer Mischung von Weizen- und Reismehl, manchmal ist auch Maismehl dabei sowie Backpulver.

MEHL AUS ANDEREN GETREIDEGATTUNGEN

Sämtliche Getreidegattungen können vermahlen werden, wegen der fehlenden Backfähigkeit eignen sich aber nicht alle solo zum Brotbacken.

→ Hafermehl fehlt zwar die Backfähigkeit, aber zusammen mit anderen Mehlen wird es gerne wegen seines nussigen Geschmacks für Gebäck verwendet.

→ Mit Buchweizenmehl werden Teige für in der Pfanne gebackene Küchlein wie Blinis, Galettes oder auch Pancakes verfeinert.

→ Grünkernmehl hat zwar den gut backfähigen Dinkel als Ausgangssubstanz, seine Glutenstrukturen werden aber durch die Röstung zerstört.

→ Das besonders fein gemahlene Reismehl wird entweder als Bindemittel eingesetzt, kann aber auch eine Alternative für Weizenallergiker sein.

→ Maismehl ist Grundlage für Tortillas, wird wegen seiner geringen Backfähigkeit aber meist mit Weizenmehl gemischt.

→ Hirsemehl eignet sich weniger zum Backen, da es glutenfrei ist und somit das notwendige Klebereiweiß fehlt.

LAGERUNG UND HALTBARKEIT

Mehl sollte trocken, dunkel und kühl gelagert werden und keinen großen Temperaturschwankungen ausgesetzt werden, da sonst die Zusammensetzung der Inhaltsstoffe leidet.

Mehl mit niedrigen Typenangaben ist etwa ein, maximal zwei Jahre gut backfähig, während grobes Backschrot nur vier bis acht Monate hält.

Bei Vollkornmehl wird der Keim mit vermahlen, was den Fettanteil erhöht und das Mehl schnell ranzig werden lässt. Außerdem nimmt der Gehalt an Vitaminen schnell ab, daher sollte Vollkornmehl nur sechs bis acht Wochen aufbewahrt werden, und das an einem möglichst kühlen Ort.

WEIZEN

Type Deutschland	Type Österreich	Mineralstoffgehalt in g / 100 g Trockenmasse	Eigenschaften / Nutzung
405	W480	max. 0,50	Mehl mit guten Backeigenschaften, klassisches Haushaltsmehl; vor allem für Feingebäck, auch gut zum Binden von Saucen, eignet sich aber für sehr viele weitere Verwendungen
550	W700	0,51–0,63	besonders geeignet für Brötchen und Weißbrot, aber auch für Gebäcke verwendbar; backstark, macht eine besonders goldbraune Kruste; im Haushalt für feinporige Teige verwendet
812		0,64–0,90	Bäckermehl für helle Mischbrote
1050	W1600	0,91–1,20	für dunkle herzhafte Gebäcke geeignet, in Mischbroten eingesetzt; im Haushalt für herzhaftes Backen
1600		1,21–1,80	Bäckermehl für dunkle Mischbrote
1700 (Weizenbackschrot)		max. 2,10	Einsatz in Bäckereien
Vollkornmehl	Vollkornmehl		ergibt eine enge Krume

HARTWEIZEN

(Durumweizen): Type 1600 für Teigwaren

ROGGEN

815	R500 (Vorschuss)	max. 0,90	hauptsächlich für Brot und Feingebäck, selten im Handel, hauptsächlich in Süddeutschland für helle Roggenbrote eingesetzt
997	R960 (normal)	0,91–1,20	Brotmehl, häufig zusammen mit Weizenmehl für Mischbrote verwendet
1150		1,11–1,30	Brotmehl, häufig zusammen mit Weizenmehl für Mischbrote verwendet
1050 / 1370		1,11–1,30 / 1,31–1,60	für dunkle herzhafte Gebäcke geeignet
1740		1,61–1,80	typische Bäckermehle für herzhafte Sauerteigbrote
1700 / 1800		max. 2,10 / max. 2,20	Roggenbackschrot

MISCHMEHLE

Type Deutschland	Eigenschaften / Nutzung
700 (Roggen und Weizen)	Bauernbrote
1000 (Roggen und Weizen)	dunkle Bauernbrote
Fünfkornmehl (Weizen / Roggen / Dinkel / Gerste / Hafer)	kräftige Schrotbrote

DINKEL

Type Deutschland	Mineralstoffgehalt in g / 100 g Trockenmasse	Eigenschaften / Nutzung
405	max. 0,50	(entspricht Weizenmehl 405)
630	0,50–0,90	gut geeignet für Kuchen, Kleingebäck und Brot (entspricht Weizenmehl 550/812)
1050	0,91–1,20	gute Eignung zum Brotbacken (entspricht Weizenmehl 1050)
Vollkornmehl	Vollkornmehl	entspricht Weizen-Vollkornmehl

In der Schweiz wird nach Ausmahlungsgrad zwischen Weißmehl mit ca. 65 % des gesamten Kornanteils, Halbweißmehl mit ca. 75 %, Ruchmehl mit ca. 85 % und Vollkornmehl mit etwa 98 % des Kornanteils unterschieden.

BROT UND BACKWAREN

Brot ist in vielen Kulturen ein Synonym für Nahrung. Gemahlenes Getreide, Wasser, eventuell Salz und ein Triebmittel – mehr braucht man nicht für das Grundnahrungsmittel.

„Brot wird ganz oder teilweise aus Getreide und/oder Getreideerzeugnissen, meist nach Zugabe von Flüssigkeit sowie von anderen Lebensmitteln in der Regel durch Kneten, Formen, Lockern, Backen oder Heißextrudieren hergestellt" – so die Definition nach den Leitsätzen des Deutschen Lebensmittelbuches für Brot und Kleingebäck. Aber Brot ist noch viel mehr: Es ist Lebensgrundlage für viele Menschen auf der Welt und es ist das Synonym für Nahrung schlechthin. In seiner Einfachheit hat es sich auf dem ganzen Erdball verbreitet. Und selbst wenn die vielen Fantasienamen für immer gleiche Fertigmischungen von Bäckereiketten auf mehr Sorten schließen lassen, als tatsächlich vorhanden sind: Nirgends ist Brot in so großer Vielfalt erhältlich wie in Deutschland, dabei kommt der größte Teil heute aus Großbäckereien und Brotfabriken. Diese außergewöhnliche Brotkultur hat auch damit zu tun, dass sich hier wie nirgendwo sonst das Backen mit Sauerteig (siehe Seite 34) durchgesetzt hat. Damit entstehen Brote, die gegenüber reinen Hefebroten aus Weizen die Vorteile haben, länger haltbar und aromareicher zu sein.

BROTSORTEN

Einen Überblick über alle angebotenen Brotsorten wird man nicht geben können, angesichts der Vielfalt. Viele Bäckereien vergeben Fantasienamen, die es fast unmöglich machen, eine Übersicht zu bekommen. Hier eine grobe Kategorisierung nach den unterschiedlichen Backweisen:

→ Freigeschobene Brote haben eine besonders ausgeprägte Kruste, denn sie werden ohne Form, die eine gleichmäßige Krustenbildung einschränkt, mit Abstand zueinander in den Ofen geschoben.

→ Angeschobene Brote werden auch ohne Form gebacken, sitzen aber dicht an dicht im Ofen, sodass sie sich seitlich berühren. Dabei sorgt eine Mischung aus Öl und Wasser dafür, dass die Brote nicht zusammenbacken. Sie haben dadurch seitlich keine Kruste.

→ Kastenbrote werden in Kastenformen gebacken und behalten so ihre Form. Auch sie haben hauptsächlich oben Kruste.

→ Toast- und Sandwichbrote werden in geschlossenen Kästen gebacken, damit sie wenig Kruste entwickeln.

→ Pumpernickel, das bei niedrigen Ofentemperaturen lange Zeit eher gedämpft als gebacken wird, gehört zu den Dampfkammerbroten.

GEEIGNETE MEHLSORTEN

Damit Brot zusammenhält und aufgeht, braucht es die richtigen Triebmittel, aber vor allem auch geeignete Getreidesorten. Nur Weizen und Roggen bieten optimale Backeigenschaften und können als alleinige Getreidegattungen zum Backen verwendet werden, man spricht auch von kleberstarken bzw. schleimstoffreichen Mehlen. Andere Getreidegattungen werden auch zum Backen eingesetzt, dann meistens aber zu einem Anteil von höchstens einem Drittel und immer als Sauerteigbrot in Kombination mit Roggen, Weizen oder Dinkel. Diese kleberschwachen Mehle haben zu wenig Gluten, um alleine einen zum Backen geeigneten Teig zu bilden.

HÖCHSTMENGEN VON NICHTBROTGETREIDEARTEN IN WEIZENBROTEN

Teile:	20	30	40
Haferflocken			+
Gerstenflocken	+		
Maisgrieß	+		
Gekochter Reis		+	
Gekochte Hirse	+		
Buchweizengrütze		+	

GLUTEN: OHNE GEHT'S NICHT

Gluten beeinflusst gleich mehrere Faktoren bei der Teigbildung, und zwar das Wasserbindungsvermögen, die Krumen- und Krustenbildung, die Elastizität des Gebäcks und die Frischhaltung.

Nur Weizen und Roggen besitzen den fürs Backen notwendigen Glutenanteil bzw. die ausreichenden Schleimstoffe. Die Zusammensetzungen der Mehle und die damit einhergehenden Eigenschaften sind aber bei beiden Gattungen unterschiedlich, weshalb Weizen gut mit Hefe kann, Roggen aber Sauerteig bevorzugt.

Weizen hat den höchsten Glutengehalt. Sowohl beim Kneten, als auch beim Backen bilden Teige aus ihm durch Einwirkung der bei der Gärung entstehenden Gasbläschen ein filigranes Gerüst. Das Gebäck wird locker

BROTSORTEN

	Charakteristische Zutaten	Triebmittel	Form
WEIZENBROTE			
Weißbrot	mind. 90 % Weizenmehl	Hefe, evtl. zusätzlich Sauerteig	freigeschoben oder Kasten
Weizentoastbrot	Weizenmehl, Fett, Zucker, Milcherzeugnisse	Hefe	Kasten mit Deckel
Weizenvollkornbrot (Grahambrot)	100 % Weizenvollkornmehl oder -schrot	Hefe oder Sauerteig, urspr. ohne Triebmittel	Kasten oder freigeschoben
MISCHBROTE			
Weizenmischbrot	mind. 51 % Weizenmehl	Sauerteig	freigeschoben
Roggenmischbrot	mind. 51 % Roggenmehl	Sauerteig	freigeschoben
Buttermilchbrot	Weizenmischbrot, mind. 150 ml Buttermilch/1 kg Mehl	Sauerteig	freigeschoben, angeschoben
Mehrkornbrot	Weizen- oder Roggenmischbot mit mind. 5 % Nichtbrotgetreidearten wie Hafer, Gerste, Hirse, Reis, Buchweizen, Amaranth, Quinoa	Sauerteig	freigeschoben
ROGGENBROTE			
Roggenbrot	mind. 90 % Roggenmehl	Sauerteig	freigeschoben
Roggenvollkornbrot	mind. 90 % Roggenvollkornmehl	Sauerteig	freigeschoben, angeschoben, in halbrunder Form gebacken. Kasten
HAFERBROT			
Hafervollkornbrot	mind. 20 % Hafervollkornmehl, bei Vorbehandlung auch 100 % Haferanteil möglich	Sauerteig	Kasten
TROCKENFLACHBROTE/KNÄCKEBROTE			
Verschiedene Sorten	je nach Sorte, häufig Vollkornmehle	Hefe oder Sauerteig	flache Einzelscheiben
SPEZIALBROTE			
Brote mit Ölsamen (z. B. Sonnenblumen, Leinsamen, Sesam, Nüsse, Mohn)	Mischbrote oder reine Weizen- oder Roggenbrote, mind. 80 g Ölsamen/1 kg Mehl	Sauerteig	freigeschoben, angeschoben, Kasten
Pumpernickel	Roggenvollkornmehl oder -schrot	Sauerteig	Kasten

und großporig. Das spezifische Roggen-Gluten dagegen enthält Schleimstoffe, die verhindern, dass Gluten das notwendige Klebergerüst aufbauen kann, um die durch den Hefe-Gärprozess entstehenden Gase zu halten. Genauso wie die Kleber beim Weizen binden, halten sie während der Teigführung und des Backvorgangs aber das Wasser im Teig. Roggenbrote bestehen zu einem großen Teil aus verklebten Schleimstoffen, die das Brot dichter und fester macht als Brote aus Weizenmehl. Roggen braucht Säure zum Backen, die die roggeneigenen stärkeabbauenden Enzyme hemmt, sonst gibt es eine glitschige, in sich zusammengefallene Masse. Die Säure aus Sauerteig sorgt dafür, dass die Stärke nicht abgebaut wird, sondern verkleistert.

DER TEIG

Brotteige bestehen aus Mehl und Wasser und meistens noch einem Triebmittel sowie häufig ein wenig Zucker als Triebbeschleuniger. Dazu können Salz und andere Würzmittel kommen, Fett, Eier und viele weitere geschmackgebende Zutaten wie Nüsse, Samen, Gemüse etc. In der Regel wird jedem Brot für den Geschmack Salz zugefügt, als Faustregel gilt, dass die Salzmenge zwei Prozent der Mehlmenge ausmachen sollte.

Als Triebmittel kommen Hefe, Sauerteig oder chemische Mittel wie Backpulver infrage. Bäckereien geben dem Teig gerne altes Brot zu, was den Grund hat, Geschmack und Frischhaltung zu verbessern.

Nachdem der Teig gemischt und geknetet wurde, braucht er je nach Teigart und Gebäcktyp unterschiedlich lange Teigruhezeiten, in denen die Zutaten verquellen und zu gären beginnen, am schnellsten geht das im Warmen. Geeignet sind Heizungsnähe, der Heizungskeller, der auf 50 °C vorgeheizte, dann aber abgestellte Backofen (Ofentür einen Spaltbreit auflassen und Ofenlampe anschalten), ein Dampfgarer, auf 30 °C gestellt, oder eine Warmhalteplatte. Je nach Brotsorte kann aber auch eine kühle Umgebung, ja sogar der Kühlschrank, der richtige Ort zum Gehenlassen sein. Es dauert dann zwar erheblich länger, hat aber auch geschmackliche und andere qualitative Vorteile (siehe Vorteige, Seite 25) Erst dann wird der Teig in Form gebracht und noch einmal zur Lockerung gehen gelassen.

DIE TEIGAUSBEUTE

Wer selber Brotrezepte entwickeln möchte, braucht eine Berechnungsgrundlage, mit der er das ideale Verhältnis von Wasser zu Mehl festlegen kann. Stimmt dieses, ist der Weg für Experimente frei.

Man nennt dieses Verhältnis Teigausbeute. Der Wert, mit dem sie angegeben wird, drückt die Mengenbeziehung der beiden Zutaten zueinander aus und hat deshalb keine Maßeinheit. Für Roggenbrote sollte die Teigausbeute bei 160–170 und für Weizenbrote bei 155–165 liegen. Je höher der Wert der Teigsaubeute, desto weicher ist der Teig, denn der Wasseranteil ist entsprechend höher. Meistens ermittelt man die Netto-Teigausbeute vor und lässt weitere Zutaten wie Salz oder Butter unberücksichtigt. Nur das Mehl wird in Bezug zur Flüssigkeitsmenge gesetzt.

Ob die geplanten Wasser- und Mehlmengen zusammen die gewünschte Teigausbeute ergeben oder ob man mehr Wasser oder mehr

Brotbackautomaten *Sie kneten die Zutaten und den Teig, halten die Gehzeiten bei der richtigen Temperatur ein und backen das Brot anschließend noch. Es kann eigentlich nicht viel schiefgehen, wenn man sich an die Rezepte hält – und es darf jederzeit das eigene sein. Man muss nur die Zutaten einfüllen und das richtige Programm wählen. Allerdings geschehen sämtliche Arbeitsschritte und damit auch alle Veränderungen im Teig im Verborgenen. Das nimmt dem lebendigen Prozess des Gehens und Backens aber auch ein wenig von seinem Zauber und dem Hobbybäcker die Freude daran, ein Gefühl für die richtige Konsistenz des Teiges, die Temperatureinstellungen beim Backen und vieles mehr zu entwickeln.*

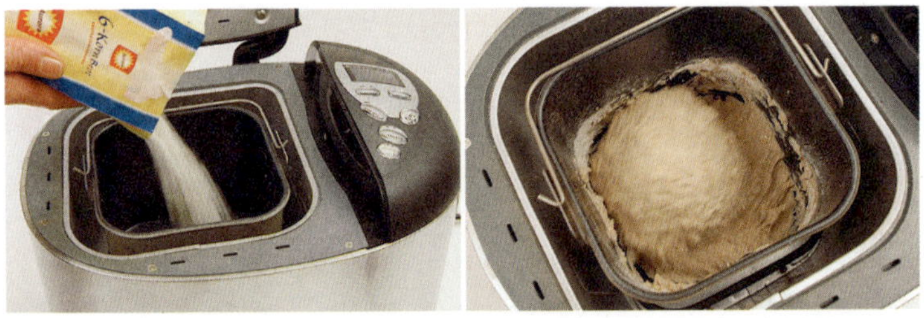

Mehl zugeben muss, kann man mit folgender Formel errechnen.

So berechnet man die Netto-Teigausbeute:

$$\frac{100 \times (\text{Wasser} + \text{Mehl})}{\text{Mehl}}$$

Beispiel: 1 Kilo Mehl plus 600 ml Wasser ergibt eine Teigausbeute von 160, denn 100 x 1600 : 1000 = 160. Ein guter Wert für Roggen- und für Weizenbrote! Eine Menge von 1,5 Kilo Mehl ergibt mit der gleichen Wassermenge eine Teigausbeute von 140 (100 x 2100 : 1500) und damit zu wenig für ein Brot. Hier muss Wasser ergänzt oder die Mehlmenge reduziert werden.

WELCHE TEIGARTEN GIBT ES?

Die beiden wichtigsten Teigarten beim Backen von Brot und Gebäck sind Hefeteige und Teige mit Sauerteig. Wenige Brotsorten werden mit chemischen oder ganz ohne Triebmittel gebacken. Letztere bleiben folglich flach, meistens sind das traditionelle Brote wie indische Chapatis, mexikanische Maistortillas und das jüdische Fastenbrot Matzen. Grahambrot war ursprünglich auch ein Brot, das ohne zusätzliche Triebmittel auskam und durch Spontangärung aufging. Heute setzt man Hefe, manchmal auch Sauerteig zu. Entscheidungsfaktoren für ein bestimmtes Triebmittel sind zum einen die Getreideart – denn Roggenbrote gelingen nicht mit Hefe allein –, aber auch die Geschmacksrichtung und die Konsistenz, die man erzielen will. Weizenbrote sind lockerer, aber auch nicht so geschmacksintensiv wie Sauerteigbrote.

Brotgärkörbe *Die Körbe aus Peddigrohr gibt es in verschiedenen Formen, ob länglich oder rund, und in vielen Größen. Man benutzt sie zum Gehenlassen von freigeschobenen Broten (siehe Seite 18), nicht etwa zum Backen. Damit der Teig nicht am Korb anklebt, bemehlt man den Korb innen kräftig und gibt den Teig hinein. Für 500 g Teig sind runde Körbe mit 19 cm Durchmesser und längliche mit 22 cm Länge geeignet, für 1 kg runde Körbe mit 22 cm Durchmesser und längliche mit 32 cm Länge. Der Teig bekommt beim Gehen dann die perfekte runde Form und ein hübsches Ringelmuster. Vor dem Backen einfach aus dem Korb kippen, der Teig ist jetzt auch schön bemehlt, und auf dem mit Backpapier belegten Blech backen. Als Ersatz kann man große Schüsseln verwenden.*

DIE TEIGFÜHRUNG

Der Begriff Teigführung klingt nach einem komplizierten Vorgang, bezeichnet aber nur die Art der Teigbereitung. Dazu gehören zeitliche Aspekte, also wie lange ein Teig gehen muss, aber auch Eigenschaften wie Temperatur von Zutaten und Umgebung sowie die Konsistenz.

Man unterscheidet zwischen direkter und indirekter Führung und auch das ist weniger kompliziert, als man denkt: Bei direkter Führung werden alle Zutaten in einem Schritt miteinander verknetet, während man bei der indirekten Führung eine Vorstufe braucht, in der einzelne Zutaten einen Gär- und Quellprozess durchlaufen, bevor der eigentliche Teig bereitet wird. Dazu gehören das Vorgären mit Hefe und die Bereitung eines Sauerteigs.

DAS KNETEN

Teige mit Weizen- oder Dinkelmehl müssen kräftig geknetet werden, um den Kleber zu entwickeln, was bei Roggen nicht notwendig ist. Das Kneten von Hand lässt am besten ein Gefühl dafür entstehen, wann der Teig ausreichend geknetet ist und Spannung aufgebaut hat.

Nach dem Kneten muss der Teig entspannen. Um eine gleichmäßige Teigstruktur zu erzielen, erfolgt danach das Rundwirken. Die beste Methode ist die: Man setzt den Handballen auf der Mitte des Teiges auf und drückt den Teig von sich weg flach. Den flachgedrückten Teil nimmt man bei der Zurückbewegung der Hand mit gekrümmten Fingern mit und faltet ihn so über den andern Teil, dabei dreht man den Teig leicht, sodass er nach sechs- bis siebenmal eine Runde gedreht hat. Fünf bis zehn Minuten knetet man auf diese Weise, bis sich der Teig geschlossener anfühlt. Ob er genug Spannung aufgebaut hat, testet man mit dem Fingertest: Schließen sich mit dem Finger eingedrückte Dellen schnell, ist der Teig perfekt.

DAS FORMEN

Bevor das Brot in den Ofen geschoben werden kann, muss es noch seine Form erhalten. Viele Brotformen sind traditionell entstanden und gehören zur Brotsorte dazu wie die Teigzusammensetzung. Aber auch die Festigkeit des Teiges spielt eine Rolle, ob ein Brot freigeschoben werden kann, also ohne Form in den Ofen kommt, oder ob es in einer Form gebacken wird, die seine endgültige Form vorgibt. Runde Brote werden in der Regel freigeschoben, eckige würden ihre exakte Form ohne die Vorgabe durch die Kastenform beim Backen nicht halten. Damit die Oberfläche keine unkontrollierten Risse bekommt, ritzt man sie gerne ein.

HYGIENE

Mit sauberen Geräten und Händen zu arbeiten, muss selbstverständlich sein! Besonders beim Ansetzen von Sauerteig sollte darauf geachtet werden, dass Schüsseln und andere Utensilien sehr sauber sind, damit keine Fremdkeime das Ergebnis verfälschen.

DER BACKPROZESS

Nun kann das geformte Brot in den Ofen. Auf den Boden des Ofens stellt man eine Schale mit kochendem Wasser oder schiebt eine Fettpfanne unten in den Ofen, in die man etwas Wasser gießt. Das Brot bekommt dann durch die Feuchtigkeit eine schöne Kruste. Es bewährt sich auch, das Brot mit Wasser einzupinseln oder -sprühen. Durch den Backprozess werden die Nährstoffe dann teilweise aufgeschlossen und dadurch besser bekömmlich. Das Kohlendioxid, das die Hefe produziert, dehnt sich aus und führt so zur endgültigen Lockerung des Brotes, dem sogenannten Ofentrieb.

Bei welcher Temperatur und wie lange gebacken wird, gibt der Brottyp vor. Am besten wird Brot, wenn es kurz sehr heiß vorgebacken wird, damit sich schnell eine Teighaut ausbildet und Wasser und gebildete Gase sich nicht mehr verflüchtigen können. Dann wird die Hitze allmählich weiter reduziert. Man nennt das fallende Hitze. Aber nicht nur die Backtemperatur und die Feuchtigkeit, sondern auch Form und Gewicht des Brotes geben vor, wie viel Kruste das Brot ausbildet.

Das Brot ist fertig, wenn es beim Daraufklopfen hohl klingt. Da bei Brot aus Roggen und Wasser diese Methode nicht funktioniert, tut es ein Fleischthermometer, mit dem man die Kerntemperatur messen kann. Diese liegt bei fertigem Brot bei etwa 98 °C. Tut es das nicht, backt man es einige Minuten weiter. Nach dem Backen und wenn das Brot nicht bemehlt ist, sprüht man es am besten mit Wasser ein, damit die Kruste schön glänzt.

BROT AUFBEWAHREN

Je höher der Roggenanteil eines Brotes, desto länger hält es sich. Auch Sauerteig trägt seinen Teil zu einer besseren Haltbarkeit bei. In einem sauberen Leinensäckchen hält sich reines Roggenschrot-Sauerteigbrot bis zu zehn Tage frisch, solches aus Roggenmehl sieben, Roggenmischbrot fünf und reines Weizenbrot nur zwei Tage. Ideal zur Brotaufbewahrung ist ein Steinguttopf, den man aus Hygienegründen alle paar Wochen gründlich säubert und mit einem mit Essig getränkten Tuch auswischt. Hierin oder in einem sauberen, luftdichten und trockenen Behälter trocknet Brot nicht so schnell aus und hält sich länger. Brot gehört niemals in den Kühlschrank, denn dort wird es schnell trocken. Einfrieren dagegen ist gut zur längeren Lagerung geeignet.

Brotbacksteine *Manche Ofenhersteller bieten als Zubehör Brotbacksteine an, man kann sie unabhängig von Ofenherstellern beziehen. Die Steine sind aus glasiertem Ton oder Schamott, man legt sie einfach auf den Gitterrost des Backofens und backt das Brot direkt darauf. Beim Backen mit Brotbacksteinen den Ofen mit den Steinen sehr gut vorheizen. Der Stein speichert Hitze und sorgt dafür, dass die Unterhitze beim Backen stärker wird. Dadurch kann der Teig schön aufgehen, die Kohlendioxidbläschen dehnen sich aus und man erhält ein lockeres, gut aufgegangenes Brot. Ein Pizzastein hat die gleiche Funktion. Mit zwei Steinen – den zweiten legt man auf einen Rost über dem Brot – kann man schon fast einen alten Brotbackofen aus Stein für ein besonders knuspriges Brot imitieren.*

Brote aus Hefeteig

Wie Kuchen kann man auch Brot aus Hefeteig problemlos zu Hause im eigenen Ofen backen. Und wie bei Kuchen ist der Aufwand überschaubar.

Weizen- oder Dinkelmehl sind die Mehlsorten, die man für den typischen Hefeteig verwendet, denn ihre Glutenzusammensetzung reagiert mit Hefe ideal. Für Roggen und kleberschwache Getreide alleine eignet sich Hefeteig nicht, diese sind für Sauerteige am besten geeignet (siehe Seite 34). Getreidemischungen mit einem ausreichenden Anteil an kleberstarkem Getreide wiederum sind für Hefeteige geeignet.

DIE HEFE

Am wohlsten fühlt sich Hefe bei Temperaturen von 25 bis 30 °C. Gönnt man dem einzelligen Pilz, einem lebenden Organismus, neben Wärme noch seine Nährsubstanz Glukose und etwas Flüssigkeit, vermehrt er sich und wandelt die Glukose in einem alkoholischen Gärungsprozess zu Kohlensäure und Alkohol um. Während der Alkohol beim Vergären von Wein oder Bier erwünscht ist und sich die Kohlensäure verflüchtigt, werden im ungebackenen Teig beide Endprodukte gehalten.

Frische Backhefe erkennt man an der leicht seidig schimmernden Oberfläche und einem frisch-säuerlichen Geruch. Bricht man sie auseinander, hat sie Bruchstellen, die wie das Äußere einer Auster aussehen, den sogenannten Austermuschelbruch. Sie zeichnet sich durch eine hohe Triebkraft aus und besitzt nur wenige glutenzerstörende Enzyme. Diese durch Züchtung optimierten Eigenschaften fürs Backen bringen aber auch eine Sensibilität der Hefe gegenüber Salzen, Fetten und anderen Zutaten mit. Deshalb sollte die Hefe zunächst ohne diese Zutaten in einem Vorteig vermehrt und aktiviert werden, denn einmal Salz oder Fett zugegeben, hemmt das die Hefewirkung.

Frische Backhefe ist nur zehn bis zwölf Tage voll aktiv und muss während dieser Zeit im Kühlschrank aufbewahrt werden. Im Supermarkt findet man sie meistens im Kühlregal bei den Milchprodukten.

Trockenhefe verhält sich beim Backen wie frische Hefe, allerdings werden Teige mit ihr nicht ganz so locker. In der Regel besitzt ein Tütchen Trockenhefe die Triebkraft von einem halben Würfel frischer Hefe und reicht für 500 g Mehl. Einen Würfel frische Hefe verwendet man dementsprechend für ein Kilo Mehl. Trockenhefe wird durch Wasserentzug aus Frischhefe hergestellt. Durch die Trocknung ist die enzymatische Aktivität lahmgelegt, deshalb ist Trockenhefe etwa ein Jahr haltbar. Geschmacklich werden Backwaren mit frischer Hefe von vielen Hobbybäckern als besser bewertet. Hier kann sich jeder sein eigenes Urteil bilden.

BROTE AUS HEFETEIG SELBER MACHEN

Hefeteig für Brot kann man auf verschiedene Arten herstellen, dabei ist nicht immer Wärme nötig. Hefe ist zwar bei Temperaturen von 25 bis 30 °C am lebendigsten, bleibt aber selbst im Kühlschrank noch aktiv. Natürlich dauert das Aufgehen des Teiges bei kühleren Temperaturen sehr viel länger als im Warmen, das Gebäck gewinnt aber dadurch an Aroma, weil sich der Stoffwechsel der Hefen ändert. Das Brot bekommt dadurch auch eine feinere Krume, denn die Hefe ist träger, vermehrt sich langsamer und vergrößert durch Kohlendioxidproduktion die beim Kneten gebildeten Gasbläschen langsamer. Man benötigt dabei geringere Hefemengen (siehe Vorteig rechts).

DAS PASSIERT IM HEFETEIG

Die sich im Hefeteig entwickelnde Kohlensäure leistet gute Dienste beim Aufgehen des Teigs, während sich der dabei entstehende Alkohol beim Backen verflüchtigt. Die sich vergrößernden Gasbläschen durchsetzen den Teig, was man beim Gehprozess gut beobachten kann, und dehnen sich während des Backens noch aus. Gehalten wird das Ganze durch das Klebergerüst aus dem Gluten von Weizen und seinen verwandten Sorten, das durch das Kneten des Teiges entsteht (siehe Seite 21). Zudem wird Luft eingearbeitet, daraus resultiert die für Hefegebäck typische lockere Krume.

ARTEN VON HEFETEIG

Nach den verwendeten Zutaten kann man zwischen vier verschiedenen Hefeteigarten unterscheiden:

→ Einfacher Hefeteig ist die Basis für Weißbrot, Baguette oder Brötchen. Er besteht nur aus Mehl, Wasser, Salz und Hefe, manchmal auch Backmittel wie Backmalz.

→ Der feine Hefeteig ist ein Bäckerteig für süßes Gebäck, der aus genau 90 Teilen Mehl und mehr als zehn Teilen Zucker bzw. Fett bestehen muss.

→ Stutenteig, auch ein süßer Hefeteig, hat einen höheren Fettanteil und variable Zuckermengen. Gebäck aus ihm ist länger haltbar. Produkte aus Stutenteig haben bekannte regionale Bezeichnungen wie Stutenkerle, Striezel, Klaben, und auch der beliebte Hefezopf wird aus diesem Teig hergestellt.

→ Einen höheren Fettgehalt, aber weniger Zucker enthält Toastbrotteig, dessen Haltbarkeit ebenfalls vom Fettanteil profitiert. Der Teig bildet keine Kruste.

DIE VORTEIGE

Viele Rezepte erfordern einen Vorteig, was die Prozedur zwar zeitlich verlängert, aber in vieler Hinsicht Vorteile hat. Einer ist der, dass die Vorabgärung die Wirksamkeit der Hefe erhöht, dadurch benötigt man weniger davon. Meistens geht man vor wie nachfolgend beschrieben (siehe auch Seite 20).

POOLISH

Für spezielle Backwaren gibt es weitere Vorteigarten, die zeitaufwendiger sind: Poolish ist eine Teigführungsart für Brote wie Baguette und Ciabatta. Zunächst werden die gleiche Menge Mehl und Flüssigkeit mit wenig Hefe verrührt und der recht flüssige Teig bis zu zwei Tage in einem nicht zu warmen Raum stehen gelassen. Dabei bildet sich mehr Milchsäure als bei herkömmlichen Hefeteigen, der Geschmack ist sehr aromatisch und geht in Richtung Joghurt. Wenn der aufgegangene, mit kleinen Bläschen durchsetzte Teig beginnt, wieder zusammenzufallen, ist die Zeit zur Weiterverarbeitung gekommen.

GRUNDREZEPT POOLISH

330 g Weizenmehl Type 550 mit 330 g Wasser und 1 g frischer Hefe verrühren. Über Nacht stehen lassen und am nächsten Tag wie im ausgewählten Rezept verarbeiten.

BIGA

Der Biga, ein Vorteig, der manche italienischen Brotsorten zur Hochform auflaufen lässt, braucht weniger lange, ist aber auch fester. Etwa die Hälfte der Flüssigkeit und weniger Hefe bilden einen knetbaren Teig, der nach einer Zeit in der Wärme über Nacht im Kühlschrank weitergärt. Durch die niedrige Temperatur und die festere Konsistenz nehmen hauptsächlich Essigsäurebakterien die Arbeit auf, was den Teig leicht säuerlich macht. Biga verwendet man vor allem für italienische Brotsorten wie Ciabatta.

GRUNDREZEPT BIGA

440 g Weizenmehl (Type 550) mit 270 g Wasser und 10 g frischer Hefe verrühren. Eine Stunde im Warmen gehen lassen, dann 10 bis 12 Stunden im Kühlschrank weiter gehen lassen. Anschließend wie im Rezept beschrieben weiterarbeiten.

REGULAR SPONGE

Regular sponge oder levain à la levure wird mit der gesamten Flüssigkeitsmenge und Hefe, aber nur der Hälfte des Mehls angesetzt und geht dadurch wesentlich schneller. Allerdings hat er auch weniger Zeit, viel Aroma zu entwickeln. Man verwendet ihn für süße oder butterhaltige Brote und für Vollkornbrote.

GRUNDREZEPT REGULAR SPONGE

330 g Mehl nach Rezept mit 750 g Wasser und 40 g Hefe verrühren. Etwa eine Stunde im Warmen gehen lassen. Dann mit dem restlichen Mehl und den übrigen Zutaten verkneten.

ALTER TEIG

Alter Teig (Pâte fermentée bzw. Old Dough) entspricht von den Mengenverhältnissen dem tatsächlichen Teig. Es kann einfach ein alter Hefeteig sein, der vom Brotbacken übrig geblieben ist und bis zu seinem nächsten Einsatz im Kühlschrank wartet. Man kann auch etwas mogeln und den „alten Teig" am Vortag ansetzen und über Nacht im Kühlschrank aufbewahren. Als Vorteig am Ende der Knetphase zugegeben, verbessert er die Klebereigenschaften gerade bei schweren Teigen, die Farbe der Kruste und das Aroma.

BROTE AUS HEFETEIG

GERÄTE

Schüssel, Kochlöffel, Backschieber, Küchenmaschine, Tuch, evtl. Backstein

ZUTATEN

Mehl, Hefe, Flüssigkeit, etwas Zucker

ZUBEREITUNG

HINWEIS: Beim Arbeiten sollten Sie darauf achten, dass Ihre Hände immer sauber und warm sind. Auch der Raum, in dem Sie arbeiten, sollte zugfrei sein.

1–3 Mehl in eine Schüssel sieben und in die Mitte eine Mulde drücken. Die frische Hefe in die Mulde bröckeln oder die Trockenhefe hineingeben, als Substrat etwas Zucker (auch für deftige Teige) und warme (aber nicht mehr als 35 °C) Flüssigkeit dazugeben. Zu niedrige Temperaturen führen genauso wie zu hohe dazu, dass die Hefe nicht für ausreichende Gärung sorgen kann. Ab einer Temperatur von 40 °C wird die Hefe denaturiert. Salz hemmt das Hefewachstum und darf noch nicht in den Vorteig gegeben werden. Auch Fett vermindert die Flüssigkeitsversorgung der Hefe und bewirkt ebenfalls eine schlechtere Gärung.

4 Schüssel mit einem Tuch abdecken, damit der Vorteig nicht austrocknet, und ihn im Warmen gehen lassen, etwa 15 Minuten. Ein möglichst warmes, zugfreies Plätzchen in der Küche tut es schon. Der Geschmack, die Elastizität der Krume und die Haltbarkeit des Backwerks erhöhen sich dadurch.

TIPP: Trockenhefe ist häufig weniger anspruchsvoll als frische. Daher können Sie diese auch schon mit allen Zutaten ohne Vorteig gründlich zu einem Teig kneten.

5 Wenn der Vorteig blasig geworden ist, die restlichen Zutaten je nach Rezept in die Mulde geben und auch das Mehl vom Rand her mit dem Löffel hineinrühren. Nun etwa 10 Minuten kräftig kneten, damit sich der Teig schön entwickelt. Aber nicht zu lange Kneten, denn je nach Getreide- bzw. Teigart und -beschaffenheit können die Kleberstränge reißen und der Teig verliert seine Spannung. Kneten geht mit den Händen oder einer leistungsstarken Küchenmaschine.

6 Der Teig ist perfekt geknetet, wenn alle Flüssigkeit eingearbeitet ist, er sich trocken anfühlt und nicht glänzt. Beginnt er zu glänzen und feuchter zu werden, ist er überknetet, dann nicht mehr weiterkneten. Befinden sich hinterher Luftblasen im Brot, wurde der Teig vermutlich nicht gründlich genug geknetet.
Nun den Teig abgedeckt im Warmen gehen lassen. Dabei aber darauf achten, dass es nicht zu warm wird. Je länger man dem Teig zum Gehen gibt, desto weniger Hefe benötigt man.
TIPP: Je nach Rezept lassen Sie den Teig auch im Kühlschrank gehen, was wesentlich länger dauert, dafür aber eine feinere Krume, mehr Aroma und weniger Hefegeschmack zum Ergebnis hat. Auf diese Weise können Sie sich die Zubereitung zeitlich schön aufteilen und zum Beispiel abends einen Hefeteig kneten, den Sie am nächsten Morgen ohne weitere Knetarbeit nur noch zu lecker knusprigen Brötchen backen.

7 Nachdem der Teig auf das Doppelte aufgegangen ist, erneut durchkneten. Geht der Teig zu lange, kann er wieder zusammenfallen. Auch das gebackene Brot ist dann innen eingesunken. Den Teig einfach nochmals durchkneten und erneut gehen lassen.

8–10 Den Teig wie gewünscht formen und in eine Form geben oder freischieben, also ohne Form direkt in den Ofen auf einen Rost legen. Dafür den Teig auf einen Backschieber legen, mit dem Schieber in den Ofen schieben und dann den Schieber herausziehen. Brot im vorgeheizten Ofen backen und eine mit Wasser gefüllte Fettpfanne einschieben. Für eine schöne, krosse Kruste mit sehr hoher Backtemperatur beginnen und im Laufe des Backprozesses reduzieren (je nach Brotrezept). So bildet sich schnell eine Teighaut.
TIPP: Sie können auch vorab eine Fettpfanne miterhitzen. Dann eine Tasse Wasser in die jetzt heiße Fettpfanne gießen (Vorsicht, es dampft stark!).

HALTBARKEIT

Reine Weizenbrote aus Hefeteig halten sich etwa 2 Tage frisch. Mit einem Roggenanteil halten sie sich etwas länger (siehe Brot aufbewahren Seite 22).

Grant-Laib

Ein Brot, das ganz ohne Kneten auskommt, aber einige Zeit braucht. Der Teig ist sehr weich. Keine Sorge, das muss so sein!

BROT OHNE KNETEN

- *450 g Weizenmehl Type 405*
- *¼ TL Trockenhefe*
- *2 TL Salz*
- *Mehl für die Arbeitsfläche und zum Bestäuben*

Für 1 Brot (ca. 750 g).

1. Mehl, Hefe und Salz in einer Schüssel mischen. 350 ml Wasser zugeben und mit den Händen vermischen.

2. Schüssel mit einem Deckel abdecken und den Teig im Warmen 12–18 Stunden gehen lassen. Wenn der Teig Blasen wirft, den sehr weichen Teig mit einem Teigschaber auf eine gut bemehlte Arbeitsfläche geben. Der Teig verläuft dann fast, aber das ist genau richtig. Den Teig mit dem Teigschaber mehrmals übereinanderfalten, etwas Mehl darüberstreuen und mit einem Tuch bedeckt 15 Minuten gehen lassen.

3. Die Schüssel oder einen Brotgärkorb mit einem Tuch auslegen und gut bemehlen. Dann den nochmals gegangenen Teig mit dem Teigschaber einfüllen, wieder mit einem Tuch abdecken und 2–3 Stunden gehen lassen.

4. Backofen auf 250 °C vorheizen, dabei einen schweren Topf (aus Gusseisen oder Römertopf) mit Deckel in den Ofen stellen und mitaufheizen.

5. Den heißen Topf aus dem Ofen nehmen, den Boden leicht bemehlen und den Teig hineingleiten lassen, durch Hin- und Herbewegen darin verteilen.

6. Auf dem Blech auf der mittleren Schubleiste des Ofens 50 Minuten backen. Nach 30 Minuten den Deckel abnehmen.

Dieses Vollkornbrot ist eine Zufallsentdeckung von Doris Grant im Jahr 1944, das wegen seiner einfachen Zubereitung, seines nussigen Geschmacks und der guten Verdaulichkeit berühmt wurde.

GRANT-LAIB

- *700 g Weizenvollkornmehl*
- *1 TL Salz*
- *30 g frische Hefe*
- *1 TL flüssiger Honig*
- *1 TL Sesam*

Für 1 Brot (ca. 1 kg).

1. Mehl und Salz in einer Schüssel vermischen. Eine Mulde in die Mitte drücken.

2. Hefe in eine kleine Schüssel bröckeln, Honig und 150 ml lauwarmes Wasser zufügen und 10 Minuten gehen lassen.

3. Die Hefeflüssigkeit zusammen mit 250 ml lauwarmem Wasser in die Mulde gießen und alles mit den Händen 1–2 Minuten vermischen.

4. Teig in eine gefettete Kastenform geben und abgedeckt 25–30 Minuten gehen lassen, bis der Teig bis ca. 1 cm unter dem Rand aufgegangen ist.

5. Ofen auf 200 °C vorheizen und eine Fettpfanne in die untere Schubleiste einschieben. Teig mit Sesam bestreuen und auf dem Blech auf der mittleren Schubleiste 35–40 Minuten backen. Eine Tasse Wasser in die jetzt heiße Fettpfanne gießen (Vorsicht, es dampft stark!).

Tipp: Auch mit der nussigen Note von Dinkelvollkornmehl sehr gut!

Um eigene Brötchen zu backen, geht es nicht einfacher!

EINFACHE WEIZENBRÖTCHEN

1 kg Weizenmehl Type 550
1 Würfel Hefe (42 g)
1 TL Salz

Für etwa 16 Brötchen.

1. Mehl in eine Schüssel geben. Die Hefe zerbröckeln und in 5 EL lauwarmem Wasser auflösen. Mehl und Hefewasser mit 550 ml lauwarmem Wasser und Salz mit den Knethaken des Handrührgeräts oder der Küchenmaschine, dann mit den Händen zu einem glatten Teig verkneten. An einem warmen Ort 10 Minuten abgedeckt gehen lassen.

2. Teig mit den Händen nochmals kräftig durchkneten und weitere 15 Minuten gehen lassen. Den Teig in etwa 16 Portionen teilen und zu Brötchen formen. Brötchen 30–45 Minuten gehen lassen. In jedes Brötchen mit dem Messerrücken eine Rille drücken und umdrehen.

3. Den Backofen auf 225 °C vorheizen und eine Fettpfanne in die untere Schubleiste einschieben. Die Brötchen mit Wasser bestreichen und im vorgeheizten Backofen auf dem mit Backpapier belegten Blech auf der mittleren Schubleiste 15–20 Minuten backen. Eine Tasse Wasser in die jetzt heiße Fettpfanne gießen (Vorsicht, es dampft stark!).

Hier kann man die Salzmenge auf den Brezeln selbst bestimmen. Auch lecker mit Mohn oder Sesam.

SALZBREZELN

500 g Weizenmehl Type 550
1 Tütchen Trockenhefe (7 g)
½ TL Salz
1 Prise Zucker
250 ml Milch
75 g Butter
1 Ei
1 Eigelb
1 EL Sahne
50–75 g grobes Meersalz

Für 15 Brezeln.

1. Mehl, Hefe, Salz und Zucker in einer Schüssel vermischen. Milch in einem kleinen Topf lauwarm erwärmen und die Butter darin zerlassen. Zusammen mit dem Ei zu dem Mehl geben und alles mit den Knethaken des Handrührgeräts oder der Küchenmaschine zu einem glatten Teig verkneten. Zugedeckt an einem warmen Ort ca. 40 Minuten gehen lassen.

2. Den Teig mit bemehlten Händen nochmals gut durchkneten. Teig dritteln und jedes Drittel nochmals in fünf Teile teilen. Zu in der Mitte dickeren Rollen von 30–35 cm Länge und diese zu Brezel formen. Jede Rolle in Form eines umgedrehten Us auf die Arbeitsfläche legen und die Teigenden zweimal miteinander verschlingen. Dann die Teigenden auf den obenliegenden, dickeren Teigstrang festdrücken.

3. Eigelb und Sahne verquirlen. Die Brezeln damit bestreichen und mit Meersalz bestreuen.

4. Backofen auf 200 °C vorheizen. Die Brezeln auf zwei mit Backpapier ausgelegte Backbleche setzen und nacheinander 18–20 Minuten backen.

Fladenbrot, Seite 33

Einfache Weizenbrötchen

Ein wunderbar weiches Brot.

EINFACHES WEISSBROT

1 Würfel frische Hefe (42 g)
1 TL Zucker
500 g Weizenmehl Type 550
1 TL Salz

Für 1 Brot (ca. 500 g).

1. Hefe in eine kleine Schüssel bröckeln, Zucker und 150 ml lauwarmes Wasser zufügen und 10 Minuten gehen lassen.

2. Mehl in eine Schüssel geben und in die Mitte eine Mulde drücken.

3. Die Hefeflüssigkeit zusammen mit 100 ml lauwarmem Wasser in die Mulde gießen, das Salz zugeben und alles mit den Händen so lange kneten, bis sich der Teig gut von der Arbeitsfläche löst.

4. In eine Schüssel legen und abgedeckt etwa 2 Stunden gehen lassen.

5. Den Backofen auf 220 °C vorheizen und eine Fettpfanne in die untere Schubleiste einschieben. Den Teig zu einem Brotlaib formen und auf dem mit Backpapier belegten Blech auf der mittleren Schubleiste etwa 40 Minuten backen. Eine Tasse Wasser in die jetzt heiße Fettpfanne gießen (Vorsicht, es dampft stark!).

Dieses Brot wird mit einem Poolish angesetzt, es wird dadurch schön aromatisch.

WURZELBROT

Für den Poolish:

275 g Weizenmehl Type 550
30 g Vollkornmehl
6 g frische Hefe

Für den Teig:

300 g Mehl Type 550
1 EL Salz
Poolish (siehe oben)
Roggenmehl zum Bemehlen

Für 2 Brote (à ca. 400 g).

1. Die Zutaten für den Poolish mit 300 ml Wasser gut verrühren und 1–2 Tage gehen lassen.

2. Wenn der bläschendurchsetzte Poolish beginnt, wieder zusammenzufallen, mit den Zutaten für den Teig und 120 ml Wasser zu einem weichen Teig vermischen. Abgedeckt 1 Stunde 30 Minuten im Warmen gehen lassen. Nach der Hälfte der Zeit einmal kräftig durchkneten.

3. Teig zu zwei dicken Rollen formen und mit Roggenmehl kräftig bemehlen. Abgedeckt 20 Minuten gehen lassen. Dann wieder mit Roggenmehl bemehlen und die Rollen in sich etwas verdrehen. Wieder 45 Minuten gehen lassen.

4. Backofen auf 250 °C aufheizen und eine Fettpfanne in die untere Schubleiste einschieben.

5. Brot auf dem mit Backpapier belegten Blech auf der mittleren Schubleiste backen. Eine Tasse Wasser in die jetzt heiße Fettpfanne gießen (Vorsicht, es dampft stark!). Nach 10 Minuten auf 220 °C reduzieren und weitere 20–25 Minuten backen.

Das klassische französische Baguette mit knuspriger Kruste und hellem, weichem Innern.

BAGUETTES

10 g Hefe
500 g Weizenmehl Type 550
plus 2–3 TL Mehl zum Bearbeiten
2–3 TL Salz

Für 3 Baguettes (à 250 g).

1. Hefe zerbröckeln, 3 g davon mit 100 g Mehl, 1 TL Salz und 75 ml lauwarmem Wasser zu einem glatten Teig verkneten. Die restliche Hefe kühl stellen. Den Teig zugedeckt zuerst an einem warmen Ort 3–4 Stunden gehen lassen, bis er sich sichtbar vergrößert hat, dann über Nacht in den Kühlschrank stellen.

2. Am nächsten Tag restliches Mehl und die 7 g zerbröckelte Hefe mit 250 ml lauwarmem Wasser verkneten. Dann restliches Salz und die angerührte Mehl-Hefe-Mischung zufügen und alles zu einem glatten Teig verkneten. 1 Stunde zugedeckt gehen lassen.

3. Teig auf einer bemehlten Arbeitsfläche in 3 längliche Stücke teilen. 10 Minuten ruhen lassen, dann zu Baguettes formen: Eine Rolle formen, diese flach etwa 30 cm lang ausrollen, dann von der langen Seite her übereinanderklappen und wieder ausrollen. Die Baguettes mit Abstand zueinander auf ein mit Backpapier belegtes Backblech legen und erneut 1 Stunde gehen lassen.

4. Backofen auf 235 °C vorheizen und eine Fettpfanne in die untere Schubleiste einschieben. Baguettes an der Oberfläche mit einem scharfen Messer mehrmals diagonal einschneiden. In den Ofen schieben und auf der mittleren Schubleiste 22–25 Minuten knusprig backen. Eine Tasse Wasser in die jetzt heiße Fettpfanne gießen (Vorsicht, es dampft stark!).

Zum Füllen, Belegen, Dazuessen.

FLADENBROTE

500 g Weizenmehl Type 550
1 Tütchen Trockenhefe (7 g)
1 EL Salz
1 TL Zucker
100 ml Olivenöl
2 TL Sesam
2 TL Schwarzkümmel

Für 2 Fladenbrote (à ca. 400 g).

1. Mehl, Hefe, Salz und Zucker vermischen. 250 ml lauwarmes Wasser und das Öl zufügen und 5 Minuten gründlich verkneten.

2. An einem warmen Ort 45 Minuten gehen lassen. Dann nochmals durchkneten, den Teig teilen und zu zwei Kugeln formen. Auf einer bemehlten Arbeitsfläche zu ca. 1 cm dicken Fladen ausrollen.

3. Auf ein mit Backpapier belegtes Blech legen und 15 Minuten gehen lassen. Dann den Backofen auf 250 °C vorheizen und eine Fettpfanne in die untere Schubleiste einschieben.

4. Die Fladen mit Wasser besprühen und mit einer Gabel mehrmals einstechen. Einen Fladen mit Sesam, den anderen mit Schwarzkümmel bestreuen oder die Saaten auf beiden Fladen verteilen.

5. Im vorgeheizten Backofen auf dem mit Backpapier belegten Blech auf der mittleren Schubleiste 15–20 Minuten backen. Eine Tasse Wasser in die jetzt heiße Fettpfanne gießen (Vorsicht, es dampft stark!).

Brote aus Sauerteig

Brote aus Sauerteig brauchen Zeit. Der Sauerteig gärt mehrere Tage, während derer er regelmäßig gefüttert werden muss. Hat man dann noch etwas Fingerspitzengefühl entwickelt, wird man mit wunderbarem und lange haltbarem Brot belohnt.

Im Gegensatz zu Weizenteig und seinen verwandten Teigen aus Dinkel, Emmer, Einkorn oder Kamut braucht Roggenteig beim Backen Säure, die ihm die Hefe nicht bieten kann. Die Aufgabe übernimmt der Sauerteig. Auch Weizen- und andere Brote gelingen mit Sauerteig, umgekehrt gelingt Roggenbrot aber nicht mit Hefe.

SAUERTEIG

Sauerteig kann nicht einfacher sein: Mehl, Wasser und Zeit: Sauerteig entsteht durch die Gärung und Säuerung von Roggenmehl bzw. -schrot in Wasser, auch Sauerteig aus Weizen, Dinkel, Gerste, Hafer und Reis sind möglich. Bei der richtigen Temperatur nimmt der angesetzte Getreidebrei Bakterien und Hefepilze aus der Luft auf bzw. hat sie schon im Mehl mitgeliefert bekommen. Die Hefe bewirkt eine alkoholische Gärung mit Kohlendioxidentwicklung, während Bakterien etwa die gleiche Menge Milch- und Essigsäure produzieren. Milchsäurebakterien sind schon im Roggen vorhanden, durch den Zusatz von anderen milchsäurehaltigen Lebensmitteln wie Joghurt oder Buttermilch kann man die Säuerung beschleunigen, so wie der Zusatz von Hefe die alkoholische Gärung beschleunigt. Wer Geduld und die richtigen Temperaturvoraussetzungen hat, kommt mit den beiden Komponenten Roggen und Wasser aus.

DAS PASSIERT IM SAUERTEIG

Die Wirkung des Sauerteigansatzes beruht auf den beiden Komponenten Kohlendioxid, das von der Hefe, die im Sauerteigprozess entstanden ist, gebildet wird, und der Säure, die die Bakterien beisteuern. Wie beim Hefeteig sorgt das Gas für das Aufgehen des Teiges. Die Säure dagegen steuert Aroma und Geschmack bei und verbessert die Haltbarkeit. Beim Roggen hat sie noch eine ganz besondere Aufgabe, denn bei ihm bewirkt sie erst die Backfähigkeit. Seine Stärke ist anders aufgebaut als die von Weizen und reagiert schon bei niedrigeren Temperaturen mit Wasser. Durch die Anwesenheit von Enzymen wird die sich ausbildende Brotstruktur geschwächt. Die Versäuerung schwächt nun wiederum diese Enzyme und stärkt damit die Brotstruktur, die sonst glitschig wird. Gleichzeitig werden Enzyme gebildet, die die Phytinsäure aus dem Getreide abbauen. Phytinsäure hemmt die Aufnahme von Mineralstoffen. Wird sie abgebaut, dann ist die Verfügbarkeit von Mineralstoffen wieder verbessert, der Brotgenuss wird gesünder.

WELCHE SAUERTEIGE GIBT ES?

Bäcker kennen viele verschiedene Arten der Sauerteigführung, die unterschiedliche Aromaentwicklungen befördern: Klassische Dreistufenführung, Berliner Kurzsauerführung, Detmolder Einstufenführung und viele mehr. Bei manchen muss Hefe zugesetzt werden, andere werden nur mit Weizen-, Dinkel- oder Roggenmehl bzw. -schrot angesetzt.

Die klassische Sauerteigführung besteht aus drei Stufen, in denen jeweils in zeitlichen Abständen weiteres Mehl oder Schrot und Wasser zugegeben wird. Man fördert gezielt die Entwicklung bestimmter erwünschter Organismen.

FERTIGE SAUERTEIGANSÄTZE

Sauerteigansätze kann man auch kaufen. Flüssigen Sauerteig bekommt man in Tütchen, standardmäßig mit 150 g Inhalt. Dieser kann sofort weiterverarbeitet werden oder durch Fütterung die Basis für weiteren Sauerteig sein. Feste Sauerteige von der Konsistenz von Brotteig kann man beim Bäcker bekommen. Das sind schon weiterentwickelte Sauerteige (Anstellsauer bzw. Vollsauer), die man zur Verwendung mit lauwarmem Wasser zu einem dickflüssigen Brei rührt, den man entsprechend weiterverwendet. Sauerteigkulturen in Pulverform setzt man ebenfalls vor Gebrauch mit Wasser an.

Die frischen Sauerteigansätze sind meistens noch nicht so backstark wie ältere, schon mehrmals wieder angefütterte Teige. Daher gibt man besser zusätzlich Hefe zum Teig, damit er zuverlässig aufgeht, oder füttert den Ansatz zunächst an, bevor man ihn verwendet.

Versäuerung *Damit ein gutes Sauerteigbrot entstehen kann, muss der Roggenanteil des Brotes zu 30 bis 50 Prozent versäuert werden. Das bedeutet, dass dieser Anteil zu Sauerteig vergoren werden muss. Für Mischbrote berücksichtigt man lediglich den Roggenmehlanteil bei der Berechnung. Beispiel: Ein Mischbrot mit 40 Prozent Roggen und 60 Prozent Weizen. Der zu versäuernde Anteil soll 50 Prozent sein. Da sich das nur auf den Roggenanteil bezieht, benötigt man also 20 Prozent der gesamten Teigmenge als Sauerteig.*

NATURSAUER, KUNSTSAUER

Natursauer ist identisch mit Sauerteigansatz und ist ein Begriff aus dem Bäckereiwesen. Wird mit Kunstsauer gebacken, dann handelt es sich nicht um einen natürlich angesetzten und gegorenen Ansatz aus Mehl bzw. Schrot und Wasser, sondern um eine Mischung aus Mehl und Säuren, die die Wirkung des Sauerteigs imitieren soll, aber sehr viel schneller und bequemer für den Bäcker ist.

SAUERTEIGANSATZ

Voraussetzung für das Backen mit Sauerteig ist, dass man einen Sauerteigansatz zur Verfügung hat. Möchte man diesen selber ansetzen, muss man gründlich vorausplanen, denn er braucht vier bis fünf Tage bis zur Einsatzbereitschaft. Wie bei Hefeteig sollte man im Warmen arbeiten, denn nicht nur der Ansatz, sondern auch der Brotteig lieben es warm. Aber ebenso wie dem Hefeteig tut es auch dem Sauerteig gut, eine Weile im Kühlen zu ruhen, damit sich die Aromen besser entwickeln können.

SAUERTEIG AUFBEWAHREN UND WEITERVERWENDEN

Sauerteigansätze kann man unbegrenzt benutzen und immer weiterfüttern. Sie werden mit jedem Mal besser, aromareicher und triebfähiger. Manche Bäcker hüten ihre jahrzehntealten Sauerteigkulturen wie einen Schatz.

Hat man einmal Sauerteig angesetzt, nimmt man 50 bis 100 g von der fertigen Kultur ab und bewahrt sie in einem Schraubdeckelglas fürs nächste Mal bis zu 10 Tage im Kühlschrank auf. Wenn man wieder Brot backen will, füttert man den wieder auf Zimmertemperatur gebrachten Ansatz wie nebenstehend an. Will man den Ansatz länger aufbewahren, eignen sich Verkrümeln, Einfrieren oder Trocknen. Zum Verkrümeln gibt man die gleiche Menge Mehl zu und verreibt den Teig zwischen den Fingern. In dieser Form hält er einige Wochen. Den Krümelsauer zur Verwendung mit der gleichen Menge lauwarmem Wasser ein bis zwei Stunden stehen lassen, dann weiterverarbeiten.

Einfrieren kann man ihn portionsweise bis zu einem Jahr in Eiswürfelbehältern, allerdings stirbt ein Teil der Bakterien ab und der wieder aufgetaute Ansatz braucht einige Tage, bis er sich erholt hat und wieder einsatzfähig ist. Die beste Methode ist das Trocknen. So hält er sich einige Jahre. Dazu streicht man ihn mit einem Teigschaber auf Backpapier aus, wo man ihn ein bis zwei Tage trocknen lässt. Dann löst man ihn vom Papier und bewahrt ihn grob zerkrümelt oder fein zerrieben dunkel in einem verschlossenen Glas auf. Vor dem Einsatz mit Wasser auflösen, nach zwei Stunden wie gewohnt füttern.

SAUERTEIG PFLEGEN

Zwei Arten gibt es, den Sauerteig zu pflegen und immer weiterzuverwenden: Bei jedem Backen hat man die Möglichkeit, entweder vom fertigen Brotteig einen Teil abzunehmen und als Sauerteig bis zum nächsten Backen aufzupäppeln, also ihn regelmäßig zu füttern. Das bedeutet allerdings, dass man alle Brotzutaten, also alles, was in das Brot kommt, auch in seinem Sauerteig hat. Wer das nicht möchte, weil das den Ansatz auf Dauer geschmacklich verändern kann, geht anders vor: Nicht die ganze Menge des angesetzten Sauerteigs aus dem Kühlschrank verwenden, sondern einen Teil, etwa ein Fünftel bis ein Sechstel davon abnehmen und mit etwa der vierfachen Menge an Mehl und Wasser verrühren. Über Nacht (8 bis 15 Stunden) im Warmen reifen lassen, bis eine deutliche Wölbung zu erkennen ist. Soll der Teig danach nicht gleich wieder zum Backen verwendet werden, lässt man ihn kürzer im Warmen. Er kann dann 7 bis 8 Tage im Kühlschrank auf den nächsten Einsatz warten.

Backferment Dieser spezielle Sauerteig wird hauptsächlich im Biobereich verwendet und entsteht auf Bienenhonigbasis mit Weizen. Die Hefen im Backferment stammen direkt von der Oberfläche der Pflanzen, von denen die Bienen den Honig gesammelt haben, und sind damit sehr heterogen. Backferment säuert Brote nur mild mit einem Schwerpunkt auf der Milchsäure und kann für alle Getreidearten zum Backen verwendet werden. Es sorgt für einen guten Abbau der Phytinsäuren aus dem Getreide. Dieser Inhaltsstoff hat die negative Eigenschaft, wertvolle Mineralstoffe zu binden, die dem menschlichen Körper dann nicht mehr zur Verfügung stehen. Backferment ist als Granulat erhältlich, das in Wasser aufgelöst wird. Brote mit Backferment werden häufig besser vertragen als solche mit Hefe- oder dem klassischen Sauerteig.

BROTE AUS SAUERTEIG

GERÄTE

große Schüssel, evtl. Handrührgerät oder Küchenmaschine, Brotgärkörbe, Backformen, Teigschaber, Tuch

ZUTATEN

Sauerteig, Mehl, Flüssigkeit, Salz, Zutaten nach Rezept, evtl. noch Hefe

ZUBEREITUNG SAUERTEIG

HINWEIS: Beim Arbeiten sollten Sie darauf achten, dass Ihre Hände immer sauber und warm sind. Auch der Raum, in dem Sie arbeiten, sollte zugfrei sein.

1–3 100 g Roggenvollkornmehl bzw. -feinschrot mit lauwarmem Wasser (etwa 200 ml) zu einem dickflüssigen Teig verrühren. An einem warmen Ort 24 bis 28 Stunden stehen lassen, ideal ist eine Temperatur von 22 bis 24 °C.

4–5 Nach dieser Zeit wieder mit der gleichen Menge Mehl bzw. Schrot etc. füttern, also gut unterrühren.

6–7 Wieder 24 Stunden stehen lassen. Das wiederholt man so lange, bis sich auf der Oberfläche Schaum gebildet hat und der Ansatz angenehm säuerlich riecht, meistens ist das nach drei Mal der Fall. Der ganze Prozess dauert 4 bis 5 Tage. Auf unserem Bild 6 haben wir verschiedene Reifestufen des Sauerteiges abgebildet.

TIPP: Etwas schneller geht es, wenn Sie in den ersten Ansatz noch 3 EL Joghurt oder Buttermilch und wenig Hefe zugeben.

HINWEIS: Schimmel kann entstehen, wenn nicht hygienisch gearbeitet wurde. Der Sauerteig muss weggeworfen werden. Für den nächsten Ansatz die Schüssel mit Essig auswaschen.

Den sehr viel milderen Weizen- oder Dinkelsauerteig setzt man am besten mit dem Grundansatz für Roggensauerteig an, denn dieser bringt schon die notwendigen Bakterien mit, die Weizen oder Dinkel nicht besitzen. Man füttert also einen vorhandenen Sauerteig mit Weizen oder Dinkel. Die Vorgehensweise ist dann die gleiche.

8

9

10

11

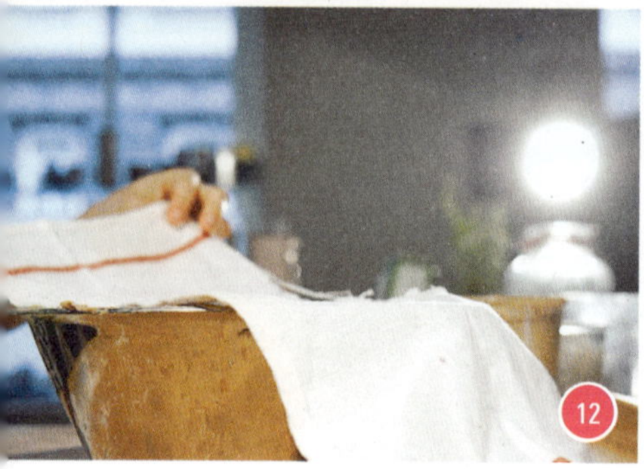

12

13

ZUBEREITUNG BROT

Sauerteigansatz mit Mehl und Wasser auf die im Rezept angegeben Menge füttern und die im Rezept angegebene Zeit vergären lassen. Diese Zeit muss beim Backen eingeplant werden. Für reines Roggenbrot müssen mindestens 30 % der Mehlmenge versäuert werden, für Mischbrote entsprechend weniger. Ist im Rezept bereits eine große Menge an Sauerteig angegeben, so muss diese vor der eigentlichen Teigbereitung aus dem Sauerteigansatz vergoren werden.

8–10 Sauerteig nach dem jeweiligen Rezept mit Mehl, Wasser, Salz und eventuell noch weiteren geschmacksgebenden Zutaten mischen, nach Bedarf auch etwas Hefe zugeben. Sauerteig braucht Wärme, daher immer lauwarmes Wasser verwenden. Den restlichen Sauerteig, den Sie nicht verwenden, wieder kühl aufbewahren.

TIPP: Der erste, noch junge Sauerteig ist häufig nicht triebfähig genug, um alleine ein Brot zum ausreichenden Aufgehen zu bewegen. Deshalb gibt man zusätzlich Hefe zu. Je öfter der Sauerteig benutzt wird, desto mehr eigene Hefen und damit Triebkraft entwickelt er. Bei jedem Backen gibt man etwas weniger Hefe zu, bis man sie irgendwann ganz weglassen kann. Trockensauerteig hat in der Regel ebenfalls zu wenig Triebkraft und braucht die Unterstützung durch Hefezugabe.

11 Teig mit Roggen muss nicht gründlich geknetet, sondern nur vermischt werden, bei Weizen oder Dinkel ist kräftiges Kneten nötig, um den Kleber auszubilden. Der Teig muss glatt, darf aber nicht zu feucht sein, sonst geht das Brot nur schlecht auf.

12 Den Teig zu einer Kugel formen und mit einem feuchten warmen Tuch abdecken. Den Teig zunächst 30 Minuten bei Zimmertemperatur, etwa 21 °C, ruhen lassen. Die Ruhezeit sollte man nicht überschreiten, sonst beginnt der Teig intensiver zu gehen.

13–15 Danach je nach Getreideart nochmals gut vermischen bzw. 5 Minuten rundwirken: mit den Handballen mit Druck von sich wegschieben, dabei den Teig immer wieder etwas drehen (siehe Seite 21). Gründliches

Kneten ist nötig, unter anderem damit später keine Löcher im Brot sind.

16 Nun den Teig 2 bis 3 Stunden im Warmen bei ca. 28 °C gehen lassen, es kann bis zu 5 Stunden dauern, bis der Teig auf das Doppelte seiner ursprünglichen Größe aufgegangen ist. Dabei mit einem bemehlten Tuch bedecken. Damit der Teig in dieser Zeit seine Form behält, legt man ihn entweder in Brotgärkörbe oder in Backformen, die sauerteigstabil sind oder die man mit Backpapier auslegt.
TIPP: Geht der Teig nicht ausreichend auf, dann waren die Temperaturen der Zutaten oder der Umgebung entweder zu gering oder die Enzyme der Hefe wurden durch zu hohe Temperaturen (über 40 °C) zerstört. Geht er zu lange, sinkt das Brot beim Backen ein. Abhilfe schaffen Sie mit einem nochmaligen Durchkneten des Teiges und Gehenlassen.

17 Brot aus der Form nehmen und auf ein mit Backpapier ausgelegtes Blech legen.

18 Gebacken wird nach Temperatur- und Zeitangabe im Rezept. Man sollte seinen Ofen gut kennen. Zunächst bei sehr starker Temperatur, damit sich schnell eine Teighaut bildet, nach einiger Zeit wird die Temperatur reduziert. Wichtig ist die ausreichende Befeuchtung durch Wasser.
TIPP: Entweder besprüht man das Brot oder man schiebt eine Fettpfanne unten in den Ofen, heizt diese mit auf und gießt dann zum Backstart eine Tasse Wasser hinein. Vorsicht, es dampft stark! Das Brot bekommt so eine herrliche Kruste.
TIPP BROTBACKAUTOMAT: Bei manchen Brotbackautomaten sind die automatisch vorgegebenen Gehzeiten für Sauerteig zu kurz. Die Stufe „französisch" ist am besten geeignet.

Das Brot nach der Backzeit herausholen und einige Stunden mit einem Geschirrtuch bedeckt abkühlen lassen.

HALTBARKEIT

Brote aus Roggenmischteig halten sich etwa 1 Woche frisch, solche aus reinem Roggen sogar noch länger. Brote aus Weizen und Dinkel halten sich 3 bis 5 Tage.

Kartoffeln machen ein Brot schön saftig.

KARTOFFEL-SCHROT-BROT

150 g Sauerteig
450 g grober Roggenschrot
500 g Kartoffeln
500 g Weizenvollkornmehl
1 gestr. TL Kümmel, gemahlen
1 gestr. TL Koriander, gemahlen

Für 2 Brote (à ca. 1 kg).

1. Den Sauerteig mit 200 g Roggenschrot und 500 ml Wasser verkneten und abgedeckt bei Zimmertemperatur 18 Stunden stehen lassen.

2. Kartoffeln waschen und mit Schale in Salzwasser weich kochen. Dann abkühlen lassen, pellen, durch die Kartoffelpresse drücken und mit 500 ml Wasser verrühren. Mit dem Sauerteig vermischen.

3. Restlichen Roggenschrot zugeben und den Teig 8 Stunden im Warmen gehen lassen, bis er Blasen wirft und angenehm säuerlich riecht.

4. Zusammen mit den restlichen Zutaten 5 Minuten kräftig verkneten.

5. Zwei Backformen mit Backpapier auslegen, den Teig teilen, nochmals verkneten und in die Formen geben. 1 ½ bis 2 Stunden abgedeckt gehen lassen.

6. Backofen auf 200 °C vorheizen und eine Fettpfanne in die untere Schubleiste einschieben. Brote mit Wasser einsprühen und auf dem mit Backpapier belegten Blech auf der mittleren Schubleiste 1 Stunde backen. Eine Tasse Wasser in die jetzt heiße Fettpfanne gießen (Vorsicht, es dampft stark!).

Voller Ballaststoffe, kräftig und gesund.

ROGGENVOLLKORNBROT

100 g Sauerteig
350 g Roggenvollkornmehl
150 g Weizenvollkornmehl
1 ½ TL Salz
evtl. 10 g Hefe
Kartoffelstärke zum Bestäuben

Für 1 Brot (ca. 1 kg).

1. Sauerteig mit 150 g Roggenvollkornmehl und 150 ml lauwarmem Wasser verkneten und leicht abgedeckt 18 Stunden bei Zimmertemperatur reifen lassen. Dann 250 g Sauerteig abwiegen, übrigen Sauerteig (ca. 100 g) kühl aufbewahren.

2. Abgewogenen Sauerteigansatz, Weizenvollkornmehl, übriges Roggenvollkornmehl und Salz mischen. Wenn Hefe verwendet wird, diese zerbröckeln, zufügen und ca. 5 Minuten zu einem glatten Teig verkneten, dabei nach und nach 225 ml lauwarmes Wasser zugeben. Wenn nötig, etwas mehr Wasser oder Roggenmehl zugeben.

3. Teig 15 Minuten zugedeckt ruhen lassen. Dann auf einer bemehlten Arbeitsfläche zu einem runden oder länglichen Brot kneten. Schüssel oder einen Brotgärkorb (19 cm Ø) mit Kartoffelstärke leicht bestäuben und den Teig hineingeben. Zugedeckt mind. 1 Stunde gehen lassen. Backofen auf 250 °C vorheizen und eine Fettpfanne in die untere Schubleiste einschieben.

4. Brot vorsichtig auf ein mit Backpapier belegtes Blech stürzen, an der Oberfläche mehrmals 1 cm tief einschneiden. 10 Minuten auf der mittleren Schubleiste backen. Eine Tasse Wasser in die jetzt heiße Fettpfanne gießen (Vorsicht, es dampft stark!) oder das Brot vor und während des Backens mehrmals mit Wasser besprühen.

5. Dann Ofentemperatur auf 200 °C reduzieren und weitere 40–45 Minuten backen, evtl. zum Ende der Backzeit mit Alufolie abdecken, damit die Kruste nicht zu dunkel wird.

Jede Menge Schrot und Korn, dadurch kräftig im Biss.

SECHSKORNBROT

- *175 g Sechskornschrot*
- *500 g Sauerteig*
- *175 g Roggenvollkornmehl und etwas zum Bestäuben*
- *300 g grobes Roggenvollkornschrot*
- *100 g Sonnenblumenkerne*
- *1 EL Salz*
- *2 TL gemahlenes Brotgewürz (Kümmel, Koriander, Fenchel, Anis, Schabzigerklee etc.)*
- *75 g grobe Haferflocken*

Für 2 Brote (à 750 g).

1. Am Vorabend das Sechskornschrot in einer hitzefesten Schüssel mit kochendem Wasser überbrühen, sodass es gerade bedeckt ist, und gut verrühren.

2. Am nächsten Tag in einer großen Schüssel Sauerteig, Roggenmehl, Sechskorn- und Roggenschrot sowie Sonnenblumenkerne mit dem Knethaken des Handrührgeräts oder der Küchenmaschine vermischen. Nach und nach so viel Wasser dazugeben, dass die Maschine den Teig noch gut verarbeiten kann, etwa wie bei Rührteig.

3. Salz und Brotgewürz in 75 ml Wasser auflösen, zusammen mit den Haferflocken auf den Teig geben und unterrühren.

4. Zwei sauerteigstabile Kastenformen einfetten, die Formen zu höchstens der Hälfte füllen und die Oberflächen mit kaltem Wasser bestreichen. An einem warmen Ort 2–3 Stunden ruhen lassen, bis sich der Teig fast verdoppelt hat. Erneut mit Wasser bestreichen und mit Mehl bestäuben.

5. Den Backofen auf 250 °C vorheizen und eine Fettpfanne in die untere Schubleiste einschieben.

6. Brot 15 Minuten backen, dann Temperatur auf 200 °C reduzieren, eine Tasse Wasser in die jetzt heiße Fettpfanne gießen (Vorsicht, es dampft stark!), und nach 20 Minuten Backtemperatur auf 180 °C reduzieren. Noch 20–25 Minuten backen.

7. Das Brot noch einen Tag durchziehen lassen.

Das Brot, das sich durch große Haltbarkeit und Nahrhaftigkeit auszeichnet, war früher Soldatennahrung. Es ist ganz schnell gebacken.

KOMISSBROT

- *440 g Roggenmehl Type 1370 und etwas zum Bestäuben*
- *1 ½ EL Salz*
- *40 g Rübenkrautsirup*
- *20 g Roggenfärbemalz*
- *2 Tütchen Trockenhefe (14 g)*
- *200 g Sauerteig*

Für 1 Brot (ca. 1,5 kg).

1. Alle Zutaten mit 340 ml Wasser gründlich mit den Knethaken des Rührgeräts etwa 10 Minuten vermischen.

2. Den Teig 30–40 Minuten abgedeckt ruhen lassen.

3. Ofen auf 240 °C vorheizen. Die Fettpfanne auf die unterste Schubleiste einschieben.

4. Den Teig mit Wasser befeuchten und mit einem befeuchteten Teigschaber aus der Schüssel auf die mit Wasser besprühte Arbeitsplatte legen. Zu einer Rolle formen, die etwas glitschig ist.

5. Die Teigrolle schnell in eine gefettete Kastenform füllen. Mit reichlich Roggenmehl bestäuben.

6. Im heißen Ofen auf der mittleren Schubleiste 15 Minuten backen. Eine Tasse Wasser in die jetzt heiße Fettpfanne gießen (Vorsicht, es dampft stark!) und das Brot während des Backens mehrmals mit Wasser besprühen.

7. Die Ofentemperatur auf 210 °C reduzieren und 1 Stunde weiterbacken.

8. Brot vor dem Verzehr noch einen Tag ruhen lassen. Es hält sich 2 Wochen.

Buttermilch rundet den Geschmack ab.

DINKEL-BUTTERMILCH-BROT

300 g Dinkelvollkornmehl
250 g Roggenvollkornmehl
200 g Dinkelschrot
plus etwas für den Brotgärkorb
1 Türchen Trockenhefe (7 g)
3 TL Salz
250 ml Buttermilch
2 EL Ahornsirup
2 TL Balsamicoessig
150 g Sauerteig

Für 1 Brot (ca. 1,25 kg).

1. Mehle und Schrot mit Hefe und Salz mischen. 250 ml heißes Wasser, Buttermilch, Ahornsirup und Essig verrühren. Mit dem Sauerteig zum Mehlgemisch geben und zu einem weichen Teig verkneten. Zugedeckt 3 Stunden gehen lassen.

2. Wenn der Teig noch klebrig ist, evtl. noch etwas Mehl zum Teig geben und unterkneten. Zu einem länglichen Laib formen und nach Belieben in einen mit Dinkelschrot ausgestreuten Brotgärkorb (ca. 28 cm lang) legen. Nochmals abgedeckt 1 Stunde gehen lassen. Backofen auf 220 °C vorheizen und eine Fettpfanne in die untere Schubleiste einschieben.

3. Brot aus dem Korb auf ein mit Backpapier belegtes Backblech stürzen und im heißen Ofen 15 Minuten auf der mittleren Schubleiste backen. Eine Tasse Wasser in die jetzt heiße Fettpfanne gießen (Vorsicht, es dampft stark!) und das Brot während des Backens mehrmals mit Wasser besprühen.

4. Dann Ofentemperatur auf 200 °C reduzieren und weitere 40–45 Minuten backen.

Dunkles Bier für eine rustikale Farbe.

SAUERTEIG-BIER-BRÖTCHEN

75 g Sauerteig
350 g Weizenmehl Type 550
evtl. 1 Tütchen Trockenhefe (7 g)
1 TL Zucker
200 g Roggenmehl Type 1150
1 ½ TL Salz
1 EL gemahlenes Brotgewürz
100 ml warmes dunkles Bier
4 EL Öl
Mehl zum Bearbeiten
Butter für die Backbleche

Für 12 Brötchen.

1. Den Sauerteig mit 50 g Mehl, Hefe – wenn nötig, Zucker und gut 100 ml lauwarmem Wasser in einer Schüssel verrühren. Zugedeckt an einem warmen Ort 4 Stunden gehen lassen.

2. Restliches Weizenmehl, Roggenmehl, Salz und Brotgewürz grob mit dem angesetzten Sauerteig verrühren. Bier und 300 ml lauwarmes Wasser mit dem Öl mischen, zum Mehl geben und wenige Minuten kräftig verrühren, nach Bedarf noch etwas Wasser hinzufügen.

3. Den Teig auf der bemehlten Arbeitsfläche ca. 10 Minuten gründlich durchkneten. In einer bemehlten Schüssel zugedeckt an einem warmen Ort etwa 12 Stunden gehen lassen, bis sich das Volumen verdoppelt hat.

4. Aus dem Teig 12 Brötchen formen und auf 2 gefetteten Blechen zugedeckt nochmals etwa 1 Stunde ruhen lassen. Den Ofen auf 230 °C vorheizen und eine Fettpfanne in die untere Schubleiste einschieben. Die Brötchen mit einem scharfen Messer einmal einschneiden, mit Wasser besprühen. Eine Tasse Wasser in die jetzt heiße Fettpfanne gießen (Vorsicht, es dampft stark!). Auf der mittleren Schiene etwa 25 Minuten backen.

Sauerteig-Bier-Brötchen
Sechskornbrot, Seite 43

Brote mit Backpulver

Backpulver wird hauptsächlich für süße Brote und kuchenähnliche Brötchen wie Scones und Quarkbrötchen als Lockerungsmittel verwendet. Wie Hefe entwickelt es beim Backprozess Kohlendioxid, das für die Teiglockerung sorgt, aber keinen Alkohol.

Der große Vorteil: Brotteige mit Backpulver gehen schnell, weil sie keine Gehzeit brauchen. Der Teig kommt sofort in den Ofen. Allerdings entwickeln solche Brote weniger Aroma. Sie funktionieren mit Zutaten wie Fett und Milchprodukten am besten. Sie haben nicht den typischen Brotgeschmack, sondern erinnern eher an Kuchen.

BACKPULVER

Der Hauptbestandteil von Backpulver ist Natron, chemisch korrekt Natriumhydrogenkarbonat. Auch das reine Natron wird im Haushalt unter anderem als Backtriebmittel genutzt, Backpulver ist aber für diese Nutzung optimal entwickelt worden: Als Trennmittel wurde dem Natron Maisstärke zugefügt sowie Natriumdiphosphat, das die Abspaltung des Kohlendioxids aus dem Natron begünstigt. Durch Wärmezufuhr beim Backen und teilweise auch schon bei der Teigführung durch Flüssigkeitszugabe wird Kohlendioxid freigesetzt und bewirkt wie beim Hefeteig eine Teiglockerung.

Backpulver als Helfer in der Not *Seinen Ursprung hat das Backpulver in England. Es wurde entwickelt, um Brot wie auch andere Backwaren auf leichterem Wege industriell herstellen zu können. Damit gelang es, die Mengen an produzierten Backwaren erheblich zu erhöhen, was in Zeiten von Hungersnöten und Kriegen zu einem Siegeszug des Backpulvers führte. In Deutschland forschte im 19. Jahrhundert August Oetker mit dem englischen Backpulver und entwickelte es fort. Er ließ sich sein Rezept für das berühmte Backin patentieren und legte somit den Grundstein für die deutsche Massenproduktion von Backwaren.*

Und so geht's

GERÄTE

Küchenmaschine oder Handrührer, Schüssel

ZUTATEN

Backpulver, Mehl, Flüssigkeit, Eier oder Milchprodukte, evtl. Öl

ZUBEREITUNG

1 Zuerst die trockenen Zutaten in einer Schüssel mischen, dann alle anderen unterrühren.

2 Mit den Händen, dem Handrührgerät oder der Küchenmaschine den Teig mindestens 5 Minuten durchkneten, bei manchen Rezepten ist selbst das nicht notwendig.

3–5 Das Brot beliebig formen oder in eine backfeste Form geben. Sofort in den vorgeheizten Ofen schieben und backen. Bei zu hohen Backtemperaturen wölbt sich das Brot in der Mitte hoch, deshalb Temperaturangaben im Rezept beachten. Sinkt das Brot in der Mitte ein, war die Temperatur eventuell zu niedrig oder es wurde zu viel Backpulver oder zu viel Flüssigkeit verwendet. Geht es gar nicht auf, muss die Backpulvermenge beim nächsten Mal erhöht werden.

TIPP: Wenn das Brot zu fest wird, liegt das vermutlich an der Rührdauer. Entweder müssen Sie den Teig länger oder kürzer rühren. Hier hilft nur ausprobieren und Erfahrungen sammeln.

HALTBARKEIT

Brote, die mit Backpulver gebacken sind, halten sich maximal 2 Tage frisch (siehe Aufbewahrung Seite 22).

Ein schnelles Brot, das richtig schön deftig schmeckt.

KÜMMEL-BIER-BROT

500 g Weizenmehl Type 550
2 TL Backpulver
1 TL Salz
1 TL Kümmel, gemahlen
2 EL flüssiger Honig
250 ml Bier (Pils)
100 g Butter und etwas für die Form

Für 1 Brot (ca. 750 g).

1. Backofen auf 180 °C vorheizen und eine Fettpfanne in die untere Schubleiste einschieben. Mehl, Backpulver, Salz und Kümmel in einer Schüssel mischen. Den Honig mit dem Bier verrühren und unter die trockenen Zutaten rühren. Butter schmelzen.

2. Den Teig in eine gefettete Kastenform geben und die geschmolzene Butter darauf verteilen.

3. Brot im vorgeheizten Backofen auf der mittleren Schubleiste etwa 1 Stunde backen. Nach dem Aufheizen eine Tasse Wasser in die jetzt heiße Fettpfanne gießen (Vorsicht, es dampft stark!) und das Brot während des Backens mehrmals mit Wasser besprühen.

Geht schon in Richtung Kuchen und passt gut zu süßen Aufstrichen.

DINKEL-JOGHURT-BROT

400 g Dinkelmehl Type 630
200 g Dinkelvollkornmehl
1 EL Zucker
2 TL Salz
1 Päckchen Backpulver
1 Ei
425 g Joghurt

Für 1 Brot (ca. 1 kg).

1. Backofen auf 190 °C vorheizen und eine Fettpfanne in die untere Schubleiste einschieben. Mehle, Zucker, Salz und Backpulver in einer Schüssel mischen. Ei verquirlen und zusammen mit dem Joghurt unter die Mischung rühren.

2. Mit den Händen, dem Knethaken des Handrührgeräts oder der Küchenmaschine 5 Minuten kräftig kneten, bis der Teig elastisch ist und nicht mehr am Schüsselrand kleben bleibt.

3. Zu einem flachen Laib formen, auf ein mit Backpapier belegtes Backblech legen und im vorgeheizten Ofen auf der mittleren Schubleiste 40 Minuten backen. Eine Tasse Wasser in die untere, jetzt heiße Fettpfanne gießen (Vorsicht, es dampft stark!) und das Brot während des Backens mehrmals mit Wasser besprühen.

Schön schnell gemachte Brötchen fürs Frühstück.

QUARKBRÖTCHEN

400 g Weizenmehl Type 550
1 Päckchen Backpulver
75 g Zucker
250 g Quark
6 EL Öl
6 EL Milch
1 Ei

Für 8 bis 12 Brötchen.

1. Den Backofen auf 200 °C vorheizen und eine Fettpfanne in die unterste Schubleiste schieben.

2. Mehl, Backpulver und Zucker vermischen. Quark, Öl und Milch glatt rühren. Mit den Knethaken des Handrührgeräts oder der Küchenmaschine unter das Mehl rühren, dabei das Ei unterschlagen. Zu einem glatten Teig vermischen. In 8–12 Stücke aufteilen und zu runden Brötchen formen.

3. Die Brötchen auf der mittleren Schubleiste 15–20 Minuten backen, bis sie goldbraun sind. Eine Tasse Wasser in die Fettpfanne gießen (Vorsicht, es dampft stark!).

Teigwaren

Wer denn nun die Nudel erfunden hat, ob es die Italiener waren oder doch die Chinesen, wird sich wahrscheinlich nie klären lassen. Eins ist sicher: Nicht nur in Italien und China sind Nudeln und Pasta unglaublich beliebt, sondern nahezu überall auf der Welt.

Definiert werden Nudeln als Teigwaren, die vor dem Verzehr gekocht werden müssen, egal, ob sie nun getrocknet oder als frisches Produkt erscheinen. In der Regel bestehen sie aus Mehl, Wasser und etwas Salz, gegebenenfalls auch aus Eiern.

MIT ODER OHNE EI?

Die Zugabe von Eiern ist davon abhängig, welches Mehl bzw. welcher Grieß Verwendung findet. Der eher im südlichen Italien angebaute und verwendete Hartweizen besitzt genug Klebereiweiß, um zusammen mit Wasser einen bindungsfähigen Teig zu bilden, der dann in der gekochten Form als Pasta genug Kochfestigkeit und Biss bietet. Und auch weil er wenig Stärke enthält, nimmt der Teig wenig Wasser auf und bleibt beim Kochen al dente. Eiweißärmerer und dabei stärkereicherer Weichweizen, der weiter nördlich und auch bei uns heimisch ist, sollte Unterstützung aus dem Lecithin von Eiern bekommen, um nicht durch das Kochen zu weich zu werden. Es geht aber auch ohne.

Pasta secca, die typischen italienischen Trockennudeln, sind immer Hartweizennudeln ohne Ei. Die Verwendung von Hartweizengrieß für diese Nudelart wurde sogar im 16. Jahrhundert in Italien gesetzlich festgelegt. Pasta fresca, also frische hausgemachte Pasta, hat allerdings, unabhängig von ihrer Herkunft, stets Eier im Teig. Der Teig ist weicher und damit leichter zu bearbeiten als der ohne Ei.

VOLLKORNNUDELN

Für Vollkornnudeln werden ganze, nicht geschälte Getreidekörner verarbeitet. Dadurch haben sie einen kräftigeren, leicht nussigen Eigengeschmack, außerdem mehr Ballaststoffe, Vitamine und Mineralstoffe aus den Randschichten des Korns.

GETREIDEARTEN UND -GATTUNGEN

Es muss nicht immer Weizen sein. Die Verwandten des Weizens wie Dinkel, Kamut, Emmer oder Einkorn haben ähnliche Eigenschaften. Ihr Anteil an Klebereiweiß macht eifreie Nudeln möglich, wie beim Weizen selbst auch. Aber auch Roggen und Gerste können zu eifreien Nudeln verarbeitet werden.

Der Teig für Nudeln aus kleberarmen Getreiden wie Hirse und Reis oder dem getreideähnlichen Buchweizen, der besonders bei Glutenunverträglichkeit gerne gegessen wird, muss mit einem Verdickungsmittel angedickt werden, meist ist das Johannisbrotkern- oder Guarkernmehl.

NUDELFORMEN UND -SORTEN

Wahrscheinlich ist es unmöglich, alle Nudelsorten aufzuzählen. Am beliebtesten bei uns sind Spaghetti, danach kommen Spiralnudeln. Besonders die italienische Küche hat eine unglaubliche Formenvielfalt hervorgebracht. Die Endungen der Nudelnamen geben schon eine Richtung an:

- → etti/-ette: schmale Pasta (z. B. Lasagnette)
- → elle/-elli: breite Pasta (z. B. Parpadelle)
- → one/-oni: große Pasta (z. B. Tortelloni)
- → ine/-ini: Verkleinerungsform (Durchmesser, z. B. Spaghettini, oder Breite, z. B. Fettucini)
- → lice/-lici: glatte Pasta (z. B. Eliche)
- → mezze steht für abgeschnittene bzw. halbierte Nudeln
- → rigate steht für geriffelte Pasta.
- → Lunghe bzw. lunghi sind verlängerte, corte bzw. corti verkürzte Pasta.

Industrielle Nudelherstellung *Nudel- bzw. Pastateig ist so einfach herzustellen und in seiner getrockneten Form so lange haltbar, dass man auch bei der fabrikmäßigen Nudelproduktion keine Angst vor unerwünschten Zusätzen haben muss. Dennoch hat die Industrie einige Techniken entwickelt, die den Fertigungsprozess vereinfachen und beschleunigen, damit aber auch zu Qualitätseinbußen führen: Zum Formen von Röhrennudeln wird der Teig durch Düsen gepresst, die heute meistens durch eine Teflonbeschichtung leichtgängig und einfach zu reinigen sind. Die dadurch entstehende glatte Nudeloberfläche verhindert aber, dass Saucen gut an der Nudel haften. Als Qualitätsmerkmal gilt daher die Verwendung von Bronze-, Messing- oder Kupferdüsen, die eine rauere Oberfläche und damit gute Haftbedingungen und ein angenehmes Mundgefühl erzeugen. Mit dem bloßen Auge ist das leider schwer zu erkennen, ein Anzeichen ist die etwas stumpfer aussehende Oberfläche. Flache Nudeln wie Lasagneblätter, Linguine und Tagliatelle werden gewalzt. Der Trocknungsprozess wurde ebenfalls beschleunigt, im Gegensatz zur Lufttrocknung werden die Nudeln drei Stunden lang 100 °C Hitze ausgesetzt, wodurch aber die B-Vitamine leiden.*

Nudelmaschine *Diese Maschinen walzen den Teig in mehreren Stufen fein aus. Dabei wird die Walzenstellung jedes Mal ein bisschen enger gestellt, bis der durchgezogene Teig die gewünschte Dicke erreicht hat. Gleichzeitig wird er auf diese Weise intensiv verknetet. Es gibt Nudelmaschinen für den Handbetrieb, die man an der Arbeitsfläche oder am Tisch festschraubt und die Walzen mit einer Kurbel bewegt, aber auch elektrische Maschinen, die das Gleiche mit Motorkraft machen. Viele Küchenmaschinenhersteller bieten sie als Zubehör an.*

NUDELTRADITION DES FERNEN OSTENS

Eine lange Nudeltradition und entsprechend große Nudelauswahl hat der ferne Osten zu bieten. Ramen, Somen, Udon, Hiyamugi und chinesische Eiernudeln sind verschieden geformte Nudeln auf Weizenmehlbasis. Sobanudeln werden mit Buchweizenmehl gefertigt, Reisnudeln natürlich aus Reis und Glasnudeln mit Mungobohnenstärke.

DEUTSCHE NUDELSPEZIALITÄTEN

Deutschland verbindet man natürlich nicht mit einer Nudeltradition, die vergleichbar ist mit der Italiens. Aber auch bei uns gibt es einige typische Nudelspezialitäten, die meistens aus dem schwäbischen Raum stammen wie Spätzle, Knöpfle oder Maultaschen. Aber auch Österreich, die Hochburg der Mehlspeisen, hat Nudelspezialitäten wie Fleckerl oder Schlutzkrapfen.

NUDELFARBEN

Gefärbte Nudeln bringen optisch Abwechslung auf den Tisch, geschmacklich macht sich der färbende Zusatz, der immer aus Lebensmitteln stammt, aber meistens nur recht dezent bemerkbar. Die färbenden Zutaten kommen beim Mischen des Teiges direkt dazu. Kräftig dunkelrot wird die Pasta durch Rote Bete, ein helleres erhält man durch Tomaten, orange wird es mit Möhren oder Kürbis, gelb mit Safran. Grüne Nudeln erhält man mit Spinat, Brennnesseln oder Kräutern, braun mit Pilzen, Schokolade oder Kakao und schwarz mit Tintenfischtinte.

GERÄTE UND UTENSILIEN

Neben der oben erwähnten Nudelmaschine und einem Nudelholz benötigt man – will man getrocknete Nudeln herstellen – eine Möglichkeit, die Pasta locker ausgehängt trocknen zu lassen, damit sie von möglichst viel Luft umspielt wird. Es gibt Pastatrockner, aber auch ein normaler Wäscheständer oder ein Besenstiel tun gute Dienste. Alle anderen Utensilien hat man in der Regel im Haushalt, es sei denn, man möchte bestimmte Nudelformen zubereiten: Für Ravioli oder Lasagne kann man ein Teigrädchen zum Schneiden verwenden, zum Ausstechen von runden Formen gibt es Ravioliausstecher oder ganze Bleche, es gehen aber auch Servierringe oder saubere Gläser. Wer Spätzle machen möchte, ist mit einer Spätzlepresse oder einem -hobel gut ausgestattet.

Ob Hartweizen, Weichweizen oder ein alternatives Getreide, ob mit oder ohne Ei, ob gefärbt oder nicht: Selbermachen kann man viele Nudelsorten und es ist wirklich einfach. Etwas aufwendiger wird es, wenn es ums Ausrollen des Teiges geht, denn der muss für den guten Geschmack und die richtige Konsistenz wirklich sehr dünn sein. Ausrollen kann man ihn mit dem Nudelholz, viel weniger kräftezehrend ist aber eine Nudelmaschine.

NUDELN LAGERN

Selbst gemachte frische Nudeln sollte man noch am selben Tag zubereiten, besonders, wenn sie mit Ei hergestellt wurden. Will man sie aber aufbewahren, kann man sie entweder unbemehlt aufhängen (Pastatrockner, Wäscheleine oder Besenstiel) und nach dem vollständigen Trocknen luftdicht in Tütchen oder verschließbaren Gefäßen einige Wochen aufbewahren oder im bemehlten Zustand ganz trocknen lassen und ebenso aufbewahren. Sie eignen sich in angetrockneter Form auch zum Einfrieren und sind so noch länger lagerbar.

Und so geht's

NUDELN

GERÄTE

evtl. große Schüssel, Tuch, evtl. Küchenmaschine Nudelmaschine, Nudelholz, Pastatrockner

TIPP: Zum Nudeltrocknen sind auch ein Wäscheständer oder ein Besenstiel geeignet.

ZUTATEN

Mehl (alle Typen außer Type 405), Salz, Wasser, evtl. Eier

HINWEIS: Für Eiernudeln müssen die Eier so frisch wie möglich sein.

ZUBEREITUNG

1 Für Eierteig Mehl und Salz auf der Arbeitsfläche oder in einer großen Schüssel vermischen. Eine Mulde in der Mitte formen und die Eier hineinschlagen. Die Eier sollten 20 bis 30 Prozent des Teiggewichts ausmachen.

HINWEIS: In manch anderem Rezept sollen Sie Öl als Zutat verwenden, dadurch nehmen die Nudeln allerdings später schlecht Saucen auf.

2 Eier verquirlen, dabei nach und nach Mehl vom Rand einarbeiten. Erst wenn der Teig kein Mehl mehr aufnimmt, die Flüssigkeit nach und nach hinzugeben. Vollkornmehl benötigt mehr als weißes Mehl.

TIPPS: Für Teig ohne Eier alle Zutaten direkt mit den Händen oder der Küchenmaschine zusammenkneten. Wenn Sie Ihre Nudeln färben möchten, nun die Zutaten zufügen (siehe Seite 52).

3–5 Nun ist Kneten angesagt, bis der zunächst krümelige Teig glatt, glänzend und schön geschmeidig ist. 10 bis 15 Minuten Zeit muss man sich dafür nehmen. Er sollte noch weich sein, aber nicht kleben. Jetzt hat man noch die Chance, mit mehr Mehl oder Wasser die Konsistenz zu verbessern.

6 Anschließend den Teig abgedeckt 30 Minuten entspannen lassen. Dafür in ein bemehltes Tuch einwickeln und eine Schüssel darüberstülpen, das hält ihn warm.

7 Danach den Teig mit dem Nudelholz dünn ausrollen, und zwar portionsweise. Dafür in 3 bis 4 Stücke teilen. Die Portionen, die nicht in Arbeit sind, in ein Tuch einschlagen, damit

sie währenddessen nicht austrocknen. Reißt der Teig beim Ausrollen leicht, waren die Zutaten eventuell zu kalt oder es wurde zu wenig Flüssigkeit verwendet.

8–10 Wenn Sie eine Nudelmaschine verwenden: Den Ausrollvorgang mehrmals wiederholen, dabei die Walzen der Nudelmaschine jedes Mal etwas enger stellen. Den Teig vor dem ersten und nach jedem weiteren Ausrollen übereinanderfalten. Diese Schritte wiederholen bis der Teig die gewünschte Dünne hat.

11 Vor dem Schneiden, sowohl mit der Hand als auch der Maschine, die Teigplatten 5 bis 10 Minuten antrocknen lassen. Dann die Nudeln in die gewünschte Form schneiden bzw. bei der Nudelmaschine die passende Schneidevorrichtung einstellen.

12 Die geschnittenen Nudeln mehrmals locker auf eine bemehlte Arbeitsfläche fallen lassen, bis sie rundum bemehlt sind. Nun die frischen Nudeln mindestens eine halbe Stunde trocknen lassen, bevor sie gekocht werden. TIPP: Zum Trocknen für eine längere Haltbarkeit die gut bemehlten Nudeln über einen Stab hängen. Der Vorgang funktioniert aber auch mit einem Kochlöffel, mit einem Wäscheständer oder einem Besenstiel.

13–14 TIPP: Sie können Ihre Nudeln auch zu Nestern geformt trocknen. Hierzu einfach die gut bemehlten Nudeln um die Finger schlagen und die Nester dann einzeln trocknen lassen.

HALTBARKEIT

Frische Nudeln sollte man sofort verwenden. In getrockneter Form halten sie sich trocken gelagert mehrerer Wochen.

GARGANELLI

Für Garganelli einen Nudelteig mit Eiern zubereiten. Vor dem Ausrollen 30 Minuten bis eine Stunde entspannen lassen. Wurde der Teig im Kühlschrank aufbewahrt, vor der Verarbeitung Zimmertemperatur annehmen lassen. Wenn man dem Teig noch 1 EL Olivenöl zufügt, lässt er sich besser formen. Doch bedenken Sie, dass fetthaltiger Teig die Sauce weniger gut aufnimmt.

1–2 Den Teig mit dem Nudelholz oder mit der Nudelmaschine dünn ausrollen. Der Teigstreifen sollte etwa 12 cm breit sein. Nun mit einem gewellten Teigrädchen Streifen von etwa 5 cm Breite ausschneiden.

3 Jeden Teigstreifen mit der kurzen Seite um einen dünnen Kochlöffelstiel wickeln. Ein sauberer Bleistift oder eine andere Art Holzstab gehen auch.
HINWEIS: In Italien werden Garganelli typischerweise diagonal aufgerollt, aber welche Aufrollmethode Sie wählen, bleibt Ihnen und Ihren Vorlieben überlassen.

4 In Italien verwendet man für das typische feine Rillenmuster in den Nudeln einen „pettine per Garganelli", eine Art mit Fäden bespannten Kamm. Dieses Gerät bekommt man bei uns in Haushaltsläden selten, doch bei italienischen Küchenausstattern kann man fündig werden.
TIPP: Ohne dieses Gerät kann man sich auch mit einer Käseharfe, einem Eierschneider oder – wenn vorhanden – mit einem Gnocchibrett behelfen. Ein großer sauberer Kamm ist auch möglich oder ein anderes für das typische Rillenmuster geeignete Gerät.

5 Jede Nudel über den Nudelkamm rollen, sodass der Teigrand gut angedrückt wird.

6 Nudeln von dem Stiel streifen und vor dem Kochen etwa 15 Minuten trocknen lassen.

FARFALLE

Für Farfalle einen Nudelteig mit Eiern zubereiten. Vor dem Ausrollen 30 Minuten bis eine Stunde entspannen lassen. Wurde er im Kühlschrank aufbewahrt, vor der Verarbeitung Zimmertemperatur annehmen lassen. Wenn man dem Teig noch 1 EL Olivenöl zufügt, lässt er sich besser formen. Doch bedenken Sie, dass fetthaltiger Teig die Sauce weniger gut aufnimmt.

1 Den Teig mit dem Nudelholz oder mit der Nudelmaschine dünn ausrollen. Mit dem gewellten Teigrädchen Streifen von etwa 2 cm Breite ausschneiden.

2 Diese Streifen mit dem Teigrädchen in 4 cm lange Rechtecke schneiden.

3 Die Rechtecke einzeln abtrennen.

4–5 Jedes Rechteck in die Hände nehmen und mit den Fingern in der Mitte so zusammendrücken, dass die typische Schmetterlingsform entsteht.

6 Nudeln auf der bemehlten Arbeitsfläche vor dem Kochen etwa 15 Minuten trocknen lassen.

ORECCHIETTE

Für Orecchiette einen Teig aus Hartweizengrieß ohne Ei zubereiten. Vor dem Ausrollen 30 Minuten bis eine Stunde entspannen lassen. Wurde der Teig im Kühlschrank aufbewahrt, vor der Weiterverarbeitung Zimmertemperatur annehmen lassen.

1 Den Teig nicht ausrollen, sondern mit den Händen zu einer dicken Rolle rollen. Die Rolle in etwa 3 cm dicke Stücke schneiden.

2 Jedes Stück wieder mit den Händen in eine etwa 2 cm dünne Rolle ausrollen.

3 Mit einem scharfen Messer von der Rolle etwa 3 mm dicke Scheiben abschneiden.

4 Nun auf einer bemehlten Arbeitsfläche entweder mit dem Daumen oder mit der Fläche der Messerspitze eindrücken, sodass die seitlichen Ränder der Nudeln hochgedrückt werden.

5 Wenn nötig, beim Formen mit dem Messer unter Druck eines Fingers der anderen Hand etwas nachhelfen.

6 Vor dem Kochen auf der bemehlten Arbeitsfläche etwa 15 Minuten trocknen lassen.

RAVIOLI

Für Ravioli einen Nudelteig mit Eiern zubereiten. Vor dem Ausrollen 30 Minuten bis eine Stunde entspannen lassen. Wurde er im Kühlschrank aufbewahrt, vor der Verarbeitung Zimmertemperatur annehmen lassen.

Den Teig mit der Nudelmaschine oder einem Nudelholz dünn ausrollen und in gleichmäßig breite Nudelplatten bzw. -streifen schneiden.

1 Die Nudelplatte auf die Arbeitsfläche legen und die Füllung im Abstand von 3 bis 4 cm darauf verteilen, entweder mit einem Teelöffel oder mit einem Spritzbeutel mit breiter Tülle. Füllung nicht in der Mitte der Teigbahn platzieren, sondern auf einer Hälfte.

2 Die Teigbahnenseite ohne Füllung längs über die Seite mit der Füllung schlagen.

3–4 Die Teigbahn um die Füllung herum andrücken.

5 Nun mit einem Ravioliausstecher oder, wenn nicht vorhanden, mit einem Glas runde Ravioli ausstechen. Zurückgebliebenen Teig wieder ausrollen und eine neue Teigbahn füllen.
TIPP: Alternativ kann man die mit Füllung belegte Teigbahn um die Füllung herum mit Eiweiß bestreichen, dann die Teigbahn zwischen der Füllung mit der Handkante andrücken und mit einem Messer oder einem Teigrädchen in Rechtecke schneiden.

6 Ravioli vor dem Kochen etwa 15 Minuten trocknen lassen.

TORTELLONI

Tortelloni sind Tortellini sehr ähnlich, sie sind aber etwas größer. So passt mehr Füllung hinein.

Für Tortelloni einen Nudelteig mit Eiern zubereiten. Vor dem Ausrollen 30 Minuten bis eine Stunde entspannen lassen. Wurde er im Kühlschrank aufbewahrt, vor der Verarbeitung Zimmertemperatur annehmen lassen.

Den Teig mit der Nudelmaschine oder dem Nudelholz dünn aus ausrollen.

1–2 Mit dem Ravioliausstecher oder einem Glas Kreise mit ca. 10 cm Durchmesser ausstechen.

3–4 Jeden Kreis mit etwas Wasser einpinseln.

5 In die Mitte jedes Kreises mit dem Löffel oder mit einem Spritzbeutel mit großer Tülle etwas Füllung geben.

6–8 Die Kreise zu Halbmonden zusammenklappen und den Teig etwas festdrücken.

9–11 Jeweils einen Halbmond in die Hände nehmen und die Enden zusammenführen. Teigenden andrücken, sodass die Enden zusammenhalten.

12 Auf der bemehlten Arbeitsfläche vor dem Kochen 15 Minuten trocknen lassen.

KLASSISCHE FÜLLUNGEN

(jeweils für 4 Personen):

Hackfleischfüllung: Je 1 Zwiebel und Knoblauchzehe fein hacken und in 3 EL Öl glasig dünsten. Dann 350 g Hackfleisch darin krümelig braten, mit Salz, Pfeffer, je ½ TL Thymian und Rosmarin abschmecken. Abgedeckt mit 125 ml Brühe 20 Minuten köcheln lassen. Anschließend restliche Flüssigkeit im offenen Topf bei starker Hitze verkochen lassen.

Ricotta-Spinat-Füllung: 350 g geputzen frischen Spinat bei schwacher Hitze zusammenfallen lassen. Gut in einem Sieb abtropfen lassen und fein hacken. Mit 200 g Ricotta, 50 g geriebenem Parmesan und 1 Ei vermischen und mit Salz, Pfeffer und Muskat abschmecken.

Kürbisfüllung: 400 g Kürbisfleisch würfeln und in wenig Wasser weich kochen. Anschließend pürieren. 2 Knoblauchzehen dazupressen. 50 g gehackte Pinienkerne, 1 Bund gehacktes Basilikum, 100 g geriebenen Parmesan und 1 Ei daruntermischen, mit Salz, Pfeffer und Muskat abschmecken.

Buchweizen ist nussig, und auch Hirse sorgt für eine rustikale Note.

BUCHWEIZEN- ODER HIRSENUDELN

125 g Buchweizen- oder Hirsemehl
125 g Vollkornweizen- oder -dinkelmehl
½ TL Salz

Für ca. 250 g Nudeln.

1. Mehl mit Salz mischen und etwa 7 EL lauwarmes Wasser nach und nach zugeben. Dann den Teig so lange kneten, bis er glänzt, 30 Minuten ruhen lassen.

2. Danach den Teig entweder mit dem Nudelholz oder der Nudelmaschine portionsweise dünn ausrollen. Portionen, die gerade nicht in Arbeit sind, in das Tuch einschlagen, damit sie nicht austrocknen. Den Ausrollvorgang mit der Nudelmaschine mehrmals wiederholen, dabei die Walzen jedes Mal etwas enger stellen.

3. Vor dem Schneiden, sowohl mit der Hand als auch mit der Maschine, die Teigplatten 5 bis 10 Minuten antrocknen lassen. Dann die Nudeln in die gewünschte Form schneiden.

4. Die geschnittenen Nudeln mehrmals locker auf eine bemehlte Arbeitsfläche fallen lassen, bis sie rundum bemehlt sind, und so mindestens eine halbe Stunde trocknen lassen, bevor sie gekocht werden.

5. Kochzeit: 4–5 Minuten.

Feine Nudeln, die früher eines Hochzeitsessens würdig waren.

EIERNUDELN

400 g Weizenmehl Type 550
plus etwas zum Ausrollen
½ EL Salz
4 Eier

Für ca. 500 g Nudeln.

1. Eier und 1 ½ EL Wasser verquirlen. Mehl mit Salz mischen und das Eier-Wasser-Gemisch nach und nach zugeben. Dann den Teig so lange kneten, bis er glänzt, 30 Minuten ruhen lassen.

2. Danach den Teig entweder mit dem Nudelholz oder der Nudelmaschine portionsweise dünn ausrollen. Portionen, die gerade nicht in Arbeit sind, in das Tuch einschlagen, damit sie nicht austrocknen. Den Ausrollvorgang mit der Nudelmaschine mehrmals wiederholen, dabei die Walzen jedes Mal etwas enger stellen.

3. Vor dem Schneiden, sowohl mit der Hand als auch mit der Maschine, die Teigplatten 5 bis 10 Minuten antrocknen lassen. Dann die Nudeln in die gewünschte Form schneiden.

4. Die geschnittenen Nudeln mehrmals locker auf eine bemehlte Arbeitsfläche fallen lassen, bis sie rundum bemehlt sind, und so mindestens eine halbe Stunde trocknen lassen, bevor sie gekocht werden.

5. Kochzeit: 3 Minuten.

Das Schaben erfordert Übung,
aber die Spätzlepresse tut es auch.

SPÄTZLE

500 g Weizenmehl Type 405 oder Spätzlemehl
2 TL Salz
3 Eier

Für ca. 750 g Nudeln.

1. Mehl mit Salz mischen und die Eier daraufschlagen. 75–100 ml Wasser zugeben und alles mit einem Holzkochlöffel so lange schlagen, bis der Teig glatt ist und Blasen wirft. 30 Minuten ruhen lassen.

2. Spätzle mit dem Messerrücken von einem Spätzlebrett direkt in das Kochwasser schaben, durch eine Spätzlepresse oder mit einem Spätzlehobel ins Wasser drücken. Das Schaben vom Brett erfordert einige Übung, besser geht es mit Presse oder Hobel. Wer diese Werkzeuge nicht hat, kann den Teig auch durch einen Durchschlag drücken.

3. Kochzeit: 2–3 Minuten, bis die Spätzle im Kochwasser aufsteigen.

Pasta secca

Reine Hartweizennudeln lassen sich schwer im Haushalt herstellen, weil der Grieß hart und spröde ist. Mit Mehl gemischt geht es aber.

PASTA SECCA – HARTWEIZEN-NUDELN MIT MEHL

350 g Hartweizenmehl
50 g feiner Hartweizengrieß
½ TL Salz

Für ca. 500 g Nudeln.

1. Die Zutaten mit etwa 100 ml Wasser verkneten. Den Teig so lange kneten, bis er glänzt, 30 Minuten ruhen lassen.

2. Danach den Teig entweder mit dem Nudelholz oder der Nudelmaschine portionsweise dünn ausrollen. Portionen, die gerade nicht in Arbeit sind, in das Tuch einschlagen, damit sie nicht austrocknen. Den Ausrollvorgang mit der Nudelmaschine mehrmals wiederholen, dabei die Walzen jedes Mal etwas enger stellen.

3. Vor dem Schneiden, sowohl mit der Hand als auch mit der Maschine, die Teigplatten 5 bis 10 Minuten antrocknen lassen. Dann die Nudeln in die gewünschte Form schneiden.

4. Die geschnittenen Nudeln mehrmals locker auf eine bemehlte Arbeitsfläche fallen lassen, bis sie rundum bemehlt sind, und so mindestens eine halbe Stunde trocknen lassen, bevor sie gekocht werden.

5. Kochzeit: 3–4 Minuten.

Tipp: Wer den Kraftaufwand nicht scheut: Für reine Hartweizennudeln 400 g Hartweizengrieß mit 200 ml lauwarmem Wasser und 1 TL Salz kräftig zu einem glatten Teig verkneten. Einige Tropfen Essig oder Zitronensaft machen ihn beim Kneten geschmeidiger.

Mit vollem Korn besonders kernig.

VOLLKORNNUDELN MIT EI

250 g Vollkorn-Weizen- oder Dinkelmehl
½ TL Salz
1 Ei
1 Eigelb

Für ca. 300 g Nudeln.

1. Mehl mit Salz mischen, das Ei, Eigelb und etwa 7 EL lauwarmes Wasser nach und nach zugeben. Dann den Teig so lange kneten, bis er glänzt, 30 Minuten ruhen lassen.

2. Danach den Teig entweder mit dem Nudelholz oder der Nudelmaschine portionsweise dünn ausrollen. Portionen, die gerade nicht in Arbeit sind, in das Tuch einschlagen, damit sie nicht austrocknen. Den Ausrollvorgang mit der Nudelmaschine mehrmals wiederholen, dabei die Walzen jedes Mal etwas enger stellen.

3. Vor dem Schneiden, sowohl mit der Hand als auch mit der Maschine, die Teigplatten 5 bis 10 Minuten antrocknen lassen. Dann die Nudeln in die gewünschte Form schneiden.

4. Die geschnittenen Nudeln mehrmals locker auf eine bemehlte Arbeitsfläche fallen lassen, bis sie rundum bemehlt sind, und so mindestens eine halbe Stunde trocknen lassen, bevor sie gekocht werden.

5. Kochzeit: 3 Minuten.

Tipp: Wer etwas leichtere Vollkornnudeln haben möchte, siebt etwa ein Viertel der Kleie aus dem Vollkornmehl ab. Vollkornnudeln reißen leichter als solche aus Weißmehl und eignen sich eher für nicht zu feine Formen, z. B. Bandnudeln. Für eifreie Nudeln erhöht man die Wassermenge auf 125 ml.

Seitan

Das jahrhundertealte japanische Weizenglutenprodukt, auch Weizenfleisch genannt, ist seit ein paar Jahrzehnten wegen seiner Konsistenz ein beliebter Fleischersatz in hiesigen vegetarischen Küchen. Man bekommt Seitan pur, aber auch zu vielen verschiedenen Fleischersatzprodukten verarbeitet in Bioläden und Reformhäusern. Würstchen, Schnitzel, Gyros und viele andere Gerichte werden auf Seitanbasis angeboten.

Das Produkt, das nur aus Gluten besteht und durch das Kochen in würzigen Zutaten erst Geschmack erhält, lässt sich selbst herstellen und nach Belieben weiterverarbeiten.

SEITANSUD

Ohne Würzsud geht es nicht, denn das Gluten selbst hat keinen intensiven Eigengeschmack. Wie man den Sud zubereitet, ist von Geschmacksvorlieben abhängig, er sollte aber auf jeden Fall deftig-würzig sein und darf ruhig leicht versalzen und überwürzt schmecken. Zum Beispiel etwas Curry, angebratene Zwiebelwürfel, durchgepressten Knoblauch, Tomatenmark, Gemüsebrühpulver oder Sojasauce und Gewürze nach Belieben 20 Minuten in 2 Liter Wasser köcheln lassen.

GERÄTE

Schüssel, Topf

ZUTATEN

Weizenmehl, Wasser

HINWEIS: Wer das Gluten selber auswäscht, nimmt haushaltsübliches Weizenmehl Type 405. Fertiges Gluten bestellt man entweder im Internet oder kauft es beim Bäcker oder bei Mühlen, wo es als Backhilfsstoff verkauft wird. Als „Seitan Fix" wird es auch in Bioläden oder Reformhäusern angeboten.

ZUBEREITUNG

HINWEIS: Zur Herstellung von Seitan wird das Gluten aus Weizenmehl mit viel Wasser ausgewaschen, ein relativ langwieriger und schweißtreibender Prozess, bei dem man mit größeren Mengen Mehl hantieren muss. Die zurückbleibende zähe Masse wird noch in einer Marinade gekocht oder gedämpft, damit sie die typische Textur und Geschmack erhält.

TIPP: Erheblich einfacher ist es sicherlich, wenn Sie sich den ersten Schritt sparen und gleich mit gekauftem Gluten arbeiten.

1 Um eine lohnenswerte Menge Seitan zu erhalten, mindestens 1 kg Weizenmehl Type 405 und 600 ml Wasser mit dem Knethaken des Rührgeräts zu einem zähen Teig verarbeiten.

2 Diese Masse mit lauwarmem Wasser bedecken und mindestens eine halbe Stunde ruhen lassen, bis sie klebrig und fädenziehend ist.

Und so geht's

3 Zum Auswaschen den Teig in eine Schüssel geben und unter fließend lauwarmem Wasser so lange kneten, bis keine dicke, milchige Flüssigkeit mehr austritt. Dabei regelmäßig das Wasser abgießen und neues verwenden, dann weiterkneten. Der Teig zerfällt zwischendurch fast völlig, zum Schluss hat er eine schwammige Konsistenz.

4 Ob der Teig so weit ist, überprüft man mit dem Fingertest: Wenn sich beim Zerreiben keine Stärketeilchen mehr erspüren lassen, ist er zur Weiterverarbeitung bereit.
TIPP: Wer fertiges Glutenpulver verwendet, rührt dieses einfach mit der gleichen Menge Wasser an und kann es auch direkt würzen. Das Kochen im Würzsud bringt dann noch mehr Geschmack in das Produkt.

5 Nun die Glutenstückchen entweder schon in Form bringen oder als ganzen Klumpen in den kochenden Würzsud geben.

6 5 bis 10 Minuten kochen, wobei sich der Seitan schwammartig aufbläht und das Aroma aufnimmt. Zu kurzes Kochen macht den Seitan gummiartig. Nach dem Kochen den Seitan absieben.
TIPP: Wer die Konsistenz etwas fester wünscht, füllt das Gluten portionsweise in hitzefeste neutrale Plastikbeutel ab, damit es sich nicht zu sehr ausdehnen kann, gibt etwas Sud hinein, verschließt die Beutel und gibt sie so in kochendes Wasser. Dann noch etwa eine halbe Stunde bei schwacher Hitze köcheln lassen.

Im Sud abkühlen lassen, und den Seitan mit dem Sud in den Kühlschrank stellen. Vor Gebrauch noch etwa 2 Stunden durchziehen lassen. Dann ist er fertig zur Weiterverarbeitung.

HALTBARKEIT

Der Seitan hält mit Sud bedeckt in einem verschlossenen Glas im Kühlschrank gut 1 Woche.

Würzsude sind sehr stark gewürzt, damit der Seitan auch genug Geschmack annimmt. Unverdünnt sind sie etwas zu kräftig im Geschmack. Man muss sie aber nicht weggießen, denn sie bestehen aus guten Zutaten. Als Basis für eine Sauce, die man mit weiterer Flüssigkeit verdünnt, sind sie gut geeignet. Sie können bis zu einer Woche im Kühlschrank aufbewahrt werden.

Kräftige exotische Würze.

SEITAN IN MISO-KOMBU-WÜRZSUD

- 1 Zwiebel
- 1 Knoblauchzehe
- 1 mittelgroße Möhre
- 100 ml Shoyu-Sojasauce (nach Geschmack)
- 1 EL Miso
- 1 Stück Kombu-Alge
- 2 Scheiben frischer Ingwer
- 1 Lorbeerblatt
- 1 Stück Sellerieknolle
- 1 Stück Petersilienwurzel
- 250–500 g Seitan aus 1 bis 2 kg Mehl

Gekühlt bis zu 1 Woche haltbar.

1. Zwiebel schälen und in Ringe schneiden. Knoblauch schälen und durchpressen. Möhre in Stücke schneiden. Alle Zutaten in 1 bis 2 l Wasser in einen Topf geben und aufkochen.

2. Den Seitan entweder im Ganzen oder in Stücke geschnitten in die Brühe geben und 45 Minuten kochen.

Passt toll in Gulasch.

SEITAN IN TOMATEN-PILZ-WÜRZSUD

- 1 Zwiebel
- 3 Knoblauchzehen
- ½ Bund Petersilie
- 100 ml Sojasauce
- 3 Lorbeerblätter
- einige schwarze Pfefferkörner
- etwas Kräutersalz
- 200 g stückige Tomaten aus der Dose
- etwas frisch geriebene Muskatnuss
- 1 TL Pilzbouillon
- 250–500 g Seitan aus 1 bis 2 kg Mehl

Gekühlt bis zu 1 Woche haltbar.

1. Zwiebel schälen und in Ringe schneiden. Knoblauch schälen und durchpressen. Petersilie grob hacken. Alles mit den übrigen Zutaten in 1 bis 2 l Wasser in einen Topf geben und aufkochen.

2. Den Seitan entweder im Ganzen oder in Stücke geschnitten in die Brühe geben und 45 Minuten kochen.

Seitan in Tomaten-Pilz-Würzsud

DIE MILCH MACHT'S – SEIT JAHRTAUSENDEN

Die kulinarische Liebesgeschichte von Mensch und Milch begann vor knapp 8000 Jahren. Eine Liebesgeschichte in vielen Kapiteln, denn der Erfindungsreichtum der Menschen brachte eine vielfältige Palette unterschiedlichster Produkte hervor, und es kommen immer mehr hinzu. Von Joghurt der unterschiedlichsten Geschmacksrichtungen bis hin zu raffinierten Käsesorten, die von Affineuren – Meistern der Käseveredelung – veredelt werden.

Der Mensch ist das einzige Lebewesen, das sich über sein Säuglingsalter hinaus noch mit Milch ernähren kann. Das Enzym Laktase, das Laktose (also Milchzucker) spaltet und damit erst verdaulich macht, ist nur bei Säuglingen ausreichend vorhanden. Im frühen Kindesalter geht die Fähigkeit zur Laktosespaltung dann aber verloren und damit beginnt der Milchzucker, unangenehme Beschwerden zu verursachen. Deshalb war Milch in größeren Mengen für Erwachsene vermutlich in frühesten Menschheitszeiten zunächst kein Thema. Das galt so lange, bis eine winzige Genmutation in der Jungsteinzeit dafür sorgte, dass auch Erwachsene Milchzucker verdauen können. Eine kleine genetische Veränderung mit einschlagender Wirkung, die einen riesigen Selektionsvorteil bedeutete. Denn nun war ein wertvolles Lebensmittel verfügbar, das die schwierige Ernährungssituation von damals rapide verbesserte.

DIE ZEIT WAR REIF

Aber selbst dort, wo die Fähigkeit zur Laktosespaltung wahrscheinlich noch nicht angekommen war, wie in der damals noch grünen Sahara, war die Zeit offenbar reif. Auch dort erkannte man, dass Milch von Nutztieren nicht nur wunderbare Produkte hervorbringt, sondern auch einen Überlebensvorteil für diejenigen bedeutet, die diese vertrugen. Milchfettrückstände auf Tonscherben-Funden lassen darauf schließen, dass die Menschen dort seit mindestens 7 000 Jahren Produkte aus Kuh-, Schafs- und Ziegenmilch herstellen. Ob bei den Sumerern, den alten Ägyptern, Griechen, Römern oder Chinesen – überall lässt sich Milchverzehr aus antiken Funden nachweisen.

Die Milchverträglichkeit breitete sich im Laufe der Jahrhunderte in Nordafrika, Europa und Vorderasien bis nach Indien aus, hat sich aber in anderen Teilen Asiens und Afrikas bis heute kaum durchgesetzt. Dementsprechend spielen Milchprodukte in deren traditionellen Küchen bis auf Ausnahmen so gut wie keine Rolle.

Nicht nur die Entwicklung der Ernährungssituation an sich, sondern auch die der länderspezifischen Küchen und Produkte wurde dadurch ganz wesentlich geprägt. Mindestens so relevant sind aber klimatische und geografische Voraussetzungen. Beispiel Italien: Während Olivenöl, das man untrennbar mit der italienischen Küche verbindet, im Süden des Landes allgegenwärtig ist, ja sogar Gebäck mit Olivenöl hergestellt wird, ist es in der traditionellen Küche der nördlichen alpennahen Regionen kaum vertreten. Dagegen ist dort die Verwendung von Butter gang und gäbe. Und das liegt an klimatischen und an geografischen Voraussetzungen, denn wo Rinderhaltung im Norden ideal ist, kann sie im kargeren Süden kaum betrieben werden. Lediglich Schafe und Ziegen finden hier gute Futterbedingungen und ihre Milch wird fast nur zu Käse verarbeitet.

EIN ZUFALLSPRODUKT

Die erste und simpelste Methode, die man fand, um Milch haltbar zu machen, war vermutlich die Vergärung. Sie setzt automatisch ein, wenn man Milch eine Zeit lang stehen lässt und sie von auf dem Euter und in der Luft existierenden Bakterien umgewandelt wird. In Zeiten ohne Hygiene bei der Gewinnung, ohne Kühlschrank und Ultrahocherhitzung war dies nicht auszuschließen. Der saure, aber köstliche Geschmack der so entstandenen Dickmilch oder – in wärmeren Gegenden – des Joghurts hat die Menschen vermutlich dazu animiert, diese Gärung zu steuern – mit dem Ergebnis, dass seit dem frühen 20. Jahrhundert unterschiedlichste Produkte entstanden. Durch diese Behandlungen wusste man schon früh, das wertvolle Getränk nicht nur bekömmlich zu machen, sondern ihm auch ganz neue Geschmacksrichtungen und Texturen zu entlocken. Wissen, das im Laufe der Jahrtausende weiterentwickelt und perfektioniert wurde und uns heute eine große Bandbreite an Milchprodukten bietet. Da die Entwicklung stets voranschreitet, kann man gespannt sein, ob sich neue Produkte finden werden.

Erst mit der Industrialisierung begann man, Milchprodukte in größeren Mengen herzustellen, daneben hat sich aber die Produktion im eigenen, besonders im bäuerlichen Haushalt bis vor wenigen Jahrzehnten noch gehalten. Wer Milchvieh hielt, verarbeitete deren Produkte stets selbst weiter, sei es die Milch, das Fleisch oder andere verwertbare Teile der Tiere. Dickmilch, Butter, Buttermilch, Frischkäse wurden für den Eigenbedarf hergestellt und kamen derart frisch auf den Tisch, wie es heute über den Handel kaum mehr möglich ist – es sei denn, man macht diese Produkte wieder selbst.

WAS IST MILCH?

Jedes Säugetier bildet Milch für die Aufzucht des Nachwuchses, die die einzige und damit komplette Mahlzeit in den ersten Wochen oder Monaten darstellt und je nach artenspezifischen Bedürfnissen eine für das junge Lebewesen ideale Zusammensetzung an Inhaltsstoffen bietet. Milch

enthält eine große Bandbreite an Inhaltsstoffen, die auch für den erwachsenen Menschen essenziell sind. Sie besteht zu 80 bis 90 Prozent aus Wasser, der Rest sind wertvolle Nährstoffe wie Proteine, Mineralstoffe und Vitamine. Das Milchfett besteht aus einer Vielzahl an unterschiedlichen Fettsäuren und liegt in der Magermilch geschützt durch eine Membran aus Protein und Phospholipiden emulgiert vor. Die wichtigsten Inhaltsstoffe sind:

→ besonders hochwertiges Milchprotein, das bei Kuhmilch einen Anteil von etwa 3,5 Prozent ausmacht, wovon 80 Prozent Kasein sind, das Protein, das bei vielen Milchprodukten für die Dicklegung verantwortlich ist.

→ je nach Tierart 4 bis 5 Prozent Fett aus kurz-, mittel- und langkettigen Fettsäuren. Der Fettgehalt ist abhängig von äußeren Gegebenheiten wie der Fütterung, aber auch von der Rasse und individuellen Faktoren wie dem Stoffwechsel.

→ Kohlenhydrate liegen in der Milch als Milchzucker, der Laktose, vor. Bei Kuhmilch liegt der Gehalt bei 4,8 Prozent. Die Laktose wird erst im Dünndarm in Glukose und Galaktose gespalten und ins Blut aufgenommen.

→ Unter den enthaltenen fettlöslichen Vitaminen A, D, E und K sind besonders Vitamin A und D in nennenswerten Mengen vorhanden.

→ Wasserlösliche B-Vitamine spielen ebenfalls eine wesentliche Rolle.

→ Unter den Mineralstoffen ist insbesondere die hohe Kalziummenge hervorzuheben.

→ Außerdem sind enthalten: Magnesium, Zink, Phosphor und Jod.

MILCH VON KUH, SCHAF, ZIEGE, BÜFFEL UND STUTE

Dass heute die weltweite Milchproduktion von 750 Millionen Tonnen zu über 80 Prozent aus Kuhmilch besteht, ist vermutlich der hohen Milchleistung geschuldet, denn für die Milchmenge, die eine Kuh gibt, bräuchte man beispielsweise 22 Schafe. Dabei waren Schafe die ersten Tiere, die zur Milchproduktion domestiziert wurden. Neben Kuh- und Schafsmilch wird heute in unseren

Breiten die von Ziegen und in sehr geringen Mengen die von Kamelen, Büffeln sowie Pferde- und Eselsstuten gewonnen.

Kuh-, Schafs- und Ziegenmilch unterscheiden sich bei den meisten Inhaltsstoffen wenig. Deutlich ist der Unterschied im Energiegehalt – er liegt bei Schafsmilch deutlich höher als bei Ziegen- und Kuhmilch. Das liegt daran, dass diese Milch sowohl doppelt so viel Fett als auch mehr Protein enthält. Bei Ziegen- und Schafsmilch liegen die Fette in einer leicht verdaulichen Form vor.

Ziegenmilch kann bei unhygienischer Gewinnung durch den Abbau des Milchfetts einen strengen Geruch entwickeln. Ansonsten weist sie einen leicht süßlichen und nussigen Geschmack auf. Das gilt ähnlich für Schafsmilch, deren Aroma aber sanft an Mandeln erinnert. Schafs- und Ziegenmilch bekommt man gelegentlich im Handel, besonders in Bioläden kann man fündig werden. Weil sie nicht so häufig nachgefragt wird und weil Schafe und Ziegen, anders als Kühe, nicht das ganze Jahr über Milch geben, wird sie meistens als H-Milch, als Milchpulver oder tiefgefroren angeboten. Wer einen Direktvermarkter, also einen Schafs- oder Ziegenhof in seiner Nähe hat, kann sie dort in unbehandelter Form als Rohmilch beziehen.

Aufgrund der ähnlichen Eigenschaften lassen sich Schafs- und Ziegenmilch wie Kuhmilch weiterverarbeiten. Aus Büffelmilch wird hauptsächlich Mozzarella hergestellt, in Indien stellt man daraus auch eine Art Gouda her. Kamel-, Stuten- und Eselsmilch können zwar bei uns auch bezogen werden, werden aber mehr zur Nahrungsergänzung eingesetzt und sind für die Weiterverarbeitung aufgrund ihrer Zusammensetzung weniger geeignet.

Für die Weiterverarbeitung sind alle anderen Milcharten mehr oder weniger geeignet. Für welche man sich entscheidet, ist eine Frage des persönlichen Geschmacks. Hier etwas Hintergrundwissen, das der Entscheidungshilfe dient:

ROHMILCH UND VORZUGSMILCH

Frische, noch euterwarme Kuhmilch direkt vom Bauern mit der Milchkanne zu holen – eine romantische Vorstellung, die bis vor gar nicht allzu langer Zeit noch Realität war. Es liegt nicht nur am allmählichen Aussterben der kleinen Bauernhöfe, dass der Direktverkauf stark nachgelassen hat, denn nur unter Auflagen zugelassene Höfe, die gut sichtbar ein Schild mit dem Hinweis „Rohmilch – vor dem Verzehr abkochen" angebracht haben, sind zum Verkauf der lediglich gefilterten Milch ab Hof berechtigt.

Unbehandelte Milch ist ein sehr empfindliches Lebensmittel, das nicht nur leicht verdirbt, sondern auch mikrobielle Risiken birgt. So können beispielsweise Listerien und EHEC-Bakterien mit der Milch übertragen werden, die vor allem für Kleinkinder, Schwangere, alte und immunschwache Menschen eine gesundheitliche Bedrohung darstellen. Daher sollte die Milch unbedingt abgekocht werden. Auch für die Rezepte in diesem Buch gilt das, es sei denn, es wird ausdrücklich unbehandelte Rohmilch benötigt. Rohmilch gelangt unter strengen hygienischen Bedingungen unter dem Begriff „Vorzugsmilch" in den Lebensmittelhandel, wo man sie unter Umständen vorbestellen muss. Betriebe, die Vorzugsmilch vermarkten, unterliegen einer besonders strengen Überwachung. Manche Bioläden führen sie in ihrem Sortiment. Im Kühlschrank ist sie ein bis zwei Tage haltbar.

FRISCHMILCH / PASTEURISIERTE MILCH

Damit die frische Milch frei von krankmachenden Erregern ist, wird sie pasteurisiert. Bei dem von Louis Pasteur 1864 entwickelten Verfahren wird die Milch für 15 bis 30 Sekunden auf 72 bis 75 °C erhitzt, was krankmachende Erreger zuverlässig abtötet. Der Geschmack verändert sich kaum, die Vitamine bleiben nahezu vollständig erhalten. Im Handel ist sie unter dem Begriff „Frischmilch" bzw. „Frische Vollmilch, traditionell hergestellt" erhältlich. Ungeöffnet ist Frischmilch im Kühlschrank fünf bis sieben Tage haltbar.

Alternative Milcharten *Sojamilch, Hafermilch, Reismilch, Dinkelmilch und Mandelmilch sind milchähnliche Flüssigkeiten, die aus der Sojabohne bzw. aus verschiedenen Getreiden oder Mandeln hergestellt werden. Diese Milcharten werden gerne als Alternative verwendet, wenn man Laktose nicht verträgt. Wie Milch enthalten sie Kohlenhydrate in Form von Zucker und auch Proteine, weshalb man einige Milchprodukte wie Joghurt oder saure Sahne auch mit diesen herstellen kann.* *Mehr zu Sojamilch finden Sie ab Seite 136.*

ESL-MILCH

In der letzten Zeit ersetzt die ESL-Milch die pasteurisierte Frischmilch. ESL steht für „extended shelf life", was „längere Haltbarkeit im Kühlregal" bedeutet. Hier gibt es zwei Herstellungsverfahren: Entweder wird die Milch höher als beim Pasteurisieren, nämlich auf etwa 127 °C erhitzt, aber nur für wenige Sekunden. Oder die entfettete Milch wird durch besondere Mikrofilter gepresst, wobei die meisten Keime zurückgehalten werden. Die so behandelte entfettete Milch muss nur bei 72 bis 75 °C pasteurisiert werden. Die fetthaltige Milch muss natürlich ebenfalls hoch erhitzt werden, um die Mikroorganismen ausreichend abzutöten. Sie ist im Geschmack der pasteurisierten Milch recht ähnlich, während die höher erhitzte Milch geschmacklich zwischen der pasteurisierten und der ultrahocherhitzten Milch, der H-Milch, liegt. Eine spezielle Kennzeichnungspflicht für ESL-Milch gibt es nicht. Allerdings haben sich die Konsummilchhersteller 2009 freiwillig verpflichtet, klassisch pasteurisierte Konsummilch mit dem Zusatz „traditionell hergestellt" und ESL-Milch mit dem Zusatz „länger haltbar" an gut sichtbarer Stelle auf der Milchverpackung zu deklarieren, was heute fast flächendeckend umgesetzt wird. Die Milch hält sich ungeöffnet in der Kühlung etwa drei Wochen, ist aber einmal geöffnet nicht länger haltbar als die „traditionell pasteurisierte" Milch.

Laktosefreie Milch *In laktosefreier Milch wurde der Milchzucker mithilfe des zugegebenen Enzyms Laktase in seine beiden Zuckermoleküle Glukose und Galaktose gespalten. Die Süßkraft dieser Zuckermoleküle ist höher, deshalb schmeckt diese Milch süßer. Man kann mit ihr noch immer Sauermilch- und andere Produkte herstellen, da die Milchsäurebakterien auch die beiden Einzelzucker in die dazu notwendige Milchsäure umwandeln können. Übrigens sind lange gereifte Schnitt- und Hartkäsesorten deshalb auch so gut wie laktosefrei, denn hier ist der Milchzucker weitgehend aufgespalten – solche Sorten können also bei Laktoseunverträglichkeit meistens beschwerdefrei vertragen werden.*

H-MILCH

Noch längere Haltbarkeit bietet H-Milch, die im Gegensatz zu den oben genannten Produkten bei Raumtemperatur gelagert werden kann. Dazu darf die Milch allerdings keine vermehrungsfähigen Keime enthalten. Das auch „Haltbarmilch" genannte Produkt wird daher kurzzeitig auf etwa 143 °C erhitzt (= Ultrahocherhitzung). Dabei wird das Prinzip eines Schnellkochtopfs genutzt, um die Keime ausreichend abzutöten und die Vitamine zu schonen. Ungeöffnet ist die Milch dann etwa drei Monate haltbar. Der zum Teil karamellartige Geschmack resultiert aus einer Reaktion der Laktose mit Milchprotein, die auch für die Bonbonherstellung genutzt wird.

KONDENSMILCH

Bei Kondensmilch wird Milch zur Haltbarmachung durch Verdampfen von Wasser konzentriert, homogenisiert, sterilisiert und dann keimfrei abgefüllt. Der damit einhergehende Wasserentzug von etwa 60 Prozent führt zu einem dickflüssigen Produkt, das sich ein Jahr hält.

FETTSTUFEN

Bis auf Roh- bzw. Vorzugsmilch kommen behandelte Milchsorten mit verschiedenen Fettgehalten in den Handel. Der natürliche Fettgehalt von Milch ist sehr von der Rinderrasse abhängig und kann bis zu sechs Prozent betragen, im Mittel liegt er bei gut vier Prozent. Wird der Milch kein Fett entzogen, ist sie mit dem Hinweis „Vollmilch mit natürlichem Fettgehalt, mind. 3,8 % Fett" gekennzeichnet. Vollmilch mit dem fest definierten Fettgehalt von mindestens 3,5 Prozent wird das Fett im Produktionsprozess entzogen, um dann den festgelegten Anteil wieder zuzuführen. Mit fettarmer Milch (1,5 bis 1,8 Prozent) wird ebenso verfahren.

HOMOGENISIEREN

Das Homogenisieren führt dazu, dass die Milch wesentlich langsamer aufrahmt. Bei nicht homogenisierter Milch trennt sich das emulgierte Fett aufgrund des Dichteunterschieds von der Magermilch und schwimmt obenauf. Da dieser Effekt nicht erwünscht ist, presst man die Milch mit hohem Druck durch einen engen Spalt. Dabei werden die großen Fettkugeln in kleine zerteilt, die sich in der Milch gleichmäßig verteilen. Das Aufrahmen ist dann nur noch sehr verzögert möglich. Das Verfahren kann bei allen Behandlungsarten und Fettstufen eingesetzt werden, bei traditionell pasteurisierter Milch, ESL-Milch und H-Milch wird es angewandt.

SAUERMILCHPRODUKTE

Die älteste aller Konservierungsmethoden von Milch entstand vermutlich ganz ohne menschliches Zutun – allein durch die Arbeit von Bakterien, die sich natürlicherweise in der Luft befinden.

Diese Milchsäurebakterien wandeln Laktose in Milchsäure um, sobald Milch eine gewisse Zeit in der Wärme steht. Die Säure konserviert die Milch nicht nur und sorgt für ein ganz neues, angenehm säuerliches Aroma, sondern bringt gleichzeitig das Milchprotein zum Gerinnen, was die Konsistenz des Ausgangsproduktes verändert – die Milch wird „dickgelegt". Diese Säuerung begann man schon sehr früh zu schätzen und fand Möglichkeiten, sie zu steuern. Im Laufe der Jahrhunderte hat man diese Methoden immer mehr ausgefeilt und nutzt sie noch heute, um mit eigens gezüchteten Mikroorganismen, meist Milchsäurebakterien, mit unterschiedlichen Fermentationszeiten und mit verschiedenen Prozessführungen aus dem Ausgangsstoff Milch oder Sahne Produkte wie Dickmilch, Joghurt, saure Sahne, Crème fraîche, Schmand, Kefir oder Buttermilch herzustellen. Seit einiger Zeit züchtet man spezielle probiotische Milchsäurebakterien, die den Ruf genießen, sich positiv auf die Darmflora auszuwirken. Die Produkte, die auf Basis von Sahne und Butter entstehen, finden Sie auf den Seiten 123 und 127.

MILCHSÄUREBAKTERIEN

Milchsäurebakterien kommen nicht nur in Milch, sondern in vielen anderen Lebensmitteln vor, die milchsauer vergoren werden, wie Sauerkraut und eingelegte Gurken. Sie heißen so, weil sie Zucker in Milchsäure umwandeln und damit aus einem ehemals leicht süßlichen ein säuerliches und damit haltbares Produkt machen. Durch die heute hygienischen Bedingungen beim Melken und Lagern beim Milcherzeuger enthält Milch nur noch sehr geringe Mengen an Bakterien – erwünschte wie nicht erwünschte –, sodass für Sauermilchprodukte die entsprechenden Bakterien zugesetzt werden. Je nach gewünschtem Milchprodukt kommen verschiedene Starterkulturen zum Einsatz. Milchsäurebakterien werden auch Säurewecker genannt, die man über vorhandene Sauermilchprodukte erhält oder als Kulturen über das Internet beziehen kann. Für Dickmilch, Buttermilch und saure Sahne setzt man eine Mischung verschiedener mesophiler Milchsäurebakterien ein, die bei 25 bis 30 °C besonders aktiv sind. Sie werden ebenso zur Quark-, Käse- und Sauerrahmbutterherstellung verwendet. Joghurt dagegen wird mit thermophilen Kulturen angesetzt, die ihre Aktivität erst bei höheren Temperaturen (37 bis 42 °C) entfalten. Jede Bakterienkulturmischung entwickelt spezifische, für die einzelnen Produkte typische Aromastoffe.

Mesophile Starterkultur vermehren *Wer häufiger Sauermilchprodukte selber machen möchte, kann die Starterkultur aus einer kleinen Menge auch selber vermehren. Dafür benötigt man einen Beutel Starterkultur aus dem Handel, einen Liter Milch, eine 1-l-Thermoskanne, 4 Eiskugelbeutel oder mehrere Eiswürfelbehälter und einen Trichter.*
So geht's: Die Hälfte der Milch auf 25 bis 30 °C erwärmen und in die Thermoskanne füllen. Starterkultur zugeben, Thermoskanne fest verschließen, schütteln und 8 bis 10 Stunden stehen lassen. Anschließend die dick gewordene Milch mit der übrigen Milch mischen, gut umrühren und durch den Trichter in die Eisbeutel füllen. Im Gefrierfach hält sich die Starterkultur etwa ein halbes Jahr. Die Starterkulturen können bequem portionsweise entnommen werden. Startklar werden sie, wenn man eine Portion mit einem Liter auf etwa 25 °C angewärmter und abgekühlter Milch wieder in die Thermoskanne gibt und nochmals 8 bis 10 Stunden arbeiten lässt. Diese Starterkultur hält sich im Kühlschrank 4 Tage.

SAUERMILCHPRODUKTE SELBER MACHEN

Das Ausgangsprodukt aller Sauermilchprodukte ist die Milch. Wichtig: Wenn nicht anders genannt, ist bei der Angabe „Milch" in den Rezepten jede Milchsorte möglich. Beim Verwenden von Roh- bzw. Vorzugsmilch diese vorab abkochen, damit alle unerwünschten Fremdkeime abgetötet werden! Beim Abkochen durch ständiges Rühren verhindern, dass eine Haut entsteht.

Dickmilch

Sauermilch, Setzmilch oder Stockmilch: Viele Namen für ein und dasselbe, die ahnen lassen, dass das Sauermilchprodukt beliebt und weit verbreitet war. Heute ist sie etwas aus der Mode und nicht immer leicht zu bekommen. Ein Grund mehr fürs Selbermachen.

Die Herstellung ist für alle Sauermilchprodukte gleich: Damit die Milch fermentiert wird und sich das spezifische gewünschte Aroma bildet, versetzt man die Milch mit den entsprechenden Milchsäurebakterien und lässt ihnen ausreichend Zeit, die Milch dickzulegen. Im Kühlschrank lässt man das Milchprodukt dann fertig reifen.

Hinweis: Achten Sie darauf, dass Sie besonders sauber arbeiten, damit keine unerwünschten Bakterien in Ihren Käse gelangen können. Das heißt: die Hände gut waschen, die Gerätschaften heiß und gründlich spülen – eventuell sogar sterilisieren – und auch den Kühlschrank, in dem Sie Ihre Produkte reifen lassen, sollten Sie besonders gründlich reinigen.

DICKMILCH SELBER MACHEN

Für die Herstellung von Dickmilch im Haushalt war es noch bis vor wenigen Jahrzehnten üblich, die reine Rohmilch einfach wenige Tage in einem abgedeckten, lichtundurchlässigen Krug bei Zimmertemperatur stehen zu lassen. Die darin enthaltenen Milchsäurebakterien taten ihre Arbeit und wandelten in der Wärme den Milchzucker zu Säure um. Dadurch wurde die Milch dickgelegt und angenehm sauer, mit einem leichten Prickeln. Fertig war die Dickmilch, ganz ohne Arbeit.

NICHT GANZ SO WIE FRÜHER

Es könnte also ganz einfach sein: Milch stehen lassen, Geduld haben, und nach wenigen Tagen die Dickmilch genießen. Heute funktioniert das leider nicht mehr so ohne Weiteres, denn üblicherweise ist die Milch aus dem Handel pasteurisiert und deren Gehalt an Bakterien, auch an nützlichen, ist deshalb kaum nennenswert. Lässt man sie bei Zimmertemperatur stehen, verdirbt sie. Selbst Rohmilch ist schon ab Hof durch die starke Kühlung auf etwa 4 °C so keimarm, dass die natürliche Säuerung meist nicht einfach von selbst beginnt. Man muss dann mit Starterkulturen, die Milchsäurebakterien enthalten, nachhelfen.

DICKMILCH

GERÄTE

mittelgroßer Topf, Schneebesen, dunkles, verschließbares Gefäß, Küchenthermometer

ZUTATEN

Milch, Milchsäurebakterien (Starterkultur)

HINWEIS: Für Dickmilch braucht man eine Mischung verschiedener mesophiler Milchsäurebakterien (siehe Seite 76), die bei 25 bis 30 °C besonders aktiv sind.

Wenn nicht anders genannt, ist bei der Angabe „Milch" in den Rezepten jede Milchsorte und jede Fettstufe möglich. Beim Verwenden von Roh- bzw. Vorzugsmilch diese vorab abkochen!

ZUBEREITUNG

1 Die Milch in einem Topf auf 25 bis maximal 30 °C erwärmen. Die Starterkultur mit dem Schneebesen einrühren. Bei der Temperatur ist Vorsicht angesagt, ist die Milch zu warm, wird die Dickmilch nicht fest. Gleiches passiert auch, wenn die Milch zu kalt ist. Daher am besten mit einem Küchenthermometer arbeiten.

TIPP: Sie brauchen nicht unbedingt spezielle Starterkultur aus dem Handel. Als Starter können Sie auch schon vorhandene Dickmilch oder Buttermilch nutzen, die beide die benötigten Bakterien enthalten, vorausgesetzt, sie sind nicht wärmebehandelt. Spezielle Starterkultur immer nach Packungsanweisung ansetzen.

2 Die „geimpfte" Milch in ein verschließbares Gefäß füllen, zum Beispiel einen Krug mit Deckel oder ein Schraubdeckelglas, das man bei Zimmertemperatur, ca. 21 °C, ins Dunkle stellt. Nun tut man einfach nichts. Nach 12 bis 24 Stunden ist die Dickmilch fertig.

TIPP: Wenn Sie die Zimmertemperatur für nicht ausreichend halten oder eher kühle Räume zur Verfügung haben, können Sie die geimpfte Milch auf 25 bis 30 °C erwärmen und während der Reifedauer in eine Thermoskanne füllen oder auch in die Nähe der Heizung stellen.

HALTBARKEIT

Dickmilch hält sich kühl gestellt bis zu 1 Woche.

Hier wirken die Milchsäurebakterien aus saurer Sahne als Starterkultur.

SAHNEDICKMILCH

500 ml pasteurisierte Milch
100 ml Sahne
100 ml saure Sahne

Gekühlt bis zu 1 Woche haltbar.

1. Milch erhitzen, aber nicht kochen lassen. 15 Minuten abkühlen lassen (dafür den Topf am besten in eine große Schüssel mit kaltem Wasser stellen), dann Sahne und saure Sahne einrühren.

2. In eine oder mehrere lichtundurchlässige Schüsseln füllen, abdecken und bei Zimmertemperatur mindestens 12 Stunden stehen lassen.

Natürlich funktioniert auch die Dickmilch selbst als Starter, ob gekauft oder selbst gemacht. Wer öfter nach dieser Methode arbeiten möchte, sollte daran denken, immer einige Esslöffel als Starter zurückzubehalten.

DICKMILCH MIT DICKMILCH ODER BUTTERMILCH GESÄUERT

1 l pasteurisierte Milch
3–4 EL Dickmilch oder Buttermilch

Gekühlt bis zu 1 Woche haltbar.

1. Milch erwärmen, aber nicht kochen lassen, und die Dickmilch einrühren. In ein verschließbares Gefäß füllen.

2. An einem warmen Ort etwa 24 Stunden stehen lassen.

Sahnedickmilch

Kefir

Ein leichtes Prickeln durch Kohlensäure und ein Hauch Alkohol machen aus dem Milcherzeugnis eine erfrischende Angelegenheit. Außerdem soll Kefir ein langes Leben schenken – seine Erfinder, die Bewohner des Kaukasus und die Tibeter, stehen dafür.

Stellt man Kefir her, besteht der wesentliche Unterschied zur Dickmilch darin, dass neben der Milchsäuregärung eine alkoholische Gärung stattfindet. Der Milchzucker wird nicht nur in Milchsäure, sondern auch in Alkohol und Kohlensäure umgewandelt. Deshalb hat „echter" Kefir je nach Gärprozess einen Alkoholgehalt von 0,1 bis zu – im seltenen Höchstfall – 2 Prozent. Die Hefen, die diese Gärungen bewirken, stammen aus der Kefirknolle bzw. dem Kefirpilz. Macht man Kefir selbst, dann direkt mit dieser Knolle oder einer Starterkultur, die u. a. pulverisierte Kefirknolle enthält.

Wasserkefir *Eigentlich hat Wasserkefir in diesem Buch nichts verloren, denn er wird nicht auf Basis eines Milchproduktes hergestellt, sondern nur mit Wasser, manchmal auch mit Tee. Er wird wie Milch-Kefir angesetzt. Wer aber seinen Kefirpilz etwas vielseitiger verwenden möchte, kann ihn auch zur Herstellung dieses leicht säuerlichen Getränks verwenden. Da Wasser selber keinen Zucker mitbringt, muss man diesen neben der Kefirkultur zusetzen, außerdem braucht er Protein, wofür man Trockenfrüchte zugibt. Für den Geschmack kann man eine Zitrone hineingeben. Nach dem Herausfischen der zugesetzten festen Stücke erhält man ein erfrischendes, prickelndes Getränk.*

DIE KEFIRKNOLLE

Das leicht gummiartige Gebilde der Kefirknolle ist eine komplexe Zusammenstellung aus Bakterien, Hefen, Proteinen, Fetten und Zuckern, die sich unter verschiedenen äußeren Bedingungen wie zum Beispiel der Jahreszeit verändern kann.

Kefirknollen vergrößern sich bei Wärme um das Doppelte und zerfallen dann in kleinere Knollen. Diese Ableger eignen sich zum Weiterreichen an Interessierte. Umgekehrt: Vielleicht gibt es im Bekanntenkreis einen Kefirknollen-Besitzer, den man um einen „Ableger" bitten kann. Im Internet gibt es aber auch Listen von Privatanbietern, die Abkömmlinge ihrer Knollen anbieten, sowie professionelle Anbieter.

NIE MIT METALL ARBEITEN

Die Kefirknolle sollte niemals mit Metall in Berührung kommen, sonst leidet unter Umständen die wichtige Mikroorganismen-Zusammensetzung. Also achten Sie darauf, dass Sie weder Metallsiebe noch -löffel oder andere Utensilien aus Metall bei der Herstellung von Kefir verwenden!

KEFIRKNOLLE AUFBEWAHREN

Die Kefirknolle nach der Verwendung mit klarem Wasser gründlich abspülen und für das nächste Mal gekühlt aufbewahren.

Kefirknollen können eingefroren mit etwas Milch oder in einer Mischung aus zwei Drittel Wasser und einem Drittel Milch in einem unverschlossenen Glas im Kühlschrank aufbewahrt werden. In letzterem Fall sollte die Milch täglich gewechselt werden, vielleicht kann das während des Urlaubs der Nachbar neben dem Blumengießen übernehmen. Wenn der Pilz dennoch beginnt, Fäden zu ziehen, muss man diese Teile entfernen – das gelingt am besten mit sauberen Händen oder auch einem Plastiklöffel. Im Inneren befinden sich oft noch intakte Knöllchen. Den ersten Neuansatz mit dem aufgetauten bzw. aus dem Kühlschrank kommenden Kefir sollte man weggießen, er schmeckt nicht. Auch, wenn auf eine andere Milchsorte gewechselt wird, braucht die Knolle eine gewisse Anlaufzeit, bis wieder geschmacklich einwandfreier Kefir entsteht.

KEFIR MILD

Im Handel bekommt man fast ausschließlich „Kefir mild", der nicht mit der Kefirknolle, sondern mit einer speziellen Mikroorganismen-Mischung hergestellt wird. Diese Mischung bildet nahezu ausschließlich Milchsäure, aber keinen Alkohol und CO_2. „Kefir mild" enthält also keinen Alkohol. In „echtem" Kefir ist ein Teil der Laktose in Alkohol umgewandelt, damit ist der Laktoseanteil etwas verringert.

KEFIR KAUFEN

Kefir findet man im Kühlregal bei den Milchprodukten. Die Deckelwölbung, die man bei Bechern mit echtem Kefir beobachten kann, ist kein Zeichen von Verderbnis, sondern durch die Kohlensäurebildung verursacht. Was bei vielen anderen Milchprodukten ein Zeichen des Verderbs ist, ist also beim Kefir ganz normal und sogar ein Zeichen von Qualität. Kefir gibt es pur und mit Fruchtaromen zu kaufen. Natürlich kann auch der selbst gemachte mit Früchten verfeinert werden und hat auch noch den Vorteil, dass man Süße und Geschmack selbst bestimmen kann.

KEFIR

GERÄTE

verschließbares Gefäß, metallfreies Sieb

HINWEIS: für Kefir mit Kefirkultur: mittelgroßer, sauberer und heiß ausgespülter Topf, Schneebesen

ZUTATEN

Milch, Kefirpilz oder Kefirkultur

HINWEIS: Wenn nicht anders genannt, ist bei der Angabe „Milch" in den Rezepten jede Milchsorte und Fettstufe möglich. Beim Verwenden von Roh- bzw. Vorzugsmilch diese abkochen!

ZUBEREITUNG

Kefir wird ähnlich wie Dickmilch dickgelegt, dazu benötigt man die Bakterien- und Hefenzusammensetzungen, die die Kefirknollen bieten.

1 Die Kefirknollen in ein verschließbares Gefäß geben. Dabei darauf achten, dass bis zum Rand ca. 3 cm Platz bleibt. Zu viele Knollen im Glas können dazu führen, dass sich die Molke absetzt. Die Milch hinzugeben. Die Milch sollte eine Temperatur von 25 bis 30 °C haben. *Vorsicht:* Zu warme Milch inaktiviert die Starterkultur, zu kalte ist für die Starterkultur ebenfalls nicht optimal. Das Glas verschließen und 24 Stunden dunkel und bei Zimmertemperatur, ca. 21 °C, ruhen lassen. Wird der Kefir dabei zu warm, kann sich unerwünscht Molke absetzen, die man aber dennoch trinken kann.

2–3 Die Kefirknolle durch ein Plastiksieb (kein Metall!) abgießen. Metall kann die Mikroorganismenzusammensetzung stören! Kefir auffangen und genießen.

TIPPS: Je höher die Temperatur, bei der Kefir reift, aber nie mehr als 30 °C, desto weniger Alkohol entwickelt er. Er enthält dann mehr Milchsäure und schmeckt entsprechend saurer als ein bei niedrigeren Temperaturen, aber nie weniger als 25 °C, gereifter Kefir. Reift er bei niedrigeren Temperaturen, bekommt Kefir eine kräftige Note. Kefir reift nach dem Fertigstellen im Kühlschrank weiter, entwickelt mehr Alkohol und wird sauer. Deshalb warten Sie bis zu seinem Verzehr nicht zu lange.

HALTBARKEIT

Kefir hält sich kühl gestellt etwa 24 Stunden.

Ganz einfach und stets frisch zubereitet.

KEFIR AUS DER KEFIRKNOLLE

1 Kefirknolle
500 ml–1 l Milch

Gekühlt mindestens 24 Stunden haltbar.

1. Kefirknolle in ein verschließbares Glas geben (nicht höher als bis 3 cm unter den Rand), Milch darübergießen. Mindestens 24 Stunden bei Zimmertemperatur möglichst dunkel stehen lassen.

2. Dann durch ein Sieb (kein Metall!) abgießen und für einige Stunden in den Kühlschrank stellen.

Tipp: Kefir lässt sich auf gleiche Weise auch mit Ziegen- oder Schafsmilch herstellen. Mit Stutenmilch hergestellt nennt er sich Kumys.

So geht's auch ganz ohne Alkohol.

KEFIR MIT KEFIRKULTUR

1 l Milch
Kefirkultur (Menge nach Herstellerangabe)

Gekühlt mindestens 24 Stunden haltbar.

1. Milch bis kurz vor dem Siedepunkt erhitzen, aber nicht kochen. Abkühlen lassen (dafür den Topf am besten in eine große Schüssel mit kaltem Wasser stellen), bis die Milch etwa 22 °C hat.

2. Kefirkultur in die Milch einrühren. In ein verschließbares Gefäß geben (nicht höher als bis 3 cm unter den Rand) und 24 Stunden bei Zimmertemperatur möglichst dunkel stehen lassen.

3. Dann für einige Stunden in den Kühlschrank stellen.

Tipp: Vom fertigen Kefir jeweils 6–8 Esslöffel aufbewahren und diesen für den nächsten Ansatz verwenden. Er hält sich kühl gestellt etwa 24 Stunden.

Variante: Für Sahnekefir nur 800 ml Milch mit natürlichem Fettgehalt verwenden und mit 200 g Sahne ergänzen.

Kefir aus der Kefirknolle

Joghurt

Joghurt gibt es schon seit ewigen Zeiten. Im Kaukasus kennt man Joghurt aus Schafskäse schon seit Jahrtausenden, und auch in Asien werden Sauermilchprodukte schon sehr lange hergestellt. Das gesäuerte Milchprodukt hat aber erst zu Beginn des 19. Jahrhunderts seinen Weg nach Westeuropa gefunden, weil man seine positive Wirkung auf die Verdauung erkannte.

Das Prinzip dieses Sauermilchproduktes ist wie bei Dickmilch oder Kefir die Umwandlung des Milchzuckers in Milchsäure. Das geschieht durch spezifische Bakterienkulturen. Für Joghurt werden thermophile, also wärmeliebende Bakterien benötigt, die erst bei höheren Temperaturen als bei Zimmertemperatur aktiv werden.

LAKTOSEGEHALT STEUERN

Je länger Joghurt reift, desto mehr Laktose wird zu Milchsäure umgebaut, der Joghurt wird entsprechend saurer. Wer kräftigeren Joghurt haben möchte, lässt ihn also einfach länger die Wärme genießen. Daneben spielt aber noch die Art der Bakterien eine Rolle. Lässt man Joghurt 24 Stunden Reifedauer, ist die Laktose bis auf etwa drei Prozent abgebaut. Ganz verschwinden wird sie nicht, weil die zunehmende Milchsäurebildung die Fermentation hemmt. Aber auch aus laktosefreier Milch lässt sich entsprechend von Anfang an laktosefreier Joghurt herstellen. Selbst Sojamilch eignet sich als Ausgangsprodukt.

FETT ODER MAGER, FEST ODER FLÜSSIG

Joghurt kann man aus Milch in unterschiedlichen Fettstufen herstellen. In Internetforen und manchen Büchern grassiert häufig die Ansicht, dass der Fettgehalt von Milch und von als Starterkultur genutztem Joghurt übereinstimmen müssen, wofür es aber keinen nachvollziehbaren Grund gibt. Die Erfahrung zeigt, dass es keine Rolle spielt, ob man einen griechischen Joghurt mit 10 Prozent Fett als Starterkultur zur Beimpfung von Magermilch verwendet oder Vollmilch mit Magermilchjoghurt versetzt. Die Ergebnisse sind geschmacklich und in ihrer Konsistenz verschieden, aber stets einwandfreier Joghurt. Trinkjoghurt macht man aus fettreduzierter Milch. Joghurt aus Ziegenmilch, die magerer als Kuhmilch ist, wird immer flüssig und die recht fette Milch von Schafen lässt einen festeren Joghurt entstehen. Auch durch die Zugabe von Milchpulver vor der Reifung wird der Joghurt fester, weil Wasser gebunden wird. Der Joghurt wird ebenfalls fester, wenn man ihn nach der Reifung in ein sauberes Käsetuch – ein nicht ganz so feinmaschiges Baumwolltuch – gibt, ihn in ein Sieb legt und über Nacht abtropfen lässt. Cremig wird fertiger stichfester Joghurt durch Durchrühren mit dem Schneebesen.

IMMER WIEDER FRISCHER JOGHURT

Für die nächste Joghurtbereitung nimmt man am besten aus dem selbst gemachten Joghurt 2–3 EL ab und benutzt ihn als Starterkultur. Möglichst aus der Mitte eines Glases, da dort die Umgebung für die Kulturen ideal ist und sie am aktivsten sind. Nach dem vierten oder fünften Mal sollte eine neue Kultur genutzt werden, da sich krankheitserregende Keime ansiedeln können. Und darauf achten, dass der als Starterkultur verwendete Joghurt nicht wärmebehandelt ist, denn dann sind die notwendigen Bakterien weitgehend abgetötet. Zuverlässig gelingt die Joghurtbereitung mit gekauften Starterkulturen.

JOGHURT MILD

Im Handel bekommt man mittlerweile fast nur noch Joghurt mit der Bezeichnung „Joghurt mild". Im Gegensatz zum bulgarischen Joghurt ist diese Variante meist mit dem Lactobacillus acidophilus bzw. Bifidobacterium bifidus statt Lactobacillus bulgaricus beimpft. Ergebnis ist ein deutlich milderer Joghurt, weil die starke Nachsäuerung durch die Bifidusbakterien entfällt. Es entsteht also weniger Säure und ein Teil des Milchzuckers bleibt erhalten.

Im bulgarischen „Ursprungsprodukt" verursachen Lactobacillus-bulgaricus-Stämme den kräftig sauren Geschmack. Erkennen kann man diesen Joghurt am Namenszusatz „Bulgara" oder „Bulgaria".

Wer Joghurt mit gekauften Bakterienkulturen selber macht, kann sich zwischen verschiedenen Bakterienstämmen (für den kräftigen Joghurt eine Mischung aus Streptococcus thermophilus und i.b. bulgaricus, für milden Joghurt Lactobacillus acidophilus und Bifidobacterium bifidus) entscheiden.

Probiotischer Joghurt *Viele Joghurtsorten enthalten probiotische Bakterien, die regelmäßig und in größeren Mengen genossen die Magenpassage überleben können und die Darmflora positiv beeinflussen sollen. Bei den meisten Sorten werden die probiotischen Bakterien nach der herkömmlichen Joghurtherstellung zugesetzt, es gibt aber auch solche, bei denen die Joghurtreifung schon mit diesen Kulturen durchgeführt wird. Probiotischen Joghurt kann man mit den entsprechenden Kulturen selber machen, hier tragen die probiotischen Stämme schon zur Joghurtreifung bei, oft ist noch Inulin als Nährstoff für die Bakterien beigefügt.*

Und so geht's

JOGHURT

GERÄTE

mittelgroßer Topf, Küchenthermometer, Schraubdeckelgläser, Schneebesen, evtl. Joghurtmaschine

TIPP: Zum Warmhalten während des Reifevorgangs sind auch eine Wärmflasche oder eine Kochkiste möglich.

ZUTATEN

Milch, thermophile Starterkulturen

HINWEIS: Wenn nicht anders genannt, ist bei der Angabe „Milch" in den Rezepten jede Milchsorte und jede Fettstufe möglich. Beim Verwenden von Roh- bzw. Vorzugsmilch diese vorab abkochen!

ZUBEREITUNG

Wie Dickmilch und Kefir ist auch Joghurt ein dickgelegtes Milchprodukt. Weil dessen säurebildende Bakterienstämme zu den thermophilen Bakterien gehören, die sich erst bei höheren Temperaturen als Zimmertemperatur wohlfühlen, entsteht Joghurt im Gegensatz zu Dickmilch in unseren Breitengraden aber nicht „ganz von selbst".

1–2 Zunächst die Milch in einem Topf auf die Temperatur erwärmen, die für die Starterkultur optimal ist, also zwischen 35 und 40 °C.

HINWEIS: Bei zu kalter Milch (unter 35 °C) kann die Starterkultur nicht richtig arbeiten, die Milch dann nochmals erwärmen. Zu warme Milch inaktiviert die Kultur. In beiden Fällen kann der Joghurt nicht fest werden. Am besten Sie arbeiten mit einem Küchenthermometer!

3 Unter Rühren mit dem Schneebesen Starterkultur zugeben, die aus gekauften Bakterienstämmen oder etwas kräftigem, frischem Joghurt besteht. Zu alter Ansatz macht den Joghurt sauer, man muss ihn entsorgen.

4–5 Die angerührte Milch in Gläser füllen und verschließen. Mindestens 6 Stunden reifen lassen. Die Milch jetzt immer schön warm halten, zum Beispiel im Backofen, den man zunächst auf 50 °C aufheizt und dann abschaltet. *Vorsicht:* Bleibt die Temperatur bei über 50 °C, flockt der Joghurt aus. Die eingeschaltete Backofenleuchte steuert bei gut isolierten neueren Öfen für die nächsten Stunden genug Wärme bei. Bei älteren Öfen die Hitze sicherheitshalber erst eine halbe Stun-

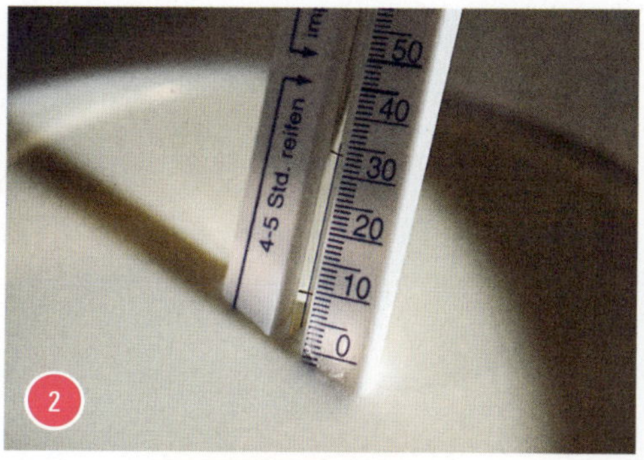

de später abschalten. *Wichtig:* Den Joghurt während der Reifezeit nicht bewegen. Selbst ein vibrierender Kühlschrank kann verhindern, dass der Joghurt fest wird. Eine zu lange Wärmezeit kann dazu führen, dass der Joghurt zu fest wird. Durch kräftiges Rühren wird er wieder etwas flüssiger, auch ein paar untergerührte Löffel Sahne helfen.

TIPP: Ein Joghurtbereiter, der die Milch konstant bei der notwendigen Temperatur von gut 40 °C hält, tut gute Dienste. Es gibt solche, die mit Strom arbeiten, aber auch Geräte, die durch gute Isolierung eine konstante Temperatur über einen genügend langen Zeitraum gewährleisten. Sie können den Joghurt während seiner Reifung aber auch mit ganz einfachen Methoden mit Wärme versorgen, die jedem Haushalt zur Verfügung stehen: Frisch abgefüllte verschlossene Joghurtgläser in Handtücher wickeln und mit einer warmen Wärmflasche im warmen Zimmer unter der Bettdecke platzieren, in eine Thermoskanne füllen oder die Gläser auf die warme Heizung stellen.

HINWEIS: Nach der Reifung in der Wärme kommt der Joghurt in den Kühlschrank, wo er richtig fest wird und sein Aroma weiter entwickelt.

HALTBARKEIT

Joghurt hält sich kühl gestellt bis zu 1 Woche.

Muss es H-Milch sein? *Zur Joghurtbereitung wird oft empfohlen, H-Milch zu verwenden (siehe Seite 75), weil sie die wenigsten Keime enthält, die das Ergebnis verfälschen können. Genauso kann man aber beliebige Milch, auch Rohmilch, vor dem Ansetzen mit der Bakterienkultur bis zu 90 °C unter ständigem Rühren erhitzen (sonst bildet sich Haut) und wieder abkühlen, damit unerwünschte Fremdkeime abgetötet werden.*

Der Klassische.

JOGHURT MIT JOGHURT ALS STARTERKULTUR

1 l Milch
2–3 EL Naturjoghurt (nicht wärmebehandelt; aus der Mitte des Glases)

Gekühlt 1–2 Wochen haltbar.

1. Milch auf 35–40 °C erwärmen. Den Joghurt mit dem Schneebesen einrühren. In verschließbare Gläser füllen.

2. Etwa 8 Stunden in der Wärme, optimal sind etwa 40 °C, reifen lassen. Anschließend im Kühlschrank fest werden lassen.

Variante: Auf gleiche Weise stellt man Joghurt mit gekaufter Starterkultur her, bei der Menge orientiert man sich an der Herstellerangabe.

Sahnig-cremig und noch mal so lecker.

SAHNEJOGHURT

1 l Milch mit natürlichem Fettgehalt (mind. 3,8 %)
125 g Sahne
3–4 EL Naturjoghurt (nicht wärmebehandelt; aus der Mitte des Glases)

Gekühlt 1–2 Wochen haltbar.

1. Die Milch bis auf etwa 90 °C erhitzen, dann die Sahne hineingeben. Etwa ½ Stunde abkühlen lassen, bis der Inhalt lauwarm ist.

2. Den Joghurt esslöffelweise in die Milch geben. Etwa 8–10 Stunden in der Wärme, optimal sind etwa 40 °C, reifen lassen. Anschließend im Kühlschrank fest werden lassen.

Sahnejoghurt

Für Naschkatzen.

SCHOKOLADENJOGHURT

- *1 l Milch*
- *2 EL Kakaopulver*
- *2 EL Roh-Rohrzucker (nach Geschmack auch mehr)*
- *3–4 EL Naturjoghurt (nicht wärmebehandelt; aus der Mitte des Glases)*

Gekühlt 1 Woche haltbar.

1. Die Milch bis auf etwa 90 °C erhitzen. Kakaopulver und Zucker einrühren, Milch vom Herd nehmen und auf Zimmertemperatur, ca. 21 °C, abkühlen lassen. Dann den Joghurt unterrühren. In verschließbare Gläser füllen und gut verschließen. Etwa 8 Stunden in der Wärme, optimal sind etwa 40 °C, reifen lassen.

2. Umrühren und anschließend im Kühlschrank fest werden lassen.

Varianten: Für Mokkajoghurt einfach 2 EL Instant-Espressopulver mit einrühren, für Vanillejoghurt statt des Kakaos ¼ TL Bourbonvanillepulver oder eine ausgekratzte Vanilleschote mit dem Mark zugeben (die Schote nach der Reifung wieder entfernen).

Ein nicht ganz gewöhnlicher Genuss.

MOHN-MARZIPAN-JOGHURT

- *1 l Milch*
- *3 EL Naturjoghurt (nicht wärmebehandelt; aus der Mitte des Glases)*
- *80–100 g Marzipan-Rohmasse*
- *2 EL Zucker*
- *3–4 EL ganzer Mohn*

Gekühlt 1 Woche haltbar.

1. Milch mit der Marzipan-Rohmasse auf etwa 90 °C erhitzen und gut verrühren. Zucker unterrühren, Milch vom Herd nehmen und auf Zimmertemperatur, ca. 21 °C, abkühlen lassen. Dann den Joghurt unterrühren. In verschließbare Gläser füllen und gut verschließen. Etwa 8 Stunden in der Wärme, optimal sind 40 °C, reifen lassen.

2. Gründlich umrühren und anschließend im Kühlschrank fest werden lassen. Vor dem Servieren Mohn nach Geschmack unterrühren.

Angenehm und erfrischend, stammt aus heißen Gefilden.

AYRAN ODER LASSI

500 ml kräftig schmeckender Joghurt,
z. B. bulgarischer
250–500 ml Wasser
(kohlensäurehaltiges für Ayran, stilles für Lassi)
Salz nach Geschmack

Gekühlt 1–2 Wochen haltbar.

1. Die Zutaten kräftig mixen, bis sie schaumig sind, und gekühlt genießen.

Variante: Für Mango-Lassi das Fruchtfleisch einer Mango mit etwas Zucker und Salz pürieren. Durch ein Sieb geben, damit die Fasern zurückgehalten werden, und unter das Lassi rühren.

Und noch eine köstliche Erfrischung.

FROZEN JOGHURT

500 ml Joghurt
100 ml Sahne
etwa 50 g Zucker nach Geschmack
½ TL Vanillepulver
2 Eiweiße

Gekühlt 1 Woche haltbar.

1. Den Joghurt mindestens 5 Stunden in einem in ein Sieb gelegtes Tuch, von oben beschwert, abtropfen lassen. Zucker und Vanillepulver unter Rühren in der Sahne auflösen. Sahne mit dem Joghurt verrühren.

2. Die Eiweiße aufschlagen und unter die Joghurtmasse heben. Die fertige Masse in die Eismaschine geben.

3. Vor dem Genuss nach Belieben verzieren: mit gehackten Nüssen, Schokoladenstreuseln oder zerkrümelten Keksen, mit Früchten oder Fruchtsaucen servieren.

Tipps: Wer keine Eismaschine hat, gibt den Frozen Joghurt in eine Schüssel und stellt diese ins Gefrierfach. Damit sich keine großen Eiskristalle bilden, den Joghurt alle 20–30 Minuten mit dem Schneebesen einige Minuten kräftig durchrühren, bis er durchgefroren ist. Wer Kalorien sparen will, ersetzt die Sahne durch Milch und verwendet für den Joghurt Magermilch.

Frozen Joghurt

Quark und Frischkäse

Quark und Frischkäse werden nicht gereift und können daher direkt nach ihrer Herstellung verzehrt werden. Im allgemeinen Sprachgebrauch unterscheidet man Quark und Frischkäse voneinander, wobei Quark sehr viel fester als der streichfähige Frischkäse ist.

Nach der deutschen Käseverordnung ist Quark eine Frischkäseart, zu der auch Rahm- und Doppelrahmfrischkäse sowie Schichtkäse zählen.

BAKTERIEN ODER LAB

Quark und Frischkäse werden durch Dicklegung mit Milchsäurebakterien gewonnen. Man kann aber auch nur die Eigenschaften von Lab (siehe Seite 98) nutzen, das den Eiweißstoff Kasein aus der Milch ausfällt. Das geht schneller und wird auch milder im Geschmack. Durch die Vorsäuerung mit einer Starterkultur wird die Labwirkung verbessert, ebenso die Haltbarkeit. Das Lab rührt man ein bis zwei Stunden nach Zugabe der Starterkultur ein, was eine Gelbildung zur Folge hat, die Molke muss dann im Anschluss entfernt werden. Je fetter die Milch ist, desto mehr Lab ist nötig: Für Vollmilch braucht man die doppelte Menge wie für fettarme. Nun trennt man einen Teil des wässrigen Anteils vom Milchproteinanteil – zurück bleiben frischer Quark oder Frischkäse. Die einfachste Methode, Quark herzustellen, ist es, Dickmilch einfach in einem Tuch abtropfen zu lassen, damit sich die Molke trennt. Verlegt man den Vorgang in den Kühlschrank, werden die Milchsäurebakterien gebremst und die weitere Säuerung gestoppt, das Endprodukt wird schnell zu sauer. Frischkäse wird prinzipiell genauso hergestellt, aber vor dem Abtropfen noch mehrmals eingeschnitten, damit er mehr Flüssigkeit verliert und fester wird.

GERÄTE

mittelgroßer Topf, Käsetuch, mittelgroßes Sieb, Küchenthermometer

ZUTATEN

Milch und/oder Milchprodukt, Starterkultur aus Milchsäurebakterien, evtl. Lab (siehe Seite 98).

TIPP: Aus 4 l Milch erhalten Sie etwa 1–1,5 kg Quark oder 800 g Frischkäse.

HINWEIS: Wenn nicht anders genannt, ist bei der Angabe „Milch" in den Rezepten jede Milchsorte und Fettstufe möglich. Beim Verwenden von Roh- bzw. Vorzugsmilch diese abkochen!

ZUBEREITUNG

1 Die frische Milch auf etwa 40 °C erwärmen. Zu hohe oder zu niedrige Temperaturen bewirken, dass der

Quark oder Frischkäse nicht fest wird.
TIPP: Arbeiten Sie mit einem Küchenthermometer und achten Sie immer auf konstante Temperaturen.

2 Unter Rühren mit dem Schneebesen eine mesophile Starterkultur (siehe Seite 76) zugeben, die aus Lab, gekauften Bakterienstämmen oder kräftigem, sehr frischem Joghurt oder einem anderen Sauermilchprodukt bestehen kann. Durch kurzes Gegenrühren die Milch zum Stillstand bringen. Die Milch stehen lassen, bis sie dick geworden ist.
HINWEIS: Gibt man zu viel oder zu wenig der Starterkultur dazu, wird das Endprodukt nicht fest, deshalb immer nach den Herstellerangaben bzw. dem Rezept richten.

3–4 Die dickgelegte Milch für Frischkäse mit einem Messer in große Stücke schneiden. Sie gibt dann mehr Flüssigkeit ab, das Endergebnis wird fester. Für Quark ist das nicht nötig. Die geschnittene Gallerte noch etwa 10 Minuten stehen lassen, damit sich weitere Molke absetzt.
TIPP: Um den richtigen Zeitpunkt zum Schneiden zu erkennen, machen Sie den Messertest: Bleiben die Schnittkanten nach dem Schneiden stehen, dann ist die Masse fest genug.

5 Dann die Masse in ein feuchtwarmes Käsetuch füllen, das man in ein Sieb legt – dafür das Tuch vorher in warmem Wasser einweichen – und zum Abtropfen aufhängen. Dafür kann man zum Beispiel die vier Tuchzipfel an den Beinen eines umgedrehten Hockers befestigen und eine Schüssel darunterstellen, oder das Tuch zusammendrehen, mit einem Faden zubinden und über einer Schüssel an einem Haken aufhängen.

6 Nach dem Abtropfen, das je nach gewünschter Festigkeit einige Minuten bis mehrere Stunden dauern kann, den Quark oder Frischkäse aus dem Tuch lösen und ihn etwas im Tuch drehen, damit eine Kugel entsteht.
TIPP: Möchten Sie einen Kräuterfrischkäse oder Paprikaquark usw., einfach am Ende die Gewürze und Zutaten einrühren.

HALTBARKEIT

Quark kühl gestellt hält bis zu 1 Woche.

Mit Joghurt erhält der Frischkäse einen geringeren Fettgehalt.

JOGHURT-FRISCHKÄSE

500 g Joghurt
(gekauft oder selbst gemacht, siehe ab Seite 86)

Gekühlt mindestens 1 Woche haltbar.

1. Joghurt etwa 30 Minuten auf ca. 45 °C in einem Topf erwärmen. Dafür den Joghurt entweder bei schwacher Hitze auf der Herdplatte stehen lassen oder im auf 50 °C vorgeheizten Ofen warm halten. Dann die Masse mit einem Messer mehrfach kreuz und quer einschneiden und 30 Minuten stehen lassen.

2. In das Käsetuch gießen und je nach gewünschter Festigkeit abtropfen lassen.

Schön cremig.

SAHNEQUARK

1 l Milch mit natürlichem Fettgehalt (mind. 3,8 %)
1 EL Naturjoghurt
1 EL Crème fraîche
½ Labtablette
oder flüssiges Lab nach Herstellerangabe

Gekühlt mindestens 1 Woche haltbar.

1. Milch in einem Topf unter Rühren auf ca. 40 °C erhitzen. Joghurt und Crème fraîche einrühren und den geschlossenen Topf etwa 1 Stunde bei ca. 30 °C warm stellen. Lab nach Herstelleranleitung einrühren, Topf wieder schließen und 8–10 Stunden bei Zimmertemperatur stehen lassen.

2. Die Masse mit einem Messer mehrfach kreuz und quer einschneiden und 10 Minuten stehen lassen, nach der Hälfte der Zeit die Masse etwas bewegen.

3. In das Käsetuch gießen und je nach gewünschter Festigkeit abtropfen lassen.

Einfacher können Sie Quark kaum herstellen!

QUARK AUS DICKMILCH

1 l Dickmilch
(gekauft oder selbst gemacht; siehe ab Seite 86)

Gekühlt mindestens 1 Woche haltbar.

1. Dickmilch in einem Topf auf ca. 30° C unter ständigem Rühren erwärmen, bis sich die Masse etwas zusammenzieht.

2. In das Käsetuch gießen und je nach gewünschter Festigkeit abtropfen lassen.

Tipp: Soll der Quark besonders weich und cremig sein, verzichtet man auf das Erwärmen und lässt die Dickmilch einfach im Käsetuch abtropfen. Je länger die Dickmilch erwärmt wird, desto mehr Wasser verliert sie und der Quark wird entsprechend fester und trockener.

Sehr einfache Frischkäseherstellung, keine saure Geschmacksnote.

PANEER – INDISCHER FRISCHKÄSE

1 l Milch mit natürlichem Fettgehalt (mind. 3,8 %)
2 EL frischer Zitronensaft

Gekühlt mindestens 2 Tage haltbar.

1. Milch in einem Topf erhitzen, bis sie aufzusteigen beginnt. Den Zitronensaft mit einem Holzkochlöffel einrühren und so lange köcheln lassen, bis sich eine grünliche klare Flüssigkeit absetzt, das ist die Molke.

2. Das Käsetuch in ein mittelgroßes Sieb legen und die Masse vorsichtig in das Tuch gießen. Tuch zusammenschlagen und mit Dosen o. Ä. beschweren. Einige Stunden, je nach gewünschter Festigkeit, abtropfen lassen.

Ein toller Brotaufstrich mit orientalischer Note.

LABNEH – ORIENTALISCHER JOGHURT-FRISCHKÄSE

300 g Naturjoghurt
1 TL Meersalz oder Kräutersalz

Gekühlt mindestens 5 Tage haltbar.

1. Joghurt und Salz mit dem Schneebesen verrühren.

2. Das Käsetuch in ein mittelgroßes Sieb legen und die Masse vorsichtig in das Tuch gießen. Das Tuch an allen vier Ecken hochnehmen, die Ecken zusammenbinden und das Tuch zum Abtropfen über eine Schüssel oder ein Glas hängen.

3. Abdecken und 24 Stunden in den Kühlschrank stellen. Dann herausnehmen und zu einer oder mehreren Kugeln formen.

Tipp: Mit Schwarzkümmel, gehackten Nüssen oder frischen Kräutern bestreuen. Im Kühlschrank ca. 5 Tage haltbar. Bei kleinen Mengen kann man den Joghurt auch in ein Küchentuch geben und über einem Glas abtropfen lassen.

Mit frischen Kräutern ein besonderer Genuss.

HÜTTENKÄSE

1 l fettarme Milch
75 g Dickmilch
Labtablette oder flüssiges Lab nach Herstellerangabe
2 EL Sahne oder saure Sahne
Salz

Gekühlt mindestens 1 Woche haltbar.

1. Milch auf ca. 30–40 °C erwärmen. Dickmilch einrühren und 2 bis 5 Stunden im Warmen stehen lassen (ca. 35 °C, z. B. im Joghurtbereiter). Lab nach Herstelleranleitung einrühren, durch Gegenrühren zum Stillstand bringen und wieder 2 Stunden bei Zimmertemperatur stehen lassen, bis die Milch dickgelegt ist.

2. Die Masse mit einem scharfen Messer mehrfach kreuz und quer einschneiden und auf ca. 50 °C erwärmen.

3. In das Käsetuch gießen und je nach gewünschter Festigkeit abtropfen lassen.

4. Den Käse in einer Schüssel mit der (sauren) Sahne und dem Salz verrühren.

Mozzarella
Paneer, Seite 95

Der Aufwand lohnt sich für ein besonders sahniges Produkt.

SCHICHTKÄSE

1 l Milch
2 EL Buttermilch
Labtablette oder flüssiges Lab nach Herstellerangabe
125 g Schmand
½ TL Salz

Gekühlt mindestens 1 Woche haltbar.

1. Milch auf ca. 40 °C erwärmen. Buttermilch einrühren und 2 Stunden im Warmen stehen lassen (ca. 35 °C, z. B. im Joghurtbereiter). Lab nach Herstelleranleitung einrühren, durch Gegenrühren zum Stillstand bringen und wieder 2 Stunden bei Zimmertemperatur stehen lassen, bis die Milch dickgelegt ist.

2. Die Masse mit einem Messer mehrfach kreuz und quer einschneiden und auf ca. 50° C erwärmen.

3. In das Käsetuch gießen und je nach gewünschter Festigkeit abtropfen lassen.

4. Ein Drittel des abgetropften Käsebruchs in eine durchlässige Form schichten und glatt streichen, sodass der Bruch weiter abtropfen kann. Darauf die Hälfte des Salzes streuen und die Hälfte des Schmands verteilen. Nun das zweite Drittel Käsebruch einfüllen, mit dem Rest des Salzes und des Schmands bedecken und die restliche Käsebruchmasse darauf verstreichen. Die Form in eine Schüssel stellen, sodass die Masse nicht in der abtropfenden Flüssigkeit steht. Dafür die Form z.B. auf eine umgedrehte Untertasse in die Schüssel stellen.

Hinweis: Für diese Zubereitung braucht man eine wasserdurchlässige Form, in die man die Gallerte einschichtet. Sie muss während der zwei Tage Ruhezeit im Kühlschrank noch abtropfen können. Für kleine Portionen eignen sich zum Beispiel Ton-Teesiebe, wie man sie oft zusammen mit Teebechern bekommt. Oder man verwendet eine Käseform.

Mozzarella ist ein Brühkäse, der auch zum Frischkäse gezählt werden kann, weil er keine Reifephase braucht, sondern sofort genussfertig ist. Im Herstellungsverfahren unterscheidet er sich aber von den herkömmlichen Frischkäsen, da der Käsebruch zunächst überbrüht und dann durch Kneten und Ziehen zu einem formbaren Teig verarbeitet wird.

MOZZARELLA

4 l Milch mit natürlichem Fettgehalt (mind. 3,8 %)
6 EL Buttermilch
2 Labtabletten oder 60 Tropfen flüssiges Lab

Gekühlt 1 Woche haltbar.

1. Milch und Buttermilch auf 30–40 °C erwärmen. Lab nach Herstelleranleitung einrühren, durch kurzes Gegenrühren zum Stillstand bringen, alles 1–2 Stunden an einem warmen Ort stehen lassen, bis die Milch dickgelegt ist. Mit der Käseharfe oder einem großen Messer die Gallerte in Stücke schneiden.

2. In ein Käsetuch gießen und etwa 12 Stunden abtropfen lassen.

3. Dann portionsweise in einen Topf geben und mit sehr heißem Wasser (etwa 80 °C) überbrühen. Mit einem Kochlöffel durchkneten, damit er die typische gummiartige Konsistenz bekommt. Wenn es die Temperatur zulässt, auch mit den Händen. Zu Kugeln formen und 45 Minuten in Salzlake legen (siehe Seite 99).

Tipp: Der Käse hält sich in Salzlake aufbewahrt etwas länger – bis zu 10 Tage.

KÄSE UND KÄSEPRODUKTE

Von cremigem Camembert mit nahezu flüssigem Kern bis hin zu fast steinhartem, mehrere Jahre altem Parmesan, von Blauschimmel bis Rotschmiere, von handlichen tropfenförmigen Säckchen bis zu wagenradgroßem Käse: Kaum ein Lebensmittel ist so wandlungsfähig.

Wie viele Lebensmittel, die heute zu den Grundnahrungsmitteln gehören, soll auch Käse durch einen Zufall entstanden sein. Danach wurde die Milch von Nomadenvölkern des Nahen Ostens in Tiermägen transportiert, einer damals durchaus üblichen Transportverpackung. Im Magen von Kälbern und jungen Kühen befindet sich das Labenzym, das Milch zum Gerinnen bringt. Wer also Milch in sicher nicht immer perfekt gereinigten Mägen transportierte, den erwartete eine Überraschung, die sich schnell als gut haltbare Bereicherung des Speiseplans herausgestellt hat.

KÄSE SELBER MACHEN

In wenigen Schritten kann man frischen Quark auf sein Abendbrot bringen und mit etwas mehr Geduld auch seinen eigenen Schnittkäse. Wenn man so will, nehmen alle Käsesorten zu Beginn den gleichen Weg:

DIE DICKLEGUNG

Ausschlaggebend für die Entstehung von Käse ist die Dicklegung der Milch, wie sie auch bei Sauermilchprodukten geschieht. Im Unterschied dazu kommen aber in den seltensten Fällen ausschließlich Milchsäurebakterien zum Einsatz, die neben der Dicklegung auch eine Säuerung bewirken, denn Säure ist in den meisten Käsesorten nicht in diesem Ausmaß gewünscht. Also braucht man eine Methode, mit der die Milch nicht sauer, aber trotzdem dick wird. Diese Methode bietet der Einsatz von Lab, man nennt sie auch Süßgerinnung. Wie bei der Dicklegung mit Milchsäurebakterien fällt auch hier das Kasein aus. Mitunter werden die Vorteile der beiden Säuerungsarten kombiniert.

TRENNUNG KÄSEBRUCH UND MOLKE

Ist die Milch dickgelegt, muss man als Nächstes Flüssigkeit loswerden, um ein festeres Endprodukt zu erhalten. Die dickgelegte Masse, die man auch Gallerte nennt, wird dafür weitgehend von der Molke getrennt, die sich absetzt. Je fester der Käse werden soll, desto mehr Molke muss er abgeben. Das geschieht durch Schneiden der Gallerte in mehr oder weniger große Würfel. Durch Rühren und Nachwärmen des Bruch-Molke-Gemisches wird das Austreten der Molke gefördert. Die Käseharfe führt man mehrmals in verschiedene Richtungen senkrecht durch die Masse, immer am Topfrand entlang, sodass gleich große Würfel entstehen. Mit der Größe der Würfel steuert man die Festigkeit des Endergebnisses: Je größer diese sind, desto weicher wird der Käse, weil sie eine kleinere Gesamtoberfläche als kleine Würfel haben und daher weniger Molke austreten kann. Sollen würzende Zutaten im Käse sein, dann mischt man sie unter, nachdem man die Gallerte mit einem Messer oder einer Käseharfe in Stücke geschnitten hat.

AB IN DIE KÄSEFORM

Im Folgenden braucht der künftige Käse nun mehr oder weniger Zeit und

Lab und Labaustauschstoff *Bestandteile von Naturlab, dem Verdauungsenzym aus den Mägen von jungen Wiederkäuern, sind die Enzyme Chymosin und Pepsin. Als Alternative kommen mikrobielle oder biotechnologisch erzeugte Labaustauschstoffe beim Käsen zum Einsatz, Ersteres wird von speziellen Schimmelpilzen produziert, Letzteres mit gentechnisch veränderten Bakterien, Hefen oder Pilzen. Auch aus Pflanzen wie dem Labkraut oder verschiedenen Distelarten werden entsprechende Enzyme gewonnen. Für die Eigenproduktion kann man Naturlab und mikrobielles Lab kaufen, das es in Tabletten- oder in flüssiger Form gibt. Für einen Liter Milch nimmt man in der Regel eine halbe Labtablette, bei flüssigem Lab richtet man sich nach der Herstellerangabe.*

Einlabtemperatur *Die Temperatur, die die Milch beim Einlaben hat, wirkt sich auf den Geschmack des späteren Käses aus. Meist liegt sie im Bereich von 30 bis 35 °C, variiert aber je nach Sorte und Fettgehalt.*

Pflege. Damit er fester wird, muss er weitere Flüssigkeit verlieren. Abtropfen im Käsetuch alleine genügt nicht mehr. Dafür wird er in eine gelochte Käseform gegeben, in der er seine charakteristische Form erhält. Die Käseform kann mit einem heißen, feuchten Käsetuch ausgelegt werden, was die Oberfläche während des Festwerdens feuchter hält. Für Weichkäse wird die Bruchmasse nicht festgedrückt, für Schnitt- und Hartkäse allerdings zunehmend gepresst, damit mehr Molke austritt. Wichtig: Die Molke muss ungehindert ablaufen können und der Käse darf auf keinen Fall in der abgetropften Molke stehen. Damit das nicht passiert, kann man die Käseform beispielsweise über die Schüssel hängen oder auf eine umgedrehte Untertasse in eine Schüssel stellen. Im letzteren Fall immer mal wieder die Molke aus der Schüssel gießen. Fangen Sie die Molke auf und verarbeiten Sie diese weiter (siehe ab Seite 119).

IN SALZ BADEN UND REIFEN LASSEN

Salz bindet Wasser – eine Eigenschaft, die man sich auch als Konservierungsmethode zunutze macht. Neben der längeren Haltbarkeit sorgt es auch für einen optimalen Reifungsvorgang und mehr Geschmack. Aus diesem Grund lässt man den Käse nun eine Weile in Salz baden, je länger, desto besser haltbar ist er. Im Salzbad wird der Käse besonders gleichmäßig der Wirkung des Salzes ausgesetzt. Man kann ihn aber auch in regelmäßigen Abständen von allen Seiten mit grobem Salz einreiben.

Nach dem salzigen Bad muss der Käse reifen, je nach Sorte unterschiedlich lang. Erst durch die Reifung entsteht aus einem mehr oder weniger sauren Milchprodukt Käse. Während dieser Zeit wird er regelmäßig mit Salzlake gebürstet oder bestrichen. Zuerst befindet sich das Salz in äußeren Randschichten des Käses und trägt zur Rindenbildung bei. Nach und nach verteilt es sich dann auch im Innern. Weichkäse braucht zum Reifen nur einige Tage, feste Hartkäsesorten können bis zu mehreren Jahren brauchen, bis sie die richtige Genussreife erreicht haben. Für Schnitt- und Hartkäse benutzt man am besten eine Reifebox, die die richtige Umgebungsfeuchtigkeit gewährleistet (Reifebox selber bauen, Seite 101). Eine hohe kontrollierte Luftfeuchtigkeit von 85 bis 95 Prozent und Temperaturen von 8 bis 24 °C sind die Bedingungen, die der Käse für die optimale Reifung braucht. Je trockener der Käse durch die vorangegangene Behandlung ist, desto länger muss er reifen, da die Reifungsvorgänge langsamer ablaufen.

KÄSE AUFBEWAHREN

Damit sich der selbst gemachte Käse möglichst lange hält, muss man ihm Luft zum Atmen lassen. Also nicht in Folie gewickelt oder in einer Plastikdose aufbewahren, sondern in fettabweisendes Papier wickeln oder in eine Käseglocke legen, und dann ab in einen kühlen Kellerraum oder in das Gemüsefach des Kühlschranks. Ideal ist eine Temperatur von etwa 12 °C. Nur Frischkäse braucht es etwas kühler, er ist daher direkt im Hauptfach am besten aufgehoben. Eine Ausnahme bilden die Schimmelkäse wie Camembert, Gorgonzola oder Roquefort: Damit ihre Schimmelkulturen nicht auf andere Käsesorten übergehen, wickelt man sie am besten in Frischhalte- oder Alufolie. In die Folie piekst man mit einer Nadel kleine Löcher im Abstand von zwei bis drei Zentimetern, damit Luft eintreten kann, sonst stirbt der Schimmel ab.

Käse entwickelt sein Aroma erst richtig bei Zimmertemperatur, daher etwa eine halbe Stunde vor dem Verzehr aus dem Kühlschrank nehmen.

Wer Käse einfrieren möchte, sollte ihn nicht länger als sechs Monate frieren lassen. Hartkäse tut es gut, wenn er vor dem Einfrieren gerieben wird, sonst neigt er zum Bröckeln.

Schimmel, Löcher und andere Besonderheiten *Es gibt vermutlich so viele Käsesorten, wie es Verfahren der Dicklegung, der Reifung, der Veredelung und der Würzung gibt – weltweit kennt man rund 4000. Die Herstellung verschiedener Sorten, die sich oft durch Zufall entwickelt haben, wird in der industriellen Herstellung gut gesteuert. Löcher werden durch Gase gebildet, die nach dem Abbau des Milchzuckers durch Milchsäurebakterien entstehen. Für die großen Löcher im Emmentaler setzt man etwa Propionsäurebakterien zu. Auch Schimmelbildung überlässt man nicht dem Zufall, sondern impft den Käse mit den jeweiligen Schimmelkulturen und lässt ihn unter strengen Bedingungen reifen, damit kein Fremdschimmel das Ergebnis verfälscht. Die Behandlung der Rinde mit Kräutern, Spirituosen und anderen aromagebenden Zusätzen und die Zugabe von Kräutern, Gewürzen und vielem mehr trägt zur Aromenvielfalt bei.*

Weichkäse

Zum Selbermachen ideal: Weichkäse ist noch relativ frisch und daher vergleichsweise schnell, aber auch recht einfach gemacht. Weichkäse kann man mit verschiedenen Zutaten und Aromen zu vielseitigem Geschmack bringen.

Schimmelkulturen gewinnen *Schimmelkulturen kann man kaufen, aber auch einfach selber gewinnen. Dafür nimmt man von einem gekauften Schimmelkäse der gewünschten Sorte den Schimmel ab, schneidet ihn sehr klein und löst ihn in etwas warmem Wasser auf, fertig ist die Schimmelkultur. Für neue Schimmelkulturen immer nur gekauften Käse verwenden, nie den selbst gemachten verwenden. Denn unter Haushaltsbedingungen können Sie nicht so hygienisch arbeiten, wie es die Schimmelkulturen benötigen, ohne dass das Ergebnis verfälscht werden würde. Mit einem Pinsel trägt man die Kulturen dann auf den zur Reife vorbereiteten Käse auf oder impft die Milch damit, also rührt sie vorab in die Milch.*

Weichkäse entsteht aus einer dem Frischkäse (siehe Seite 92) vergleichbaren Vorstufe nach kurzer Reifezeit, in der er noch einen großen Teil seiner Molkemasse behält. Sein Wassergehalt in der fettfreien Masse liegt bei mindestens 67 Prozent, weshalb er noch weich und nachgiebig, aber auch nicht lange haltbar ist. Seinen Weg nimmt Weichkäse, indem der Käsebruch in einer Käseform von der Molke getrennt wird. Der so entstandene Käselaib erhält nun wenige Stunden ein Salzbad (siehe Seite 99).

Charakteristisch ist die Reifung von außen nach innen, wenn Schimmel- oder Schmierekulturen verwendet werden. In seinem Innern, das bei von außen schon cremig-weichem Käse noch quarkähnlich sein kann, kann man gut das Reifestadium erkennen. Je krümeliger und quarkähnlicher das Innere ist, desto jünger ist der Käse. Je kleiner dieser Kern wird, desto reifer ist der Käse.

VEREDELTER WEICHKÄSE

Die meisten im Handel erhältlichen Weichkäsesorten sind solche, deren Oberfläche mit verschiedenen Schimmelkulturen behandelt oder die schon mit solchen Kulturen angesetzt wurden, wie Brie und Camembert mit weißem Edelschimmel, Münster, Limburger und Romadour mit Rotschmiere und Gorgonzola und Roquefort mit blauem Edelschimmel. Die verschiedenen Kulturen geben den durch die geringe Reifezeit eher milden Sorten ganz spezifische Aromen.

Die gekaufte Schimmelkultur oder der selbst gewonnene Schimmel (siehe Kasten oben) werden dem Bruch zugesetzt. Durch Pikieren der Käselaibe – das mehrfache Einstechen einer schmalen Stricknadel – kann Luft nach innen dringen, die die Schimmelkulturen zum Wachsen brauchen. Der Schimmel wächst dann auch nach außen. Zu viel Schimmel lässt sich während der Reifung mit dem Käsehobel abziehen.

GESCHMACKSZUTATEN

Ob mit oder ohne Schimmel: Es gibt fast keine Einschränkungen, was dem Käse an geschmacksgebenden Zusätzen zugefügt werden kann. Je nach persönlicher Vorliebe nimmt man Kräuter (frische Kräuter wegen eventueller bakterieller Verunreinigung vorher mit heißem Wasser überbrühen), Gewürze wie Kümmel, Pfeffer, Kreuzkümmel oder Bockshornklee, Nüsse, Alkoholika, Rosinen, geriebenen Meerrettich, Knoblauch, Mandelsplitter ... Die Zutaten werden in den Bruch gerührt. Manche eignen sich auch, um den Käse vor der Reifung darin zu wälzen, wie zum Beispiel Kräutermischungen, Pfeffer oder gehackte Nüsse.

SALZLAKE ANSETZEN

Die Salzlake für das später notwendige Salzbad für den Käse anzusetzen, könnte nicht einfacher sein: Man gibt 150 Gramm Speisesalz in einen Messbecher, füllt ihn mit kaltem Leitungswasser bis auf einen Liter auf und rührt, bis sich das Salz vollständig aufgelöst hat. Mit 10 bis 15 °C hat das Wasser die richtige Temperatur. Aufgefangene Molke eignet sich ebenso zum Ansetzen der Lake. Von ungereinigtem Meersalz ist aus hygienischen Gründen abzuraten.

KÄSEFORMEN UND REIFEBOX SELBER BAUEN

Käseformen kann man leicht selber machen. Je nach gewünschter Größe des Käses eignen sich stabile 500-g-Joghurtbecher oder Vorratsdosen aus Plastik. In diese und auch in deren Deckel bohrt man mit einem heißen Nagel kleine regelmäßige Löcher, damit die Molke austreten kann.

Auch Reifeboxen für Schnitt- und Hartkäse sind als Marke Eigenbau machbar: Man füllt eine ausreichend große Keramik- oder Plastikschüssel zu drei Vierteln mit Wasser und platziert über der Wasseroberfläche ein passendes Edelstahlgitter, das man zum Beispiel beim Käsereibedarf bekommt. Darauf wird der Käse gesetzt und die Schüssel wird mit einer zweiten nass ausgespülten Schüssel oder einem Teller abgedeckt. Gut geeignet sind auch kleine Aquarienglaskästen.

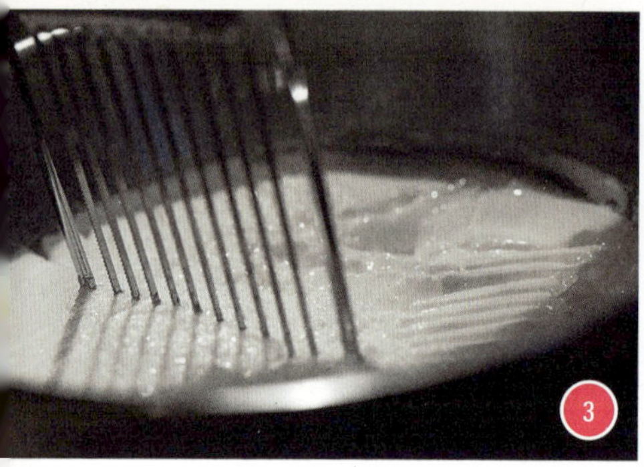

WEICHKÄSE

GERÄTE

großer Topf, Käsetuch, Käseharfe, Käseformen, Reifebox, Küchenthermometer, Schneebesen, Schöpflöffel

ZUTATEN

frische, pasteurisierte Milch sowie Lab, evtl. Schimmelkulturen

TIPP: Aus 4 l Milch erhalten Sie etwa 400–600 g Weichkäse

HINWEIS: Wenn nicht anders genannt, ist bei der Angabe „Milch" in den Rezepten jede Milchsorte und Fettstufe möglich. Beim Verwenden von Roh- bzw. Vorzugsmilch diese abkochen!

ZUBEREITUNG

Da man bei Weichkäse in den seltensten Fällen eine Säuerung wünscht, geschieht die Dicklegung mit Lab, das nach Herstellerangaben in die warme Milch eingerührt wird.

HINWEIS: Hygienisches Arbeiten ist bei allen Schritten sehr wichtig! Der Käse entwickelt schnell unerwünschten Schimmel oder wird gar faulig. Die Mühe war dann umsonst, der Käse muss weggeworfen werden.

1–2 Labtabletten in Wasser auflösen und verrühren. Zu wenig Lab lässt den Käse nicht fest werden, zu viel macht ihn bitter. Achten Sie streng auf die Angaben des Herstellers bzw. Rezepts. Milch in einem Topf auf 30 bis 40 °C erwärmen und das Lab einrühren. Ist die Temperatur zu niedrig (unter 20 °C), wird der Käse evtl. nicht fest genug, ist aber dennoch genießbar. Nach dem Einrühren des Labs die Milch schnell wieder zum Stillstand bringen, damit sie in Ruhe dick werden kann. Dafür einfach kurz in die entgegengesetzte Richtung rühren. Das Kasein fällt relativ schnell aus.

3–4 Wenn die Milch dickgelegt ist, die Gallerte mit der Käseharfe oder einem Messer in relativ große Stücke schneiden. Je größer die Stücke sind, desto weicher wird der Käse. Die Bruchmasse in ein Käsetuch füllen und darin wenige Minuten hin und her bewegen.

5 Die Masse mit einem Schöpflöffel randvoll in die Käseform einfüllen.

6 Die Masse mindestens 24 Stunden bei Zimmertemperatur zum Abtropfen

stehen lassen, wobei sie mehrmals gewendet werden sollte, um den Molkeablauf zu fördern und eine gleichmäßige Bruchmasse zu erreichen. Dafür den passenden Deckel aufsetzen.

7–8 Beim Herausholen aus der Form die Masse mehrmals wenden, man nennt den Vorgang Austropfen. Dazu das nun festere Käselaibchen aus der Form nehmen, wenden und wieder hineingleiten lassen. Der Käselaib wird an Ober- und Unterseite gleichmäßig gerundet. Bläht sich der Käse auf (Frühtrieb), dann war die Milch womöglich mit Bakterien oder Hefen verunreinigt. Er muss entsorgt werden.

9 Den Käselaib ins Salzbad legen (siehe Seite 99). Für einen Käse aus 2 Litern Milch reicht eine Zeit von 1½ Stunden. Enthält er würzende Zutaten, reicht auch 1 Stunde aus. Der Käse schwimmt in der Lake, deshalb zwischendurch wenden, damit er überall mit dem Salz in Berührung kommt. Zu viel Salz in der Lake macht den Käse zu salzig, zu wenig Salz kann später zu Schimmelbildung auf der Oberfläche führen.

TIPP: Tragen Sie beim Wenden Küchenhandschuhe, damit kein Salz in eventuelle Wunden geraten kann!

10 Weichkäse braucht nicht lange, bis er ausgereift ist. Etwa 1 Woche sollte man ihn im mittleren Fach des Kühlschranks, in ein mit Salzlake getränktes Käsetuch gewickelt stehen lassen. Zwischendurch einmal wenden, ansonsten lässt man ihn in Ruhe. Andere Sorten wie Camembert lassen sich bei der Reifung mit etwa 2 Wochen mehr Zeit. Bläht er sich in dieser Zeit auf (Spättrieb), waren womöglich Buttersäurebakterien am Werk, die aus Silagefutter stammen. Solcher Käse muss leider entsorgt werden.

HINWEIS: Zu niedrige Temperaturen während der Reifezeit können zu Schimmelbildung führen. Kleine Stellen können mit einem mit Essig getränkten Tuch beseitigt werden, größere machen den Käse ungenießbar, er muss leider entsorgt werden.

HALTBARKEIT

Weichkäse hält sich je nach Sorte kühl gestellt 1 bis 2 Wochen, eingelegter Salzlakenkäse auch länger.

Wein bringt eine wunderbare Würze in den Käse.

ROTWEINKÄSE

2 l Milch mit natürlichem Fettgehalt (mind. 3,8 %)
75 ml Buttermilch
Labtablette oder flüssiges Lab nach Herstellerangabe
250 ml Rotwein
5 Wacholderbeeren
1 Lorbeerblatt
Salz für die Lake

Gekühlt 1–2 Wochen haltbar.

1. Milch und Buttermilch zusammen auf 30–40 °C erwärmen und 1 Stunde warm stellen. Dann das Lab nach Herstelleranleitung einrühren, durch Gegenrühren zum Stillstand bringen und wieder 1–2 Stunden an einem warmen Ort stehen lassen, bis die Milch dickgelegt ist. Mit der Käseharfe oder einem großen Messer in Stücke schneiden und 10 Minuten stehen lassen.

2. Die Masse in das Käsetuch gießen, kurz abtropfen lassen und in die Käseform füllen. Austropfen lassen und anschließend in Salzlake baden (siehe Seite 99). In einem mit Salzlake getränkten Tuch 4 Tage im Kühlschrank reifen lassen.

3. Rotwein und Gewürze in eine Schüssel geben und den Käse darin einen weiteren Tag im Kühlschrank reifen lassen.

Schimmelkäse ist etwas heikel und empfindlich. Deshalb sehr sauber arbeiten, damit kein Fremdschimmel sein Unwesen treibt!

BLAUSCHIMMELKÄSE

2 l Milch mit natürlichem Fettgehalt (mind. 3,8 %)
2 EL Buttermilch
Labtablette oder flüssiges Lab nach Herstellerangabe
1 Stückchen Edelschimmelkäse (Roquefort, Gorgonzola etc.)
Salz für die Lake

Gekühlt 1–2 Wochen haltbar.

1. Milch und Buttermilch zusammen auf 30–40 °C erwärmen und 1 Stunde warm stellen. Dann das Lab nach Herstelleranleitung einrühren, durch Gegenrühren zum Stillstand bringen und wieder 2–3 Stunden an einem warmen Ort stehen lassen, bis die Milch dickgelegt ist. Mit der Käseharfe oder einem großen Messer in Stücke schneiden und 10 Minuten stehen lassen.

2. Die dickgelegte Milch auf das feuchte Käsetuch schöpfen und einen Teil der Molke abtropfen lassen. Den in etwas Wasser aufgelösten Käseschimmel vorsichtig unter den Bruch heben und in die Käseform füllen. Nach einer Stunde in der Form wenden und 2 Tage bei Zimmertemperatur stehen und abtropfen lassen, dabei mehrmals wenden. Anschließend 2 Stunden in Salzlake baden (siehe Seite 99).

3. Herausnehmen, abtrocknen lassen und mithilfe einer in kochendem Wasser sterilisierten Stricknadel von oben 15 bis 20 Löcher einstechen, damit sich der sauerstoffabhängige Schimmel in den Kanälen vermehren kann. In der Reifebox (siehe Seite 101) mehrere Wochen reifen lassen.

Ein typischer Salzlakenkäse ist Feta. Er reift in der salzigen Lösung und bekommt damit sein kräftiges salziges Aroma. Feta darf der Käse übrigens nur heißen, wenn er in Griechenland aus Schafs- oder Ziegenmilch produziert wurde.

SALZLAKENKÄSE NACH FETA-ART

1 l Milch
Labtablette oder flüssiges Lab nach Herstellerangabe
2 EL Joghurt
5 Tropfen Kalziumchlorid (bei der Verwendung von pasteurisierter Milch)
Salz für die Lake

Gekühlt mehrere Wochen haltbar.

1. Milch auf 30–40 °C erwärmen. Das Lab nach Herstelleranleitung einrühren, durch Gegenrühren zum Stillstand bringen, dann Starterkultur, Joghurt und Kalziumchlorid einrühren. Alles 1–2 Stunden an einem warmen Ort stehen lassen, bis die Milch dickgelegt ist. Mit der Käseharfe oder einem Messer in Stücke schneiden.

2. Die Masse abschöpfen, in Pressformen füllen und einige Stunden, am besten über Nacht, abtropfen lassen. Den festen Käse in Salzlake (siehe Seite 99) einlegen und im Kühlschrank 2 Wochen reifen lassen.

Tipp: Nach der Reifezeit kann der Käse entweder sofort genossen oder würzig in Öl eingelegt werden. Zum Beispiel mit mediterranen Kräutern, Knoblauch und Chili.

Dieser festere Weichkäse wird gepresst, damit er seine Konsistenz erhält.

WEISSSCHIMMEL-PFEFFER-KÄSE

2 l Milch mit natürlichem Fettgehalt (mind. 3,8 %)
75 ml Buttermilch
Labtablette oder flüssiges Lab nach Herstellerangabe
1 TL Rinde eines Weißschimmelkäses (Camembert, Brie etc.)
½ TL Salz
1 TL grüne Pfefferkörner
Salz für die Lake

Gekühlt 1–2 Wochen haltbar.

1. Milch und Buttermilch zusammen auf 30–40 °C erwärmen und 1 Stunde warm stellen. Dann das Lab nach Herstelleranleitung einrühren, durch Gegenrühren zum Stillstand bringen und wieder 1–2 Stunden an einem warmen Ort stehen lassen, bis die Milch dickgelegt ist. Mit der Käseharfe oder einem großen Messer in Stücke schneiden und 10 Minuten stehen lassen.

2. Den in etwas Wasser aufgelösten Käseschimmel, die Pfefferkörner zusammen mit dem Salz in den Bruch rühren.

3. Die Masse in das Käsetuch gießen, 12 Stunden abtropfen lassen und in die Pressform füllen. Weitere 12 Stunden mit 3 Kilogramm pressen, dabei einmal wenden. Anschließend in Salzlake baden (siehe Seite 99). In einem mit Salzlake getränkten Tuch 10–20 Tage im Kühlschrank reifen lassen.

Schnitt- und Hartkäse

Hier beginnt die höhere Kunst des Selbermachens von Käse im eigenen Haushalt. Nicht nur Geduld ist vonnöten, denn die Reifung der Produkte dauert ihre Zeit, sondern auch die idealen Voraussetzungen, damit der Käse sich entwickeln kann.

Schnittkäse und Hartkäse unterscheiden sich in ihrer Festigkeit. Je länger der Käse reift und dadurch kontinuierlich Feuchtigkeit abgibt, desto fester wird er. Wie die Bezeichnungen vermuten lassen, kann der geschmeidige Schnittkäse gut in Scheiben geschnitten werden, Hartkäse dagegen besitzt die höchste Trockenmasse und ist dadurch fester, aber nach entsprechender Reifezeit auch besonders aromaintensiv. Zu den bekanntesten Schnittkäsesorten gehören Gouda, Edamer, Tilsiter und Butterkäse, Hartkäsesorten sind u. a. Emmentaler, Parmesan und Bergkäse.

PRESSZEITEN VON KÄSE

Käsesorte	Pressgewicht nach 2 Stunden je Kilogramm Käse	Presszeit
Schnittkäse	6 Kilogramm	12–18 Stunden
Hartkäse	15 Kilogramm	24–48 Stunden

SCHNITT- UND HARTKÄSE SELBER MACHEN

Die gängigen Käsesorten wie Gouda, Emmentaler, Edamer usw. wird man in der gleichen Qualität und mit identischem Geschmack nicht mit den Mitteln und Methoden herstellen können, die man zum Selbermachen im eigenen Haushalt hat. Zum einen wird man nicht die technische Voraussetzung haben, zum anderen braucht man ein bestimmtes Reifungsklima und selbst die Herkunft der Milch spielt eine Rolle. Aber auch mit den zur Verfügung stehenden Mitteln kann man köstliche Käse produzieren und sogar eigene Kreationen finden.

MILCH DICKLEGEN

Wie bei Weichkäse wird zunächst die pasteurisierte Milch erwärmt und das Lab behutsam eingerührt. Die Milch wird danach durch kurzes Rühren in die Gegenrichtung schnell wieder zum Stillstand gebracht, damit sie in Ruhe stocken kann. Bis zu diesem Punkt gleicht das Verfahren dem des Weichkäses (siehe Seite 101).

Für verschiedene Käsesorten kann man spezielle Kulturen kaufen, die man zusammen mit der Starterkultur in die Milch einrührt, so z. B. für Käse in der Art von Emmentaler oder Gruyère.

Hat sich die Gallerte gebildet, schneidet man diese, indem man die Käseharfe oder ein großes Messer mehrmals durch die Masse führt, sodass gleich große Würfel entstehen – je größer, desto weicher bleibt der Käse. Hartkäse benötigt etwas kleinere Würfel als der weichere Schnittkäse.

BRENNEN DES BRUCHS

Nach dem Schneiden des Käsebruchs wird dieser bei Schnittkäse auf bis zu 40 °C nachgewärmt. Bei Hartkäse wird das Gemisch aus Gallerte und Molke auf bis zu 50 °C nachgewärmt, was auch als „Brennen" bezeichnet wird. Die Temperatur muss mindestens eine halbe Stunde gehalten werden, in dieser Zeit also immer wieder mit dem Thermometer prüfen und mehrmals umrühren. Der Bruch gibt auf diese Weise noch mehr Molke ab. Erst, wenn die Bruchkörner nicht mehr glänzen und gelblich aussehen, ist es soweit. Der Bruch wird in Käseformen gefüllt.

PRESSEN DES BRUCHS

Damit ein fester Käse entsteht, muss möglichst viel Flüssigkeit aus der Käsemasse entfernt werden, und das geht nur durch Pressen. Dafür kann man sich eine Käsepresse zulegen, bei der mit einem Schraubstock unterschiedlich viel Druck auf den Käse ausgeübt wird. Hat man diese Presse nicht, kann man sich mit Gewichten behelfen, die man auf die Käseformen legt, wie ein mit Wasser gefüllter Topf oder Konservendosen. Pro Kilo Käse sollte man anfangs etwa drei Kilogramm Pressgewicht anlegen.

FRÜH- UND SPÄTBLÄHUNG *Es kann vorkommen, dass sich der Käse schon vor dem Salzbad aufbläht, dann war die Milch sehr wahrscheinlich mit Koli- oder anderen Bakterien oder Hefen verunreinigt, was durch mangelnde Hygiene beim Käsen verursacht sein kann. Dieses Frühtrieb oder Frühblähung genannte Phänomen hat leider ein ungenießbares Produkt zur Folge, der Käse muss weggeworfen werden. Bläht er sich erst einige Wochen nach dem Käsen auf (Spättrieb oder Spätblähung), dann sind vermutlich Bakterien am Werk, die im Grünfutter zu finden sind. Der Käse ist durch die gebildete Buttersäure ebenfalls nicht mehr genießbar.*

SALZBAD

Käsegewicht	Zeit im Salzbad in Stunden
bis 200 Gramm	3
200–500 Gramm	5–10

Zu viel Gewicht am Anfang könnte die Oberfläche zu stark verdichten und damit das Austreten der Molke hemmen. Nach etwa zwei Stunden wendet man den Käse und nimmt dann ein höheres Pressgewicht. Auch hier darauf achten, dass der Käse nie in der Molke steht, und ihn alle paar Stunden wenden, sowohl im Tuch, als auch in der Form.

SALZBAD

Schnitt- und Hartkäse brauchen ein langes Bad in der Salzlake (siehe Seite 101). Dadurch bildet sich die Käserinde und der Käse hält sich durch die konservierende Eigenschaft von Salz länger. Je größer das Käsegewicht ist, desto länger benötigt er in der Lake. Alternativ kann man Käse auch regelmäßig mit Salz abreiben.

DER REIFEVORGANG

Nach dem ausgiebigen Salzbad und bevor der Käse reifen kann, muss er etwa vier Stunden trocknen, damit die Oberfläche weniger anfällig für Bakterienbefall ist und eine schöne Rinde ausbilden kann. Dann kommt der Reifevorgang. Wer keinen kühlen, feuchten Keller hat, macht das am besten in der Reifebox, die man einfach selber bauen kann (siehe Seite 101). Der Käse braucht zum Reifen eine hohe Luftfeuchtigkeit, die eine Reifebox gewährleistet, weil sie Wasser enthält, mit dem der Käse aber nicht in Berührung kommen darf. Die Reifezeit ist abhängig von der Käsesorte, daher achten Sie auf die Angaben bei den Rezepten (siehe ab Seite 112). Während der Reifezeit braucht der Käse Pflege, die man ihm durch das regelmäßige Wenden alle zwei Tage zukommen lässt, nach drei Wochen reichen ein- bis zweimal in der Woche aus. Noch so geringe Schimmelbildung entfernt man durch das Abwischen mit einem in starker Salzlösung getränkten Tuch. Bildet sich

Käseharfen *Es gibt sie in verschiedenen Ausführungen mit längs oder quer angeordneten Saiten. Für den Hausgebrauch sind kleine Geräte erhältlich, die sich gut in einem Topf durch die Gallerte führen lassen. Die in regelmäßigem Abstand angeordneten Saiten bestehen aus dünnen Edelstahldrähten, mit denen sich sauber schneiden lässt.*

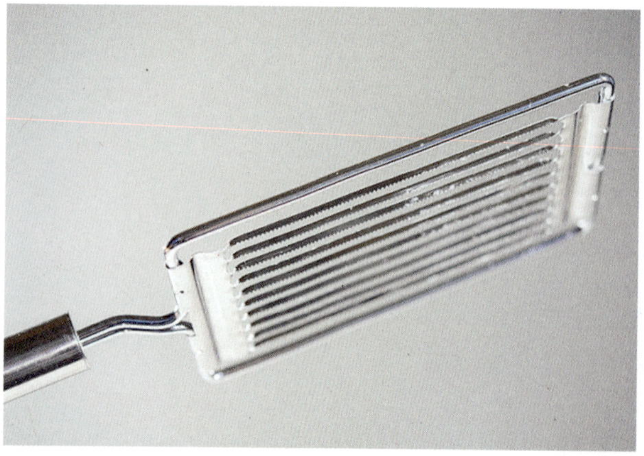

Käseform mit Deckel *Man hat die Qual der Wahl: rund oder eckig, hoch oder flach, typische Formen für ganz spezielle Käsearten. Käseformen haben an den Seiten und meist auch unten regelmäßig angeordnete Löcher, durch die die Molke während des Abtropfvorgangs austreten kann. Es gibt Formen ohne Boden, die dann auf einer Unterlage stehen.*

mehr Schimmel oder sind Sie sich unsicher, sollten Sie den Käse unbedingt entsorgen!

SCHMELZKÄSE

Schmelzkäse wurde entwickelt, um gereiften Schnitt- oder Hartkäse haltbarer zu machen. Der ausgereifte Käse wird mit Schmelzsalzen, die aus Phosphaten und Citraten bestehen, beim Erhitzen und durch intensives Rühren zur Bildung einer homogenen Schmelze gebracht. Die Konservierung erfolgt durch die Erhitzung und nachfolgende Heißabfüllung. So ist der Schmelzkäse viele Monate haltbar. In Plastikfolie verpackte einzelne Käsescheiben (Scheibletten) werden wie Schmelzkäse produziert. Der geschmolzene Käse wird vor dem Festwerden schon in die typischen Scheibenformen gegossen, wo er erstarrt.

Unter gesundheitlichem Aspekt werden Schmelzkäse und Scheibletten häufig kritisch betrachtet, denn die Schmelzsalze enthalten Phosphorsäure, die in größeren Mengen ungesund ist. Die Mengen, die man über Schmelzkäse zu sich nimmt, sind aber unbedenklich. Allerdings hat Schmelzkäse einen recht hohen Salzgehalt, der gerade für Bluthochdruckpatienten kritisch ist.

WAS TUN BEI UNERWÜNSCHTEM SCHIMMEL?

Bildet Käse einen Schimmelbelag aus, der nicht aus absichtlich angeimpften Kulturen stammt, muss man ihn nicht unter allen Umständen wegwerfen. Schimmel bildet sich aus Sporen, die überall und für uns unsichtbar in der Luft vorhanden sind.

Wenn wir Schimmel sehen können, dann hat sich schon eine Ansammlung von Sporen gebildet, die sich durch Umwelteinflüsse einfärbt, abhängig von der Schimmelsorte. Schimmel auf Käse ist umso harmloser, je weniger Feuchtigkeit noch im Käse vorhanden ist. Hat sich auf festem Hartkäse eine weiße oder grüne Stelle oder ein kleiner Pelz gebildet, kann man davon ausgehen, dass die Sporen nicht weit ins Innere vorgedrungen sind und die entsprechenden Stellen einfach großzügig abschneiden. Bei weichem Käse braucht man schon mehr Sicherheitsabstand. Ist Frischkäse verschimmelt, dann muss er entsorgt werden. Das gilt genauso für andere halbfeste und flüssige Milchprodukte.

Reifebox *Hier geht es darum, das optimale Reifeklima für den Käse zu gewährleisten. Solche Boxen bieten die Möglichkeit, Wasser für eine hohe Luftfeuchtigkeit einzufüllen, mit dem der Käse nicht in Berührung kommen darf. Die Boxen sind verschließbar, dadurch hält sich die Feuchtigkeit darin. Reifeboxen lassen sich auch selber bauen (siehe Seite 101).*

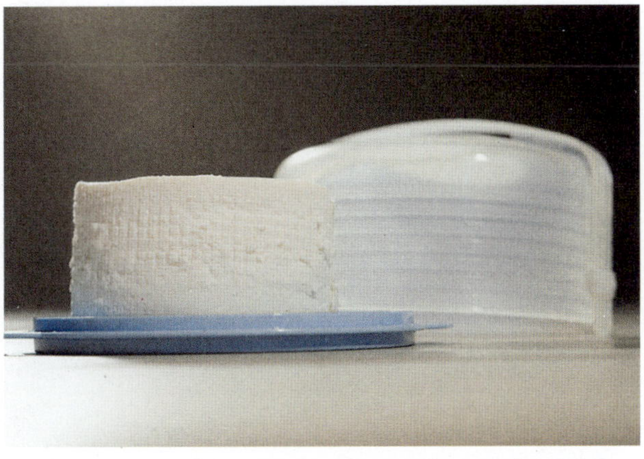

Käse räuchern *Räucherkäse hat ein ganz spezielles, sehr intensives Aroma. Ein Vorteil, den das Räuchern außerdem bietet, ist die Verlängerung der Haltbarkeit. Am besten räuchert man mit Kaltrauch in einem Räucherschrank, wie es auch auf Seite 181 für Fleisch beschrieben ist. Dazu legt man den Schrank mit Buchenspänen und Gewürzen wie Wacholderbeeren, Rosmarin und Thymian aus, zündet sie an und lässt genügend Glut entstehen, bevor der Käse hineinkommt. Die Kalträucherung dauert 10 bis 12 Stunden.*

Wer keinen Räucherschrank besitzt und sich auch keinen zulegen möchte, kann es auch im Wok mit dem dazugehörigen Rost versuchen: Dazu schlägt man den Wok mit Alufolie aus, gibt die Räucherspäne direkt hinein und erhitzt den Wok auf dem Herd, bis es nach dem Räucherholz zu duften beginnt, Nun den Käse – z. B. Feta – auf den Rost legen, Deckel schließen und das Räuchern kann beginnen. Dabei wird der Käse heißgeräuchert, was ihn gleichzeitig gart. Daher erhält man bei der Kalt- und bei der Heißräuchermethode verschiedene Geschmacksrichtungen. Je weicher der Käse ist, desto mehr Rauchgeschmack nimmt er an.

Und so geht's

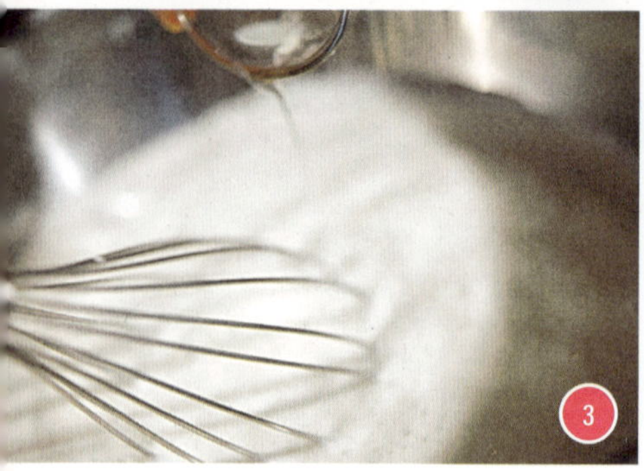

SCHNITT- UND HARTKÄSE

GERÄTE

Topf, Käseharfe oder großes Messer, Käseformen, Käsepresse, Reifebox (siehe Seite 101), Küchenthermometer

ZUTATEN

Milch, Lab, evtl. Käsekulturen

TIPP: Aus 4 l Milch erhalten Sie etwa 400 g Schnitt- und 340 g Hartkäse

HINWEIS: Wenn nicht anders genannt, ist bei der Angabe „Milch" in den Rezepten jede Milchsorte und Fettstufe möglich. Beim Verwenden von Roh- bzw. Vorzugsmilch diese abkochen!

ZUBEREITUNG

HINWEIS: Hygienisches Arbeiten ist bei allen Schritten sehr wichtig! Der Käse entwickelt schnell unerwünschten Schimmel oder wird gar faulig, weil sich Protein zu zersetzen beginnt. Die Mühe war dann umsonst und der Käse muss weggeworfen werden.

1 Labtabletten in Wasser auflösen und verrühren. Bei zu wenig Lab kann der Käse nicht fest werden. Zu viel kann zu einem bitteren Geschmack führen, der sich aber im Laufe der Reifezeit wieder geben kann. Deshalb die Herstellerangaben genau einhalten.

2–3 Milch erwärmen (Temperatur abhängig von der gewünschten Käsesorte) und das Lab behutsam einrühren. Die Milch danach durch kurzes Rühren in die Gegenrichtung schnell wieder zum Stillstand bringen, damit sie in Ruhe dicklegen kann.

HINWEIS: Für das Lab zu niedrige Temperaturen (unter 20 °C) können dazu führen, dass der Käse nicht fest genug wird. Er ist aber dennoch genießbar. Arbeiten Sie mit einem Küchenthermometer.

TIPP: Für verschiedene Käsesorten können Sie spezielle Kulturen kaufen, die Sie mit dem Lab in die Milch rühren.

4 Hat sich die Gallerte gebildet, führt man die Käseharfe oder ein großes Messer mehrmals durch die Masse, sodass gleich große Würfel entstehen.

5 Nach dem Schneiden den Käsebruch mit der Molke für Schnittkäse auf bis zu 40 °C nachwärmen, für Hartkäse auf bis zu 50 °C. Dieser Vorgang wird als „Brennen" bezeichnet. Die

Temperatur mindestens eine halbe Stunde lang halten, in dieser Zeit also immer wieder mit dem Thermometer prüfen und mehrmals umrühren. TIPP: Mit einem feuerfesten Topf können Sie die notwendige gleichmäßige Temperatur in einem Ofen erreichen.

6–7 Erst, wenn die Bruchkörner bzw. -würfel nicht mehr glänzen und gelblich aussehen, den Bruch in die Käseformen füllen. Deckel aufsetzen.

8 Käsemasse nun pressen. Entweder in einer dafür geeigneten Presse oder mit Gewichten, wie ein mit Wasser gefüllter Topf oder mit Konservendosen. TIPP: Anfangs nicht zu viel Gewicht: Pro Kilo Käse sollte man anfangs etwa 3 Kilogramm Pressgewicht anlegen.

9–10 Nach etwa 2 Stunden den Käse wenden und ein höheres Pressgewicht wählen. Darauf achten, dass der Käse nie in der Molke steht und ihn alle paar Stunden wenden. Käse aus der Form nehmen. Bläht sich der Käse auf (Frühtrieb), war die Milch vermutlich mit Bakterien oder Hefen verunreinigt. Er muss entsorgt werden.

11 Den Schnitt- und Hartkäse in eine Salzlake (siehe Seite 108) einlegen und immer wieder darin wenden. Auf den Salzgehalt der Lake achten, denn zu viel Salz im Bad macht auch den Käse zu salzig (siehe Seite 108).

12 Nach dem Salzbad – die Zeit richtet sich nach den Rezepten – den Käse etwa 4 Stunden trocknen lassen, damit die Oberfläche weniger anfällig für Bakterienbefall ist und eine schöne Rinde ausbilden kann. Hat sich der Käse in dieser Zeit aufgebläht, dann war die Milch womöglich mit Buttersäurebakterien aus Silagefütterung verunreinigt. Er muss entsorgt werden.

13 KÄSE REIFEN LASSEN. Wer keinen kühlen, feuchten Keller hat, macht das am besten in der Reifebox. Den Käse alle 2 Tage wenden, nach 3 Wochen reichen 1 bis 2 Mal in der Woche. Noch so geringe Schimmelbildung durch Abwischen mit einem in starker Salzlösung getränkten Tuch entfernen.

HALTBARKEIT

Schnitt- und Hartkäse hält sich kühl gestellt mehrere Wochen.

Für einen „richtigen" Alpenkäse spielt auch die Höhenluft eine Rolle – wer die nicht hat, darf es aber trotzdem ausprobieren.

ALPENKÄSE

4 l Milch mit natürlichem Fettgehalt (mind. 3,8 %)
50 g Sahne
4 EL Joghurt
Labtablette oder flüssiges Lab nach Herstellerangabe
Salz für die Lake und zum Abreiben

Gekühlt mehrere Wochen haltbar.

1. Milch und Sahne, beide pasteurisiert, zusammen auf 45 °C erwärmen, dann den Joghurt zugeben und 1 Stunde warm stellen. Das Lab nach Herstelleranleitung einrühren, durch Gegenrühren zum Stillstand bringen, wieder 1–2 Stunden an einem warmen Ort stehen lassen, bis die Milch dickgelegt ist. Mit der Käseharfe oder einem großen Messer in Stücke schneiden und 30 Minuten bei 55 °C brennen.

2. Den Käsebruch in die Käseform füllen. 8 Stunden austropfen lassen und anschließend mit der Käsepresse mit immer größerem Druck pressen: Mit 3 kg beginnen, nach 2 Stunden auf 6 kg erhöhen, 10 Stunden später auf 9 kg und weitere 15 Stunden später auf 15 kg erhöhen und weitere 10 Stunden pressen. Dabei in immer größeren Abständen wenden. Anschließend den Käse für 3–4 Stunden in die Salzlake legen (siehe Seite 108).

3. 8–12 Wochen reifen lassen, dabei zweimal in der Woche mit Salz abreiben.

Bärlauch findet man im Mai, und er gibt dem Käse einen kräftigen Knoblauchgeschmack.

BÄRLAUCHKÄSE

4 l Milch mit natürlichem Fettgehalt (mind. 3,8 %)
400 ml Buttermilch
Labtablette oder flüssiges Lab nach Herstellerangabe
2 TL Salz
2 EL gerebelter Bärlauch
Schweineschmalz
Salz für die Lake und zum Abreiben

Gekühlt mehrere Wochen haltbar.

1. Milch auf 30 °C erwärmen, Buttermilch einrühren und 1–2 Stunden warm stellen. Das Lab nach Herstelleranleitung einrühren, durch Gegenrühren zum Stillstand bringen, wieder 1–2 Stunden an einem warmen Ort stehen lassen, bis die Milch dickgelegt ist. Mit der Käseharfe oder einem großen Messer in 8–10 mm große Würfel schneiden und 30 Minuten bei 50 °C brennen. Salz und Bärlauch einrühren.

2. Den Käsebruch in die Käseform füllen und 2 Stunden austropfen lassen. Anschließend mit der Käsepresse mit 3 kg pressen, nach 2 Stunden auf 6 kg und 12 Stunden später auf 9 kg erhöhen, nochmals 12 Stunden pressen. Dabei in immer größeren Abständen den Käse wenden. Danach in Salzlake 3–4 Stunden baden (siehe Seite 108).

3. Mehrere Wochen bei 12–15 °C reifen lasen, dabei dreimal in der Woche mit Schmalz und Salz abreiben.

Sicher anders als der Edamer, den man kennt.
Aber trotzdem ein besonders schmackhafter Käse.

KÄSE EDAMER ART

4 l Milch mit natürlichem Fettgehalt (mind. 3,8 %)
75 ml Buttermilch
Labtablette oder flüssiges Lab nach Herstellerangabe
Salz für die Lake und zum Abreiben

Gekühlt mehrere Wochen haltbar.

1. Milch auf 35 °C erwärmen, Buttermilch einrühren und 1 Stunde bei 25 °C warm stellen. Dann das Lab nach Herstelleranleitung einrühren, durch Gegenrühren zum Stillstand bringen, wieder 1–2 Stunden an einem warmen Ort stehen lassen, bis die Milch dickgelegt ist. Mit der Käseharfe oder einem großen Messer in 8–10 mm große Würfel schneiden und 30 Minuten bei 40 °C wärmen.

2. Den Käsebruch in die Käseform füllen und austropfen lassen. Anschließend, mit der Käsepresse 2 Stunden mit 6 kg, danach noch 20 Stunden mit 12 kg pressen. Dabei in immer größeren Abständen den Käse wenden. Anschließend in Salzlake 3–4 Stunden baden (siehe Seite 108).

3. Mehrere Wochen bei 10–15 °C reifen lassen, dabei zweimal in der Woche mit Salz abreiben.

Wunderbar cremig.

BUTTERKÄSE

4 l Milch mit natürlichem Fettgehalt (mind. 3,8 %)
75 g Joghurt
Labtablette oder flüssiges Lab nach Herstellerangabe
Salz für die Lake und zum Abreiben

Gekühlt mehrere Wochen haltbar.

1. Milch unter Rühren auf 45 °C erwärmen, Joghurt einrühren und den Topf vom Herd nehmen. Dann das Lab nach Herstelleranleitung einrühren, durch Gegenrühren zum Stillstand bringen, wieder 1–2 Stunden an einem warmen Ort stehen lassen, bis die Milch dickgelegt ist. Mit dem Messer in 8–10 mm große Würfel schneiden und bei Zimmertemperatur 20 Minuten rühren, bis die Bruchkörner nur noch etwa kirschgroß sind.

2. Den Käsebruch in die Käseform füllen und nach 2–3 Minuten den Käse wenden. 3- bis 4-mal wiederholen, bis der Käse eine geschlossene Haut bekommen hat. Nun den in ein Käsetuch eingewickelten Käse etwa 7 Stunden bei 30–35 °C reifen lassen. Anschließend in Salzlake 3–4 Stunden baden (siehe Seite 108).

3. 1–2 Monate bei etwa 5 °C reifen lassen, dabei anfangs alle 2 Tage, nach 2 Wochen nur noch zweimal in der Woche den Käse wenden.

Sauermilchkäse

Sauermilchkäse ist schon fast ein Exot, der entweder geliebt oder gehasst wird. Es gibt nur wenige Sorten, die aber dennoch einen Versuch wert sind.

Ausgangsprodukte für Sauermilchkäse sind Quark, Dickmilch oder auch Joghurt, die aus Magermilch hergestellt wurden und damit sehr fettarm sind. Dadurch eignet er sich auch bei Diäten, bei denen Käse meistens wegen seines mehr oder weniger hohen Fettgehalts verpönt ist. Auch sein Laktosegehalt ist so gering, dass der Käse bei Laktoseintoleranz vertragen werden kann.

Durch Flüssigkeitsentzug und Reifung entstehen Sorten wie Harzer, Handkäse oder Ölmützer Quargel. Lab kommt in den meisten Fällen nicht zum Einsatz. Die Behandlung mit Schimmel-, Gelb- oder Rotschmierekulturen sorgt für ein feinsäuerliches Aroma.

Berühmt und berüchtigt ist er wegen seines eindringlichen Geruchs, der nicht jedermanns Sache ist. Im Kühlschrank macht er sich schnell Feinde, deshalb immer gut verpackt, aber dennoch luftig lagern. Der Käse reift von außen nach innen, kann also innen noch weiß und quarkähnlich sein, obwohl er von außen schon das typische leicht glasige Aussehen hat. Genießbar ist er dann auch schon, aber es ist einfach eine Geschmackssache, ob man den krümeligen Kern vorzieht oder lieber wartet, bis der Käse ganz durchgereift ist.

GERÄTE

Käsetuch, Schüssel, Handrührgerät

VORSICHT: Achten Sie bei Sauermilchkäse besonders darauf, sehr sauber zu arbeiten, da schnell Bakterien in den Käse geraten, die da nicht hingehören!

ZUTATEN

fertige Sauermilchprodukte, meistens Quark, Natron, Salz, das ihm Wasser entzieht, evtl. Essig

TIPP: Aus 1–1,5 kg Quark erhalten Sie etwa 250 bis 340 g Sauermilchkäse.

ZUBEREITUNG

Die Herstellung von Sauermilchkäse ist denkbar einfach. Dem Ausgangsprodukt, einem Sauermilchprodukt, wird die Flüssigkeit entzogen, bevor es reift.

Und so geht's

1–2 Das Sauermilchprodukt (Joghurt, Quark oder Dickmilch) in ein Käsetuch geben und die Molke mehrere Stunden bis Tage möglichst im Kühlschrank bei 4 °C oder an einem kühlen Ort abtropfen lassen.

3 Die entstandene feste Masse mit Natron (Natronlauge), Salz und anderen Zutaten nach Rezept mit einem elektrischen Handrührgerät gründlich vermischen. Die Masse in einer Schüssel flach ausbreiten und 2 bis 3 Stunden stehen lassen.
HINWEIS: Die Zugabe von Natron sorgt dafür, dass überschüssige Säure neutralisiert wird. Salz entzieht dem Käse weiteres Wasser.

4 Anschließend aus der Masse Käselaibchen in beliebiger Größe formen.

5 Käse auf einem Backrost mit einem in Essig oder Salzwasser getränkten Tuch bedeckt und bei Zimmertemperatur, etwa 21 °C, reifen lassen. Die Reifezeit richtet sich nach dem jeweiligen Rezept.
HINWEIS: Achten Sie darauf, dass die Temperatur nicht zu niedrig wird, da der Käse sonst nicht optimal reifen kann.

6 Am dritten Reifetag kann der Käse mit Weiß- oder Rotschimmelkultur veredelt werden. Dafür den Käse in der Schimmelkultur wälzen, oder aufsprühen (siehe Seite 99).

TIPP: Eine weitere Reifung im Kühlen und Behandlung mit Schimmelkulturen machen den Käse aromatisch. Nach einem kurzen Reifevorgang von wenigen Tagen entwickelt der anfangs weiße Käse von außen nach innen eine transparente Konsistenz, wenn Schimmelkulturen zugegeben wurden. Im Kern kann er noch quarkähnlich sein.

HALTBARKEIT

Sauermilchkäse hält sich kühl gestellt mehrere Wochen.

Der klassische Handkäse wurde früher mit der Hand geformt, daher der Name.

HANDKÄSE / HARZER / QUARGEL

1 kg Sahnequark
1 TL Natron (aus der Apotheke)
1 TL Salz
evtl. 1 TL weiche Butter
Essig zum Tränken des Tuchs

Gekühlt mehrere Wochen haltbar.

1. Den Quark in ein Käsetuch geben und etwa 10 Stunden abtropfen lassen. Das Natron einrühren und die Masse in einer Schüssel ausbreiten und bei etwa 15 °C Raumtemperatur stehen lassen, bis sie glasig ist.

2. Dann Salz und evtl. Butter unterrühren und die Masse zu kleinen Käselaibchen formen. 5–7 Tage mit einem essiggetränkten Tuch bedeckt auf einem Backrost bei Zimmertemperatur reifen lassen.

Variante: Gerne wird dem Quark noch 1 EL Kümmel zugegeben. Auch eine Rotschmiereschicht bringt ein Aromaplus: Dazu löst man ein Stück Schimmel von Romadur oder Limburger in Wasser auf und verteilt es vor der Reifung mit einem Pinsel auf dem Käse.

Aus gereiftem Sauermilchquark, den man mit Salz und Butter oder Sahne sowie auch mit Gewürzen unter Erhitzen schmilzt, entsteht Kochkäse.

KOCHKÄSE

500 g Magerquark
2 TL Kümmel, ganz
1 TL Natron
1 TL Salz
50 g weiche Butter
250 ml Buttermilch
frisch gemahlener schwarzer Pfeffer

Gekühlt mehrere Wochen haltbar.

1. Den Quark in ein Käsetuch geben und 3 Tage abtropfen lassen, bis er sehr krümelig und vollkommen trocken ist. Den Kümmel in etwas Wasser einweichen. Die Quarkmasse mit Natron, Salz und Kümmel sehr gründlich, am besten mit einem Handrührgerät, vermengen.

2. Dann flach in einer großen Schüssel ausbreiten und weitere 3 Tage bei Zimmertemperatur stehen lassen, bis er glasig ist und nicht mehr sauer schmeckt. Täglich wenden.

3. Die Butter zerlassen, den Quark in Stücke schneiden und unter Rühren stark erhitzen, aber nicht kochen. Die Temperatur 15 Minuten halten, dabei stetig rühren. Nach und nach die Buttermilch unterrühren. Wenn die Masse glatt ist, den Pfeffer zugeben und unter Rühren abkühlen lassen. Abfüllen in ein verschließbares Behältnis und im Kühlschrank aufbewahren.

Tipp: Wird der Kochkäse nicht fest, dann wurde die Masse vermutlich zu stark erhitzt.

Kochkäse
Handkäse

Molke und Molkeprodukte

Molke entsteht bei der Käseherstellung und war früher ein Abfallprodukt. Sie ist aber ganz und gar kein Abfall, sondern eine gesundheitlich sehr wertvolle Flüssigkeit.

Molke besteht zu über 95 Prozent aus Wasser, enthält Milchzucker, Molkeproteine, viele Vitamine und Mineralstoffe und ist nahezu fettfrei, denn das Fett ist im Käse geblieben.
Für die gesunde Ernährung ist Molke ideal. Anfang des 19. Jahrhunderts galt sie sogar als Lebenselixier, heute hat man sie u. a. als kalorienarmes Getränk wiederentdeckt.

Molke kann als gehaltvolle Basis für Suppen, Saucen oder beim Backen weiterverwendet werden. Wegen ihres Gehalts an Phospholipiden wird sie sogar gerne als Haushaltsreiniger, als Badezusatz und zum Haarewaschen eingesetzt.

Was vom Käsen übrig blieb ... Stellt man Quark, Käse oder Sauermilchprodukte her, fällt automatisch Molke ab. Denn diese Milchprodukte haben ein Prinzip gemeinsam: Aus der Milch muss Wasser abgetrennt werden und das Eiweiß aus der Milch muss fest werden, damit ein mehr oder weniger festes Endprodukt entsteht. Bei Sauermilchprodukten wie Dickmilch, Joghurt oder Kefir wird das größtenteils durch Milchsäurebakterien bewirkt, bei Käse sind es Enzyme, die aus Lab stammen. Gibt man diese Hilfsmittel zu, verändern sich die Eiweiße, die Milch gerinnt, die Eiweiße verklumpen zu einer festeren Masse und setzen sich zusammen mit dem Fett ab. Zurück bleibt ein wässriges, nahezu fett- und eiweißfreies Produkt, die Molke. Enthalten sind aber noch alle guten Inhaltsstoffe, die wasserlöslich sind: einige Vitamine, Mineralstoffe und Laktose. Damit möglichst viel Molke aus dem abgeschiedenen festen Teil austritt, schneidet man ihn in mehr oder weniger große Stücke. Diese schöpft man anschließend von dem Molketeil ab oder lässt die Molke abtropfen. Sie ist so schon bereit zur Weiterverarbeitung.

ANGEBOT AN MOLKE

Man unterscheidet je nach Käseherstellungsprozess, aus dem die Molke stammt, nach Sauer- und Süßmolke, die sich durch den unterschiedlichen Säuregehalt geschmacklich voneinander unterscheiden. Sauermolke entsteht bei der Produktion von Sauermilchkäse, Süßmolke bei „normalem" (Süßmilch-)Käse. Frische Molke hält sich nur sehr kurz im Kühlschrank, wobei die Sauermolke besser haltbar ist als die süße Form, weshalb man das recht eigen schmeckende Produkt ohne Zusätze meistens nur in Pulverform bekommt. In verschiedenen Aromavarianten erhält man pasteurisierte Molke aber in großer Auswahl im Kühlregal.

KÄSE AUS MOLKE

Aus Molke wird wiederum Käse gemacht. Die bekanntesten Sorten sind Ricotta und Manouri. Von der Molke wird durch Erhitzung und nochmalige Säuerung das Molkenprotein abgetrennt und zu Käse weiterverarbeitet. Eine andere Methode ist die vor allem in Skandinavien praktizierte, Molke zusammen mit Sahne oder Milch durch Erhitzen zu einem Sirup einzudampfen, der wieder erkaltet den Molkenkäse ergibt. Es entstehen daraus zum Beispiel karamellartige Braunkäse (Brunost, Myost oder Geitost).

MOLKEDRINKS

Trinkfertige Molke bekommt man im Supermarkt oder im Bioladen hauptsächlich in Form von Molkedrinks und weniger in ihrer reinen Form. Das liegt vermutlich daran, dass ihr Geschmack von den meisten Menschen als etwas eigen empfunden wird. Erst zusammen mit Fruchtaromen können sich manche damit anfreunden. Die Drinks werden als wertvolle und kalorienarme Ergänzung im Rahmen einer gesunden Ernährung vermarktet. Doch hier heißt es ganz genau hinsehen, denn zum Zweck der Geschmacksverbessrung werden den Drinks nicht unerhebliche Mengen an Zucker zugesetzt.

Und so geht's

MOLKEPRODUKTE

GERÄTE

mittelgroßer Topf, ein Küchenthermometer, Käseformen, Schöpflöffel, Schneebesen

ZUTATEN

frische Molke, Milch oder ein Milchprodukt, Starterkultur (wie Sauermilchprodukte oder Zitronensaft)
TIPP: Aus 2,2 l Flüssigkeit (Molke und Milch oder Milchprodukt) erhalten Sie etwa 240 g eines Molkeprodukts.

ZUBEREITUNG

HINWEIS: Wichtig ist die Hitzezufuhr bei dem Prozess der Dicklegung, die auf die übliche Art geschieht. Nur durch die starke Hitze denaturieren die Molkenproteine und können durch Säure ausgefällt werden. Wird zu wenig erhitzt, dann ist die Ausbeute an Käse zu gering.

1 Molke zusammen mit Milch oder einem Milchprodukt in einem Topf stark erhitzen, etwa 80 °C. Den Topf vom Herd nehmen und die Starterkultur mit einem Schneebesen einrühren, das ist entweder ein Sauermilchprodukt, kann aber je nach gewünschtem Endprodukt auch Zitronensaft sein.

2 Die Masse ruhen lassen, bis sie dickgelegt ist.

3 Den Bruch mit einem Schöpflöffel in Käseformen füllen und abtropfen lassen. Es ist hierbei nicht nötig, vorher den Bruch zu schneiden.
TIPP: Legen Sie vorher ein grobmaschiges Käsetuch in die Käseform, so können Sie das Molkeprodukt später einfacher herausheben.

4 Den Käse vorsichtig mit dem Tuch aus der Form heben.

HALTBARKEIT

Ricotta und Zieger halten sich kühl gestellt 2 bis 3 Tage.

Cremig, quarkähnlich und leicht körnig, aber ohne Säure.

RICOTTA

2 l frische Molke aus der eigenen Käseherstellung oder gekauft
200 ml Milch mit natürlichem Fettgehalt (mind. 3,8 %)
Saft einer Zitrone

Gekühlt 1–2 Tage haltbar.

1. Molke und Milch zusammen langsam unter Rühren auf 80 °C erwärmen. Dann vom Herd nehmen und den Zitronensaft einrühren. Die Temperatur 1 Stunde bei 80 °C halten, am besten im Backofen.

2. Dann den Bruch in die Käseform oder ein Sieb füllen und den Ricotta 5–6 Stunden abtropfen lassen.

Zieger kann auch geräuchert werden und ist dann länger haltbar.

ZIEGER

2 l Schafs- oder Ziegenmolke
200 ml Sahne
400 ml Buttermilch
½ TL Salz

Gekühlt 1–2 Tage haltbar.

1. Molke, Sahne und die Starterkultur Buttermilch zusammen langsam unter Rühren auf 80 °C erwärmen. Dann vom Herd nehmen und 30 Minuten bei Zimmertemperatur stehen lassen. Salz einrühren.

2. Den Bruch in die Käseform oder ein Sieb füllen und den Zieger 1–2 Stunden abtropfen lassen.

Ricotta

Sahne und Sahneprodukte

Natürlich, Sahne enthält viel Fett, aber gerade das macht sie so wohlschmeckend. Ob flüssig oder geschlagen, sie veredelt viele süße und deftige Gerichte.

Lässt man nicht homogenisierte Milch mit natürlichem Fettgehalt in einem kühlen Raum oder im Kühlschrank für mindestens 12 Stunden stehen, dann setzt sich die Sahne ganz von selbst oben ab, denn Fett schwimmt oben. Man kann sie mit einem Löffel abschöpfen. Das ist kein Zeichen von Verderbnis, sondern ein ganz normaler Vorgang, den man sich früher bei der Produktion von Milchprodukten zunutze machte. Das geht aber nur mit nicht homogenisierter Milch, denn der Prozess des Homogenisierens, bei dem die Fettkugeln zerkleinert werden (siehe Seite 75), wird durchgeführt, damit sich fetter und wässriger Milchanteil nicht mehr so schnell trennen. Industriell beschleunigt man den Prozess durch Zentrifugieren, wobei sich der fetthaltige Milchanteil trennt. Zurück bleibt die Magermilch mit weniger als 0,1 Prozent Fett, die anteilig wieder zugeführt wird, bis die Sahne den gewünschten Fettanteil hat.

Mascarpone *Grundlage für den frisch-cremigen aus Italien stammenden Mascarpone ist eine Mischung aus Sahne und Milch, die einen Fettgehalt von 40 Prozent hat. Das Milchprotein wird mit Zitronen-, Weinstein- oder Essigsäure ausgefällt, zurück bleibt der schnell verderbliche Mascarpone, der leicht Fremdgerüche aufnimmt und daher immer gut verschlossen im Kühlschrank aufbewahrt werden muss.*

SAHNEQUALITÄTEN

Der Fettanteil muss mindestens 10 Prozent betragen, dann ist Sahne unter dem Begriff Kaffeesahne im Handel. Sahne enthält mindestens 30, Schlagsahne extra sogar bis zu 40 und die bei uns selten erhältliche Crème double über 40 Prozent. In der Schweiz gelten teilweise noch höhere Werte.

GESÄUERTE SAHNEPRODUKTE

Saure Sahne, Schmand, Crème légère und Crème fraîche sind gesäuerte Sahneprodukte mit verschiedenen Fettgehalten. Der Sahne werden nach Einstellen des Fettgehalts Milchsäurebakterien zugesetzt, was sie nach dem Prinzip der Milchsäurebildung säuert und dick werden lässt (siehe Seite 76). „Einstellen" bedeutet, dass das Fett zunächst entzogen wird und dann in dem festgelegten prozentualen Anteil wieder zugesetzt wird.

Saure Sahne oder Sauerrahm enthalten mindestens 10 Prozent Fett, Schmand bis zu 29 und Crème fraîche sogar mindestens 30 Prozent. Crème légère ist die leichte Variante mit etwa 20 Prozent Fett.

SAHNE STEIF SCHLAGEN

Je fetter die Sahne, desto besser lässt sie sich schlagen und desto voluminöser wird sie auch, deshalb wird das Produkt mit bis zu 40 Prozent Fettgehalt auch als Schlagsahne bezeichnet. 30 Prozent Fett sollte sie aber mindestens haben, um locker, leicht und luftig geschlagen werden zu können. Außerdem ist gute Kühlung wichtig. Schüssel und Rührbesen müssen frei von Rückständen sein und es kann losgehen: Nicht sofort auf höchster Stufe, sondern zunächst langsam anschlagen, bis die Sahne leicht cremig ist, dann auf höchste Stufe stellen. Das Zufügen von Sahnesteif ist nicht notwendig.

In Sahnesiphons oder -spendern erledigt ein in die Sahne mit Druck einströmendes Gas, Stickstoffmonoxid, den Aufschäumvorgang.

Und so geht's

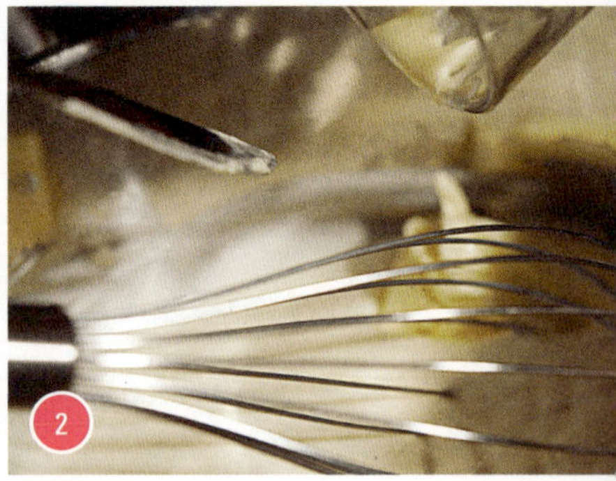

SAHNEPRODUKTE

GERÄTE

mittelgroßer Topf, großer Löffel, Schneebesen, Küchenthermometer, evtl. Käsetuch

ZUTATEN

Sahne und einen Starter mit Milchsäurebakterien wie saure Sahne oder Joghurt, je nach Rezept auch ein rein säuerndes Produkt wie Zitronensaft.
HINWEIS: Schöpfen Sie Ihre Sahne selbst ab und verwenden Sie dabei Roh- bzw. Vorzugsmilch, sollten Sie diese vorab abkochen!

ZUBEREITUNG

Der Vorgang bei der Herstellung von Sahneprodukten ist derselbe wie beim Dicklegen von Milch (siehe Seite 76), nur dass man mit der Sahne ein wesentlich fetthaltigeres Ausgangsprodukt hat.

1–3 Sahne mit einem Löffel von nichthomogenisierter Milch abschöpfen (oder gekaufte Sahne verwenden). Sahne zusammen mit einem Sauermilchprodukt oder mit Zitronensaft je nach Rezept als Starterkultur erwärmen. Die Temperatur ist dabei abhängig vom gewünschten Produkt und nach Rezept.
HINWEIS: Wichtig ist, dass Sie immer darauf achten, dass die Milch frisch sein muss und nicht etwa während des Aufrahmens sauer oder bitter geworden ist. Durch einen Geruchs- oder Geschmackstest können Sie das schnell feststellen.

4 Nun die Masse in ein Glas oder eine Schüssel füllen und stehen lassen, bis das Produkt fest geworden ist.
TIPP: Ist das Endprodukt nicht so fest geworden, wie Sie sich das gewünscht haben, lassen Sie es noch zusätzlich in einem Käsetuch abtropfen.

HALTBARKEIT

Sahneprodukte halten sich kühl gestellt 1 Woche.

Der englische Klassiker zu frischen Scones und Marmelade – it's tea time!

CLOTTED CREAM

500 g Sahne

Gekühlt 1 Woche haltbar.

1. Sahne in eine kleine Schüssel geben und im Wasserbad langsam zum Kochen bringen. Bei mittlerer Hitze 2–3 Stunden köcheln lassen, bis die Sahne eine dicke, blasige Schicht gebildet hat. Abkühlen lassen, dann noch mindestens 4 Stunden in den Kühlschrank stellen.

Fettreicher als saure Sahne.

SCHMAND

500 g Sahne
10 g Butter
2 EL saure Sahne

Gekühlt 1 Woche haltbar.

1. Sahne und Butter zusammen auf 28–30 °C erwärmen. Die saure Sahne einrühren und 12 Stunden im Warmen stehen lassen (28–30 °C).

Fetthaltige, aber sehr köstliche Basis für das berühmte Tiramisu.

MASCARPONE

500 g Sahne
500 g Milch
30 ml Zitronensaft

Gekühlt 1 Woche haltbar.

1. Sahne und Milch zusammen aufkochen und den Zitronensaft einrühren. Solange rühren, bis die Sahne geronnen ist. Durch ein Käsetuch gießen, abkühlen lassen und einige Stunden vor dem Verzehr im Kühlschrank stehen lassen. Rasch genießen, da das Produkt nicht lange haltbar ist.

Clotted Cream

Butter und Buttermilch

Butter selber machen ist nicht schwer, kann aber kräftezehrend sein, denn es dauert seine Zeit, bis Sahne durch die mechanische Bearbeitung ihren Fettanteil freigibt.

Der Weg von der Sahne zur Butter ist nicht mehr weit und jeder, der Sahne schon einmal zu lange geschlagen hat, kennt den Effekt: Butter entsteht aus mechanisch bearbeiteter Sahne. Einfach ausgedrückt, entsteht aus der Fett-in-Wasser-Emulsion eine Wasser-in-Fett-Emulsion, ein Produkt, das zu gut 80 Prozent aus Fett besteht.

Ganz frische, zart schmelzende Butter überragt jedes noch so gute Industrieprodukt geschmacklich um Längen und die als Nebenprodukt entstehende Buttermilch ist unter anderem mit maximal einem Prozent Fett und einem hohen Gehalt an Phospholipiden wegen der ihr zugeschriebenen Schönheitswirkung besonders angesagt.

REINE BUTTERMILCH

Nur wenn die im Handel erhältliche Buttermilch den Zusatz „Rein" trägt, handelt es sich um das beliebte Nebenprodukt der Butterherstellung. „Frische" Buttermilch dagegen ist ein Produkt aus (teil)entrahmter Milch, die mit Milchsäurebakterien gesäuert wird.

Buttermaschine *Wer öfter Butter selber machen möchte, kann sich eine Buttermaschine beim Spezialausrüster zulegen. Es gibt solche mit einer Drehkurbel für den Handbetrieb und sogar Geräte, die mit dem Motor der Bohrmaschine betrieben werden. Das Prinzip ist ähnlich dem eines Handrührgerätes: Die Milch wird mithilfe von Rührflügeln mechanisch bearbeitet. Andere Geräte schleudern die Milch ebenfalls mihilfe von Kurbelbetrieb. Etwas schweißtreibender ist die Butterherstellung mit dem Handstampfer.*

SÜSS, SAUER ODER MILDGESÄUERT

Die Butterausbeute ist höher, wenn man die Butter säuert. Im Gegensatz zu eher sahnig schmeckender Süßrahmbutter bekommt Sauerrahmbutter einen kräftigeren, leicht säuerlichen Geschmack.

Zum Säuern gibt man 250 ml Dick- oder Buttermilch in die Sahne und lässt sie im Kühlen einen Tag säuern. Der Herstellungsprozess unterscheidet sich im Übrigen nicht von dem der Süßrahmbutter.

Mildgesäuerte Butter wird industriell hergestellt durch die nachträgliche Zugabe von Milchsäurebakterien in teilgesäuerten oder nicht gesäuerten Rahm. Ergebnis ist dann ein mildes, nur leicht säuerliches Produkt.

FETTREDUZIERTE BUTTER

Für industriell hergestellte fettreduzierte Butter wird dem Butterfett mit technischen Methoden Wasser zugesetzt, die man zu Hause nicht anwenden kann. Fettreduzierte Butter, auch Dreiviertelbutter, Light- oder leichte Butter genannt, enthält 39 bis 41 Prozent Fett, der Rest ist Wasser, auch Zusatzstoffe wie Sorbinsäure, Milcheiweiß, Gelatine und ß-Carotin dürfen zugesetzt werden. Die Butter eignet sich als Brotaufstrich, aber nicht zum Braten und nur bedingt zum Backen. Das Wasser tritt bei Erhitzung im Topf oder in der Pfanne unter Spritzen aus – das ist zum einen eine gefährliche Angelegenheit, zum anderen geht aber damit auch der Effekt der Fettreduzierung verloren, denn zurück bleibt das Fett.

BUTTER

GERÄTE

große Schüssel, Küchenmaschine, Handrührgerät oder eine Buttermaschine, grobmaschiges Tuch, evtl. Holzspatel, Butterpapier oder Buttermodel

TIPP: Ein Schraubdeckelglas kombiniert mit Ausdauer und Muskelkraft geht auch.

ZUTATEN

Milch mit natürlichem Fettgehalt (ca. 3,8%), nicht fettreduziert. Die Milch darf nicht homogenisiert sein, pasteurisierte Milch ist möglich. Sie können auch gekaufte Sahne verwenden.

HINWEIS: Verwenden Sie bei der Butterherstellung Roh- bzw. Vorzugsmilch, sollten Sie diese vorab abkochen!

ZUBEREITUNG

Den fetten Teil der Milch, also die Sahne (siehe Seite 123), mit einem Löffel abschöpfen, am besten sollte der Rahm bei 90 °C hocherhitzt sein (oder gekaufte Sahne verwenden).

TIPP: Aus einem Liter Sahne bzw. Rahm erhält man etwa 425 g Butter.

1–2 Mit dem Mixaufsatz des Handrührgeräts in einem hohen Gefäß oder der Küchenmaschine oder in einem Butterfass bzw. einer Buttermaschine die Sahne so lange schlagen, bis sich Körner bilden. Durch Schlagen oder Stoßen sowie dem Einbringen der Luft wird die Membran um die Fettkugeln aufgebrochen. Das ist nötig, damit das Fett emulgieren kann.
Die Körner sollten etwa maiskorngroß sein, dann kann der fette vom wässrigen Anteil getrennt werden. Die ideale Temperatur dafür liegt bei 8 bis 12 °C, denn ein Teil des Fettes muss so fest sein, dass die Fettkugelmembrane dadurch zerstoßen werden.

TIPP: Alternativ können Sie die Sahne in ein Glas oder eine Flasche mit weiter Öffnung füllen, dabei darf das Gefäß höchstens zu einem Drittel gefüllt sein. Das Gefäß fest mit einem Deckel verschließen und so lange schütteln, bis sich die Butterklümpchen zeigen. Allerdings müssen Sie etwas Ausdauer mitbringen, denn es dauert mindestens 10 Minuten bis eine halbe Stunde, bis das Butterkorn entsteht. Dann können Sie in gleicher Weise wie bei dem klassischen Verfahren weitermachen.

3 Das Ganze nun durch ein sauberes Tuch gießen. Dabei die Buttermilch auffangen, diese kann sofort genossen werden.

4–6 Den Rest, die Buttermasse, durch mehrmaliges Waschen unter fließendem kalten Wasser mit den Händen oder mit zwei Holzspateln kneten, damit auch die restliche Buttermilch ausgewaschen wird, sonst schmeckt die Butter wässrig.

7–9 Die feste Butter mit warmen Händen formen, die man am besten vorher in möglichst heißes Wasser taucht (Aber achten Sie darauf, dass Sie sich nicht die Hände verbrühen!). Nun die Butter in Butterpapier legen und zu einer Rolle drehen. An den beiden Enden das Papier verdrehen und eventuell mit einer Haushaltsschnur verschließen. Die Butter ab in den Kühlschrank. Wer ein Buttermodel benutzt, weicht dieses eine halbe Stunde vor Benutzung in heißem Wasser ein, bis es sich vollgesogen hat. Kurz vor dem Einfüllen kalt ausspülen, Butter einfüllen, dann das Model unter fließendem kalten Wasser öffnen und die Butter herausnehmen.
TIPP: Um die Butter besser aus der Form lösen zu können, legen Sie vor dem Abfüllen ein großes Stück Klarsichtfolie ein. Nach dem Festwerden lässt sich der Butterstein ganz einfach damit herausziehen und ist auch schon verpackt.

HALTBARKEIT

Butter und Butterzubereitungen mit Kräutern und anderen Zusätzen halten sich kühl gestellt 1 Woche, Buttermilch ebenfalls.

Butterschmalz
Kräuterbutter

Der Klassiker für einen gelungenen Grillabend.

KNOBLAUCHBUTTER

4–5 Knoblauchzehen
250 g Butter
Salz

Gekühlt 1 Woche haltbar.

1. Den Knoblauch schälen und durch die Presse drücken.

2. Mit der weichen Butter und dem Salz vermischen. Die Butter nun beliebig formen und in den Kühlschrank stellen.

Pures Kräuteraroma. Unsere Butter stiehlt jeder Handelsware die Show!

KRÄUTERBUTTER

½ Bund Schnittlauch
½ Bund Petersilie
½ Bund Dill
½ Knoblauchzehe nach Belieben
Salz
250 g Butter

Gekühlt 1 Woche haltbar.

1. Die Kräuter hacken und – wenn gewünscht – den Knoblauch durch die Presse drücken.

2. Zusammen mit Salz unter die weiche Butter rühren. Die Butter nun beliebig formen und in den Kühlschrank stellen.

Einfacher geht es nicht: Der perfekt erfrischende Sommerdrink!

FRUCHTBUTTERMILCH

500 ml Buttermilch
150 g Beeren- oder Steinobst
(Himbeeren, Erdbeeren, Pfirsiche etc.)
Zucker nach Geschmack

Gekühlt 1 Woche haltbar.

1. Das Obst fein pürieren, die Buttermilch und den Zucker hinzufügen und mitpürieren.

BUTTERSCHMALZ

500 g Butter

Gekühlt bis zu 6 Monaten haltbar.

1. Die Butter würfeln und in einen Topf geben. Bei schwacher Hitze langsam schmelzen lassen, aber nicht aufkochen. Den entstehenden Schaum immer wieder abschöpfen. Wenn das Protein zu sinken beginnt, sich das Trübe vom Klaren trennt, den Topf von der Platte ziehen.

2. Anschließend das Butterschmalz durch einen dünnen Papier-Teefilter oder durch Küchenpapier in ein Schraubdeckelglas sieben. Das kann mehrere Stunden dauern. Kühl aufbewahren.

Variante: Für indisches Ghee schöpft man den entstehenden Schaum nicht ab, sondern lässt die Butter bei schwacher Hitze eine halbe Stunde köcheln.

SOJA – KLEINE BOHNE, GROSSE WIRKUNG

Der Eiweißgehalt von Soja ist unschlagbar, in seiner Zusammensetzung gleicht er fast dem von Fleisch. Das macht die Bohne wie auch ihre Produkte Tofu und Sojamilch so wertvoll. Als Fleischersatz wird Tofu wegen seines milden Eigengeschmacks geschätzt, der die unterschiedlichsten Zubereitungen zulässt, und Sojamilch ist fast so vielseitig in der Verwendung und Weiterverarbeitung wie Kuhmilch.

Schon viele Jahrtausende bevor die Sojabohne vor zwei- bis dreihundert Jahren ihren Siegeszug um die ganze Welt begann, entdeckte man im südostasiatischen Raum das Eiweißwunder als wertvolle und wohlschmeckende Bereicherung der Ernährung. Die ältesten Belege für die Verwendung der Bohne sind erstaunliche 9000 Jahre alt und die ersten großen Zuchtbohnen, die man in Japan gefunden hat, kann man auf etwa 3000 v. Chr. zurückdatieren. Heute ist die kleine Eiweißbombe weltweit so verbreitet, dass ihr Anbau sechs Prozent der gesamten landwirtschaftlichen Fläche beansprucht und damit Soja nach Mais und Weizen zur meistgehandelten Nutzpflanze macht.

VIELSEITIGER NUTZWERT

80 Prozent der weltweiten Ernte von Soja gehen bisher in die Tierfutterproduktion. Aus dem Rest wird zum größten Teil Sojaöl gewonnen. Das Öl kommt dann beim Backen, Kochen, Braten und als Salatöl zum Einsatz, wird aber auch zunehmend als Biodiesel genutzt. Nur ein kleiner Rest wird zu Lebensmitteln wie Tofu, Sojasauce, Sojamilch, zu fermentierten Produkten wie Miso und Tempeh weiterverarbeitet oder direkt verzehrt. Soja steckt auch in vielen fertigen Fabrikaten wie Backmischungen, Broten, Chips, Keksen, Margarinen, Salatdressings, Schlankheitsdrinks, Schokolade, Süßigkeiten, Saucen und Suppen, außerdem werden aus Soja Lebensmittel-Zusatzstoffe wie Emulgatoren (zum Beispiel Lecithin) oder Stabilisatoren hergestellt.

DAS SOJA-DILEMMA

Der hohe Gehalt der Sojabohne an besonders wertvollem Eiweiß macht die Pflanze nicht nur für die menschliche Ernährung attraktiv, sondern auch für die Nutztierernährung. Damit wurde sie aber leider gleichzeitig in Verruf gebracht. Weil kein anderes pflanzliches Lebensmittel damit konkurrieren kann, wird infolge der immer weiter steigenden Nachfrage nach Fleisch und Milch auch der Sojaanbau in immer größerem Stil betrieben, nicht ohne horrende Auswirkungen auf Klima und Umwelt. Wertvolle Regenwälder werden zugunsten von neuen Anbauflächen für Soja-Monokulturen abgeholzt, Folgen sind eine steigende CO_2-Emission und der Verlust der Lebensgrundlage einheimischer Bauern. Um die Pflanze resistent gegen Pestizide, damit einfacher anzubauen und gleichzeitig ertragreicher zu machen, sind fast 80 Prozent des angebauten Sojas gentechnisch veränderte Pflanzen, deren Risiken unwägbar sind.

BIO IST BESSER

Seit einigen Jahren wird auch in wärmeren Regionen Deutschlands Soja angebaut. Bohnen aus Bioanbau sind nicht nur frei von Gentechnik, sondern sie werden auch unter umweltverträglicheren Bedingungen angebaut. Auch bei Sojaöl und texturiertem Sojaeiweiß, das als Basis für vegetarischen Fleischersatz verwendet wird, sollte die Entscheidung zugunsten von Bioware fallen, denn der Pestizideinsatz ist schädlich für Mensch und Umwelt. Bio ist hier also nicht nur gut fürs Gewissen, sondern auch für die Gesundheit.

DIE SOJABOHNE

Wie Erbsen, Linsen und Bohnen gehören Sojabohnen zu den Hülsenfrüchten, die ohnehin schon für ihren hohen Eiweißgehalt bekannt sind. Und in deren interner Rangliste steht die Sojabohne auch noch unerreicht ganz oben: Mit etwa 11 Prozent in der frischen und 33 Prozent in der getrockneten Bohne hat sie mit den höchsten Eiweißgehalt bei Pflanzen. Alle acht essenziellen Aminosäuren, die der Mensch braucht, bietet sie. Allerdings mangelt es ihr an schwefelhaltigen Aminosäuren, weshalb nur in Kombination mit Getreideprodukten ein vollwertiges Eiweiß erhalten wird. Ihre Eiweißwertigkeit kommt der von tierischem Eiweiß (Milch und Fleisch) nahe. Damit kann keine andere Pflanze mithalten. Auch der Gehalt an Öl ist erwähnenswert, besteht sein größter Anteil doch aus wertvollen ungesättigten Fettsäuren. Außerdem enthält sie Isoflavone, dem

NIE ROH *Roh darf man die Bohnen – wie auch die meisten anderen Hülsenfrüchte – nicht verzehren, denn sie enthalten unverträgliche und sogar toxische Substanzen, die erst durchs Kochen zerstört werden. Dazu gehören Hämagglutinine, die die Blutkörperchen verklumpen lassen, und Trypsinhemmstoffe, die die Verdauung von Eiweiß verhindern. Allerdings werden diese Stoffe bei der Keimung der Bohne abgebaut, sodass Keimlinge von Hülsenfrüchten (z. B. Mungobohne, Luzerne) dann auch roh verzehrt werden können.*

Östrogen ähnliche Verbindungen, die als Hormonersatztherapie in den Wechseljahren eingesetzt werden.

SOJA UND SEINE PRODUKTE

Die aus der Sojabohne gewonnene Sojamilch fand ihren Weg vor etwa hundert Jahren nach Europa und ihre Beliebtheit steigt weiter – insbesondere bei Menschen mit Laktose-Intoleranz. Auch das Angebot in den Supermärkten wächst stetig, allerdings ist Sojamilch auch ganz einfach selbst herzustellen (siehe Seite 138). Tofu als Folgeprodukt von Sojamilch wurde in seiner Wiege, in China, schon vor über 2000 Jahren hergestellt. Mit dem Buddhismus, der die vegetarische Lebensweise befürwortet, eroberte der Tofu die Alltagsküchen im ostasiatischen Raum, vor allem in Japan, und das bis heute. Deshalb kennt man dort sehr viel mehr Tofuzubereitungen, die sich bei uns allerdings nicht durchgesetzt haben. Nachvollziehbar, denn Bezeichnungen wie „stinkender Tofu", ein in Gewürzlake über Monate fermentierter Tofu mit einem intensiven Geruch, lassen auf für westliche Gaumen ungewöhnliche Genüsse schließen.

SOJASAUCE, TEMPEH, MISO

Diese Sojaprodukte werden durch Fermentation gewonnen. Am bekanntesten und auch bei uns als Würzmittel mittlerweile verbreitet ist die Sojasauce. Sie wird in einem aufwendigen und langwierigen Fermentationsprozess mittels Mikroorganismen gewonnen. Bei diesem Prozess entsteht der Geschmacksverstärker Glutamat. Die Herstellung im eigenen Haushalt ist grundsätzlich möglich, aber zu aufwendig, um hier erwähnt zu werden. Die Industrie behilft sich durch die Verwendung von Enzymen, durch die dieser Prozess beschleunigt wird.

Tempeh und Miso sind ebenfalls Fermentationsprodukte. Für Tempeh werden die ganzen, gekochten Sojabohnen mit einem speziellen Bakterium beimpft. Die daraus hergestellte, gepresste Masse muss nun noch reifen und hat ein unverwechselbares, leicht süßliches Aroma. Tempeh lässt sich wie Tofu vielseitig verwenden. Für die Würzpaste Miso wird die Sojapaste zusammen mit anderem Getreide wie Reis vergoren. Es ist ein kräftiges Würzmittel, bei dessen Dosierung man etwas Übung braucht.

Sojamilch

Sojamilch ist nicht nur für Veganer eine schmackhafte und besonders eiweißreiche Alternative zu Milch. Auch Menschen mit Laktose-Intoleranz greifen immer öfter auf das pflanzliche Produkt zurück, denn es ist ebenso vielfältig einsetzbar. Selbst manche Milchprodukte gelingen mit Sojamilch.

Sojamilch hat, was ihre Herkunft angeht, mit Milch vom Tier nichts gemein. Die Milch muss erst mit Wasser aus der Bohne herausgelöst werden. Dann aber ist sie in ihrer Zusammensetzung der tierischen Milch recht ähnlich, weshalb sie gerne von Veganern und Menschen mit Milchzucker-Unverträglichkeit (Laktose-Intoleranz) als Milchersatz verwendet wird. Ihr Eiweißgehalt (ca. 3,6 Prozent) ist sogar höher als der der Kuh- und Muttermilch (2,9 bzw. 1,4 Prozent). Allerdings fehlen die Vitamine B_{12} und C, sie enthält weniger Kalzium und Kohlenhydrate, deshalb werden der im Handel erhältlichen Milch häufig Kalzium und Vitamin B_{12} zugesetzt. Sie enthält aber auch weniger Fett, ist frei von Laktose und von Cholesterin.

DRINK STATT MILCH

In Europa ist die Sojamilch vor etwa hundert Jahren als vegetabile Milch bekannt geworden, einige Jahre später tauchte dann der Begriff Sojamilch auf. Unter diesem Namen darf sie laut einer EU-Verordnung aber nicht im Handel verkauft werden, da der Begriff „Milch" den durch Melken gewonnenen tierischen Produkten vorbehalten ist. Man bekommt sie z. B. als Sojadrink im Handel – oder man stellt sie selber her.

DIE HERSTELLUNG VON SOJAMILCH

Sojamilch traditionell herzustellen ist ganz einfach. Zuerst werden die Bohnen gereinigt, geschält und eingeweicht. Dann werden sie mit Wasser vermahlen, erhitzt und anschließend wird die Milch von den Rückständen, dem Okara, durch Filtration abgetrennt und gekocht. Im industriellen Maßstab geschieht das mit einer Zentrifuge, dem Dekanter. Durch nochmaliges Zentrifugieren wird die Sojamilchausbeute deutlich erhöht. Das Einweichen der Bohnen hat den Nachteil, für ein Ranzigwerden der Fette in der Bohne zu sorgen. Daraus resultiert ein ausgeprägt bohniger und manchmal auch ranziger Geschmack, der bei der industriellen Produktion durch frühe Hitzebehandlung, etwa durch Heißvermahlen oder Blanchieren, vermindert wird.

Sojamilch bekommt man selten pur und meist gesüßt im Handel und mit verschiedenen Aromen verfeinert. Apropos: Wenn Sojamilch im Kaffee ausflockt, sieht das zwar nicht schön aus, schmeckt aber noch immer einwandfrei. Das Eiweiß gerinnt eher als Kuhmilch, deshalb kann schon die Säure aus dem Kaffee zu der unschönen Flockenbildung führen.

MANDEL-, NUSS-, GETREIDE- UND REISMILCH

Auch aus anderen eiweißhaltigen Samen kann man auf gleiche Weise Milch herstellen, mit leckerem Ergebnis. Es ist sogar einfacher: Man muss Mandeln, Nüsse, Hafer, Dinkel, Reis oder anderes Getreide und Samen nicht wie Sojamilch kochen, da sie im rohen Zustand keine gesundheitsschädlichen Substanzen enthalten.

OKARA

Okara, auch Sojakuchen oder -kleie genannt, ist reich an Ballaststoffen, Stärke und Protein. Daher wird das Nebenprodukt der Sojamilchherstellung vielseitig verwendet, z. B. als geschmacksneutraler Bestandteil in Backwaren, der das Brot frisch und feucht hält. Okara lässt sich aber auch zu Hause vielseitig verwenden (siehe Seite 140). Damit es verträglicher wird, sollte man es vor der Verarbeitung dämpfen oder 10 Minuten kochen.

MILCHPRODUKTE AUS SOJAMILCH

Die meisten Milchprodukte wie Joghurt, Kefir und Co. lassen sich mit Sojamilch herstellen, auch die Vorgehensweisen ist die gleiche (siehe Milchprodukte ab Seite 72). Will man aber dabei gänzlich auf Milchprodukte auch in der Startersubstanz verzichten, die ja häufig aus kleinen Mengen eines sauren Milchprodukts wie Joghurt oder Dickmilch bestehen, nimmt man als Starterkultur entweder eine spezielle Kultur aus dem Handel oder ein fertiges, ungesüßtes Sojaprodukt.

Sojamilchmaschine *Mit einer Sojamilchmaschine erspart man sich einige Arbeit. Die Geräte sind ab etwa 150 Euro zu haben. Man gibt die Bohnen mit der entsprechenden Wassermenge in die Maschine, wo sie gemahlen und zusammen mit dem Wasser erhitzt werden, bis die Milch in etwa 20 Minuten fertig ist. Man muss die Bohnen nicht zwingend einweichen, es wird aber empfohlen, denn die Milch wird dadurch cremiger und voller im Geschmack. Auf gleiche Weise kann man andere pflanzliche „Milch" aus Nüssen, Getreide und Samen mit der Maschine herstellen und sogar Brühen, Suppen und Breie kochen.*

Und so geht's

SOJAMILCH

GERÄTE

Püriergerät, Pürierstab oder Mixer, großer Topf, Schüssel, Sieb, Käsetuch oder feines Baumwolltuch, Geschirrtuch oder Mullwindel, Holzkochlöffel, evtl. Flasche für die fertige Sojamilch

ZUTATEN

Sojabohnen, getrocknet

HINWEIS: Aus 70 g Sojabohnen erhält man etwa 1 l Sojamilch.
Mit älteren oder gar überalterten Bohnen (mehr als ein bis anderthalb Jahre alt) erhält man allerdings sehr viel weniger.

ZUBEREITUNG

1 Zum Einweichen benötigt man dreimal so viel Einweichwasser wie Bohnen. Wer mit einer kleinen Menge anfangen möchte, kann eine Tasse Bohnen in drei Tassen ca. 80 °C heißem Wasser einweichen, es sollte dabei mindestens 3 bis 4 Zentimeter über den Bohnen stehen.

2 Etwa 10 bis 12 Stunden brauchen die Bohnen, bis sie auf mehr als das Doppelte ihrer Größe aufgequollen sind und sich dann leicht teilen lassen. Werden die Bohnen zu kurz eingeweicht, ist die Ausbeute geringer.
TIPP: Ob sie genug gequollen sind, erkennen Sie daran, dass die Bohnen innen gleichmäßig gefärbt sind. Sind sie noch hohl und etwas dunkler, dann brauchen sie noch mehr Zeit. Also weichen Sie die Bohnen am besten am Vorabend ein.

3 Am nächsten Tag die Bohnen durch ein Sieb abseihen und unter fließendem Wasser kurz abwaschen.

4–5 Nun die Bohnen mit einem Mixer oder Pürierstab so fein wie möglich pürieren, denn je feiner die Masse ist, desto ergiebiger ist sie auch. Mit den Fingern testen, ob noch feste Bestandteile in der Masse sind. Es erleichtert den Püriervorgang, wenn man etwas Wasser zugibt. Diesen Anteil dann vom späteren restlichen Kochwasser abziehen.

6–7 Sieben- bis neunmal so viel Wasser vom ursprünglichen Gewicht des Sojabohnenpürees aufkochen. Je mehr Wasser, desto dünner wird die Milch. Erst wenn das Wasser kocht, das Püree

zugeben und unter anfänglich häufigem Rühren wieder aufkochen und etwa 20 Minuten kochen lassen. Das Erhitzen des Pürees ist notwendig, denn roh ist Soja nicht bekömmlich. TIPP: Am Anfang schäumt die Masse stark auf, daher ist große Vorsicht geboten. Ein Schluck kaltes Wasser kann das Überkochen verhindern. Später beruhigt sich das Ganze und Sie müssen weniger oft rühren.

8–10 Nun die heiße Masse in ein mit dem Tuch ausgelegtes Sieb geben, in eine Schüssel abtropfen lassen und möglichst viel Milch herausdrücken, indem man das Tuch zusammendreht. Damit nicht zu lange warten, denn zu stark abgekühlte Milch führt dazu, dass man weniger Ausbeute hat.

TIPP: Die Milch können Sie nun gleich genießen, zu Tofu verarbeiten (siehe Seite 143) oder auch zu anderen milchähnlichen Produkten. Die nun entstandenen Rückstände sind das Okara, dass Sie ebenfalls weiterverarbeiten können, zum Beispiel zu Okara-Crunchy (siehe Rezept Seite 140).

HALTBARKEIT

Damit sich die Milch länger hält, sollte man sie schnell abfüllen, die Gefäße in kaltem Wasser abkühlen und dann im Kühlschrank aufbewahren. Dort hält Sojamilch bis zu anderthalb Wochen. Okara hält sich etwa 1 Woche im Kühlschrank.

EINWEICHEN DER BOHNEN *Im Gegensatz zu vielen Anleitungen zur Sojamilchgewinnung, die das Einweichen mit kaltem Wasser vorsehen, sollten die Bohnen immer in mindestens 80 °C heißem Wasser eingeweicht werden, damit das Enzym Lipoxygenase, das einen ranzigen, bohnigen und bitteren Geschmack verursacht, schnell inaktiviert wird. Um sicherzugehen, kocht man das Wasser mit den Bohnen kurz auf.*

Vegan und passt zu Pommes wie zu Nordseekrabben.

MAYONNAISE

- *200 ml Sojamilch (gekühlt)*
- *2–4 EL Kräuteressig*
- *1 TL mittelscharfer Senf*
- *200–220 ml Sonnenblumenöl (gekühlt)*
- *Salz*

Gekühlt wenige Tage haltbar.

1. Sojamilch und Essig im Mixer oder mit dem Pürierstab kurz vermixen.

2. Den Senf einrühren und nach und nach unter ständigem Rühren das Öl zugeben, bis die gewünschte Konsistenz erreicht ist. Anschließend salzen.

Eine leckere Knabberei für zwischendurch oder ins Müsli gerührt.

OKARA-CRUNCHY

- *2 Tassen Okara*
- *1 Tasse Haferflocken*
- *4 EL Kokosflocken*
- *1 EL Sonnenblumenkerne*
- *1 EL Leinsamen*
- *3 EL Sirup*
- *Zimt*

1 Woche haltbar.

1. Das Okara in einer Pfanne ohne Fett unter Rühren trocknen. Nach und nach die Hafer- und Kokosflocken, Sonnenblumenkerne und Leinsamen zugeben, am Schluss den Sirup unterrühren und alles bei schwacher Hitze unter ständigem Rühren rösten. Mit Zimt abschmecken.

Mit seiner flüssigen Konsistenz hat Sojakäse nicht viel mit Käse gemein, bildet beim Überbacken aber eine leckere Knusperschicht.

SOJAKÄSE ZUM ÜBERBACKEN

- *2 EL Butter oder Margarine*
- *130 ml Sojamilch*
- *2 ½ TL Mehl*
- *3 ½ EL Hefeflocken*
- *½–¾ TL Senf*
- *¾ TL Salz*

Gekühlt wenige Tage haltbar.

1. Butter oder Margarine schmelzen und die Sojamilch unterrühren. Die Mischung vom Herd nehmen und Mehl, Hefeflocken, Senf und Salz unterrühren.

2. Wieder auf den Herd stellen und unter Rühren aufkochen lassen, bis der „Käse" die gewünschte Konsistenz hat. Dann sofort auf das zu überbackende Gericht geben.

Erdbeer-Vanille-Shake

Nicht zum Schlagen geeignet,
aber prima zum Verfeinern von Gerichten.

SOJASAHNE

250 ml Sojamilch
80 ml Sonnenblumenöl
1 ½ EL Essig

Gekühlt wenige Tage haltbar.

1. Sojamilch und Öl mit dem Pürierstab etwa 30 Sekunden mixen, dann den Essig zugeben und nochmals gründlich mixen.

Sommerlicher Drink.

ERDBEER-VANILLE-SHAKE

250–300 g frische Erdbeeren
500–600 ml Sojamilch
1 Prise Salz
100 g Sirup
½ TL Vanillepulver
½ TL Zimt
1–2 EL Öl

Für den sofortigen Verzehr.

1. Die Erdbeeren waschen und halbieren und mit den übrigen Zutaten im Mixer mixen. Dazu zunächst die Hälfte der Milch mit den Zutaten mixen und erst zum Schluss die restliche Milch zugeben.

2. Kurz vor dem Servieren nochmals durchrühren.

Tofu

Wenn man ein Gefühl dafür entwickelt hat, ist das Selbermachen von Tofu eigentlich ganz einfach. Das Geheimnis bei seiner Weiterverarbeitung ist die richtige Marinade, die ihn so facettenreich macht.

Tofu wird auch Sojaquark genannt, die Ähnlichkeit mit Quark aus Kuhmilch besteht aber eher im Herstellungsprozess als im Ergebnis. Durch Dicklegen und Pressen entsteht aus der frischen Sojamilch eine grauweißliche Masse, die je nach Produkt mehr oder weniger fest, aber meistens schnittfähig ist. Tofu ist recht geschmacksneutral, nimmt aber durch Marinieren und Räuchern gerne andere Geschmäcker an. Das macht ihn besonders vielseitig einsetzbar. Durch steigendes Umweltbewusstsein und die vegetarische Ernährung hat sich der Tofuverbrauch auch bei uns in den letzten Jahren stark erhöht, was die Fantasie vieler Tofuhersteller beflügelt, die nun ihr Sortiment mit immer neuen Kreationen erweitern.

DIE HERSTELLUNG VON TOFU

Das Verfahren zur Tofuherstellung ist seit seiner Entwicklung nahezu unverändert: Die zuvor durch Extraktion gewonnene Sojamilch wird durch ein Gerinnungsmittel dickgelegt, anschließend abgetropft und gepresst. In der Industrie wird zum Ausfällen des Sojaeiweißes – wie beim Käse die Trennung des Eiweißes von der Molke – häufig Kalziumsulfat (Gips) verwendet, denn es erhöht den Ertrag und macht den Tofu fester. Es kann sich allerdings auch in einem gipsartigen Geschmack äußern. Auch reines Magnesiumchlorid und Zitronensäure kommen zum Einsatz. Nur bei Bioqualität wird häufig auf das traditionelle Gerinnungssalz Nigari zurückgegriffen. Fester Tofu wird für unsere Märkte in der Regel nach dem Abtropfen und Pressen noch gemahlen und wieder in Form gebracht, das macht ihn noch fester. Asiatischer fester Tofu ist innen weicher, da die beiden letzten Schritte, Mahlen und in Form bringen, entfallen.

AUSBEUTE

Abhängig vom Eiweißgehalt und von der Feinheit der Bohnen, vom Kalkgehalt des Wassers und der Geschicklichkeit, die man beim Einrühren des Gerinnungsmittels entwickelt, erhält man aus 300 g Sojabohnen 400 bis 600 g gepressten Tofu.

NIGARI

Macht man Tofu selber, dann meistens mit dem Gerinnungssalz Nigari. Der Begriff Nigari, eng zusammenhängend mit dem japanischen Begriff für „bitter", erklärt sich durch seine Hauptkomponente Magnesiumchlorid, einem Bittersalz. Der bittere Geschmack geht nicht in den Tofu über, wenn man es nicht überdosiert. Das Salz fällt bei der Gewinnung von Meersalz an und besteht neben Magnesiumchlorid noch aus vielen anderen Salzen wie Kalzium- und Kaliumchlorid. Es wird in Form von Pulver oder Flocken angeboten.

TOFUSORTEN

Tofu gibt es mit verschiedenen Geschmackszusätzen, wie getrockneten Tomaten, Oliven, Basilikum, Paprika, Kapern, als Bratlinge und Falafel, geräuchert und in Form von Würstchen oder Schnitzeln. Bei uns erhält man neben diesen zahlreichen Produkten meistens festen, schnittfesten Tofu mit leicht gummiartiger Konsistenz und weißer bis graugelblicher Farbe und den leicht puddingartigen Seidentofu. Im Gegensatz zu festem Tofu wird dieser nicht abgetropft.

RÄUCHERTOFU

Sehr würzig schmeckt Räuchertofu, den man wie andere Räucherware in einem Räucherschrank oder im eigenen Ofen herstellen kann (siehe Seite 178). Für noch mehr Geschmack mariniert man ihn nach Wunsch und lässt ihn gründlich abtropfen, bevor man ihn dem Rauch aussetzt. Die Kalträucherung mit Buchensägemehl, Rosmarinnadeln, Thymianblättchen und Wacholderbeeren verleiht ihm einen kräftig-würzigen Geschmack. Wer einen Räucherschrank besitzt, legt den Ofen mit Buchenspänen und den Gewürzen aus, zündet sie an und lässt genügend Glut entstehen, bevor der Tofu auf ein Gitter in den Kasten kommt. Die Kalträucherung dauert 10 bis 12 Stunden. Man kann den Tofu auch in einem schnelleren, dann aber nicht so vitaminschonenden Verfahren ganz einfach in einem haushaltsüblichen Topf auf dem Herd räuchern. Dazu bringt man eine Handvoll Räucherspäne zusammen mit den Gewürzen in dem Topf bei schwacher Hitze zum Rauchen. Dann den Tofu in ein Sieb legen und über den Rauch hängen. Deckel drauf und bei schwacher Hitze eine halbe bis ganze Stunde im Sieb räuchern lassen.

Sojamolke *Sojamolke, die bei der Produktion von Tofu entsteht, kann in Suppen, Saucen oder beim Backen weiterverwendet werden. Sogar zum Reinigen, als Badezusatz und zum Haarwaschen eignet sie sich, denn sie enthält fettlösendes Lecithin.*

Und so geht's

TOFU

GERÄTE

Topf, Käsetuch oder mittelfeines Leinentuch, evtl. Tasse, Haushaltssieb , Käseform oder Tofu-Presskasten, Gewichte

ZUTATEN

Sojamilch, Nigari oder Magnesiumchlorid aus der Apotheke

HINWEIS: Aus 4–4,5 Liter Sojamilch erhalten Sie in etwa 400–600 g Tofu.

ZUBEREITUNG

Wie Quark besteht auch Tofu aus dickgelegter Milch – nur eben aus Sojamilch. Spezielle Salze oder Zitronensäure lassen die Sojamilch gerinnen, die entstehende Molke wird entfernt und die zurückbleibende dickgelegte Sojamasse abgetropft und gepresst.

1 Wer bereits die Sojamilch selbst gemacht hat, kann jetzt sofort zügig weiterarbeiten, denn die Milch muss so heiß wie möglich sein, darf aber nicht kochen. Wenn nötig, die Milch also noch mal in einem großen Topf erhitzen. Mit fertig gekaufter purer Sojamilch (ohne Zuckerzusatz) geht es natürlich auch.

2 Nigari oder anderes Gerinnungsmittel in heißem Wasser auflösen, Menge nach Herstellerangabe. Diese genau beachten, denn schon ein wenig zu viel macht den Tofu bitter.

3 Die heiße Nigari-Flüssigkeit in Fünf-Minuten-Abständen in drei Portionen in die heiße Sojamilch rühren, dann durch Rühren in die Gegenrichtung schnell wieder zum Stillstand bringen. Immer aufpassen, dass die Milch nicht zu kochen beginnt.

HINWEIS: Zu hohe oder zu niedrige Mengen an Gerinnungsmittel können zu einer niedrigeren Ausbeute führen: War die Menge zu hoch, dann ist schon im ersten Schritt eine vollständige Gerinnung eingetreten, war sie zu niedrig, dann ist nicht die gesamte Milch geronnen. Zu viel oder zu schnell eingerührte Gerinnungsmittel können zu einer krümeligen Struktur führen.

4 Bei der zweiten Zugabe beginnt der Gerinnungsprozess, aber erst beim dritten Mal trennen sich Molke und Eiweißflocken, der sogenannte Bruch, vollständig voneinander. Die Molke ist eine eher trübe Flüssigkeit.

5–6 Nun Bruch und Molke trennen. Das geht entweder, indem man das Ganze durch ein Tuch in eine Schüssel gießt. Was im Tuch zurückbleibt, im Tuch aufhängen und abtropfen lassen. Oder das Tuch über den Topf hängen, mit einer Tasse in die Flüssigkeit drücken, die durch das Tuch dringt, und nach und nach die Molke abschöpfen. So entsteht schon Sojaquark, der direkt verwendet werden kann.
TIPP: Wenn Sie in Ihrem Tofu würzende Zutaten verwenden möchten, diese vor dem Absieben unterrühren.

7–10 Für mehr oder weniger festen Tofu die Masse mehr oder weniger lang pressen, entweder in einem Sieb oder einem Tofu-Presskasten. Dafür das Tuch mit seinem Inhalt hineinlegen, darüber zusammenschlagen und den Deckel des Presskastens auflegen. Sieb oder Presskasten mit einem Gewicht beschweren. Nach 15 bis 30 Minuten ist der Tofu fertig zum Genuss, dann aus der Presse nehmen und sofort in kaltes Wasser gleiten lassen.

HALTBARKEIT

In Wasser schwimmend hält sich Tofu im Kühlschrank 1 bis 2 Wochen. Das Wasser muss man täglich wechseln. Man kann den Tofu auch bis zu 3 Monate einfrieren.

Tofu-Presskasten *Um möglichst viel Flüssigkeit aus der Sojamasse zu entfernen, benötigt man einen Tofu-Presskasten. Diesen gibt es für wenig Geld im Internet. Die Kästen sind entweder aus Holz oder Metall, Letztere sind etwas stabiler. Sie sind so durchlöchert, dass die Molke austreten kann. Man beschwert den Deckel mit einem mindestens 2 Kilo schweren Gegenstand und presst mindestens 15 Minuten. Ohne Presskasten kann man sich auch mit einem stabilen Sieb behelfen, für das man eine passende Abdeckung braucht, auf die man dann die Gewichte legt.*

Blanko ist Tofu zu allem bereit.

EINFACHER TOFU

1 l Sojamilch
Nigari (Menge nach Herstellerangabe)

In Wasser schwimmend, gekühlt 1–2 Wochen haltbar.

1. Sojamilch erhitzen, aber nicht kochen. Das Nigari in heißem Wasser nach Herstellerangaben auflösen und jeweils ein Drittel des Nigaris in fünfminütigen Abständen einrühren, dann die Milch schnell wieder zum Stillstand bringen. Bei der letzten Portion trennt sich das Eiweiß von der Molke vollständig.

2. Die Molke durch ein Tuch in eine Schüssel gießen und auffangen. Das Tuch mit der Sojamasse abtropfen lassen. Dann die Masse mit dem Tuch in einem Sieb, einer Käseform oder einem Tofupresskasten je nach gewünschter Festigkeit 15–30 Minuten pressen.

3. Nach dem Pressen den Tofu aus der Form lösen und in kaltes Wasser gleiten lassen.

Einfacher Tofu in Currymarinade

Damit Tofu nach mehr schmeckt, mariniert man ihn gerne vor der weiteren Verwendung. Er nimmt die Aromen der Marinade dankbar an, das macht seine Vielseitigkeit aus. Zum Marinieren schneidet man ihn erst in die gewünschte Form und lässt ihn dann 30 Minuten bis 1 Stunde in der Marinade ziehen. Gut abtropfen lassen und weiterverarbeiten. Er eignet sich so gewürzt gut zum Braten oder Grillen. Nach dem Verwenden wird die Marinade durch ein feines Sieb gegeben und kann im Kühlschrank bis zur nächsten Zubereitung aufbewahrt werden.

Schöne Basis für Paprikagulasch.

ROTWEINMARINADE

- *200 ml Sojasauce (Shoyu)*
- *50 ml Rotwein*
- *1–2 EL Sauerbratengewürz*

Gekühlt 1–2 Wochen haltbar.

1. Zutaten mit 50 ml Wasser vermischen, fertig zur Verwendung.

Besonders gut geeignet für indische Gerichte.

CURRYMARINADE

- *200 ml Sojasauce (Shoyu)*
- *½ TL Curry*

Gekühlt 1–2 Wochen haltbar.

1. Zutaten mit 100 ml Wasser vermischen, fertig zur Verwendung.

Würzig und für vieles einsetzbar.

SENF-KORIANDER-MARINADE

- *200 ml Sojasauce (Shoyu)*
- *1 TL gemahlener Koriander*
- *1 TL Senf*

Gekühlt 1–2 Wochen haltbar.

1. Zutaten mit 100 ml Wasser vermischen, fertig zur Verwendung.

Typisch chinesische Geschmacksrichtung.

SÜSSSAURE MARINADE

- *200 ml Sojasauce (Shoyu)*
- *1 EL Essig nach Wahl*
- *½ EL Sirup*

Gekühlt 1–2 Wochen haltbar.

1. Zutaten mit 100 ml Wasser vermischen, fertig zur Verwendung.

Tomaten-Paprika-Tofu

Nüsse und Zwiebeln werten den geschmacksarmen Tofu rustikal auf.

NUSSTOFU

- *1–2 EL grob gehackte Haselnüsse*
- *½ rote Zwiebel*
- *½ EL Butter*
- *1 l Sojamilch*
- *Nigari (Menge nach Herstellerangabe)*
- *½ TL Hefeflocken (Bioladen)*
- *½ TL Salz*
- *Curry nach Geschmack*
- *Paprikapulver nach Geschmack*

In Wasser schwimmend, gekühlt 1–2 Wochen haltbar.

1. Die gehackten Nüsse in einer trockenen Pfanne ohne Fett rösten, bis sie zu duften beginnen. Nüssen beiseite stellen. Die Zwiebel fein hacken und in der Pfanne mit der Butter glasig dünsten.

2. Die Sojamilch erhitzen, aber nicht kochen. Das Nigari in heißem Wasser nach Herstellerangaben auflösen und jeweils ein Drittel des Nigaris in fünfminütigen Abständen einrühren, dann die Milch schnell wieder zum Stillstand bringen. Bei der letzten Portion trennt sich das Eiweiß vollständig von der Molke.

3. Nun Nüsse, Zwiebel, Hefeflocken und Gewürze einrühren.

4. Die Molke durch ein Tuch in eine Schüssel gießen und auffangen. Das Tuch mit der Sojamasse abtropfen lassen. Dann die Masse mit dem Tuch in einem Sieb, einer Käseform oder einem Tofu-Presskasten je nach gewünschter Festigkeit 15–30 Minuten pressen.

5. Nach dem Pressen den Tofu aus der Form lösen und in kaltes Wasser gleiten lassen.

Schöne Farbe, würziger Geschmack.

TOMATEN-PAPRIKA-TOFU

- *½ rote Paprikaschote*
- *1 l Sojamilch*
- *Nigari (Menge nach Herstellerangabe)*
- *2 EL Tomatenmark*

In Wasser schwimmend, gekühlt 1–2 Wochen haltbar.

1. Paprikaschote im Ofen bei 200 °C ca. 30 Minuten rösten, bis die Haut schwarz und blasig wird. Aus dem Ofen nehmen, unter einem feuchten Tuch abkühlen lassen, dann lässt sich die Schale ganz leicht entfernen. Paprika pürieren.

2. Die Sojamilch erhitzen, aber nicht kochen. Das Nigari in heißem Wasser nach Herstellerangaben auflösen und jeweils ein Drittel des Nigaris in fünfminütigen Abständen einrühren, dann die Milch schnell wieder zum Stillstand bringen. Bei der letzten Portion trennt sich das Eiweiß vollständig von der Molke.

3. Nun Paprika und Tomatenmark einrühren.

4. Die Molke durch ein Tuch in eine Schüssel gießen und auffangen. Das Tuch mit der Sojamasse abtropfen lassen. Dann die Masse mit dem Tuch in einem Sieb, einer Käseform oder einem Tofu-Presskasten je nach gewünschter Festigkeit 15–30 Minuten pressen.

5. Nach dem Pressen den Tofu aus der Form lösen und in kaltes Wasser gleiten lassen.

FLEISCH, WURST, SCHINKEN – ENDLOSE VIELFALT

Es ist noch nicht lange her, dass Fleisch auf unseren Tellern keine alltägliche Selbstverständlichkeit war. Und selbst wer damals Nutztiere besaß, hatte nicht stets frisches Fleisch zur Verfügung. Die Ausbeute einer Hausschlachtung bot Anlass für ein Fest, das über einige Tage das begehrte Frischfleisch auf die Teller zauberte. Der größte Teil aber wurde konserviert als Würste und Schinken, als Geselchtes und Geräuchertes, als Gebrühtes und Gekochtes. Eine Vielfalt, von der man lange im Jahr zehren konnte.

Fleisch und Wurst gehören seit Menschengedenken zu unserer Ernährung; das Grundprodukt Fleisch ist ein Lebensmittel, das untrennbar mit unserer Geschichte und Kultur verbunden ist. Noch lange nach der Einführung der ersten Schlachthöfe im 19. Jahrhundert deckte man seinen Bedarf größtenteils beim Bauern und Metzger. Oder aber man hielt selbst Hühner, Enten und Gänse, vielleicht sogar ein Schwein oder eine Kuh. Irgendwann im Jahr wurde dann geschlachtet und manchmal gab es ein Schlachtfest, sodass man wenigstens eine üppige Mahlzeit hatte. Und damit noch etwas für später blieb, wurde geräuchert, getrocknet, gepökelt und gewurstet. Bis vor drei, vier Generationen gehörte das vielerorts selbstverständlich zum häuslichen Leben dazu.

Inzwischen liegt ein Großteil der Aufzucht, Verarbeitung und Vermarktung von Frischfleisch und Fleischprodukten weitgehend in den Händen eines international verflochtenen und mächtigen Industriezweigs. Auch die Anzahl der handwerklichen Metzgereien, die noch bis vor Jahrzehnten in jedem Dorf und jeder Stadt zu finden waren, sieht man immer seltener, und selbst schlachtende Betriebe und Hausschlachtungen gibt es kaum noch. Das einst selbstverständliche Wissen vom Räuchern eines Schinkens oder der Zubereitung einer Leberwurst geht dadurch immer mehr verloren. Dafür ist Fleisch stets verfügbar und unschlagbar billig geworden, und wir können unseren Appetit auf Fleisch uneingeschränkt stillen.

ZWEI SEITEN EINER MEDAILLE

Schon zu Beginn der Menschheitsgeschichte, als die Ernten der Sammler zum Sattwerden kaum ausreichten, trugen die Jäger mit jedem Stück Beutetier nicht nur zur Versorgung mit lebenswichtigen Nährstoffen bei, sondern letztlich damit auch zum Erhalt der Menschheit. Fleisch – entweder in Form von Viehbesitz oder als Braten auf dem Teller – stand in späteren Epochen uneingeschränkt für Wohlstand, Genuss und Gesundheit. Doch seit ein paar Jahren gehen wir aus vielen guten Gründen kritischer mit dem Konsum von Fleisch um. Immer neue Fleischskandale und der Einsatz von Medikamenten ängstigen uns, Ernährungswissenschaftler warnen vor den gesundheitlichen Folgen von zu hohem Fleischkonsum, Vegetarier beweisen, wie gut man auch ohne Fleisch auskommt, die tierquälerische Massentierhaltung erzeugt Fleisch in fragwürdigen Qualitäten, und Umwelt und Klima leiden unter den Folgen riesiger Rinderherden, gigantischer Stallanlagen und der Produktion von Futtermitteln.

QUALITÄT MACHT DEN GESCHMACK

Nein, das alles soll nicht dazu führen, auf den Genuss von Fleisch zu verzichten. Denn natürlich gibt es auch heute noch Fleisch von Tieren zu kaufen, die unter tierwürdigen Bedingungen gehalten und sorgsam aufgezogen wurden. Es muss nicht zwangsläufig Biofleisch sein, es kann durchaus auch aus konventioneller Haltung stammen. Noch immer (oder schon wieder) gibt es Landwirte, die ihre Tiere zwar nicht nach den Regeln von Bioverbänden aufziehen, sie aber in traditionellen Kleingruppen halten, Medikamente so wenig wie möglich einsetzen und keine fragwürdigen Futtermittel verfüttern. Fleisch von solchen Tieren hat eine hohe Qualität, die sich auch geschmacklich auswirkt, aber natürlich auch ihren Preis hat. Wer selber Fleischprodukte herstellt, wird sofort verstehen, dass sich die Mühe des Selbermachens nur lohnt, wenn die Qualität des Ausgangsprodukts stimmt. Nur dann wird man ein wirklich gutes und delikates Ergebnis erhalten.

SCHON LANGE GEHT'S UM DIE WURST

Und das erst recht, wenn es um selbst gemachte Wurst geht. Denn hier gilt es, einen Ruf zu wahren. Nirgendwo gibt es mehr Wurstsorten als in Deutschland, nämlich stolze 1 500. Und doch haben die Deutschen bzw. deren Vorfahren die Wurst nicht erfunden. Bereits vor 7 000 Jahren tauchten wurstähnliche Gebilde auf ägyptischen, chinesischen und syrischen Darstellungen auf. Historisch aktenkundig wurde die Wurst zum ersten Mal durch Aphtonetos, einem griechischen Koch der Antike. Er füllte Blutsuppe in Darmhäute und schuf damit die erste Blutwurst. Bei den Römern der Antike feierte die Tomaciner als Bratwurst Premiere. Und für die Verbreitung der Wurst in Europa sorgten die Gallier.

In Deutschland wurden im Mittelalter auf Märkten und Festen offizielle Wettbewerbe zwischen den Metzgern um die beste Wurst ausgetragen. Auf diese Weise entstanden immer neue Rezepte, die bis heute zur Vielfalt und Beliebtheit der Wurst beitragen.

Diesem Erfindergeist kann man noch immer nachgehen. Auch wenn es in einem alten und oft zitierten Vers heißt „Die Seele einer Frau / der Magen einer Sau / der Inhalt einer Leberworscht / bleiben ewig unerforscht", wird man am Ende sehr genau wissen, was zwischen den Zipfeln steckt – und was nicht!

Hase
Schweinefilet
Rinderleber
Schweinebauch
Gänsebrust
Kalbsschnitzel
Rindersteak

WAS IST FLEISCH?

In der Anatomie wird Fleisch definiert als mageres Muskelfleisch mit anhaftendem oder eingelagertem Fett und Bindegewebe. Seine physiologischen Bestandteile sind Wasser, Eiweiß, Fettgewebe, Kohlenhydrate, Vitamine und Mineralstoffe.

Für den Metzger beziehungsweise nach den Leitsätzen für Fleisch und Fleischerzeugnisse im Deutschen Lebensmittelbuch handelt es sich um „alle Teile von geschlachteten oder erlegten warmblütigen Tieren, die zum Genuss für Menschen bestimmt sind". Dazu zählen dann auch die Innereien.

LEICHTE VERDERBLICHKEIT

Fleisch ist ein leicht und schnell verderbliches Lebensmittel. Sofort nach dem Schlachten beginnen die Zersetzungsprozesse, die dazu führen, dass das Fleisch den Weg alles Irdischen geht und sich allmählich auflöst. Diese Prozesse sind teilweise sogar erwünscht, weil sie das Fleisch mürbe und zart machen und den Geschmack verbessern. Deshalb wird das meiste Fleisch, vor allem Rindfleisch, nicht frisch gegessen, sondern unter streng kontrollierten Bedingungen mehrere Tage, sogar bis zu Wochen abgehangen – teilweise geschieht die Fleischreifung unter Schutzgasatmosphäre und in Folie. Andere Prozesse, die die Verderbnis verursachen, müssen unbedingt unterbunden werden, denn das Fleisch wird nicht nur ungenießbar, sondern auch stark gesundheitsschädlich.

Im Haushalt wird die Reifung bei manchen Zubereitungen durch das Einlegen in milch- oder essigsäurehaltige Flüssigkeiten wie Buttermilch oder Essig befördert, damit das Fleisch zarter wird.

Ob mehr oder weniger gereift oder nicht: Frisches Fleisch muss möglichst bald zubereitet und verbraucht werden. Um es für einen begrenzten Zeitraum haltbar zu machen, kann es auf verschiedene Arten bearbeitet werden: Pökeln, Räuchern, Trocknen und die Verarbeitung zu Frischwurst und zu Konserven sind die wesentlichen Techniken, die nicht nur konservierenden Charakter haben, sondern das Fleisch in seiner Beschaffenheit und seinem Geschmack auf unterschiedliche Weise verändern und ihm damit neue, reizvolle Eigenschaften verleihen. Dank moderner Kühltechnik ist das Konservieren von Fleisch heute kein Problem mehr, aber man bleibt nur zu gerne aus Gründen der Geschmacksvielfalt bei der Herstellung von Würsten aller Art, von gekochtem und rohem Schinken und vielen anderen Delikatessen.

DIE WICHTIGSTEN SORTEN

EU-rechtlich bezeichnet der Begriff Fleisch alle genießbaren Teile von Huftieren – darunter sind Haustiere der Gattungen Rind, Schwein, Schaf und Ziege sowie als Haustiere gehaltene Einhufer gemeint – außerdem Geflügel, Hasentiere und frei lebendes Wild sowie Farmwild. Alle Fleischsorten eignen sich zum Herstellen von Wurst und anderen Fleischwaren. Qualität und Geschmack des Fleischs hängen von Rasse, Fütterung, Mastdauer und Haltung ab. Generell kann man davon ausgehen, dass artgerechtere Haltung und Fütterung zu hochwertigem und aromatischem Fleisch führen. Außerdem gilt: Je älter ein Tier wurde, desto intensiver ist der Eigengeschmack. Neben den genannten Fleischarten kann man auch aus anderen Sorten wie Pferd, Kaninchen oder Perlhuhn Wurst oder andere Produkte herstellen, dem eigenen Geschmack sind kaum Grenzen gesetzt.

RINDFLEISCH

Rindfleisch bezeichnet das Fleisch aller männlichen oder weiblichen Tiere, wobei oft das Kalbfleisch extra aufgeführt wird. Kälber sind höchstens acht Monate alt, später spricht man von einem Jungrind. Als Bullen, auch Stiere genannt, bezeichnet man geschlechtsreife männliche Rinder. Ochsen sind männliche kastrierte Rinder; ihr Fleisch enthält in der Regel mehr Fett und ist fein marmoriert. Weibliche Rinder, die noch nicht gekalbt haben, nennt man Färsen. Nach dem ersten Kalben heißen sie Kühe. Rindfleisch hat einen intensiven, vollmundigen Geschmack, während zartes Kalbfleisch sehr viel milder und zart ist und dabei wenig Fett besitzt.

SCHWEINEFLEISCH

Handelsübliches Schweinefleisch stammt von männlichen (meist nach Kastration) oder weiblichen Schweinen, die nach fünf bis sechs Monaten Mastzeit und bei einem Gewicht von 90 bis 120 Kilo geschlachtet wurden. Spanferkel werden 12 bis 20 Kilo schwer und im Alter von sechs bis acht Wochen geschlachtet. Würzig, pikant und saftig schmeckt Schweinefleisch, wenn es von Fettäderchen durchzogen und nicht zu mager ist.

SCHAFFLEISCH

Unter dem Sammelbegriff Schaffleisch wird das Fleisch von männlichen und weiblichen Tieren verschiedener Altersstufen bezeichnet. Als Lämmer bezeichnet man Tiere, die nicht älter als 12 Monate wurden. Hammel sind kastrierte männliche

Tiere, aber auch weibliche Tiere, die noch nicht gelammt haben und nicht älter als zwei Jahre sind. Sind sie älter als zwei Jahre, werden sie als Schafe bezeichnet. Das Fleisch hat einen sehr kräftigen Geschmack. Nicht kastrierte männliche Tiere, die älter als zwei Jahre sind, bezeichnet man als Böcke. Ihr Fleisch schmeckt sehr streng und ist nicht jedermanns Sache. Milchlamm aber, das Fleisch von Lämmern, die noch gesäugt wurden, ist sehr zart und geschmacksarm.

HAUSGEFLÜGELFLEISCH

Hähnchen können männlichen oder weiblichen Geschlechts sein. Sie werden mit einem Gewicht von 1 000 bis 1 100 Gramm geschlachtet. Poularden, auch Fleischhähnchen genannt, kommen auf mindestens 1 200 Gramm. Junge Hähne werden bis zu 2,5 Kilo schwer. Legehennen, die bei einem Gewicht von 900 Gramm bis zwei Kilo geschlachtet werden, bezeichnet man als Suppenhühner. Ihr Fleisch ist besonders aromatisch.

Puten, auch als Puter oder Truthühner bezeichnet, werden als männliche Tiere bis zu 22 Kilo schwer. Weibliche Tiere haben ein Schlachtgewicht von 10 bis 11 Kilo. Babyputen wiegen drei bis fünf Kilo. Putenfleisch ist hell und zart. Geschmacklich ist es mit Kalbfleisch vergleichbar.

Enten unterteilen sich in drei Arten: Die Pekingenten – „Ente" im allgemeinen Sprachgebrauch – können bis zu drei Kilo schwer werden und sind relativ fett. Barbarieenten – der Handel bietet sie auch unter den Bezeichnungen Flug-, Moschus- oder Warzenenten an – kommen auf ein Gewicht von bis zu vier Kilo. Das Fleisch hat ein ausgeprägtes Eigenaroma. Mulardenenten sind eine Kreuzung aus Warzen- und Pekingente und wiegen annähernd vier Kilo. Entenfleisch ist ein für Geflügel auffallend dunkles Fleisch, das kräftig und würzig schmeckt.

Gänse wiegen als bratfertige Frühmastgänse bis zu vier Kilo. Junge Gänse bringen bis zu sechs Kilo auf die Waage. Eine Gans, die in den letzten drei Wochen ihres Lebens mit täglich 500 Gramm Hafer gefüttert wurde, darf als Hafermastgans angeboten werden und hat einen etwas feineren Geschmack. Gänsefleisch ist recht mild und zart im Geschmack.

ZIEGENFLEISCH

Wenn die Tiere im Alter von sechs bis acht Monaten und einem Gewicht von acht bis zehn Kilo geschlachtet werden, spricht man von Milchzicklein bzw. Ziegenlamm- oder Kitzfleisch. Es ähnelt geschmacklich dem Lammfleisch. Das Fleisch von ausgewachsenen Ziegen (älter als ein Jahr) ist meist zäh und enthält vergleichsweise wenig Fett. Ziegenböcke haben wie Schafböcke einen sehr strengen Geschmack und werden deshalb wenig geschätzt.

WILDFLEISCH UND WILDGEFLÜGELFLEISCH

Wild bezeichnet Tiere, die in freier Wildbahn leben. Werden die Tiere in eingezäunten Gehegen gehalten, spricht man von Farmwild (oder auch Gehegewild). Die Unterscheidung ist unter kulinarischen Aspekten wichtig, weil das Fleisch von Farmwild aufgrund der Lebensbedingungen fettreicher, weicher und weniger wildtypisch ist. Zum sogenannten Haarwild zählen in unseren Breitengraden Gams bzw. Gemse, Hirsch, Reh, Wildschwein, Hase und Kaninchen. Auch wildlebendes Geflügel fällt unter die Kategorie Wild, etwa Fasan, Stockente und Rebhuhn.

DIE ZEICHEN FÜR GUTES FLEISCH

Die Qualitätsbeurteilung von Fleisch ist für den Verbraucher nicht einfach, denn es müssen einige Aspekte berücksichtigt werden, die man möglichst kennen sollte. Haltbarkeit bzw. Frische müssen geprüft, abweichende oder untypische Farben eingeordnet und Genussaspekte wie zäh, saftig, trocken oder geschmackvoll berücksichtigt werden.

Die Frische und somit die Haltbarkeit kann man durch Riechen oder Anfassen von Fleisch abschätzen. Frisches Fleisch hat wenig Eigengeruch und ist saftig glänzend. Wenn es merkwürdig riecht bzw. beim Anfassen mit dem Finger ein klebriges Gefühl entsteht, ist dies ein Zeichen für baldigen Verderb. Auch an verblassender Fleischfarbe kann beginnender Verderb festgestellt werden.

Rindfleisch sollte dunkelrot, Schweinefleisch rosa bis dunkelrosa, Lammfleisch leuchtend hellrot bis rot, Ziegenfleisch lachsrot, Wild dunkelrot, aber nicht bräunlich und Geflügel elfenbeinfarben hell bis kräftig rot (Enten), aber nicht gräulich, aussehen. Beim Genusswert kann man grundsätzlich davon ausgehen, dass marmoriertes Fleisch – also Stücke, die von Fett durchzogen sind – aromatischer ist als magere Stücke und beim Garen zarter und saftiger bleibt. Fett ist daher ein positives Qualitätsmerkmal, weil es als Geschmacksträger zu höherem Genuss beiträgt.

Nach der EU-Hygieneverordnung wird frisches Fleisch als Fleisch definiert, das zur Haltbarmachung gekühlt, gefroren oder schnellgefroren wurde. Auch vakuumverpacktes und von sogenannter kontrollierter Atmosphäre umhülltes Fleisch gilt als frisch. Tiefgefrorenes Fleisch gilt ebenso als frisch, es muss aber entsprechend gekennzeichnet sein.

Zur Fleischverarbeitung sollte man nicht nur aus hygienischen Gründen keine Tiefkühlware, sondern ausschließlich schlachtfrisches Fleisch verwenden. Denn Tiefkühlprodukte verderben in der Regel schneller als frisches Fleisch und besitzen eine verminderte Wasserhaltefähigkeit, da durch den Gefrier- und Auftauvorgang Muskelzellen zerstört wurden. Dies hat zur Folge, dass daraus hergestellte Wurst in der Konsistenz weich und bröckelig ist und im Extremfall sogar zerfällt. Tiefkühlware hat zwar im Allgemeinen eine einwandfreie Qualität, aber der Vorgang des Auftauens könnte unter bakteriellen Gesichtspunkten Risiken bergen, insbesondere bei Geflügel. Auch eingeschweißte Teile haben nicht mehr dieselbe gute Qualität wie frisches Fleisch.

EINKAUF VON FLEISCH

Wer Frischfleisch zu Wurst, Schinken und anderen Produkten verarbeiten möchte, sollte besonders qualitätsbewusst sein und keine Kompromisse eingehen. Es sollte hochwertiges und hygienisch einwandfreies Fleisch sein. Das jedoch lässt sich vermutlich nicht mal eben beim nächsten Einkauf und ohne zusätzlichen Aufwand beschaffen, und etwas teurer wird es möglicherweise auch sein.

Es lohnt sich aber, nicht nur wegen des besseren Geschmacks. Wer sich nicht bestens auskennt, so wie es die Profis tun, wird absehbare Fehlentwicklungen beim Selbermachen durch qualitativ minderwertiges Fleisch nicht abwenden können.

Für wirklich gutes Fleisch kann man sich an den Metzger seines Vertrauens wenden, er kann ein zuverlässiger Partner sein. Ihm erklärt man, was man mit dem Fleisch vorhat und kann im Allgemeinen darauf vertrauen, gut beraten und bedient zu werden.

Auch kleinere Teilstücke kann man dort bestellen. Oder man wendet sich an die Fleischerinnung, den Kreisbauernverband, die Verbraucherberatung oder an einen der Bio-Handelsverbände. Sie können nicht nur gute Adressen für Fleischbezug nennen, sondern kennen evtl. auch Bauern, die Tiere im Auftrag mästen. Das Tier sollte dann fachgerecht ausgenommen und je nach Größe sowie nach Absprache zerlegt sein.

Neuerdings gibt es auch von manchem findigen Landwirt das Angebot, ein Schlachttier, meist ein Schwein, zu „mieten" bzw. eine Patenschaft zu übernehmen. Man zahlt regelmäßig einen gewissen „Mietbetrag", dafür darf man sich sein Schwein aussuchen, es jederzeit besuchen und erhält im Anschluss das Fleisch des geschlachteten Tieres. Was für die einen ein Marketinggag sein mag, schafft besonders für Familien mit Kindern, die wenig Berührung mit der Landwirtschaft haben, einen direkten Bezug zur Herkunft eines Produkts, das sie sonst häufig nur aus dem Supermarkt kennen. Für alle, die selber Fleisch verarbeiten wollen, kann das aber auch eine Möglichkeit sein, an gutes Ausgangsmaterial zu kommen.

Bei der Bestellung sollte man seinen Lieferanten bitten, das Fleisch bis zum Abholen an einen Haken zu hängen. Wenn Fleisch evtl. zusammen mit anderen Fleischteilen im eigenen Saft in Wannen liegt, können sich Keime übertragen bzw. vermehren. Man sollte auch darauf hinweisen und beachten, dass die Kühlkette nicht unterbrochen wird. Eine amtliche Fleischbeschau durch einen Veterinär ist in Deutschland gesetzlich vorgeschrieben.

Wild kann man beim Metzger bekommen oder auch direkt vom Jäger erwerben. Das Fleisch hat in jedem Fall eine Fleischbeschau durch den Tierarzt hinter sich, der bestätigt, dass es sich um trichinenfreies Fleisch eines gesunden Tieres handelt. Auch der Landesjagdverband und Forstämter können Wildfleisch an Privatabnehmer vermitteln bzw. informieren über Bezugsquellen, bei denen man das Fleisch direkt bestellen kann.

LAGERUNG

Nach dem Einkauf muss Fleisch bis zur Weiterverarbeitung unbedingt kühl gehalten werden. Das Fleisch aus der Verpackung nehmen, eventuell reinigen, trocknen und zugedeckt in einer Schüssel im Kühlschrank aufbewahren.

HYGIENE

Die Hygiene ist bei allen Schritten der Weiterverarbeitung von Fleisch eine Selbstverständlichkeit, um die Verbreitung aller Keime und Mikroorganismen so gering wie möglich zu halten. Alles Zubehör und auch die Arbeitsplatten sollten heiß gespült werden, wenn möglich desinfiziert sein (siehe auch Seite 8). Da sich Verderbniserreger in Wärme besonders wohl fühlen, sollte sowohl das Fleisch als auch die Räume, in denen gearbeitet wird, gekühlt sein.

METHODEN DER FLEISCH-BEARBEITUNG

Bevor es „ran an die Wurst" geht – also an das Fleischprodukt, das beim Selbermachen im eigenen Haushalt vermutlich den größten Reiz ausübt –, werden hier einige grundsätzliche Methoden zur Haltbarmachung, Aromatisierung und Veredelung vorgestellt, die u. a. bei der Wurstherstellung angewandt werden. Pökeln, Räuchern und Trocknen können aber auch für sich schon Verfahren sein, die aus dem Grundprodukt Fleisch eine genussvolle Delikatesse machen.

PÖKELN

Salzen bzw. Pökeln ist eine Methode der Haltbarmachung, die alleine noch nicht zu einem genussfähigen Ergebnis führt. Erst in Kombination mit anschließender Trocknung, mit Garen oder Räuchern entsteht ein genießbares Produkt. Pökeln konserviert und bereitet das spätere Produkt auf die Weiterverarbeitung vor.

Salzen und Pökeln unterscheiden sich nur in der Verwendung des Hilfsstoffes: Es kann mit normalem Kochsalz (Salzen), aber auch mit Nitritpökelsalz (Pökeln) geschehen. Nitritpökelsalz bewirkt zusätzlich eine Umrötung und damit eine appetitlichere Färbung, gleichzeitig führt es die Entwicklung von Pökelaromen herbei. Gerade Letzteres ist bei den meisten Produkten erwünscht, sodass man meistens Nitritpökelsalz verwendet (siehe Seite 185). Zwingend notwendig ist seine Verwendung aber nicht, denn normales Haushaltssalz hat ebenfalls eine konservierende Funktion, die von Nitritpökelsalz ist allerdings stärker. Wer Haushaltssalz benutzen möchte, muss sich über die Nachteile im Klaren sein, die in der geringeren Haltbarkeit, in ungewöhnlicher Färbung und einem etwas anderen Geschmack bestehen.

Drei Methoden des Pökelns werden angewandt: Trocken-, Nass- bzw. Spritzpöckelung, die man auch Schnellpökelung nennt.

Es gibt auch kombinierte Methoden. Die Wirkungsweise ist immer dieselbe: Salz und Pökelstoffe (also das Nitrit aus dem Pökelsalz) diffundieren durch osmotische Kräfte ins Fleisch, während gleichzeitig Wasser austritt. Vorgänge, die Verderbnisprozesse bremsen, denn mit dem Wasserverlust wird Mikroorganismen die Lebensgrundlage entzogen. Gleichzeitig wirkt Salz selbst hemmend auf das Bakterienwachstum.

Klassische Pökelprodukte sind besonders die verschiedenen Schinkensorten, ob roh oder gekocht. Zu den rohen Pökelprodukten gehören u. a. verschiedene Rohschinkensorten, Bauchspeck und Dörrfleisch. Gegarte Pökelprodukte sind zum Beispiel Eisbein, Schälrippchen und Lachsschinken.

DIE METHODEN: TROCKEN-, NASS- UND SPRITZPÖKELUNG

Beim Trockenpökeln wird das Fleisch durch Salzen zur Abgabe von Gewebewasser gebracht, der sogenannten Eigenlake. Es geht also nur anfangs trocken zu. Man wendet die Methode hauptsächlich für Rohschinken an. Sie sorgt für eine sehr gute Haltbarkeit, besonders wenn man noch den Prozess des Durchbrennens und anschließenden Räucherns folgen lässt. Zum Durchbrennen wird das gut abgetrocknete Fleisch in einen luftigen Raum gehängt, in dem es gänzlich abtrocknet. Hier bilden sich noch Aroma- und Farbstoffe und das Fleisch bekommt durch den enzymatischen Eiweißabbau und die Spaltung von Bindegewebe eine angenehme Mürbheit.

Für kleinere Stücke wie Schälrippchen und andere Kochpökelwaren, manchmal auch für dünne Rohpökelwaren, wählt man eher die Methode der Nasspökelung. Hierbei wird das Fleisch einfach in Wasser mit Nitritpökelsalz, im Fachbegriff Lake genannt, eingelegt. Die kombinierte Methode der Trocken-Nass-Pökelung wird gerne bei Hausschlachtungen eingesetzt und ist für die Herstellung im eigenen Haushalt ebenso gut geeignet. Die beiden Methoden werden nacheinander durchgeführt. Bei der Spritzpökelung, die sich für die Kochpökelwarenherstellung eignet, verbringt man die Lake mithilfe von Lakespritzen in das Innere der Fleischstücke, entweder in die Hauptschlagadern, was eine besonders gute Verteilung über das Adernsystem garantiert, oder mittels Hohlnadeln direkt in den Muskel. Bei diesem Verfahren wird die Pökeldauer erheblich verkürzt, da der Pökelprozess von innen nach außen verläuft.

Nachteil ist, dass durch die Lake Wasser in das Fleisch eingebracht wird, das bei Rohschinken wieder herausgetrocknet werden müsste. Deshalb eignet sich die Spritzpökelung nur zur Kochpökelwarenherstellung (siehe Seite 171).

VERSCHIEDENE PÖKELFLEISCHERZEUGNISSE

Man unterscheidet zwischen Roh- und Kochpökelware (siehe Seite 171). Im letzten Fall wird die roh gepökelte Ware anschließend noch erhitzt (z. B. Kochschinken, gekochtes Eisbein, Kassler oder Kaiserfleisch). Dazu zählt man auch gepökelte Halbfabrikate (z. B. Eisbein oder Schälrippchen gepökelt), die vom Metzger roh und gepökelt verkauft, vor dem Verzehr aber noch erhitzt werden müssen. Für Rohpökelwaren wie Roh-, Knochen-, Serrano- oder Parmaschinken hingegen wird das Fleisch getrocknet oder je nach Produkt anschließend noch geräuchert.

Eine zusätzliche dritte Kategorie kann man mit sehr stark getrockneten Pökelprodukten aufmachen, die aus Rohware hergestellt werden und durch einen anschließenden Trocknungsprozess eine sehr lange Haltbarkeit erreichen (siehe Seite 174).

Die einzelnen Pökelverfahren sind für die verschiedenen Erzeugnisse mehr oder weniger geeignet.

HALTBARKEIT

Die Haltbarkeit ist stark rezept- und weiterverarbeitungsabhängig. Bei erhitzten Produkten ist die Erhitzungsdauer und Kerntemperatur ausschlaggebend, beispielsweise kann man von einer zweiwöchigen Haltbarkeit ausgehen, wenn die Kerntemperatur bei 70 °C lag. Die Haltbarkeit von Rohpökelwaren ist stark vom Abtrocknungsgrad abhängig – je trockener, desto länger haltbar. Entstehender Schimmel kann abgeschnitten oder abgewaschen werden. Idealerweise werden die Produkte in einem kühlen, trockenen Raum gelagert.

Lakenkonzentration *Die Lakenstärke für eine Nasspökelung (siehe Seite 162) kann je nach Rezept unterschiedlich sein und sollte eingehalten werden, denn sie beeinflusst Geschmack und Qualität erheblich. Zu niedrige Konzentrationen führen zu einer nicht ausreichenden Haltbarkeit und es können sich pathogene (krankmachende) Keime wie Salmonellen oder Staphylokokken vermehren. Außerdem schmeckt das Erzeugnis dann zu fade und verdirbt schnell. Zu hohe Konzentrationen führen später zu einem Salzausschlag, das Erzeugnis ist salzig-scharf und im schlimmsten Fall ungenießbar. Deshalb ist es sehr wichtig, die in den Rezepturen angegebenen Herstellungshinweise genauestens zu befolgen. Die Konzentration wird in Grad oder in Prozent angegeben. Die prozentuale Berechnung ist ganz einfach. Die Prozente beziehen sich auf den Salzanteil in insgesamt 1 kg Lake. Für eine 10%ige Lake beispielsweise füllt man 900 g Wasser mit 100 g Nitritpökelsalz auf, für eine 12%ige kommen 120 g Nitritpökelsalz auf 880 g Wasser. Eine ganz einfache Messmethode, die sich die Auftriebskräfte von Salzwasser zunutze macht, bedient sich eines frischen rohen Eis oder einer rohen Kartoffel: Schwimmt das Ei im unteren Bereich der Lake, liegt die Konzentration unter 10, schwimmt es schon stehend, dann ist die Konzentration etwa 11 Prozent. Steht das Ei und ragt schon etwas über die Oberfläche, hat die Lake 12 Prozent. Eine Kartoffel verhält sich dann genauso. 13 Prozent hat man, wenn eine Kartoffel liegend schwimmt.*

Trockenpökeln

Mit dieser Pökelmethode, die aus dem Einsalzen der Fleischstücke besteht, erzielt man eine besonders lange Haltbarkeit bei den nachfolgenden Verarbeitungen. Anschließend wird das Fleisch getrocknet oder kann geräuchert werden.

Und so geht's

TROCKENPÖKELN

GERÄTE

Schüssel oder Eimer, Deckel, sauberes Tuch, evtl. Schnur

ZUTATEN

Fleisch, Pökelsalz, Zucker, evtl. Gewürze und andere Zutaten je nach Rezept

HINWEIS: Es eignen sich im Prinzip alle Fleischarten, von der Gänsebrust über ganze Hähnchen und Bratenstücke vom Rind bis zum Schweineschinken. Schweinefleisch, besonders Hals, Rücken und Keule, bringt aber die besten Bedingungen mit.

TIPP: Zu frisches (schlachtwarmes) Fleisch eignet sich nicht. Der pH-Wert ist noch zu hoch, die Muskelfasern dadurch gequollen und Salz und Pökelstoffe können nur schlecht eindringen. Deshalb ist bereits gut gekühltes Fleisch die bessere Wahl. Das Tier muss vor dem Schlachten ausgeruht sein, sonst gibt es Stresshormone ab. Darunter leidet die Fleischqualität.

ZUBEREITUNG

1–3 Das Fleisch mit Pökelsalz und Zucker von allen Seiten kräftig einreiben, auch auf alle Kanten, Kerben und Einschnitte achten. Das gesamte Salz muss verbraucht werden. Wird zu wenig Salz verwendet, kann das später zu einer Ranzigkeit des Fleisches führen.

4–5 Das gesalzene Fleisch in einen ausreichend, aber nicht zu großen Eimer oder eine Schüssel legen, Hat man mehrere Fleischstücke, kann man sie lagenweise und dicht an dicht schichten. Bei Verwendung von Gewürzen, Zwiebelringen etc. diese zwischen den Schichten von Fleisch verteilen bzw. das Stück Fleisch rundum damit bedecken. Die Gewürze können auch schon vorab zusammen mit dem Salz aufgetragen werden. Speck gegebenenfalls mit der Schwarte nach unten in ein geeignetes Gefäß legen.

TIPP: Die restliche Salz-Gewürz-Mischung können Sie dann in der Schale rund um und auf dem Fleisch verteilen.

6 Dem Gefäß einen Deckel auflegen oder es mit einem sauberen Tuch abdecken. In einen dunklen Raum bei

einer Temperatur von 5 bis 10 °C stellen. Nach einigen Tagen bildet sich etwas Eigenlake, die aber nicht das ganze Stück bedeckt.

7–8 Das Fleisch alle 1 bis 2 Tage wenden, umschichten und mit der entstandenen Lake übergießen; größere Stücke müssen seltener umgedreht werden.
FAUSTREGEL: Je Kilogramm Stückgewicht beträgt die Pökeldauer 1 Woche. Je höher die Umgebungstemperatur, desto schneller geht das Pökeln. Die Temperatur darf aber nicht über 10 °C steigen!

9 Je nach Wunsch kann das Fleisch nach dem Pökelvorgang zur Abmilderung des Salzgeschmacks mit lauwarmem Wasser abgewaschen und gewässert werden.
TIPP: Zum Wässern geben Sie das Fleisch für einige Stunden in ein Gefäß mit Wasser. Das Fleisch muss vollständig bedeckt sein. Wechseln Sie eventuell das Wasser zwischendurch.
HINWEIS: Hat man ein Stück Fleisch gepökelt, das noch geräuchert werden soll, je nach Rezept kalt oder heiß, das Stück an einer Schnur aufhängen und an einem dunklen, luftigen Ort 2 Tage bei 6 bis 8 °C abtrocknen lassen. Diesen Vorgang nennt man Durchbrennen. Nun kann das Fleisch zu Roh- oder Kochpökelware weiterverarbeitet werden (Rezepte siehe Seite 169 und 173).

10–12 TIPP: Kleinere Fleischteile können Sie ganz einfach mit dem Vakuumiergerät trockenpökeln: Fleisch gut salzen, evtl. mit Gewürzen und anderen Zutaten vakuumieren und im Kühlschrank in der vorgegebenen Zeit pökeln. Das Fleisch muss so nicht gewendet werden. Anschließend gegebenenfalls wässern, durchbrennen und räuchern.

HALTBARKEIT

Nach dem Pökeln sollte das Pökelgut schnellstmöglich weiterverarbeitet werden.

Nasspökeln

Beim Nasspökeln erreicht man eine gleichmäßigere Pökelung, denn hier wird das Fleisch von einer Lake ganz umhüllt und bedeckt. Die Methode ist besonders für kleine und dünne Stücke geeignet.

GERÄTE

Schüssel oder Eimer, Deckel, sauberes Tuch, evtl. Schnur

ZUTATEN

Fleisch, Pökelsalz, Zucker, evtl. Gewürze und andere Zutaten je nach Rezept

HINWEIS: Es eignen sich im Prinzip alle Fleischarten, von der Gänsebrust über ganze Hähnchen und Bratenstücke vom Rind bis zum Schweineschinken. Schweinefleisch, besonders Hals, Rücken und Keule, bringt aber die besten Bedingungen mit.

TIPP: Zu frisches (schlachtwarmes) Fleisch eignet sich nicht. Der pH-Wert ist noch zu hoch, die Muskelfasern dadurch gequollen und Salz und Pökelstoffe können nur schlecht eindringen. Deshalb ist bereits gut gekühltes Fleisch die bessere Wahl. Das Tier muss vor dem Schlachten ausgeruht sein, sonst gibt es Stresshormone ab. Darunter leidet die Fleischqualität.

ZUBEREITUNG

1 Pökellake herstellen (siehe Seite 158). Wenn Gewürze zugegeben werden sollen, die Lake damit für 10 Minuten aufkochen und vollständig abkühlen lassen. Pro Liter Wasser kann man in etwa 40 g Zucker und 3–4 g Gewürze rechnen. Für die Salzmenge siehe Kasten Seite 158.

2 Das gut durchgekühlte Fleischstück in ein Gefäß legen und mit der Lake übergießen. Das Fleisch sollte vollständig bedeckt sein. Ist das Fleisch nicht kühl genug, kann es im Endprodukt zu einer kupferroten Verfärbung und einem unangenehmen Geruch kommen. Es darf nicht oben schwimmen und muss gegebenenfalls mit einem sauberen Rost beschwert werden.

TIPP: Das Verhältnis zwischen Lake und Fleisch sollte etwa 2 zu 3 sein und auch eingehalten werden. Verwenden Sie zu viel Lake, könnten Sie das Fleisch übersalzen, zu wenig sorgt nicht für eine ausreichende Pökelung.

3–4 Das Behältnis schließen (nicht luftdicht!) und in einen abgedunkelten und kühlen Raum mit einer Temperatur von höchstens 10 °C stellen, pro Kilogramm Fleischgewicht rechnet man etwa 7 Tage. Auch eine Lagerung im Kühlschrank ist möglich. Die Pökellake sollte regelmäßig kontrolliert werden.

Und so geht's

Sie muss immer frisch sein und darf nicht unangenehm riechen.
HINWEIS: Wenn sich ein seltsamer, vielleicht säuerlicher Geruch, eine starke Trübung oder sogar ein Schäumen einstellt, hilft nur eins: die Lake austauschen. Dazu die Lake weggießen, das Pökelgut unter fließendem kalten Wasser gründlich abwaschen, abtrocknen und in eine frisch zubereitete neue Lake legen. Zu solchen Pannen kommt es vor allem dann, wenn das Pökelgut zu warm steht.

5–6 Nach der Pökelzeit die Lake abgießen und das Pökelgut im Pökelgefäß, einem Eimer oder einer Schüssel, 3 bis 4 Tage nachreifen lassen. Dabei das Gefäß abdecken.

7 Je nach Geschmack kann das Fleisch nach dem Pökelvorgang zur Abmilderung des Salzgeschmacks mit lauwarmem Wasser abgewaschen und gewässert werden.
TIPP: Zum Wässern geben Sie das Fleisch für einige Stunden in ein Gefäß mit Wasser. Das Fleisch muss vollständig bedeckt sein. Wechseln Sie eventuell das Wasser zwischendurch.

8–9 Soll anschließend noch geräuchert werden (z. B. Schinken), das Stück 1 bis 2 Tage an einer Schnur an einem kühlen Ort bei 6 bis 8 °C zum Trocknen aufhängen. Diesen Vorgang nennt man Durchbrennen. Nun kann das Fleisch zu Roh- oder Kochpökelware verarbeitet werden (Rezepte siehe Seite 169 und 173).

HALTBARKEIT
Nach dem Pökeln sollte das Pökelgut schnellstmöglich weiterverarbeitet werden.

Spritzpökeln

Diese sehr schnelle Pökelmethode eignet sich nur für die Herstellung von Kochpökelwaren, denn es wird Lake mithilfe einer Spritze in das Fleischinnere gebracht. Dieser Wassergehalt würde bei Trockenpökelwaren zu langsam entweichen.

GERÄTE

Schüssel oder Eimer, Deckel, sauberes Tuch, spezielle Lakespritze

ZUTATEN

Fleisch, Pökelsalz, Zucker, evtl. Gewürze und andere Zutaten je nach Rezept

HINWEIS: Es eignen sich im Prinzip alle Fleischarten, von der Gänsebrust über ganze Hähnchen und Bratenstücke vom Rind bis zum Schweineschinken. Schweinefleisch, besonders Hals, Rücken und Keule, bringt aber die besten Bedingungen mit.

TIPP: Zu frisches (schlachtwarmes) Fleisch eignet sich nicht. Der pH-Wert ist noch zu hoch, die Muskelfasern dadurch gequollen und Salz und Pökelstoffe können nur schlecht eindringen. Deshalb ist bereits gut gekühltes Fleisch die bessere Wahl. Das Tier muss vor dem Schlachten ausgeruht sein, sonst gibt es Stresshormone ab. Darunter leidet die Fleischqualität erheblich.

ZUBEREITUNG

1 Das Fleisch vorbereiten, säubern und glatt schneiden.

HINWEIS: Möchten Sie das Aderspritzverfahren anwenden, müssen Sie schon beim Zerlegen besonders darauf achten, dass Sie keine der Adern verletzen.

2 Pökellake herstellen (siehe Seite 158). Wenn Gewürze zugegeben werden, die Lake damit für 10 Minuten aufkochen und vollständig abkühlen lassen. Pro Liter Wasser kann man in etwa 40 g Zucker und 3–4 g Gewürze rechnen. Für die Salzmenge siehe Kasten Seite 158.

3–4 Die spezielle Lakespritze für Ader- oder Muskelspritzverfahren mit Pökellake füllen. Die eingespritzte Lakemenge ist abhängig vom Rezept und sollte durch Wiegen des Fleisches vor und nach dem Spritzen kontrolliert werden. Man verwendet eine Lakenmenge von 15 bis 20 Prozent des Fleischgewichts. Bei Verwendung von zu wenig Lake wird das Fleisch nicht vollständig gepökelt, zu viel Lake bewirkt, dass zu viel Salz im Schinken ist und dieser dann salzig schmeckt.

TIPP: Damit Sie die Lake besser mit der Spritze aufziehen können, geben Sie die Pökellake vorab durch ein dichtes

Sieb und fangen die Lake in einem Gefäß auf.

5 Die Nadel der Spritze entweder in eine Hauptschlagader einführen und Lake einspritzen (Aderspritzverfahren). Oder für das Muskelspritzverfahren die Nadel im Abstand von 2 bis 3 cm gleichmäßig in die Muskelfasern stechen und Lake einspritzen. HINWEIS: Die Nadel jeweils langsam wieder herausziehen. Niemals Luft mit einspritzen, denn diese bietet den Keimen Nahrung zur Verbreitung!

6 Das Fleisch 2 bis 3 Tage in Pökellake der gleichen Konzentration in ein Pökelgefäß, einen Eimer oder eine Schüssel, einlegen. Das Gefäß dabei abdecken.

7 Nach der Pökelzeit die Lake abgießen und das Pökelgut im Pökelgefäß, einem Eimer oder einer Schüssel, 3 bis 4 Tage nachreifen lassen. Das Gefäß abdecken.

8 Je nach Geschmack kann das Fleisch nach dem Pökelvorgang zur Abmilderung des Salzgeschmacks mit lauwarmem Wasser abgewaschen und gewässert werden. Ausreichendes Wässern verhindert auch einen späteren Salzausschlag. Nun kann das Fleisch zu Kochpökelwaren weiterverarbeitet werden (Rezepte siehe Seite 173). Für Rohpökelwaren eignet sich diese Methode nicht.

HALTBARKEIT

Nach dem Pökeln sollte das Pökelgut schnellstmöglich weiterverarbeitet werden.

ROHPÖKELWARE

Erst pökeln, dann trocknen: das ist das Prinzip des Rohpökelns. In der Hauptsache stellt man auf diese Weise Schinken her, manchmal wird anschließend zur Haltbarmachung noch geräuchert. Richtig ausgeführt, entstehen lang haltbare und sehr aromareiche Produkte.

Zu den Rohpökelwaren zählt man alle Produkte, bei denen das rohe Fleisch oder der Speck gesalzen bzw. gepökelt werden, ohne anschließend gegart zu werden. Die Haltbarkeit von Rohschinken resultiert vor allem aus der Kombination von Pökelung und nachfolgender Trocknung. Deshalb ist es aus Haltbarkeitsgründen extrem wichtig, nach dem Pökeln und, wenn angewandt, dem Räuchern die Fleischstücke so gründlich abzutrocknen, dass aus dem Inneren genügend Wasser entweicht. Am besten kontrolliert man dies durch Wiegen der Fleischstücke vor dem Pökeln und während des Trocknens. Ist der im Rezept angegebene Gewichtsverlust erreicht, kann das Produkt verzehrt werden bzw. ist dann auch ohne Kühlung haltbar. Grundsätzlich gilt, je länger der Schinken gelagert wird, umso mehr Aroma wird gebildet und umso besser schmeckt er.

Schweinefleisch ist meistens das Fleisch der Wahl, seltener Rind-, Schafs- oder Ziegenfleisch sowie Wild. Zu mager sollte das Fleisch nicht sein, sonst wird das Endprodukt zu trocken. Ideal ist nicht zu frisches, sondern drei bis fünf Tage altes Fleisch. Zur besseren Haltbarkeit und Geschmacksverbesserung wird oft nach dem Pökeln noch kaltgeräuchert und mehr oder weniger getrocknet. Sowohl Trocken- als auch Nasspökelverfahren können hier je nach Fleischstück angewandt werden – allerdings nicht die Spritzpöckelung.

Das bekannteste Produkt ist sicherlich roher Schinken, der nach dem Pökeln noch kaltgeräuchert wird (siehe Seite 180), und auch der weitaus größte Teil an Rohpökelware besteht aus Schinkensorten. Dafür sind fast alle Teile von Schlegel und Schulter geeignet. Ohne weiteren Namenszusatz stammt Schinken immer aus dem Schlegel. „Schulter-", „Schopf-" und „Karreeschinken" gibt Hinweise auf das verwendete Fleischstück und Lachsschinken stammt aus dem mageren Teil des Karrees. Aus Bauchfleisch entsteht der Bauchspeck.

Im Handel weist der Zusatz „Bauern-" oder „Land-" nicht etwa auf die Herkunft hin, sondern auf die Qualität. Diese Produkte sind langsam geräuchert und lange gereift, sodass sie einen Gewichtsverlust von bis zu 40 Prozent aufweisen. Sie sind entsprechend trocken, aber sehr reich an Aroma und lange haltbar.

SCHIMMELBILDUNG

Es kann vorkommen, dass Schinken Schimmel bildet, wenn er falsch geräuchert oder gelagert wurde. Er muss dann nicht weggeworfen werden, sondern man entfernt den Schimmel, räuchert den Schinken nochmals einen Tag und verzehrt ihn entweder sofort oder friert ihn ein. Zum weiteren Lagern ohne Kühlung ist er dann nicht mehr geeignet.

LUFTGETROCKNETER SCHINKEN *Für luftgetrockneten Schinken wird das Fleisch gesalzen und hängend an der Luft getrocknet. Milchsäurebakterien tragen mit dazu bei, dass es mürbe und haltbar wird. Luftgetrocknete Schinken kommt ursprünglich aus mediterranen Zonen, wo eine hohe Luftfeuchtigkeit, salzhaltige Luft und ein beständiger leichter Wind die nötigen Bedingungen bieten. Bekannte luftgetrocknete Produkte sind Parma-, Serrano- und Aoste-Schinken. Die Herstellung eines luftgetrockneten Schinkens, also eines Fleischstücks, das zum Zweck der Konservierung lediglich gesalzen und anschließend an der Luft getrocknet wird, ist in unseren Breitengraden wegen der fehlenden klimatischen Bedingungen ohne Hilfsmittel wie einen Klimaschrank so gut wie unmöglich und wird deshalb hier nicht weiter beschrieben.*

Geräucherter Rohschinken

Ein würziger Schinken mit langer Räucherzeit, der auch lange haltbar ist.

GERÄUCHERTER ROHSCHINKEN

80 g Nitritpökelsalz
1,2 g Nelken, gemahlen
3 g Koriander, gemahlen
4 g schwarzer Pfeffer, gemahlen
4,5 g Wacholderbeeren, gequetscht
3 Lorbeerblätter, zerkleinert
4 g Knoblauch, gehackt
8 g Zucker
2 kg Schweinefleisch aus dem Schlegel mit Schwarte

Mehrere Monate haltbar.

1. Pökelsalz, Gewürze, Knoblauch und Zucker in einer Schüssel vermischen.

2. Schinken von allen Seiten gründlich einreiben und den Rest gleichmäßig darauf verteilen.

3. In einen passenden Behälter legen und abdecken oder in einem großen Gefrierbeutel vakuumieren.

4. In einen kühlen Raum oder den Kühlschrank (8 °C) legen und 6 Wochen trockenpökeln. Jeden zweiten Tag wenden. Fleisch im Vakuumierbeutel muss nicht gewendet werden.

5. Fleisch gründlich abwaschen und nach Geschmack einige Stunden wässern. An einem Haken oder mit einer Schnur aufhängen und 4–5 Tage durchbrennen.

6. 8–10 Tage kalträuchern (siehe Seite 180), bis der Schinken eine goldgelbe bis bräunliche Farbe erreicht hat. Dabei häufig umhängen.

7. 2 Wochen dunkel und kühl ruhen lassen. Der Schinken muss einen Gewichtsverlust von mindestens 25 % des Rohgewichts erreichen, besser 30 bis 35 %.

Ein Schinken mit schöner Würze, der wegen der geringen Mindestabtrocknung weniger lange haltbar ist.

PAPRIKA-LACHSSCHINKEN

70 g Nitritpökelsalz
6 g schwarzer oder weißer Pfeffer, geschrotet
2 g scharfes Paprikapulver
20 g brauner Zucker
2 kg Schweinelachse

Mindestens 4 Wochen haltbar.

1. Pökelsalz, Gewürze und Zucker in einer Schüssel vermischen.

2. Schweinelachse von allen Seiten gründlich einreiben und den Rest gleichmäßig darauf verteilen.

3. In einen passenden Behälter legen und abdecken oder in einem großen Gefrierbeutel vakuumieren.

4. In einen kühlen Raum oder den Kühlschrank (8 °C) legen und 12 Tage trockenpökeln. Jeden zweiten Tag wenden. Fleisch im Vakuumierbeutel muss nicht gewendet werden.

5. Fleisch gründlich abwaschen und nach Geschmack einige Stunden wässern. An einem Haken oder mit einer Schnur aufhängen und 4–5 Tage durchbrennen.

6. So lange kalträuchern (siehe Seite 180), bis es eine goldgelbe bis bräunliche Farbe erreicht hat. Zwischendurch jeweils einen Tag ruhen lassen. Dabei häufig umhängen.

7. 2 Wochen dunkel und kühl ruhen lassen. Der Gewichtsverlust sollte mindestens 20 % des Rohgewichts erreichen.

GEFLÜGELBRUST AUS DEM RAUCH

- *80 g Nitritpökelsalz*
- *2 TL rosenscharfes Paprikapulver*
- *etwas Chilipulver*
- *2 kg Puten- oder Entenbrust*

Gekühlt mindestens 1 Woche haltbar.

1. Pökelsalz, Paprika und Chilipulver in einer Schüssel vermischen.

2. Geflügelbrust von allen Seiten gründlich einreiben und den Rest gleichmäßig darauf verteilen.

3. In einen passenden Behälter legen oder in einem großen Gefrierbeutel vakuumieren.

4. In einen kühlen Raum oder den Kühlschrank (8 °C) legen und 3 Tage trockenpökeln.

5. Fleisch gründlich abwaschen und nach Geschmack 1 Stunde wässern, dann trocken tupfen. An einem Haken oder mit einer Schnur aufhängen und 2 Tage durchbrennen.

6. In zwei Räuchergängen je 8 Stunden kalträuchern, dazwischen 12 Stunden Pause einlegen (siehe Seite 180). Dabei häufig umhängen.

7. Die Geflügelbrust kann sofort verzehrt oder vakuumiert 1 Woche im Kühlschrank aufbewahrt werden.

Geräucherter Bauchspeck
ist eine wunderbare Zutat für viele Gerichte.

GERÄUCHERTER BAUCHSPECK

- *720 g Nitritpökelsalz (für 2 x Lake von 8 %)*
- *40 g schwarzer Pfeffer, grob zerstoßen*
- *16 g Kümmel, ganz*
- *16 g Nelken*
- *2 Sternanis,*
- *1 cm Ingwer, in dünne Scheiben geschnitten*
- *1 kräftige Prise scharfes Chilipulver*
- *40 g Zucker*
- *2 Zwiebeln, gehackt*
- *4 Knoblauchzehen, gehackt*
- *3 Lorbeerblätter*
- *2 kg Bauchfleisch mit Schwarte ohne Knochen*

Mindestens 4 Wochen haltbar.

1. Die Hälfte der Gewürze und des Zuckers mit der Hälfte des Pökelsalzes mischen und nach und nach mit 4 l kaltem Wasser mischen, bis sich das Salz vollständig aufgelöst hat. Von Zwiebel, Knoblauch und Lorbeerblättern jeweils die Hälfte dazugeben.

2. Das Fleisch in die Lake legen. Es muss vollständig bedeckt sein. Abdecken und kühl stellen.

3. Lake nach 14 Tagen aus den restlichen Zutaten mit 4 l Wasser neu anrühren, auswechseln und 1 weitere Woche pökeln.

4. Fleisch aus der Lake nehmen und unter fließendem kalten Wasser abspülen und trocken tupfen. An einem Haken oder mit einer Schnur aufhängen und 2–3 Tage durchbrennen.

5. So lange kalträuchern (siehe Seite 180), bis die gewünschte Farbe erreicht ist.

6. 3 Wochen dunkel, kühl und luftig ruhen lassen. Der Gewichtsverlust sollte mindestens 20 % des Rohgewichts erreichen.

Geräucherter Bauchspeck, beim Pökeln

KOCHPÖKEL-WARE

Der sich an das Pökeln anschließende Garprozess geschieht auf zwei Weisen: durch Heißräuchern und/oder durch Garen im Wasserbad.

Auch Kochpökelware stellt man meistens aus Schweinefleisch her, evtl. auch aus Putenfleisch. Andere Fleischarten spielen im gewerblichen Bereich keine Rolle, aber beim Selbermachen im eigenen Haushalt sind solche Grenzen nicht gesetzt und Ausprobieren ist erlaubt. Die bevorzugte Pökelmethode ist das Spritzpökeln, doch auch Nasspökeln ist möglich. Das Fleisch wird ebenfalls wie für Rohpökelwaren im rohen Zustand gepökelt, danach aber noch durch Heißräuchern und/oder einem Wasserbad gegart.

Kochpökelwaren sind neben verschiedenen Kochschinkenarten auch Kassler, Rippchen und Eisbein.

Damit das Fleisch beim Kochen seine Form behält, bietet es sich an, es zum Kochen in eine Schinkenform zu geben. Wer keine besitzt, kann sich mit einem Bratschlauch behelfen. Nach dem Garvorgang kann Kochpökelware aber auch noch zusätzlich geräuchert werden (siehe Seite 178). Kochpökelware muss grundsätzlich nach der Herstellung gekühlt aufbewahrt werden, da ihre Haltbarkeit nur etwa 2 Wochen beträgt. Sie ist stark von der Frische des Fleisches, der Erhitzung und der Kühltemperatur abhängig.

Kochschinken

Vielseitig verwendbar, mit dem Besten vom Schwein.

KOCHSCHINKEN

222 g Pökelsalz (für Lake von 10 %)
2–3 TL Zucker
2 Gewürznelken
2 Lorbeerblätter
1 Knoblauchzehe, gehackt
2–3 EL Rotwein
2 kg Schweinefleisch aus der Schulter oder der Keule

Gekühlt etwa 2 Wochen haltbar.

1. 2 l Wasser aufkochen, kurz abkühlen lassen und Pökelsalz, Zucker, Gewürze, Knoblauch und Rotwein hineingeben. Gut vermischen und wieder abkühlen lassen.

2. Fleisch in die Lake legen, es muss vollständig bedeckt sein. Das Gefäß abdecken und etwa 10 Tage im Kühlschrank nasspökeln.

3. Dann das Fleisch herausnehmen und trocken tupfen.

4. 20 Minuten heißräuchern (siehe Seite 182).

5. Das Fleisch in eine Kochschinkenform oder einen Bratschlauch füllen, verschließen und in kochendes Wasser geben.

6. Wassertemperatur auf etwa 80 °C verringern und das Fleisch auf eine Kerntemperatur von 70–72 °C garen (das dauert ca. 2 Stunden; mit dem Fleischthermometer messen).

7. In der Form oder dem Bratschlauch in kaltem Wasser einige Stunden abkühlen lassen und über Nacht im Kühlschrank ruhen lassen.

Typisch das salzige Aroma, unschlagbar zu deftigen Kohlbeilagen.

KASSLER

222 g Nitritpökelsalz (für Lake von 10 %)
2 kg Schweinekotelett ohne Knochen am Stück oder mittig geteilt.

Gekühlt etwa 2 Wochen haltbar.

1. Das Pökelsalz in 2 l Wasser auflösen und eine kleine Menge in die Lakespritze ziehen.

2. Fleisch gleichmäßig mit der Lake impfen, die Einspritzmenge sollte 8 % vom Rohgewicht betragen.

3. In die restliche Lake einlegen und 3 Tage im Kühlschrank pökeln, dabei täglich wenden. Oder in einem Gefrierbeutel vakuumieren und 3 Tage pökeln.

4. Aus der Lake nehmen und gründlich trocken tupfen.

5. Kalträuchern (siehe Seite 180), bis das Kassler goldgelb ist.

6. Mit Wasser bedeckt etwa 2 Stunden bei etwa 80 °C garen, bis die Kerntemperatur bei 70–72 °C liegt.

Trocknen

Das bekannteste getrocknete Produkt ist das Bündner Fleisch, das Bergbauern einst als Grundnahrungsmittel diente. Durch die Marinade sind aber der Geschmacksvielfalt keine Grenzen gesetzt.

Nach dem Pökeln kann die Haltbarkeit des Fleisches durch einen Trocknungsprozess deutlich verlängert werden. Das Trocknen von Fleisch zur Haltbarmachung ist aber auch ohne vorhergehendes Pökeln möglich, dann aber wird es vorab in eine würzige Marinade eingelegt, die ebenfalls zur Verbesserung der Haltbarkeit, aber natürlich auch zum Aroma beiträgt. Für die Trocknungsverfahren, ob mit Dörrapparat oder luftgetrocknet, sollte man mehrtägig gepökeltes Fleisch (siehe Seite 157 bis 165) verwenden. Ohne diese Vorbehandlung als ersten Konservierungsvorgang ist Trocknen im Haushalt und in unseren Breitengraden allerdings sehr heikel (siehe Seite 166).

Das Prinzip besteht darin, den verderbniserregenden Mikroorganismen im Fleisch, wie bei den Rohschinken, die notwendige Lebensgrundlage, nämlich das Wasser zu entziehen. Der Gewichtsverlust durch den Wasserentzug kann 40 bis 50 Prozent, manchmal auch mehr betragen. Aus diesem Grund ist getrocknetes Fleisch ein konzentriertes Stück Nahrung, weil es einen hohen Eiweißgehalt besitzt. Grundregel: Je langsamer und schonender das Fleisch getrocknet wird, desto zarter wird es.

Getrocknetes Pökelfleisch kann man mit recht geringem Aufwand selber herstellen. Man benötigt lediglich Salz und/oder Gewürze. Getrocknetes Fleisch gibt es länderspezifisch in verschiedenen Varianten: Carne seca und Carne de sol aus Portugal und Brasilien, Charqui aus Südamerika, Pastirma aus der Türkei, Biltong aus Südafrika, Beef Jerky und Pemmikan aus den USA sowie Borts aus der Mongolei. Je nach Region trocknet man Teile vom Rind, Schwein, Schaf, von der Ziege, dem Wild oder Pferd, aber auch vom Bären, Yak oder Elch.

DÖRRAPPARATE

Dörrapparate für Obst und Gemüse eignen sich gleichermaßen für das Trocknen von Fleisch. Sie haben mehrere Einschübe übereinander, auf die das Fleisch locker gelegt werden kann, sodass die Luft gut zirkuliert. Ein Lüfter verteilt die erzeugte Wärme gleichmäßig im Gerät, teilweise kann die Trocknungsdauer über einen Timer festgelegt werden.

GERÄTE

scharfes Messer, evtl. ein Gefäß zum Marinieren, Dörrapparat oder Backofen

ZUTATEN

Fleisch, Salz, evtl. Gewürze und Zutaten für eine Marinade

HINWEIS: Fettarme Teile vom Schwein, Rind, Lamm oder auch anderen Tieren bzw. solche Teile, von denen man das Fett gut entfernen kann, sind am besten geeignet, denn Fett kann ranzig werden und unappetitlich wirken.

ZUBEREITUNG

1 Gepökeltes Fleisch vorbereiten (von Fett befreien, schneiden etc., je nach Rezept).

2–4 Fleisch nach Rezept marinieren, herausnehmen, abtropfen lassen, Gewürze abstreifen und trocken tupfen.

5–6 Im Ofen oder Dörrgerät oder einfach an der Luft trocknen. *Im Ofen:* Fleischstreifen auf dem Ofenrost ausbreiten, sie sollten sich nicht berühren. Den Boden des Ofens mit Alufolie auslegen, das sorgt für bessere Hitzeverteilung (nicht bei Gasöfen). Dabei ist es sehr wichtig, dem Fleischstück genügend Wasser zu entziehen. Methode und Temperatur sind abhängig von der Stückgröße. Bei zu langsamer Trocknung kann Schimmel oder Schmierbelag entstehen, zu hohe Temperaturen und zu schnelle Trocknung machen das Fleisch ledrig oder verursachen einen Trockenrand.

TIPP: So prüfen Sie, ob das Fleisch fertig ist: Wenn beim Hineindrücken ins spürbar gummiweiche Fleisch die Delle sofort wieder verschwindet, noch lange weitertrocknen. Können Sie nur mit größerem Kraftaufwand eine kleine Beule ins Fleisch drücken, ist immer noch zu viel Feuchtigkeit vorhanden. Lange braucht es jetzt aber nicht mehr, daher prüfen Sie häufiger! Das Fleisch ist fertig, wenn ein Eindrücken fast nicht mehr möglich ist und das Stück beim Biegen leicht zurückfedert.

HALTBARKEIT

Die Haltbarkeit von Trockenfleischprodukten ist unterschiedlich und reicht von einigen Wochen bis zu Monaten. Trockenfleisch sollte trocken, kühl und dunkel gelagert werden.

Der europäische Klassiker.

BÜNDNER FLEISCH

1 kg mageres Rindfleisch
(z. B. aus Ober-, Unterschale o. Ä.)
28 g Nitritpökelsalz plus Pökelsalz
für eine Lake von 12 %
2 g weißer Pfeffer, gemahlen
5 g Gewürze nach Geschmack, gemahlen
(Wacholder, Lorbeerblätter, Koriander)
50 ml trockener Rotwein

Bei luftdichter Aufbewahrung gekühlt mehrere Monate haltbar.

1. Das Fleisch von Haut, Fett und Sehnen befreien.

2. Pökelsalz, Pfeffer und Gewürze gründlich mischen. Das Fleisch damit einreiben, in ein Gefäß geben und 4 Tage im Kühlschrank trocken pökeln, dabei alle 1–2 Tage wenden. Oder in einem Gefrierbeutel vakuumieren und 4 Tage pökeln.

3. Pökellake herstellen (siehe Seite 158) und den Rotwein zugeben.

4. 2 Wochen nasspökeln, dabei das Fleisch alle 2 Tage wenden und umschichten.

5. Fleisch aus der Lake nehmen, abtropfen lassen, abwaschen und gut trocken tupfen. Fleisch 3 Tage durchbrennen (siehe Seite 157).

6. Anschließend 12 Stunden wässern, dann herausnehmen und trocken tupfen.

7. Hängend gut fünf Wochen bei ca. 12 °C in einem trockenen dunklen Raum trocknen lassen. Das Bündner Fleisch ist fertig, wenn es ca. 45 % an Gewicht verloren hat.

8. In sehr dünne Scheiben schneiden.

Das beliebte Trockenfleisch, hier ganz ohne Konservierungszusätze.

MARINIERTES BEEF JERKY AUS DEM BACKOFEN

1 kg möglichst mageres Rindfleisch
(z. B. aus der Keule oder Steakfleisch)
500 ml Sojasauce
150 ml Worcestershiresauce
3 EL Zucker
Gewürze nach Geschmack, gemahlen:
(1 TL Curry, 1 TL Paprika, ½ TL Pfeffer,
1 EL Zwiebelpulver, ½ TL Knoblauchpulver,
1 Msp. Chilipulver)

Bei luftdichter Aufbewahrung gekühlt mehrere Monate haltbar.

1. Fleisch in 3 mm dünne und 2–3 cm breite Streifen schneiden; evtl. vorher anfrieren, damit es sich besser schneiden lässt.

2. Saucen, Zucker und Gewürze zu einer Marinade verrühren. Das Fleisch darin einlegen und alles gut vermischen.

3. Ca. 8 Stunden gekühlt und abgedeckt ruhen lassen.

4. Fleisch aus der Marinade nehmen, abtropfen lassen und gut trocken tupfen.

5. Fleischstreifen so auf dem Ofenrost ausbreiten, dass sie sich nicht berühren. Am besten den Boden des Ofens mit Alufolie auslegen, das sorgt für bessere Hitzeverteilung (nicht bei Gasöfen).

6. Ofenrost in die mittlere Schiene schieben. Ofentür anlehnen bzw. durch einen eingeschobenen Holzlöffelstiel leicht geöffnet halten.

7. Das Fleisch bei 40–50 °C 6–9 Stunden trocknen, bis es einen Gewichtsverlust von etwa 40 % aufweist.

Mariniertes Beef Jerky aus dem Backofen

RÄUCHERN

Räuchern dient dem Konservieren, denn der Rauch entzieht dem Räuchergut Wasser. Aber es verleiht einem Stück Fleisch oder einer Wurst auch einen ganz besonderen, einzigartigen Geschmack und ganz nebenbei eine appetitliche Farbe. Fleisch, das geräuchert werden soll, muss vorbehandelt sein. Frisches Fleisch eignet sich nicht.

Das Räuchern gehört zu den ältesten Methoden der Lebensmittelkonservierung. Vor allem Fleisch und Fisch, aber auch Käse, Gemüse, Eier, Tofu, Tee und andere Produkte räuchert man, um sie vor dem raschem Verderb zu schützen. Zusätzlich setzt man die Methode aber auch ein, um ein neues, reizvolles Aroma zu erreichen. Viele Wurst- und Schinkensorten sind durch ihr Raucharoma charakterisiert, darunter Knackwürste, Wiener Würstchen oder Räucherschinken. Räuchern kann man nach dem Pökeln, um dem Pökelprodukt mehr Haltbarkeit und sein spezifisches Aroma zu verleihen. Man kann aber auch das schon fertige Produkt räuchern (beispielsweise Wurst in Därmen, siehe Seite 190). So erhält es noch ein letztes Geschmacks-i-Tüpfelchen und auch dessen Haltbarkeit wird noch verlängert.

Zur Raucherzeugung werden Räuchermehl oder -späne so stark erhitzt, dass sie verglimmen. Der entstehende Rauch lagert sich auf dem Räuchergut ab und überzieht es mit den im Rauch enthaltenen Phenolen und Aldehyden, die Keime abweisen und Bakterien töten. Er konserviert das Räuchergut auf der Oberfläche und kann sogar mehrere Millimeter ins Fleisch eindringen – einen möglichen Verderb im Innern des Räucherguts kann er aber nicht verhindern. Rauch verleiht aber auch Farbe. Gleichzeitig entzieht er durch seine geringe Feuchtigkeit dem Räuchergut Wasser und damit auch die Grundlage, die Verderbnis auslösende Mikroorganismen zum Leben brauchen. Je länger etwas im Rauch hängt, je größer seine Oberfläche ist und je stärker die Luftbewegung, desto mehr Gewichtsverlust durch Wasser erfährt das Räuchergut.

Räucherdauer, Holzart und Temperatur beeinflussen die Intensität und das spezifische Aroma.

DIE METHODEN: KALTRÄUCHERN UND HEISSRÄUCHERN

Der große Unterschied zwischen den beiden Methoden besteht in der Räuchertemperatur, die im Falle des Heißräucherns neben dem konservierenden Effekt und der Aromaveränderung durch die hohen Temperaturen auch gleichzeitig einen Garvorgang bewirkt. Kalträuchern wendet man

Räucherofen aus einer Blechtonne selber bauen *Einen Heißräucherofen mit Kohlebeheizung kann man recht einfach selber bauen, dazu gibt es etliche Anleitungen im Internet. Die einfachste Methode ist eine altbewährte, die Heringsfischer über Jahrhunderte angewendet haben. Man braucht eine große, stabile Zinkblechtonne, sie darf innen nicht beschichtet sein. Deckel und Boden der Tonne schneidet man aus und bockt die Tonne auf ein flaches Fundament aus Backsteinen. Das Räuchergut wird an einen Stock gehängt, der auf den Tonnenrand gelegt wird. Nun wird unten Feuer gemacht, oben mit einem nassen Sack abgedeckt und es kann losgehen. Etwas komplizierter, dafür aber auch schon etwas professioneller ist es, in einer Tonne mit Deckel auf ca. 30 cm Höhe eine Zwischenwand einzuschweißen. Der untere Teil ist das Feuerloch, dort schneidet man noch eine Öffnung nach außen von ca. 40 x 20 cm ein. Etwa fünf Zentimeter vom Rand bohrt man zwei Löcher, um die Stange mit dem Räuchergut durchzustecken. Auf die Zwischenwand streut man Räucherspäne oder -mehl und von unten wird mit Holzkohle geheizt. Dabei die Räuchertemperatur häufiger kontrollieren. Deckel auflegen und anheizen. Dieses Blechtonnenprinzip kann man auch für einen Kalträucherofen anwenden. Dazu wird die Hitzeerzeugung in einen Topf unter die Erde verlegt und ein Ofenrohr unterirdisch von unten in die Tonne geführt (die aber kein Zwischenblech haben darf). Auf seinen Weg in die Räuchertonne kühlt der Rauch ab und kommt mit der entsprechenden Temperatur zum Kalträuchern im Ofen an.*

für Produkte an, bei denen man keinen Gareffekt wünscht, wie es bei Rohschinkensorten der Fall ist. In der Konservierungsdauer unterscheiden sich die beiden Methoden kaum.

HOLZ ZUM RÄUCHERN

Apfelbaum	feines Raucharoma, rotbraune Färbung
Buche	mildes Raucharoma, rotbraune Färbung
Eiche	kräftiges Raucharoma, gelbliche Färbung
Erle	kräftiges raffiniertes Raucharoma, intensive Rotfärbung
Nadelholz (Fichte, Tanne)	intensives leicht scharfes Raucharoma, dunkle Färbung
Zwetschgenbaum	feinwürziges Raucharoma, rotbraune Färbung

WICHTIGES ZUBEHÖR

Das zentrale Element ist der Räucherofen. Für die unterschiedlichen Techniken – die wichtigsten sind Kalt- bzw. Heißräuchern – gibt es jeweils spezielle Öfen, aber auch Kombigeräte, die beide Möglichkeiten erlauben. Beheizt wird entweder unter Verwendung von Holzkohle, Strom oder Gas. Bei der klassischen Nutzung von Holzkohle ist man standortunabhängig, dagegen ermöglichen Strom und Gas eine „sauberere" Arbeitsweise und bieten mehr Komfort beim Herstellen und Aufrechthalten der erforderlichen Temperatur. Die Öfen sind einfach aufgebaut: Im unteren Teil des Ofens, der meistens aus Stahlblech besteht, ist der Räucherkasten, über den auch die Luftzufuhr geregelt wird. Das darüber befindliche Rauchverteilerblech verteilt den Rauch gleichmäßig und kühlt ihn etwas ab. Oben im Ofen kann man die Räucherstöcke einhängen, an die wiederum das Räuchergut gehängt wird. Der Rauchabzug befindet sich auch dort.

Ob man sich ein Tischgerät, einen kleinen Ofen, einen BBQ-Smoker aus dem Grillbereich oder ein großes, schrankartiges Modell zulegt, hängt von den geplanten Räuchermengen und dem zur Verfügung stehenden Platz ab. Es ist auch möglich, im Grillkamin zu räuchern. Oder man baut sich mit Ziegelsteinen oder einer Blechtonne eine Räuchergelegenheit selbst. Für den Hausbedarf und die gelegentliche Nutzung sind solche Geräte Marke Eigenbau ausreichend. Das Räuchergerät sollte man unter freiem Himmel nutzen und sich dazu besser des Einverständnisses der Nachbarn versichern – hilfreich ist dabei bestimmt die Belohnung für das Verständnis in Naturalien. Wer die Möglichkeit hat, den Rauchabzug des Ofens an den Kamin anzuschließen, kann auch im Haus räuchern. Alte Bauernhäuser besitzen manchmal noch Räucherkammern, die an den Kamin angrenzen und durch ihn mit Rauch versorgt werden.

Mit einem Räucherofenthermometer kontrolliert man die Temperatur. Holzkohle, Räucherspäne und -mehl bekommt man bei Anbietern für Anglerbedarf oder auch bei Fleischereibedarfshändlern. Spänen oder Mehl aus Buchenholz werden die besten Eigenschaften zugesprochen, aber man kann auch andere Holzarten verwenden. Sich geeignetes Material günstig in Schreinereien oder Sägewerken zu besorgen, ist schwieriger als man meint, denn das Sägemehl ist häufig mit Kunststoff- oder Farbanteilen verunreinigt. Solche Späne sind absolut nicht geeignet. Außerdem muss das Material vollständig trocken sein, das ist bei Material aus dem Sägewerk nicht selbstverständlich.

Zum Heißräuchern großer Stücke braucht man Fleischerhaken, am besten aus Edelstahl. Zum Kalträuchern und Nachreifen werden die Fleisch- bzw. Schinkenstücke an einer Schnur aufgehängt, die man mithilfe einer Packnadel durch das Fleisch zieht.

Flüssigrauch Auch für die hobbymäßige Verwendung gibt es seit einiger Zeit Flüssigrauch zu kaufen. Flüssigrauch ist kondensierter Rauch in flüssiger Form. In der industriellen Verarbeitung wird er wegen seiner Wirtschaftlichkeit gerne eingesetzt, zudem ist er von schädlichen Nebenprodukten wie Benzpyren gereinigt. Auch im Hobbybereich erleichtert er das Herstellen von Raucharoma. Die Würste werden einfach nur in die Flüssigkeit getaucht und kommen mit Räucheraroma wieder heraus. Allerdings fehlt der konservierende Effekt des herkömmlichen Räucherns. Die Methode kann eine Alternative bei fehlenden Möglichkeiten sein, wenn man das Räucheraroma wünscht.

Kalträuchern

Kalträuchern fügt dem ursprünglichen Geschmack des Fleisches einen angenehmen, doch dezenten Rauchgeschmack zu. Das Fleischaroma bleibt dabei noch gut erhalten.

Beim Kalträuchern entsteht eine Temperatur von 15 bis maximal 30 °C. Der Räuchervorgang dauert deshalb meist mehrere Stunden und kann sich auch über Tage hin erstrecken. Das Kalträuchern hat aber auch den stärksten Konservierungseffekt und sorgt für die längste Haltbarkeit. Man wendet es für Rohwurst, Rohpökelware wie Rohschinken, Speck und Kochwurst an.

Zum Kalträuchern eignet sich im Allgemeinen trockenes Hartholzsägemehl, das nur glimmen, nicht brennen darf. Nur bestimmte Produkte wie Schwarzwälder Schinken werden mit Weichhölzern geräuchert, denn Weichholz verleiht einen strengen Geschmack und eine besonders dunkle Farbe, was nur bei wenigen Produkten gewünscht ist. Zur Aromatisierung kann man in das Sägemehl würzende Zutaten wie Wacholderbeeren, Fichtennadeln, Heidekraut oder Tannenzapfen mischen.

Die Temperaturen bei Kalträuchern *Nicht nur der Ofen, sondern auch die Umgebung darf beim Kalträuchern eine gewisse Temperatur nicht übersteigen. Kalträuchern ist als Konservierungs- bzw. Aromatisierungsmethode für heiße Sommermonate nicht zu empfehlen, wenn der Ofen im Freien in Betrieb ist. Die Geräte mit ihren metallenen Wänden sind schnell aufgeheizt und die Ofentemperatur steigt zu hoch. Aus Kalträuchern wird dann womöglich unerwünschterweise Warmräuchern.*

Und so geht's

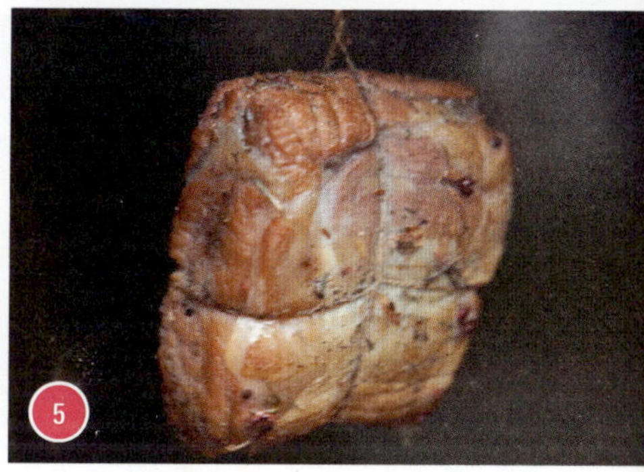

GERÄTE

Räucherofen oder anderes Räuchergerät, Schnur und Packnadel, Sägemehl oder -späne, evtl. Holzkohle

ZUTATEN

Fleisch und Wurstprodukte je nach Wunsch

ZUBEREITUNG

1 Das Fleisch an einem schmalen Ende mit einer Packnadel durchstechen und eine kräftige Schnur durchziehen. Oder das Fleisch mit der Schnur wie ein Paket zum Aufhängen binden.

2 Sägemehl oder -späne maximal 10 cm hoch in den Räucherkasten schütten und gut festdrücken, damit es nicht zu schnell brennt. Mit einem kleinen Stück glühender Kohle oder einem glühenden Holzspan zum Glimmen bringen.

3 Räuchergut mit Abstand zueinander und zu den Wänden des Räuchergeräts einhängen, es darf sich nicht berühren! Wichtig ist, dass das Räuchergut trocken ist, bevor es in den Räucherofen kommt, sonst ergibt sich ein unangenehmer bissiger Geschmack. Auch das Räuchermittel muss unbehandelt und trocken sein.

4 Temperatur immer wieder prüfen, sie darf nicht zu hoch sein (Rohwürste bis 20 °C, alles andere bis 30 °C). Wird die Temperatur zu hoch, muss die Luftzufuhr durch das Schließen der Lüftungsklappen reduziert werden. Zu hohe Temperaturen bringen das Fett zum Schmelzen oder trocknen die Ränder aus, es bildet sich ein Räucherrand.

5 Räuchern, bis das Räuchergut eine intensive Farbe angenommen hat.

TIPP: Bei langen Räucherphasen bietet es sich an, in mehreren Etappen zu räuchern, zum Beispiel täglich 8 bis 12 Stunden. Das Räuchergut muss zwischendurch vollständig abkühlen können. Das Räuchergut regelmäßig umhängen, sodass innenhängende Stücke auch mal außen hängen.

HALTBARKEIT

Die Haltbarkeit ist abhängig von weiteren Konservierungsmethoden, die bei dem Räucherprodukt angewandt wurden, wie Brühen oder Pökeln.

Heißräuchern

Hier wird es sehr viel heißer als beim Kalträuchern. Dadurch wird das Räuchergut gleichzeitig auch noch gegart. Der Rauchgeschmack wird intensiver.

Beim Heißräuchern wird eine zusätzliche Hitzequelle in Form von Gas oder Strom benötigt, um die notwendige Temperatur am Produkt von 50 bis 70 °C zu erzielen. Dann kann mit glimmendem Sägemehl gearbeitet werden. Eine andere Methode besteht darin, im Räucherofen ein Feuer aus Kohle, Buchenholz- oder anderen Holzarten zu entzünden, in dessen Rauch das Räuchergut hängt.

Die Lebensmittel werden hierbei nicht nur geräuchert, sondern auch gleichzeitig teilgegart. Das Heißräuchern wird hauptsächlich bei geräucherten Brühwürstchen wie z. B. Wiener, Debrecziner, Kabanossi oder auch teilweise bei Kochpökelwaren wie Kochschinken (siehe Rezept Seite 173) angewendet. Dabei ist zu bedenken, dass diese Produkte nach der Räucherung noch auf die entsprechende Kerntemperatur weitererhitzt werden müssen. Das reine Durchgaren im Heißrauch würde das Produkt zu stark austrocknen.

RÄUCHERGERÄTE

Räuchergeräte für das Heißräuchern besitzen nicht nur eine Räucherschale, in der das glimmende Sägemehl Rauch erzeugt, sondern auch eine Hitzequelle, die den Ofen und damit das Räuchergut auf die erforderliche Hitze bringt. Dafür hat das Gerät unterhalb der Räucherschale entweder einen Glutkasten, in dem ein Feuer entfacht werden kann, oder aber eine andere Hitzequelle. Es gibt auch solche Öfen, in denen ein offenes Feuer entfacht wird, das durch den entstehenden Rauch gleichzeitig räuchert. Auch ganz einfache Methoden wie das Räuchern in einer offenen Tonne, in der ein Feuer brennt, ist möglich (siehe Seite 178). Kleine Tischräucheröfen sind schon für wenig Geld zu haben und leicht zu bedienen.

Und so geht's

GERÄTE

Räucherofen oder anderes Räuchergerät zum Heißräuchern, Fleischerhaken, evtl. Holz oder Kohle zum Heizen und Anzünden, Sägemehl oder -späne

ZUTATEN

Fleisch und Wurstprodukte je nach Wunsch

ZUBEREITUNG

1 Fleisch für das Heißräuchern mit einem Ende gut an einem Fleischerhaken befestigen. Eventuell den Haken komplett durchstechen. Oder gut geschnürt mit einer geeigneten Schnur befestigen.

2 Den Glutkasten mit Holz oder Kohlen füllen bzw. Hitzequelle einschalten. Holz oder Kohlen mit Holzkohle oder Sägespänen anheizen. Die Tropfwanne unten in das Geräte einschieben. Das trockene Räuchergut an Fleischerhaken oder Schnur mit Abstand zueinander und zu den Wänden des Räuchergeräts einhängen, es darf sich nicht berühren! Wenn es sich berührt, kommt der Rauch nicht an diese Stellen. Das Räuchergut kann fleckig werden. Den Ofen schließen und den Glutkasten einschieben.

3 Räucherschale mit Sägemehl oder -spänen füllen und mit einem Stück Kohle oder Spänen entzünden.

4 Warten, bis die Späne glimmen und zu rauchen beginnen. Sie müssen ordentlich Rauch erzeugen.

5–6 Die Ofenhitze auf die geforderte Temperatur regulieren. Bei festen Brennmaterialien den Glutkasten entfernen. Die Luftzufuhr durch das Öffnen der Lüftungsklappen gewährleisten, sonst würde die Glut erlöschen und keinen Rauch mehr erzeugen können.

7 Räuchern, bis das Räuchergut eine intensive Farbe angenommen hat. Kochpökelware im Ofen so lange weitererhitzen, bis die notwendige Kerntemperatur erreicht ist (siehe Rezept).

HALTBARKEIT

Die Haltbarkeit ist abhängig von weiteren Konservierungsmethoden, die vorher angewandt wurden, wie Brühen oder Pökeln.

WURST

Unglaubliche 1 500 Sorten Wurst werden in Deutschland hergestellt, dem Land, in dem die Wurst eine sehr lange Tradition hat. Berühmte Sorten wie Thüringer Bratwurst, Nürnberger Rostbratwurst oder Frankfurter Würstchen verraten schon, dass „Wurst" Ausdruck regionaler Vielfalt ist. Vielleicht sogar irgendwann gekrönt mit der Auszeichnung als Weltkulturerbe.

WAS IST WURST?

„Es geht um die Wurst" sagt man, wenn es um ganz entscheidende Dinge geht. Und was könnte die Bedeutung dieses vielfältigen Lebensmittels besser ausdrücken?

Der Begriff Wurst umfasst eine riesige Palette an Fleischwaren, die nicht zwangsläufig in der typischen länglichen Form in die Pelle gepresst sein müssen, denn auch Wurstkonserven in Gläsern oder Dosen gehören dazu. In den Leitsätzen für Fleisch und Fleischerzeugnisse wird die Wurst unter dem Begriff „schnitt- und streichfähige Gemenge aus zerkleinertem Fleisch, Fettgewebe, sowie sortenbezogenen teilweise auch anderen zum menschlichen Genuss bestimmten Tierkörperteilen" zusammengefasst. Die Zusammensetzungen sind unterschiedlich, dabei können fast alle Teile des Schlachttieres verwertet werden: das, was wir gemeinhin unter dem Begriff „Fleisch" verstehen, nämlich die Skelettmuskulatur, außerdem Speck, Fettgewebe, Innereien, Blut und Schwarte. Die Masse wird mehr oder weniger grob bis sehr fein zerkleinert. Für das Aroma und zur Haltbarmachung werden Salz und Gewürze eingesetzt und Eis für die Verarbeitung. Die entstandene Masse wird in Natur- oder Kunstdärme gefüllt oder in Gläsern oder Dosen konserviert.

WELCHE WURSTPRODUKTE GIBT ES?

Grob wird diese Großfamilie in drei Gruppen unterteilt, die sich in ihren Herstellungsmethoden unterscheiden: Brühwürste, Kochwürste und Rohwürste (siehe ab Seite 195). Diese werden in Därme gefüllt oder zu Konserven in Gläsern und Dosen verarbeitet.

WURSTPRODUKTE SELBER MACHEN

Theoretisch kann man alle Wurstsorten im Haushalt selber machen, manche sind aber aus Gründen der Verkeimungsgefahr sehr heikel. Grundsätzlich sind Brüh- und Kochwürste besser geeignet, da durch das Kochen die Gefahr der Verkeimung deutlich herabgesetzt wird. Die Methode des Konservierens sollte man aus demselben Grund vorziehen.

SONDERFALL ROHWURST

Rohwürste, die aus rohem Fleisch bestehen und im Laufe des Herstellungsprozesses auch nicht den Temperaturen (deutlich über 40 °C) ausgesetzt werden, die einen möglichen bakteriellen Befall reduzieren, sind in dieser Hinsicht schwierig und deshalb im Haushalt nur unter Vorbehalt umzusetzen.

In diesem Buch wird zwar die Herstellung aller Wurstsorten mit Rezepten beschrieben, aber man sollte sich der hygienischen Problematik bewusst sein und nur unter sorgsamsten hygienischen Bedingungen arbeiten (siehe Seite 8).

WICHTIGES ZUBEHÖR

Eine gewisse Grundausstattung, die über das im Haushalt existierende hinausgeht, sollte für ein gutes Ergebnis vorhanden sein. Ob man sich entscheidet, Wurst in der Pelle herzustellen oder lieber die einfachere Variante der Wurstkonserve wählt, ist für die Zubereitung der Wurstmasse nicht ausschlaggebend. Die notwendigen Utensilien und Zutaten für diese Methoden werden in den jeweiligen Kapiteln beschrieben.

Messer müssen immer scharf sein, deshalb sollte man auch einen guten Messerschärfer besitzen. Man braucht ein großes Küchenmesser zum Schneiden und zum Zerteilen größerer Stücke ein mittelgroßes Fleischermesser. Mit einem Ausbeinmesser löst man das Fleisch vom Knochen.

Schneidbretter – ob aus Holz oder Kunststoff – müssen immer besonders gut gereinigt sein, denn das Fleisch kommt direkt damit in Berührung und vorhandene Bakterien würden übertragen. Holz hat selber antibakterielle Eigenschaften, Kunststoff dagegen lässt sich in der Spülmaschine reinigen.

Eine Digitalwaage zum genauen Abwiegen von kleinsten Mengen ist gerade für die würzenden Zutaten sehr wichtig, hier kommt es auf jedes Gramm an.

Schüsseln, Eimer und Töpfe verschiedener Größen sollten für das Aufbewahren fertiger Produkte bzw. Kochen der Zutaten vorhanden sein. Am besten eignen sich dafür lebensmittelechter Kunststoff oder Metall.

Weitere notwendige Utensilien: Schöpflöffel, Schaumlöffel und eine Fleischgabel. Hygrometer (Luftfeuchtigkeitsmesser), Thermometer und Kochthermometer kontrollieren die notwendigen Bedingungen während der Reifeprozesse. Ein Kochthermometer wird vor allem bei der Herstellung von Brühwürsten benötigt.

Die Anschaffung eines Kutters lohnt sich, wenn man häufiger Würste selber machen möchte. Das Gerät zerkleinert Fleisch und mischt sehr sorgfältig.

Für Pasteten und Terrinen bieten sich hitzefeste, nach oben offene Formen aus Metall oder Keramik an.

IN JEDE WURST ...	... DAS RICHTIGE GEWÜRZ/KRAUT
Alle Wurstsorten	Pfeffer, Kardamom
Blutwurst	Basilikum, Majoran, Gewürznelken, Piment, Thymian
Brühwurst	Ingwer, Knoblauch, Koriandersamen, Kümmel, Muskatblüte, Muskatnuss, Paprikapulver, Senfsamen, Zwiebeln
Leberwurst	Basilikum, Majoran, Gewürznelken, Thymian, Ingwer, Muskatblüte, Muskatnuss, Vanille, Zwiebeln, Koriander
Mettwurst	Paprikapulver
Rohwurst	Kümmel, Senfsamen, Knoblauch, Pfeffer, Paprika
Sülze und Sülzwurst	Kümmel, Piment, Lorbeer, Essig (für das Gelee)

DER FLEISCHWOLF

Mit dem Fleischwolf werden die Zutaten zerkleinert, um daraus die füllfertige Masse herzustellen. Man kann ihn auch zum Füllen von Därmen verwenden, ein Wurstfüllvorsatz gehört neben verschieden fein gelochten Lochscheiben und einem scharfen Kreuzmesser zur Ausstattung dazu.

Ein Fleischwolf ist in vielen Haushalten vorhanden, meist hat er eine Handkurbel. Für den Hausbedarf reichen diese Geräte in der Regel meistens aus. Bei etwas größeren Verarbeitungsmengen kommt man aber schnell ins Schwitzen, denn der benötigte Krafteinsatz ist nicht zu unterschätzen. Elektrisch betriebene Geräte gibt es als Standgeräte oder als Aufsatz für die Küchenmaschine. Sie sind natürlich komfortabler. Beim Kauf eines Fleischwolfs, ob handbetrieben oder elektrisch, sollte man auf Stabilität und Standfestigkeit achten. Er sollte zum Reinigen leicht auseinanderzunehmen sein. Auch auf die Materialqualität achten, Metall sollte erste Wahl sein.
Auch manche Küchenmaschinen bieten häufig diese Funktionen. Ihr Mixaufsatz ist darüber hinaus zum Mixen von feinen Massen hilfreich, alternativ ist auch ein Stabmixer geeignet.

OHNE ZUTATEN GEHT ES NICHT

Die Zutaten Fleisch und andere Schlachtprodukte werden in der Einleitung ab Seite 154 ausführlich beschrieben. Hier geht es insbesondere um die wichtigen würzenden und konservierenden Zutaten.

GEWÜRZE UND KRÄUTER

Neben ihrer Eigenschaft, dem Geschmack eine bestimmte Richtung zu geben, leisten die ätherischen Öle von Gewürzen und Kräutern auch in anderer Hinsicht Positives: Sie wirken konservierend. Den größten Effekt hat Majoran, gefolgt von Piment, Koriander, Kardamom, Ingwer, Muskat und Pfeffer. Ein willkommener Nebeneffekt, den man bewusst einsetzt. Jede Wurstsorte hat ihre typische Gewürzmischung, die man im Fachhandel auch fertig kaufen kann, häufig aber nur in Großgebinden. Beim Selbermachen ist der Fantasie theoretisch keine Grenze gesetzt und man wird sicher mit der Zeit ein Gespür entwickeln, welche Gewürze passen und welche nicht. Anhaltspunkte bieten die klassischen Sorten. Bei Brühwurst allerdings kommt es auf kleinste Nuancen an und es empfiehlt sich, hier Fertigmischungen zu verwenden, die bis ins feinste Detail abgestimmt sind. Schnell ist sonst das Produkt geschmacklich verdorben. Vielleicht kann man seinen Metzger bitten, kleinere Mengen an fertigen Mischungen zu verkaufen. Wichtig: Keine frischen, sondern nur getrocknete Kräuter verwenden. Frische bieten keine hygienische Sicherheit.

SALZ

Salz hat wie Kräuter auch würzende und konservierende Eigenschaften. Feinkörniges Salz eignet sich besser als grobes, das sich weniger gut löst. Pro Kilogramm Wurstmasse werden bei Koch- und Brühwürsten 16 bis 20 g und bei Rohwürsten 24 bis 30 g verwendet. Zum Einsalzen von Rohschinken benutzt man, abhängig vom Produkt, etwa 35 bis 40 g pro Kilo.

Meistens wird Salz in Form von Nitritpökelsalz eingesetzt. Dafür wird auf 99,5 Prozent Salz 0,5 Prozent des Pökelstoffs Nitrit zugesetzt, das verschiedene Funktionen erfüllt: Zum einen sorgt es durch den Prozess der sogenannten Umrötung für den Erhalt der appetitlich roten Farbe des Produkts, das sich sonst grau verfärben würde. Zum anderen beeinflusst es den Geschmack – es bildet sich das typische „Pökelaroma" – und die Haltbarkeit positiv. Der konservierende Effekt ergibt sich aus der hemmenden Wirkung von Nitrit auf das Wachstum von Mikroorganismen und seine antioxidative Fähigkeit, die das Ranzigwerden des Fettes stark verzögert.

Salz ohne Nitritzusatz kann für Brühwürste wie Bratwürste, Gelbwurst und Münchner Weißwurst sowie für manche Leberwurstsorten verwendet werden. Roh- und Dauerwürste sollte man wegen des Risikos von Lebensmittelvergiftungen und des drohenden Fettverderbs aber auf keinen Fall ohne Nitritpökelsalz herstellen.

Nitrit gilt in den eingesetzten Mengen als gesundheitlich unbedenklich, wer sich aber bei der Verwendung dieses Zusatzstoffes unwohl fühlt, kann bei Brüh- und Kochwürsten auf den Nitritzusatz verzichten, muss sich aber darüber im Klaren sein, dass sich die Produkte geschmacklich und optisch von den gewohnten unterscheiden und die Haltbarkeit diesen Produkten gegenüber reduziert ist.

In der Biobranche ist der Einsatz von Nitritpökelsalz umstritten, weshalb es hier nicht von allen Herstellern verwendet wird.

ANDERE ZUTATEN

Phosphat verleiht fein zerkleinerten Brühwürsten (Knack-, Bock-, Weißwürsten, manchmal auch Bratwürsten) den knackigen Biss. Es wird in Form von Phosphatsalzen zugegeben. Phosphat kommt in vielen Lebensmitteln wie Fleisch, Getreide und Milchprodukten vor, ist dort aber organisch gebunden.

Ascorbinsäure als Antioxidans, besser als Vitamin C bekannt, beschleunigt den Prozess der Umrötung, stabilisiert die Farberhaltung und verbessert die konservierende Funktion von Nitrit. Sie baut außerdem Nitrit ab, das man ja möglichst reduzieren möchte.

Zucker beschleunigt den Umrötungsprozess und beeinflusst bei vielen Fleischerzeugnissen das Aroma positiv. Bei Rohwürsten ist Zucker essentiell, denn er dient als Nahrungsquelle für Starterkulturen, die ihn zu Milchsäure umwandeln und somit die Haltbarkeit der Erzeugnisse maßgeblich beeinflussen.

Starterkulturen sind bei der Wurstherstellung Mittel, die den Reifeprozess bei Rohwürsten beschleunigen (siehe dort Seite 211). Starterkulturen sind eine Mischung aus verschiedenen Mikroorganismen, und zwar aus Mikrokokken und Milchsäurebakterien. Ihre Funktionsweise beruht größtenteils auf der Säuerung, durch die die Reifung beschleunigt wird.

Geschmacksverstärker intensivieren das Aroma von Wurstsorten, sind aber stark in der Kritik, da sie als Allergieauslöser gelten. Meist ist es Natriumglutamat, das das berüchtigte China-House-Syndrom, eine Glutamatunverträglichkeit, auslösen kann. Beim Selbermachen von Wurstwaren kann man auf solche Hilfsmittel verzichten und sich einen der Vorteile des Selbermachens zunutze machen: nichts zu verwenden, was man nicht wirklich im Produkt braucht und auf das verzichtet werden kann.

HYGIENE

Wichtig: Alle Utensilien und Geräte müssen penibel sauber gehalten werden, denn Fleisch ist sehr anfällig für Verkeimungen. Hände gründlich waschen und möglichst mit Handschuhen arbeiten. Auch die Zutaten müssen einwandfreie Qualität haben.

KONSERVIEREN IN DÄRMEN, GLÄSERN UND DOSEN

Das Prinzip ist einfach: Fleisch und andere Teile von Schlachttieren wie Speck, Fettgewebe, Innereien, Blut und Schwarte werden mehr oder weniger grob zerkleinert, gewürzt und in eine mehr oder weniger haltbare Form überführt, also entweder in Därme gefüllt oder in Gläsern oder Dosen konserviert. Das Konservieren kann bei Würsten im Darm auch durch anschließendes Räuchern und Trocknen geschehen.

Da der Prozess des Einfüllens in Därme, das Konservieren in Dosen und Gläsern und das Räuchern für alle (geeigneten) Wurstarten gleich ist, werden diese allgemeinen Vorgänge zuerst erklärt, auch wenn sie in der Reihenfolge der Herstellung an späterer Stelle kommen. Nur Rohwurst kann man lediglich in Därme füllen und nicht in Gläsern oder Dosen konservieren.

Wurst in Gläsern und Dosen

Die beliebteste und vielleicht einfachste Methode, Fleisch und Wurst im eigenen Haushalt haltbar zu machen, ist das Konservieren in Gläsern oder Dosen. Das Prinzip ist dasselbe wie beim Einkochen von Obst und Gemüse.

Rohwürste eignen sich nicht zum Einmachen in Gläsern und Dosen, da sie durch den Pasteurisierungs- bzw. Sterilisierungsprozess gegart und damit natürlich keine Rohwürste mehr wären. Für die Masse von Brüh- und Kochwürsten aber ist das Einmachen bzw. Sterilisieren in Gläsern oder Dosen die beste Methode im eigenen Haushalt, denn die Einhaltung der notwendigen Hygiene fällt leichter und der Inhalt ist länger haltbar als in der Wursthülle. Im Gegensatz zur Haltbarmachung durch Tiefkühlen bleiben auch Geschmack und Konsistenz besser erhalten.

BEHÄLTER

Gläser sind im Allgemeinen besser geeignet als Dosen, da sie besser sauber gehalten werden können und einfach zu bekommen sind. Ein weiterer Vorteil ist die Wiederverwendbarkeit. Dosen sind Wegwerfware. Für das Eindosen braucht man eine spezielle Maschine, deren Anschaffung sich nur lohnt, wenn man plant, sie häufiger einzusetzen.

Geeignet für das Einmachen sind Schraubdeckelgläser, die nach unten schmaler werden oder zylinderförmig sind, sogenannte Sturzgläser. Sie heißen so, weil man den Inhalt einfach beim Umdrehen herausstürzen kann, um ihn in Scheiben geschnitten zu servieren. Sie lassen sich auch gut reinigen. Gut geeignete Gläser und Dosen erhalten Sie vor allem im Fachhandel für Fleischereibedarf.

EINKOCHTOPF

Ein Einkochtopf mit Drahtgittereinsatz ist für das Einmachen in Dosen und Gläsern unabdingbar. Hilfreich sind Geräte mit eingebautem Thermometer, sodass man die notwendigen Temperaturen ständig kontrollieren kann.

Grundtechnik

WURST IN GLÄSERN UND DOSEN

GERÄTE

zum Einmachen geeignete Behälter (Dosen oder Gläser), Einkochtopf, evtl. Dosenmaschine

ZUTATEN

Wurstmasse nach Wunsch (siehe ab Seite 195)

HINWEIS: Die Masse für Rohwurst ist nicht geeignet, um in Dosen oder Gläsern eingemacht zu werden!

ZUBEREITUNG

HINWEIS: Gläser oder Dosen vorab sterilisieren, mindestens aber sehr heiß auswaschen.

1–2 Die fertige Wurstmasse nach der Herstellung sofort in die Gläser oder Dosen füllen. Gerade bei Kochwurst ist das schnelle Einfüllen wichtig, denn die Masse muss noch flüssig sein, während man Brühwurstmasse mit der Hand einfüllt und festdrückt.

HINWEIS: Es darf möglichst wenig Luft in den Gläsern sein, deshalb so voll wie möglich machen, aber nicht voller als 1 cm unter den Rand füllen und keine Hohlräume entstehen lassen.

3–5 Die Ränder von Verschmutzungen befreien, Gläser und Dosen aber erst unmittelbar vor dem Einkochen verschließen, damit die Masse schnell abkühlen kann und sich jetzt keine Verderbnisbakterien entwickeln und verbreiten können. Dies gilt vor allem für warm eingefüllte Wurstmasse. Direkt vor dem Sterilisieren (Einkochen) mit dem Deckel gut verschließen bzw. die Masse in die Dosen füllen und die Dosen mit der Maschine schließen.

6–7 Drahtgitter auf den Boden des Einkochtopfes legen und darauf die verschlossenen Gläser oder Dosen stellen. Dann Wasser einfüllen. Es sollte in etwa dieselbe Temperatur haben wie die Gläser oder Dosen und diese ganz bedecken. Sollten sie aufschwimmen, mit Gitter beschweren und unter das Wasser drücken.

TIPP: Anstelle eines Einmachtopfes können Sie auch einen geeignet großen Topf mit Deckel verwenden. Kontrollieren Sie dabei regelmäßig die Temperaturen.

8 Deckel des Einkochtopfes schließen und das Wasser zum Kochen bringen. Sobald das Wasser sprudelt, beträgt die Einkochzeit bei 200-g-Dosen oder -Gläsern 90 Minuten und bei 300- bzw. 400-g-Behältnissen 120 Minuten. Zu niedrige und zu kurze Einkochzeiten können zum Verderben führen.
HINWEIS: Das Einkochen in der Fettpfanne im Ofen oder gar in der Mikrowelle, wie es für Obst und Gemüse möglich ist, ist nicht geeignet, denn die Gläser müssen ganz mit Wasser bedeckt sein.

9–10 Anschließend die Gläser oder Dosen behutsam herausnehmen und in kaltem Wasser abkühlen.
HINWEIS: Bei Gläsern mit lauwarmem Wasser beginnen, damit diese durch den Temperaturschock nicht platzen. Aber auch wichtig: Die Kühlung schnellstmöglich herbeiführen, da bei langsamem Abkühlen eventuell noch vorhandene Keime aussporen und die Wurst verderben können. Die Dosen oder Gläser abtrocknen, damit sie nicht rosten (das kann auch bei den Deckeln von Gläsern passieren).
TIPP: Ob ein ausreichendes Vakuum entstanden ist, können Sie am Deckel testen. Dieser muss sich nach innen gezogen haben und darf auf Druck nicht nachgeben. Bei Gläsern mit Gummiringen muss die Lasche nach unten zeigen.

HINWEIS: Kühle und dunkle (Keller)Räume eignen sich am besten für die Aufbewahrung. Dosen können rosten, deshalb nicht eng stapeln und für Luftzirkulation sorgen! Eingemachte Wurst hält sich bei kühler und dunkler Lagerung mindestens ein halbes Jahr.
VORSICHT: Gläser oder Dosen mit gewölbten Deckeln müssen Sie entsorgen, denn das ist ein Zeichen dafür, dass der Inhalt verdorben ist. Sollte Schimmel auf der Wurstoberfläche entstehen, dann war die Dose oder das Glas nicht dicht. Sie müssen ebenfalls entsorgt werden.

HALTBARKEIT

Kühl gestellt ist eingemachte Wurst bis zu einem halben Jahr haltbar.

Wurst in Därme füllen

Bratwurst, Frankfurter oder Salami: In Därme gefüllt, entstehen beliebte Wurstklassiker. Diese werden entweder roh eingefüllt und roh belassen, vor dem Einfüllen gegart oder erst in der Pelle gebrüht.

Alle Würste kann man in Därme füllen, insbesondere für Rohwurst ist dies die Methode der Wahl, da deren weitere Reifungsprozesse vor allem eine aktive Luftversorgung benötigen.

WICHTIGES ZUBEHÖR

Ein Kutter zum feinen Zerkleinern von Fleisch kann gute Dienste leisten. Dieses spezielle Gerät zerkleinert Fleisch unter hohen Geschwindigkeiten mit scharfen Messern zu einer homogenen Masse. Für den Hausgebrauch kann man auf den Mixer einer leistungsstarken Küchenmaschine zurückgreifen.

Nicht nur zum Zerkleinern der Wurstmasse, auch für das Einfüllen der Wurstmasse ist der Fleischwolf mit Fülltrichter eine Möglichkeit. Ob klassisch mit Handkurbel oder elektrisch betrieben, ist eigentlich egal, nur braucht man bei den Geräten mit Handkurbel Unterstützung, wenn man sie zum Wurstfüllen nutzt. Nachteil beim Füllen der Därme kann zum einen die geringe Füllmenge des Einfülltrichters sein, zum andern kann viel Luft mit in die Wurst geraten. Zudem wird im Fleischwolf immer ein Teil der Wurstmasse auf dem Weg durch die Maschine erwärmt, besonders bei elektrisch betriebenen Geräten ist das der Fall. Die Beschaffenheit der Wurstmasse ändert sich dadurch und es kann zu fehlerhaften Ergebnissen kommen. Das passiert besonders bei Rohwürsten, die nicht erhitzt werden sollen.

Mit Wurstfüllmaschinen ist das Einfüllen leichter und unproblematischer, auch kann man größere Mengen verarbeiten. Sie sind gerade deshalb zu empfehlen, weil es weder eine Erwärmung der Wurstmasse noch Lufteinschlüsse gibt.

Handtrichter werden für flüssige oder pastöse Massen wie zum Beispiel von Kochwurst verwendet. Angepasst an die Darmart, gibt es verschiedene Tüllendurchmesser, mit größeren kann man die Wurstmasse auch in Gläser abfüllen.

Wurstgarn zum Verschließen offener Darmenden und zum Aufhängen von Würsten.

WURSTHÜLLEN UND DÄRME

Bei den Hüllen bzw. Därmen unterscheidet man zwischen Naturdärmen, die von Rind, Schwein oder Schaf stammen können, durchlässigen Kunstdärmen, die aus den Grundstoffen Kollagen und Zellulose bestehen und undurchlässigen Kunstdärmen (Sterildärme) aus mehrschichtigen Kunststoffmaterialien, also nicht verzehrfähigem Plastik.

Naturdärme werden nach dem Schlachten gründlich gesäubert, meist gewendet, dann gesalzen oder in konservierende Lake eingelegt. In beiden Varianten kann man sie kaufen, allerdings sind sie wegen des aufwendigen Prozesses nicht billig. Während sich Naturdärme und durchlässige Kunstdärme zum Räuchern und Trocknen eignen, sind reine Kunstdärme weder für Wasser noch für Rauch durchlässig und deshalb für Rohwürste und die Methoden ihrer Bearbeitung nicht geeignet. Vorteil ist, dass die Würste dadurch ihr volles Aroma erhalten und durch die Lagerung keinen Gewichtsverlust durch Austrocknung erleiden. Naturdärme oder sehr dünnwandige Kollagendärme sind essbar, Kunststoff- und Zellulosedärme nicht. Besonders bei Naturdärmen muss man auf optimale Sauberkeit und Hygiene achten, bei Kunstdärmen immer nach Vorgabe des Herstellers arbeiten.

Undurchlässige Därme sind nur geeignet, wenn keine Luftzufuhr benötigt wird und auch kein Trocknungsprozess notwendig bzw. auch nicht erwünscht ist.
Jede Wurstsorte benötigt bestimmte Darmarten, hier eine Auswahl der häufigsten:

DÄRME UND HÜLLEN	**Verwendung**
SCHWEIN	
Bratdarm (Dünndarm)	Bratwürste, Knacker, Schinkenpolnische
Kappe, Butte (Blinddarm)	Zungen- und Sülzwurst, Presswurst
Schweinekrause, Krausdarm, Saukrause (Grimmdarm)	Blut- und Leberwurst
Fettende (Mastdarm)	Leberwurst und Schlackwurst
Magen	Blut- und Sülzwurst, Saumagen, Presswurst
RIND	
Kranzdarm (Dünndarm)	Rohwurst, Blut- und Leberwurst, Fleischwurst im Ring, Krakauer
Mitteldarm (Grimmdarm)	feine Leberwurst, Jagdwurst, Teewurst, Salamitypen
SCHAF	
Saitling (Dünndarm)	Brühwurst, z. B. Bockwurst, Wiener Würstchen
Hammelbutte (Blinddarm)	Salami, Jagd- und Blutwurst
DURCHLÄSSIGE KUNSTDÄRME	
Hautfaserhüllen mittel bis großkalibrig >30 mm (Kollagen aus Rinderhaut wie z. B. Naturin, nicht essbar)	Brüh- und Rohwürste
Hautfaserhüllen kleinkalibrig (Eiweißkollagensaitling, Kollagen aus Rinderhaut, essbar)	Dünnkalibrige Brüh- und Rohwürstchen
Zellulosefaserhüllen (nicht essbar)	Rohwürste, Brühwürste
UNDURCHLÄSSIGE KUNSTDÄRME	
Kunststoffdärme, Sterildärme (Kunststoffe, nicht essbar)	dicke, großkalibrige Brühwürste, Leberwurst, Sülze

Grund-technik

1

2

3

4

5

WURST IN DÄRME FÜLLEN

GERÄTE

Fleischwolf, evtl. Kutter, Wurstfüllmaschine, evtl. Handtrichter, Wurstgarn, Schöpflöffel, Därme

ZUTATEN

Wurstmasse nach Wunsch (siehe ab Seite 195)

ZUBEREITUNG

1 Vor dem Einfüllen der vorbereiteten Wurstmasse die Därme wässern, um sie geschmeidiger zu machen. Das gilt sowohl für Natur- als auch für Kunstdärme. Für Brüh-, Roh- oder Kochwurst die jeweiligen Kunstdärme nach Herstellerangaben vor dem Füllen wässern. Dafür verwendet man meist handwarmes Wasser. Das Wässern kann bis zu einer Stunde betragen. Bei den meisten Därmen reichen aber 10 bis 20 Minuten. Bei Naturdärmen besonders vorsichtig vorgehen, denn sie reißen leichter als Kunstdärme. Hier auch die Wassertemperatur beachten, denn zu heißes Wasser bringt die Därme zum Reißen, zu kaltes zeigt keinen Effekt, weil die Därme nicht quellen und sie dadurch ebenfalls leichter reißen. Optimal ist eine handwarme Temperatur.

2 Nach dem Wässern die Därme gut ausschütteln und das Wasser abstreifen. Bei Naturdärmen vorsichtig sein, damit sie nicht doch noch reißen.

3 Benötigt man Einzelstücke, für einzelne Würste, die Därme in die gewünschte Länge schneiden, mit einem doppelt geknoteten Wurstgarn abbinden und wieder wässern. Därme für Würste, die erst während des Füllens abgedreht werden, in ca. 1,5 m lange Stücke schneiden.

4–6 Die festeren Wurstmassen für *Brüh- und Rohwürste* mit dem Wurstfüllaufsatz des Fleischwolfes oder des Wurstfüllgeräts einfüllen: Den Darm bis auf ein kurzes Ende auf den Aufsatz des Fleischwolfs schieben. Das Ende mit einem Wurstgarn oder Knoten verschließen. Dann die Wurstrohmasse fest in den Wolf stopfen. Wenn die Wurstmasse von Fleischwolf oder der Küchenmaschine aus dem Trichter in die Hülle gedrückt wird, die Hülle im gleichen Tempo mitziehen, am besten

zu zweit, also mit vier Händen: Zwei Hände bedienen das Gerät und schieben sorgfältig immer neue Wurstmasse so hinein, dass keine Lufteinschlüsse entstehen. Die anderen beiden Hände sorgen dafür, dass die Masse gleichmäßig, blasenfrei und dennoch nicht zu stramm in die Hülle gelangt. Diese etwas festere Masse kann man auch mit dem Handfülltrichter einfüllen, dann reichen zwei Hände: Die eine umschließt das obere Darmende mit dem darin steckenden Trichterhals, während die andere mit einem Löffel Wurstmasse in den Trichter füllt.

7–11 Nun die einzelnen Würste abtrennen, z. B. durch Abdrehen. Zum Abdrehen nimmt man den bereits gefüllten Darm an der gewünschten Länge zwischen Daumen und Zeigefinger und dreht mehrmals in eine Richtung, wie bei einem Bonbonpapier. Das wiederholt man immer in derselben Drehrichtung. Oder man bindet die Würste mit Wurstgarn und einem doppelten Knoten ab. Auf diese Weise kann man auch Wurstkränze binden.

12–14 *Kochwurstmasse*, die flüssig bis pastös ist, wird mit dem Handtrichter eingefüllt. Dafür den Darm an einem Ende schließen und das andere Ende über den Trichterschaft ziehen. Mit der einen Hand festhalten und mit der anderen mithilfe eines Schöpflöffels die warme Masse einfüllen.
TIPP: Eventuelle Luft bzw. Lufteinschlüsse entfernen Sie, indem Sie die Masse hin und wieder mit den Händen etwas nach oben und wieder nach unten streifen.

Die Würste sind nun bereit zur Weiterverarbeitung, entweder zum Garen oder Räuchern (siehe Seite 178 und 195).

HALTBARKEIT

Die Haltbarkeit der Würste richtet sich nach der Art der Weiterverarbeitung und nach der Vorbehandlung der Wurstmasse. Hygienisch einwandfrei hergestellte Rohwürste halten sich bis zu einem halben Jahr auch ohne Kühlung. Koch- und Brühwürste müssen kühl gelagert werden und sind bis zu 3 Wochen haltbar. Werden diese geräuchert, können sie auch ungekühlt etwa genauso lange aufbewahrt werden.

Brühwurst

Rohes Fleisch mit Gewürzen und anderen Zutaten abgeschmeckt, in Hüllen, Gläser oder Dosen gefüllt und anschließend in heißem Wasser gegart, so entstehen Brühwürste. Nochmaliges Erhitzen macht ihnen nichts aus. Auch die Bratwurst zählt zu den Brühwürsten.

Brühwurst gehört zu den beliebtesten Wurstsorten, entsprechend viele Sorten sind erhältlich, man zählt über 800. Diese Wurst stellt man aus rohem Fleisch und Speck meist unter Zusatz von eiskaltem Trinkwasser (Eisschnee), Salz und Gewürzen her. Das Muskeleiweiß aus dem Fleisch wird unter Zugabe von Salz durch Mischen oder das Kuttern gelöst. Dadurch entsteht eine mehr oder weniger gebundene Masse, das sogenannte Brät, das dann in Därme (Würste), Formen (z. B. Fleischkäse, Pasteten) oder in Gläser oder Dosen zum Sterilisieren gefüllt wird. In das Brät können stückige Einlagen aus Fleisch bzw. Innereien sowie Gemüse oder Kartoffeln eingearbeitet werden. Im nächsten Schritt nach dem Sterilisieren wird die Masse gebrüht, gebacken, geräuchert oder anderweitig erhitzt. Dabei gerinnt das gelöste Muskeleiweiß des Fleisches und es entsteht eine schnittfeste Masse. Brühwurst kann zum Verzehr noch einmal erhitzt werden, ohne dass ihre Qualität darunter leidet. Beliebte Brühwurstsorten sind z. B. Bierschinken, Lyoner, Mortadella, Fleischwurst und Rindswurst.

DIE BRATWURST

Eine Besonderheit in dieser Kategorie bildet die Bratwurst, die sowohl erhitzt als auch roh in der Pelle in den Handel kommt. Zum Verzehr muss sie allerdings erhitzt werden. Auch wenn dieser Erhitzungsprozess nicht Teil der Herstellung ist, ist er für die Genießbarkeit der Wurst essenziell. Rohe Bratwürste verderben sehr schnell. Deshalb sollte man sie nach maximal zwei bis drei Tagen verzehren.

Weißwurst *Im Gegensatz zu anderen Brühwürsten wird Weißwurst nicht mit Nitritpökelsalz hergestellt, sondern mit einfachem Haushaltssalz. Es findet dadurch keine Umrötung statt, was der Wurst, die zur Hälfte aus Kalbfleisch bestehen muss, ihre weiß-gräuliche Farbe verleiht. Die Tradition, die Würste noch vor dem Mittagsläuten zu verzehren, stammt noch aus alten Zeiten, in denen die leicht verderbliche Wurst nicht gekühlt werden konnte.*

FLEISCH UND ANDERE SCHLACHTPRODUKTE

Für Brühwurst ist kurzfaseriges Fleisch empfehlenswert, also Fleisch von jüngeren Tieren, denn es bindet besser als langfaseriges. Fleisch vom jungen Schwein, Kalb, jungen Ziegen und Schafen, von Geflügel und Kaninchen eignen sich gleichermaßen für die Grundmasse. Die Verwendung von Speck ist abhängig von den Sorten: Bei Halbdauerwaren wie z. B. Bierwurst, Krakauer und Kabanossi verwendet man kernigen Rücken- oder Nackenspeck. Halbdauerwaren sind mehr oder weniger getrocknete Brühwürste, die durch den höheren Wasserverlust länger haltbar sind. Bei den feinzerkleinerten Sorten wie z. B. Wiener oder Lyoner ist weicherer Speck von der Schulter oder vom Schlegel empfehlenswert.

PHOSPHAT

Phosphat dient als Kutterhilfsmittel bei der Wurstverarbeitung, denn es verbessert schon hier die Bindung. Pro Kilo Wurstmasse werden ein bis drei Gramm verwendet. Brühwurst lässt sich auch ohne Phosphat herstellen, sie hat dann aber nicht die sortentypische Konsistenz. Auf jeden Fall Phosphat immer sparsam einsetzen. Beim Selbermachen kann man häufig ganz darauf verzichten, was einen Versuch wert ist, denn in hohen Mengen gilt es als gesundheitlich bedenklich.

EISSCHNEE

Eisschnee hält während der Produktion die Wurstmasse kühl. Das ist unbedingt nötig, damit bei der Wurstmasse keine unerwünschten Prozesse einsetzen. Eisschnee ist fein zerstäubtes Eis. Man kann es entweder beim Metzger kaufen oder selber einfrieren. Dafür einen Eisklotz zuerst in ein Küchentuch wickeln und mit dem Hammer in kleine Stücke zerschlagen, dann mit einer Küchenraspel raspeln oder im Mixer fein zerkleinern. Man gibt der Wurstmasse 10 bis 25 Prozent Eisschnee zu.

BRÜHWURST

GERÄTE

Schüsseln, Eimer, Töpfe, evtl. Elektrokochtopf mit Thermometer und Kochthermometer, Schöpflöffel, Schaumlöffel, Fleischgabel, Fleischwolf oder Küchenmaschine, evtl. Kutter, Digitalwaage, Därme oder Gläser

HINWEIS: Für Pasteten und Terrinen hitzefeste, nach oben offene Formen aus Metall oder Keramik.

ZUTATEN

Fleisch und andere Schlachtprodukte, Gewürze und Kräuter (hier sind fein abgestimmte Fertiggewürzmischungen zu empfehlen), Nitritpökelsalz für Bratwürste, Kochsalz, Ascorbinsäure, Phosphat, Eisschnee

ZUBEREITUNG

1–3 Im ersten Schritt das Fleisch gut vorbereiten. Dazu gehört, es gründlich zu entfetten und Knorpel und Sehnen zu entfernen. Das Fleisch in kleinere Stücke schneiden.

4–5 Vor dem Weiterverarbeiten das Fleisch und den Speck gut kühlen. Das hat gleich mehrere Vorteile, denn es lässt sich gekühlt besser wolfen, und man kann es bei der Verarbeitung zur feinen Masse länger bearbeiten, ohne dass die Masse zu warm wird. Man kann Fleisch und Speck schon am Vortag getrennt voneinander vorbereiten, sprich durch den Wolf drehen, und über Nacht im Kühlschrank gut durchkühlen bzw. leicht anfrieren lassen.

Nun die Grundmasse herstellen: Für eine feine Brühwurst ist der Kutter oder der Mixer einer starken Küchenmaschine ideal. Zur Not geht auch die 2-mm-Lochscheibe eines sehr guten Fleischwolfs mit sehr scharfen Messern, das Fleisch muss dann *2-mal* gewolft werden. Es ist dann zwar nicht ganz so fein, aber ausreichend.

HINWEIS: Wichtig ist bei der Brühwurstherstellung, dass durch die Zerkleinerung bei gleichzeitiger Salzzugabe das Eiweiß aus dem Fleisch gelöst (aktiviert) wird. Dadurch entsteht die typische bindige Masse, die dann an den Fingern klebt. Die genaue Herstellung ist bei den jeweiligen Rezepten beschrieben.

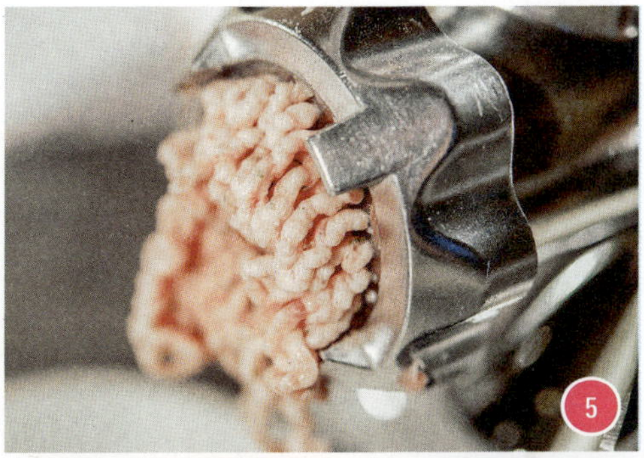

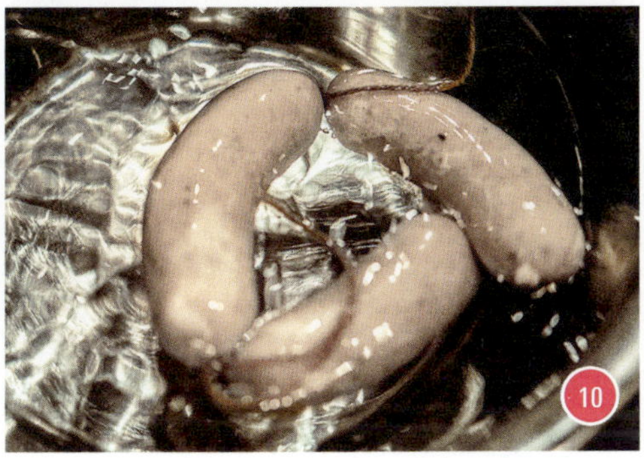

6 Da sich die Masse aufgewärmt hat, nun den Eisschnee gründlich einmischen. Wenn stückige Einlagen und andere Zutaten wie Gewürze verwendet werden, diese ebenfalls sehr gründlich einmischen. Man kann dazu eine Teigknetmaschine bzw. eine kräftige Küchenmaschine benutzen.

7 Nun die Wurstmasse nach Belieben in Därme füllen(siehe Seite 192) oder in Gläser oder Dosen einmachen (siehe Seite 188).

8–9 Würste in Därmen müssen jetzt noch gebrüht werden. Zuvor können sie, je nach Rezept, heißgeräuchert werden (siehe Seite 180). In Gläsern oder Dosen eingemacht, wird die Wurst durch den Einmachvorgang gegart.

Zum Brühen ist ein Elektrokochtopf mit Thermometer ideal – aber es geht auch ein normaler Kochtopf, mit reichlich Wasser gefüllt, und einem Kochthermometer. Die Wassertemperatur muss bei 75 °C liegen und darf 72 °C nicht unterschreiten.

FAUSTREGEL: Für jeden Millimeter Hüllendurchmesser 1 Minute brühen. Bei einer 50 mm dicken Wurst dauert das Brühen also 50 Minuten. Bei Würsten, die dicker als 60 mm sind, berechnet man etwas mehr als 1 Minute. Zu kurze Garzeiten führen zu mangelhafter Festigkeit im Kern. Zu niedrige Hitze kann zu bakterieller Zersetzung führen. Erkennbar ist das an grünlichen Stellen im Anschnitt. Die falsche Temperatur kann auch zu unschönen Ansammlungen von Fett und Gelee führen.

10 Nach dem Brühen die Würste zum Abkühlen sofort in kaltes Wasser legen. Nicht zu kalt abschrecken, sonst können graue Ränder entstehen.

11 Würste nach dem Kühlen im Wasser noch kurz aufhängen, bis sie außen abgetrocknet sind, und dann sofort in den Kühlschrank legen. Wichtig: Je schneller in der Kühlung und je tiefer die Temperaturen im Kühlschrank, desto länger ist die Wurst haltbar.

HALTBARKEIT

Im Kühlschrank bei 4 bis 6 °C halten sich diese Würste in Hüllen 1 bis 2 Wochen. Wenn sie angeschnitten wurden, sollten sie bald verbraucht werden. Das Einfrieren ist möglich.

Je nach Herkunft hat die Knackwurst unterschiedliche Zusammensetzungen – hier ein Rezept nach Thüringer Art.

KNACKWURST

- *250 g mageres Schweinefleisch*
- *300 g mageres Rindfleisch*
- *250 g frischer Speck ohne Schwarte*
- *1 Zwiebel*
- *18 g Nitritpökelsalz*
- *2 g Phosphat*
- *0,5 g Ascorbinsäure*
- *2,5 g gemahlener weißer Pfeffer*
- *0,5 g gemahlene Muskatnuss*
- *0,5 g gemahlener Macis*
- *1 g gemahlene Paprika*
- *0,5 g gemahlener Koriander*
- *1 g frischer Knoblauch, gehackt*
- *200 g Eisschnee*
- *Schweinedünndärme*
- *evtl. Wurstgarn*

Gekühlt 1–2 Wochen haltbar.

1. Fleisch und Speck zusammen mit den Zwiebeln durch die feine Scheibe des Fleischwolfs drehen und sehr gut durchkühlen bzw. anfrieren lassen (optimal sind 0–2 °C).

2. Alles mit den Gewürzen und anderen Zutaten zusammen mit dem Eisschnee in der Küchenmaschine oder mit dem Stabmixer so lange mixen, bis eine bindige, klebrige, feine Masse entsteht. Wichtig: Die Temperatur der Masse beim Zerkleinern darf 15 °C nicht übersteigen, sonst wieder zwischenkühlen bzw. anfrieren.

3. Mit dem Fleischwolf, einem separaten Füller oder mit dem Fülltrichter in die Därme füllen. Nach jeweils 10–15 cm abdrehen oder zubinden.

4. Würste aufhängen und im Räucherschrank bei etwa 50 °C auf die gewünschte Farbe (abhängig von der Intensität des Rauches 20–30 Minuten) räuchern. Achtung: Würste müssen vor dem Räuchern einigermaßen trocken sein.

5. Dann in 75 °C heißem Wasser ca. 30 Minuten brühen. In kaltem Wasser abkühlen lassen. Anschließend noch einmal durch frisches warmes Wasser schwenken, um anhaftendes Fett abzuwaschen.

Die Bratwurst – ideal für Grill und Pfanne.

GROBE BRATWURST

- *300 g mageres Schweinefleisch*
- *700 g Schweinebauch*
- *20 g Salz*
- *2 g weißer Pfeffer, gemahlen*
- *0,5 g Macis, gemahlen*
- *0,5 g Ingwer, gemahlen*
- *1 g Majoran, gerebelt*
- *Schafsaiten oder dünne Schweinedärme*
- *evtl. Wurstgarn*

Gekühlt 1–2 Wochen haltbar.

1. Fleisch und Schweinebauch klein schneiden und gut durchkühlen lassen. Mit Salz und den Gewürzen vermengen und durch die 3-mm-Scheibe des Fleischwolfs drehen. Das Ganze von Hand gut durchmengen, bis die Masse eine bindige, klebrige Konsistenz bekommt.

2. Mit dem Fleischwolf oder der Küchenmaschine in die Därme füllen (siehe Seite 192). Nach jeweils 8–10 cm abdrehen oder zubinden.

3. Entweder sofort braten oder in 75 °C heißem Wasser, abhängig vom Darmdurchmesser 20–30 Minuten brühen und in kaltem Wasser abkühlen lassen.

Tipps: Das Brät auf keinen Fall überwürzen, denn die Würste werden beim Braten geschmacksintensiver. Streicht man sie vor dem Braten mit Milch oder Senf ein, bekommen sie eine appetitlich braune Farbe.

Jagdwurst auf norddeutsche Art, typisch sind die Pistazien.

JAGDWURST IM GLAS

- *125 g Rindfleisch*
- *475 g Schweinefleisch*
- *110 g Speck*
- *110 g Schweinebacke*
- *100 g Schweinebauch*
- *10 g Pistazien*
- *5 g Zwiebeln, gehackt*
- *18 g Nitritpökelsalz*
- *0,5 g Ascorbinsäure*
- *1,5 g weißer Pfeffer, gemahlen*
- *0,5 g Macis, gemahlen*
- *0,5 g Koriander, gemahlen,*
- *0,5 g Paprika edelsüß*
- *0,3 g Kardamom, gemahlen*
- *100 g Eisschnee*

Einige Monate haltbar.

1. Fleisch, Speck und Schweinebacke im Kühlgerät möglichst tief herunterkühlen und klein schneiden.

2. Schweinefleisch und -bauch am Vortag noch leicht angefroren durch die 10-mm-Scheibe drehen. Rindfleisch, Speck und Schweinebacke durch die 2-mm-Scheibe drehen. Pistazien grob hacken.

3. Die beiden unterschiedlich groben Fleischmassen miteinander vermengen, mit Pistazien, Zwiebeln, Salz, Gewürzen, Ascorbinsäure und Eisschnee in der Küchenmaschine so lange rühren, bis alles vollständig vermischt und eine bindige, klebrige Masse entstanden ist.

4. Die Wurstmasse in Dosen oder Einkochgläser füllen und 2 Stunden bei 100 °C einkochen (siehe Seite 188).

Fleischkäse
Weißwurst bayerische Art

Schmeckt kalt, heiß und leicht knusprig gebraten.

FLEISCHKÄSE

200 g Kalbfleisch
200 g Schweinefleisch
400 g fetter Schweinebauch
18 g Nitritpökelsalz
2 g Phosphat
0,5 g Ascorbinsäure
3 g weißer Pfeffer, gemahlen
1 g Majoran, gerebelt
1 g Thymian, gemahlen
1 g Macis, gemahlen
0,5 g Ingwer, gemahlen
0,5 g Kardamom
0,5 g Koriander
200 g Eisschnee
Fett für die Form

Gekühlt 1–2 Wochen haltbar.

1. Fleisch und Schweinebauch im Kühlgerät möglichst tief herunterkühlen und klein schneiden.

2. Dann durch die mittlere Scheibe des Fleischwolfs drehen. Mit Nitritpökelsalz, Phosphat, Ascorbinsäure und den Gewürzen gut vermischen und wieder durchkühlen. Zusammen mit dem Eisschnee noch einmal durch die feine Scheibe wolfen. Es soll eine feine, zähe Masse entstehen. Alternativ zum Wolf einen Kutter oder Pürierstab benutzen.

3. Kastenform sorgfältig einfetten. Fleischmasse einfüllen, Lufteinschlüsse vermeiden. Oberfläche mit einer Palette oder Teigkarte nass glatt streichen. Ofen auf 160 °C vorheizen.

4. Fleischkäse auf der mittleren Schiene ca. 90 Minuten backen. Für eine gebräunte Oberfläche während der letzten 5–6 Minuten den Grill dazuschalten.

Achtung: Um eine ausreichende Erhitzung zu gewährleisten, sollte unbedingt die Kerntemperatur (72 °C) gemessen werden.

Der Kenner zuzelt die Wurst aus des Pelle, dazu gibt's süßen Senf und eine Semmel!

WEISSWURST BAYERISCHE ART

250 g Kalbfleisch
220 g Schweinefleisch vom Nacken
250 g frischer Speck
30 g gekochte Schweineschwarte
abgeriebene Schale von 1 unbehandelten Zitrone
20 g Kochsalz
2 g Phosphat
20 g Zwiebel, gehackt
2 g weißer Pfeffer, gemahlen
1 g Ingwer
1 g Macis, gemahlen
250 g Eisschnee
30 g Petersilie, sehr fein gehackt
Schweinedärme
evtl. Wurstgarn

Gekühlt 1–2 Wochen haltbar.

1. Gut durchgekühltes Fleisch, Speck und gekochte Schwarte in grobe Stücke schneiden und durch die 3-mm-Scheibe des Fleischwolfs drehen. Zitronenschale, Salz, Phosphat, Zwiebel und Gewürze zugeben und mit Eisschnee im Küchenmixer zerkleinern, bis eine bindige Masse (Brät) entsteht. Petersilie von Hand untermischen.

2. Fleischmasse mit dem Fleischwolf oder dem Küchengerät nicht zu fest in Därme füllen (siehe Seite 192). Därme alle 10 cm abdrehen oder zubinden.

3. In 75 °C heißem Wasser 30 Minuten ziehen lassen. Herausnehmen und in kaltem Wasser abkühlen lassen.

Eine sehr kräftige Wurst, ideal auf Bauernbrot und natürlich zu einem Glas Bier.

BIERWURST IM GLAS

400 g Rindfleisch
300 g Schweinefleisch
300 g Rückenspeck (ohne Schwarte)
100 g Eisschnee
18 g Nitritpökelsalz
2 g Phosphat
1 g Ascorbinsäure
3 g schwarzer Pfeffer
1 g Muskat, gerieben
1 g Koriander, gemahlen
1 g Kümmel, gemahlen
0,8 g Knoblauchpulver
10 g Senfkörner

Einige Monate haltbar.

1. Fleisch und Speck im Kühlgerät möglichst tief herunterkühlen und kleinschneiden.

2. Dann getrennt durch die 8-mm-Scheibe des Fleischwolfs drehen. Das Rindfleisch zusammen mit dem Eisschnee nochmals durchdrehen. Mit Nitritpökelsalz, Phosphat, Ascorbinsäure und den Gewürzen bis auf die Senfkörner gut vermischen und wieder durchkühlen. Es soll eine feine, zähe Masse entstehen.

3. Die Senfkörner damit vermischen.

4. Die Wurstmasse in Dosen oder Einkochgläser füllen und 2 Stunden bei 100 °C einkochen (siehe Seite 188).

Eine feine Pastete, die sich lange hält.

LEBERPASTETE IM GLAS

1 kg Speck
1 kg Schweinefleisch (aus Schulter oder Keule)
1 kg Schweineleber
200 g Zwiebeln, gehackt
200 g Schweineschmalz
1 EL gemahlener schwarzer Pfeffer
1 EL Paprikapulver
75 g Salz

Einige Monate haltbar.

1. Speck in Würfel schneiden. Fleisch und Leber in Scheiben schneiden. Die Zwiebeln in Schmalz glasig dünsten, das Fleisch zugeben. Nach ca. 15 Minuten samt Leberstücke und Speckstücke weitere 15 Minuten dünsten.

2. Zweimal durch die feine Scheibe des Fleischwolfs drehen.

3. Mit Gewürzen mischen, in Dosen oder Einkochgläser füllen und 2 Stunden bei 100 °C einkochen (siehe Seite 188).

Kochwurst

Kochwurst ist eine Wurstart, die im Haushalt relativ einfach umzusetzen ist und deren Herstellung mit wenigen Utensilien auskommt. Ob Leberwurst, Blutwurst oder Sülzwurst: Alle diese Sorten gehören zu den Kochwürsten, bei denen nicht viel schiefgehen kann.

Das Fleisch von Kochwurst wird gleich während zweier Phasen der Herstellung gekocht, deshalb ist diese Wurstsorte für die Herstellung im eigenen Haushalt ganz gut geeignet, denn die mehrmalige Hitzebehandlung macht sie weniger anfällig für Verkeimungen als es bei Rohwürsten der Fall ist. Kochwurst besteht überwiegend aus vorgekochtem oder vorgebrühtem Fleisch, Schwarten, Speck und Innereien. Sie steht in dem Ruf, dass der Metzger für sie besonders minderwertiges Fleisch verarbeitet, das anderweitig nicht genutzt werden kann. Wer Kochwurst selber macht, hat zum Glück selbst in der Hand, was in die Wurst kommt. Und es geht recht einfach und mit relativ wenig Utensilien – ideal für den Hobbywurster.

DREI TYPEN KOCHWURST

Man unterscheidet bei Kochwurst drei mögliche Typen:

Leberwurst, grob oder fein. Die Leber kann vom Schwein oder vom Kalb stammen, Rinderleber dagegen ist meist zu bitter und trocken. Dazu kommt fettreiches Fleisch, anschließendes Räuchern ist möglich.

Je fettreicher eine Wurst ist, desto weicher ist sie auch. Und da Leberwurst mit fettreichem Fleisch und mit Bauchspeck hergestellt wird, ist sie besonders weich.

Blutwurst wie Rotwurst und Zungenwurst enthält bis zu 30 Prozent Schweineblut, weitere Zutaten können sein: Herz, Leber, Zunge, Muskelfleisch, Schwarten und Speck. Frisches Blut kann man beim Metzger vorbestellen. Auch hier ist anschließendes Räuchern möglich.

Sülzwurst, z. B. Schwartenmagen und Aspikwaren wie etwa Tellersülze, bestehen zu einem Teil aus Geliermasse, die z. B. aus Schweineschwarte gewonnen wird. Man kann aber auch fertige Gelatine oder Aspikpulver verwenden. Sie enthält viel stückiges Fleisch und ist meist säuerlich abgeschmeckt.

1

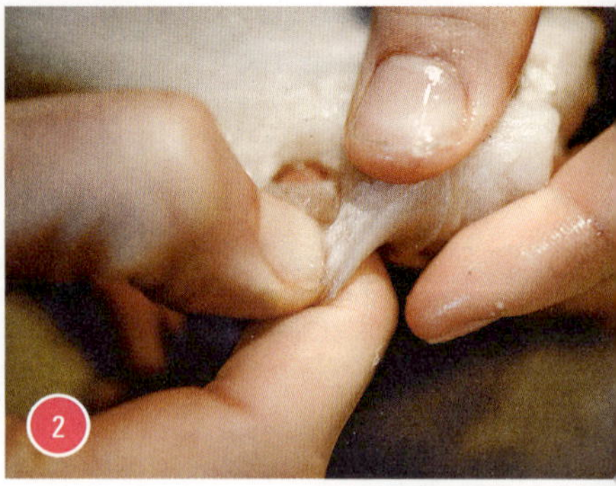
2

Und so geht's

3

4

5

KOCHWURST

GERÄTE

Schüsseln, Topf, Fleischwolf, Thermometer, Schöpflöffel, Handfülltrichter, Digitalwaage, Wurstgarn, Därme oder Gläser

ZUTATEN

Fleisch (je nach Wurstart unterschiedlich): Schweineleber, Bauchfleisch, Schwarten, Innereien, Schweineblut, Schmalz, Gewürze, Salz

FÜR SÜLZEN: Aspik bzw. Gelatine, Essig, Einlagen (Gemüse, Gurke, Mayonnaise, Ei etc.)

ZUBEREITUNG LEBER- ODER BLUTWURST

1 Bauchfleisch und entfettete Schwarten in heißem Wasser garen. Das Entfetten der Schwarte für Blutwurst ist wichtig, damit die Wurst später nicht weich und bröckelig ist. Die Schwarte ist gar, wenn man sie mit zwei Fingerkuppen durchdrücken kann. Den Fleischsud aufbewahren. Wird Leber verwendet, die Gallengänge sorgfältig entfernen, sie schmecken bitter. Blut muss entweder schlachtwarm sein, da es sonst zu fest zum Verarbeiten ist, oder muss auf ca. 40 °C erwärmt werden. Die Verwendung von Rinderblut oder schlechte Blutqualität kann dazu führen, dass der Anschnitt später matt wird.

2–4 Fleisch und Schwarten noch heiß zerkleinern, je nach Rezept mit dem Fleischwolf oder per Hand. Die Masse mit allen anderen Zutaten sehr gut vermengen und sehr herzhaft abschmecken. Auch das Blut für die Blutwurst nun zufügen. Bei Leberwurst nicht zu viel Leber verwenden, sonst wird die Wurst trocken und dunkel.

5 Nun die Wurstmasse nach Belieben in Gläser oder Dosen einmachen (siehe Seite 188) oder in Därme füllen (siehe Seite 192).

HINWEIS: Würste in Därmen müssen jetzt noch gebrüht werden. Zuvor können sie, je nach Rezept, heißgeräuchert werden (siehe Seite 180). In Gläsern oder Dosen eingemacht, wird die Wurst durch den Einmachvorgang gegart. Zum Brühen gehen Sie vor wie bei einer Brühwurst, hier beachten Sie bitte die Punkte 8 bis 11 (siehe Seite 196).

ZUBEREITUNG SÜLZEN

1 Für die Einlage Fleisch in Wasser oder Brühe garen, abkühlen lassen und in feine Würfel schneiden, gegebenenfalls weitere Einlagen wie Kräuter und Gemüse vorbereiten, waschen und kleinschneiden, evtl. vorgaren. Einen Essig- bzw. Gewürzsud kochen, aus dem das Gelee entstehen soll.

2 Entweder Gelatine einweichen und in den noch leicht warmen Essigsud rühren. Sie können auch statt der Gelatine Aspikpulver verwenden. Zu geringe Gelatine- bzw. Aspikpulvermengen lassen den Sud nicht ausreichend erstarren, zu hohe Mengen lassen ihn bretthart werden. Nicht fest wird er auch, wenn Gelatine oder Aspik zu stark erhitzt wurden.
TIPP: Für die Gelierprobe etwas Sud auf einen kleinen Teller geben und kühl stellen. Wenn der Sud gut erstarrt, ist die Mischung richtig und es kann weitergehen.

3–4 Einen dünnen Spiegel des Suds in die Form oder ein anderes Gefäß gießen. Die Form kaltstellen, bis der Spiegel erstarrt ist.
TIPP: Die Form, in der die Sülze aufgebaut werden soll, vorab mit kaltem Wasser ausspülen.

5 Einige Fleischwürfel und etwas von der anderen Einlage hineingeben. Mit Sud fast bedecken und kaltstellen, bis der Sud fest geworden ist.

6–7 Auf diese Weise nach und nach Einlagen und Sud einfüllen, bis alles verbraucht ist. Mit dem Sud abschließen, es soll sich eine glatte Oberfläche ergeben.

HALTBARKEIT

Kochwurst legt man am besten nach der Herstellung in der Pelle in den Kühlschrank. Abhängig von der Erhitzung hält sie sich dort 2 bis maximal 3 Wochen. Wegen ihres hohen Fettgehalts sollte man sie nicht für länger als einen Monat in den Tiefkühler legen, weil sie ranzig werden können. *Sülzen* halten sich gekühlt und gut abgedeckt mindestens 1 Woche. Kochwurst ist im Allgemeinen nur in kaltem Zustand schnittfest und verflüssigt sich beim Erhitzen.

Eine Leberwurst mit einem satten Drittel Leberanteil.

HAUSMACHER-LEBERWURST IM GLAS

- *700 g fettes Schweinefleisch*
- *1 l Hühnerbrühe*
- *3 Lorbeerblätter*
- *5 Gewürznelken*
- *1 EL Kümmel*
- *1 EL Majoran*
- *1 Bund Thymian*
- *350 g Schweineleber*
- *150 g Bauchfett (Flomen)*
- *1 Knoblauchzehe, gehackt*
- *1 Zwiebel, gehackt*
- *25 g Salz*
- *5 g Majoran, gerebelt*
- *1 EL Thymian, gerebelt*
- *1 TL Muskat, gerieben*
- *1 TL Kümmel, gemahlen*
- *1 Prise Kardamom, gemahlen*
- *1 Prise Koriander, gemahlen*
- *3 g weißer Pfeffer, gemahlen*

Einige Monate haltbar.

1. Das Fleisch in der Hühnerbrühe mit Lorbeerblättern, Nelken, Kümmel, Majoran und dem Bund Thymian ca. 1 ¼ Stunden im geschlossenen Topf garen.

2. Fleisch herausnehmen, warm stellen und den Kochsud nochmals aufkochen.

3. Die Leber hineingeben und 2–3 Minuten brühen. Danach Fleisch, Bauchfett und Leber noch heiß zusammen durch die 3-mm-Scheibe wolfen und möglichst rasch mit dem Knoblauch, der Zwiebel, dem Salz und den Gewürzen vermengen

4. Etwa 200 ml vom heißen Kochsud hinzugeben (möglichst die fettige Schicht, die sich oben absetzt verwenden), bis die Masse dickflüssig ist.

5. Die Wurstmasse in Dosen oder Einkochgläser füllen und 2 Stunden bei 100 °C einkochen (siehe Seite 188).

Variante: Kann auch in Schweinedärme gefüllt und anschließend gebrüht werden. Anschließendes Räuchern bringt noch eine weitere Aromavariante.

Hausmacher-Leberwurst im Glas

Hier entstehen wahre Kunstwerke in Aspik.

PRESSKOPF IN ASPIK

1 kg Schweineschulter
1 kg Kopffleisch vom Schwein
1–2 Zwiebeln, gehackt
½ Bund Suppengrün, klein geschnitten
2 Lorbeerblätter
1 EL Senfsamen
1 TL schwarze Pfefferkörner
Salz
1 guter Schuss Essig, Menge nach Belieben
Aspikpulver für 1 l Wasser
(Pulvermenge abhängig von der Stärke)
3–5 Gewürzgurken, fein gewürfelt

Die Sülze sollte unbedingt im Kühlschrank aufbewahrt werden. Nach dem Öffnen innerhalb von 3–4 Tagen verbrauchen.

1. Am Vortag das Fleisch mit Zwiebeln, Suppengrün, Lorbeerblättern, Senfsamen und Pfeffer in leicht gesalzenem Wasser kurz unter dem Siedepunkt garen, bis es weich ist. Fleisch herausnehmen und kühl stellen. Brühe durch ein feines Sieb gießen und kühl stellen.

2. Am nächsten Tag 1 l der Brühe erhitzen und mit Salz und Essig etwas überwürzt abschmecken. Aspik darin auflösen. Gelierprobe machen: 2 EL Brühe auf eine Untertasse geben und kühl stellen. Wird sie nicht fest, mehr Aspikpulver zugeben, wird sie zu hart, mit etwas Wasser verdünnen.

3. Fleisch in 1 cm große Würfel schneiden und zusammen mit den Gewürzgurken die Gläser zu drei Vierteln damit füllen. Mit der heißen Brühe vollständig übergießen. Gläser sofort verschließen, abkühlen lassen und gekühlt aufbewahren.

Eine feine Streichwurst aus der Hülle.

FEINE KALBSLEBERWURST

300 Kalbfleisch oder anderes zartes Fleisch
(Geflügel, Kaninchen oder Lamm)
400 g durchwachsener Schweinebauch
100 g Kalbsleber
200 g Schweineleber
40 g Zwiebel, gehackt
etwas Schmalz
18 g Nitritpökelsalz
2 g weißer Pfeffer, gemahlen
1 g Macis, gemahlen
0,5 g Paprika edelsüß
0,5 g Ingwer, gemahlen
durchlässige Kunstdärme oder Sterildärme

Gekühlt 1–2 Wochen haltbar.

1. Fleisch und Schweinebauch in leicht gesalzenem Wasser kurz unter dem Siedepunkt garen, bis das Fleisch weich ist. Brühe abgießen.

2. Leber sorgfältig von den Gallengängen befreien, in Streifen schneiden und wässern. Zwiebeln in Schmalz goldgelb braten.

3. Leber durch die 2-mm-Scheibe wolfen, dann mit einem Pürierstab oder im Mixer fein mixen, bis sie beginnt, Blasen zu werfen.

4. Fleisch, Schweinebauch und Zwiebeln durch die 2-mm-Scheibe wolfen, dann ebenfalls mixen und die schon gemixte Leber langsam zugeben. Nitritpökelsalz, alle Gewürze und 100–200 ml heiße Brühe zugeben und gründlich weitermixen, bis eine sehr feine Masse entstanden ist.

5. Mit dem Fleischwolf oder der Küchenmaschine in die Därme füllen. Nach jeweils 8–10 cm abdrehen oder zubinden.

6. In 75 °C heißem Wasser pro Millimeter Darmdurchmesser mindestens 1 Minute brühen. In lauwarmem Wasser abkühlen lassen.

7. Kurz aufhängen, damit die Würste abtrocknen, und ca. 30 Minuten in den Kühlschrank legen.

Eine deftige Wurstspezialität, die im Glas eingemacht lange haltbar ist.

HAUSMACHER-BLUTWURST IM GLAS

- *1 l Schweineblut*
- *600 g Schweineschwarte*
- *600 g Rückenspeck*
- *45 g Nitritpökelsalz*
- *4,5 g schwarzer Pfeffer, gemahlen*
- *2,5 g Kümmel, gemahlen*
- *4,5 g Majoran, gerebelt*
- *3 g Piment*
- *1 g Zwiebel, gehackt*

Einige Monate haltbar.

1. Das Blut mehrmals durchsieben und auf ca. 40 °C erwärmen (wer ganz frisches, noch schlachtwarmes Blut bekommen kann, kann diesen Schritt überspringen).

2. Die Schweineschwarte in Wasser weich kochen und durch die 2-mm-Scheibe wolfen. Den Rückenspeck ebenfalls weich kochen und in kleine Würfel schneiden. Die Speckwürfel nochmals mit heißer Kochbrühe knapp bedeckt übergießen und die gewolften Schwarten dazugeben. Beides gut vermengen.

3. Salz, Gewürze und Zwiebeln in das Blut geben und verrühren. Auf die heißen Speckwürfel geben. Alles gut vermengen.

4. Die Wurstmasse in Dosen oder Einkochgläser füllen und bei 100 °C 2 Stunden einkochen (siehe Seite 188).

Besonders kräftig mit Räucheraroma.

ZUNGENBLUTWURST

- *500 g Wurstmasse für Hausmacher Blutwurst*
- *500 g gepökelte Schweinezungen*
- *Rinderbutte oder Schweinemagen*

Gekühlt 1–2 Wochen haltbar.

1. Zungen 1 bis 1 ½ Stunden in einem kleinen Topf garen. Nicht zu viel Wasser verwenden, denn dieses würde zu viel Salz entziehen.

2. In der Zwischenzeit die Wurstmasse für Hausmache-Blutwurst wie nebenstehend beschrieben herstellen.

3. Zungen schälen und putzen. Es geht leichter, wenn man sie kurz mit kochendem Wasser überbrüht.

4. Ein Viertel der Wurstmasse in die Butte oder den Magen füllen. Einige der Zungen nach dem Sardinendosenprinzip (abwechselnd mit der Spitze bzw. der Breitseite) hineinstecken, bis sie am Ende anstoßen. Wieder etwas Blutwurstmasse einfüllen, dann wieder Zungen hineinstecken, bis alles verbraucht und gleichmäßig verteilt ist.

5. In heißem Wasser ca. 15 Minuten/cm Wurst garen. Dann in kaltem Wasser völlig erkalten lassen.

6. Anschließend leicht kalträuchern (siehe Seite 180).

Variante: Die Zungenwurst kann auch in Gläsern oder Dosen eingemacht werden. Dann die Zungen etwas kleiner schneiden und nach dem Einfüllen der Wurstmasse gleichmäßig in die Gläser bzw. Dosen stecken und 2 Stunden einkochen. Auf das leichte Räucheraroma muss man verzichten.

Rohwurst

Ob Salami, Chorizo oder Ahle Worscht: Hat man die deftige schnittfeste Rohwurst unter Einhaltung aller Hygieneregeln hergestellt, dann kann man sich auf ein unter Umständen jahrelang haltbares Produkt freuen, das immer mehr an Aroma gewinnt. Doch selbst die zarten streichfähigen Sorten wie Mett- oder Teewurst halten sich einige Wochen frisch.

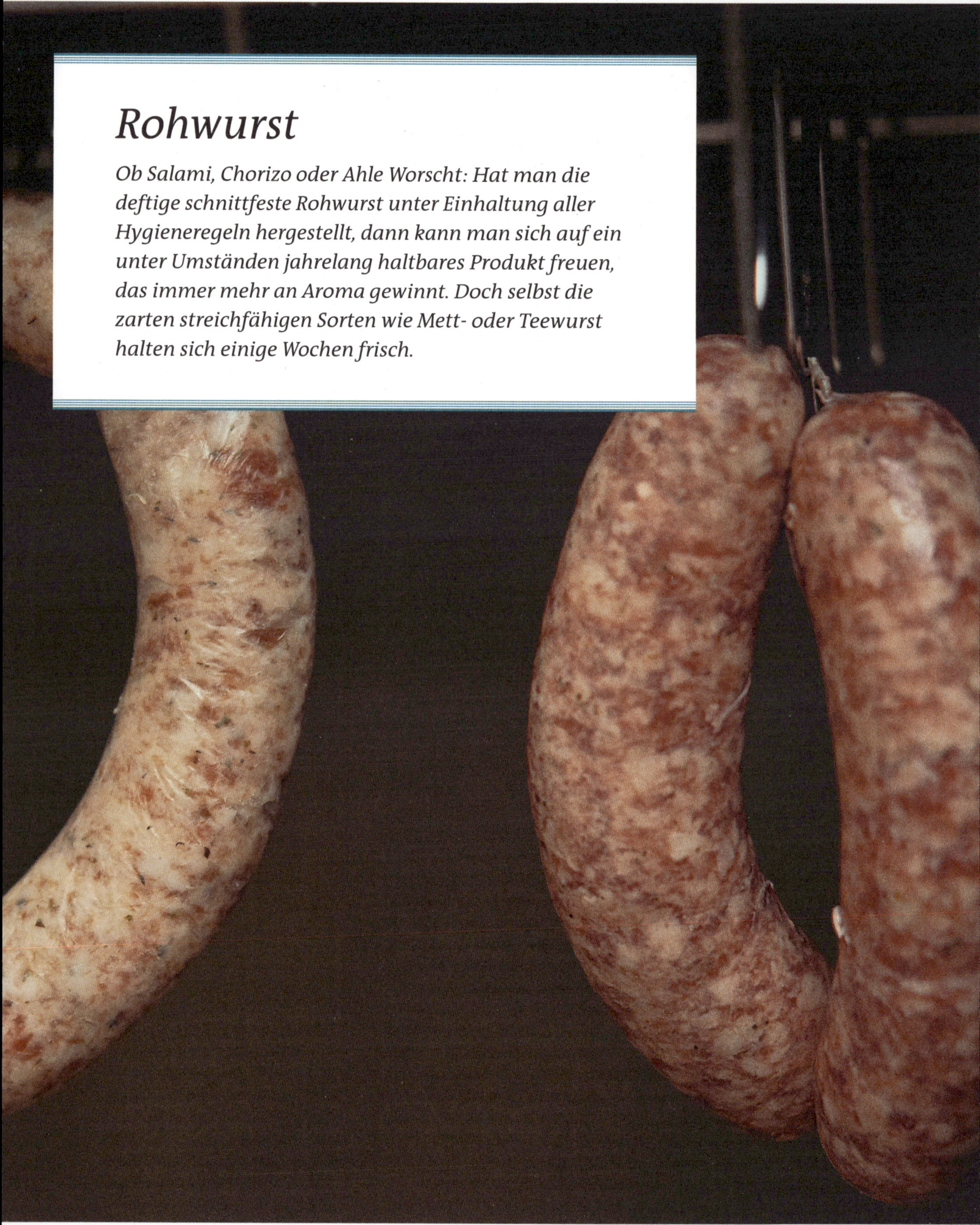

Rohwurst bzw. Dauerwurst besteht aus rohem Fleisch und Speck. Sie wird, wie der Begriff vermuten lässt, nicht erhitzt. Nach dem Füllen der Därme wird diese Wurstart durch Kalträuchern, Reifen oder Lufttrocknen haltbar gemacht. Rohwurst ist sehr lange haltbar, ihre Herstellung aber aus hygienischen Gründen problematisch. Durch die Lagerung verliert sie immer mehr Wasser und Gewicht, wird härter und fester. Dunkle, fast schwarze und sehr harte Würste sind würzige Delikatessen, bei denen die herzhaften Aromen konzentriert sind. Im Gegensatz zu Brüh- und Kochwürsten ist das Einmachen in Gläsern oder Dosen nicht möglich, denn der Einmachprozess ist gleichzeitig ein Garprozess.

Grill- und Bratwürste können zwar unerhitzt in den Handel kommen, werden aber dennoch nicht zu den Rohwürsten gezählt, da sie zum Verzehr erhitzt werden müssen.

Man unterscheidet zwei Typen: die streichfähige Rohwurst wie Mett- und Teewurst, und die schnittfesten Sorten, z. B. Salami. Sie halten sich wochenlang, schnittfeste Sorten auch über Jahre.

FLEISCHAUSWAHL

Die richtige Fleischauswahl ist bei Rohwurst so ausschlaggebend wie bei keiner anderen Wurstart. Sie bestimmt, ob die Wurst haltbar ist, aber genauso wichtig ist sie für Konsistenz und Geschmack. Man kann das Fleisch von Schwein, Rind, Wild, Schaf und Ziege verwenden. Für streichfähige Rohwürste ist wichtig, dass es von älteren Tieren stammt, weil es nicht so wässrig wie das sehr junger Tiere ist, und das Fleisch sollte gut abgelagert sein. Niemals wässriges Fleisch wählen! Eine Lagerdauer von zwei bis drei Tagen nach der Schlachtung ist ideal, dann ist der pH-Wert auf das richtige Niveau gesunken. Das Fleisch sollte auch direkt nach dem Schlachten schon gekühlt werden, damit möglichst wenig Bakterien eine Chance haben. Hals, Schulter und Schlegel sind besonders gut geeignete Fleischstücke. Sehnen und Knorpel müssen entfernt werden. Das gilt auch für Blut, das einen besonders guten Nährboden für Bakterien bildet. Bauchfleisch ist gut geeignet für Mettwurst. Die weichen Teile für die feine, die kernigen für die grobe. Für schnittfeste Rohwurst nur kernige Teile verwenden.

Die Wahl des Specks ist von der Wurstsorte abhängig: Wie auch beim Bauchfleisch entweder weichen Speck (für feine Mettwurst) oder trockenen, kernigen Speck (für grobe Mettwurst) verwenden. Für schnittfeste Rohwurst stets kernigen Speck wählen.

STARTERKULTUREN

Da unter hygienisch einwandfreien Bedingungen gearbeitet werden muss, sind natürlicherweise vorhandene Mikroorganismen bei der Verarbeitung auf ein Mindestmaß reduziert. Das vermindert einerseits notwendigerweise das Risiko von bakterieller Kontamination, die Schattenseite ist aber, dass auch für den Reifeprozess nützliche Mikroorganismen fehlen.

Deshalb setzt man diese in Form von Starterkulturen zu. Sie bestehen hauptsächlich aus Milchsäurebakterien und Mikrokokken, die u. a. durch die Absenkung des pH-Wertes den Reifungsprozess der Wurst stark beschleunigen, den Umrötungsprozess steuern und die Aromabildung beeinflussen. Mit Starterkulturen wird gleichzeitig die Gefahr von Verderb durch mikrobielle Verunreinigungen vermindert. Aus diesen beiden Gründen sollte man in der hauseigenen Herstellung nicht darauf verzichten. Erhältlich sind solche Kulturen im Internet, bei den Fleischergenossenschaften oder man fragt seinen Metzger.

Wichtig ist auch, dass der in den Rezepten angegebene Zucker unbedingt zugegeben wird, denn dieser dient den Starterkulturen als „Nahrung".

GEEIGNETE DÄRME FÜR ROHWURST

Um Fehlfabrikate zu vermeiden und das Risiko der Gesundheitsgefährdung zu minimieren, sind hier nur relativ einfach herzustellende Rezepte aufgeführt. Würste in Därmen mit mehr als 50 mm Durchmesser sollte man nicht herstellen. Besser sind Naturdärme mit einem Durchmesser von 30 bis 50 mm, zum Beispiel Schweine- oder Rinderdünndärme oder durchlässige Faserdärme.

DER REIFEPROZESS

Beim Reifeprozess darauf achten, dass die Wurst gleichmäßig an Gewicht verliert. Dies erreicht man, wenn am Anfang eine höhere Luftfeuchtigkeit (ca. 85 bis 90 Prozent) herrscht, die nach ein paar Tagen abgesenkt wird. Wird die Wurst zu schnell getrocknet, bekommt sie einen Trockenrand, möglicherweise Falten und aus dem Inneren entweicht zu wenig Wasser.

WARNUNG FÜR DAS SELBERMACHEN VON ROHWÜRSTEN! *Das Fehlen eines Erhitzungsvorgangs bedeutet in der Hobbywursterei eine Hygienehürde, denn es muss hier noch mehr auf hygienisch einwandfreie Bedingungen geachtet werden (siehe Seite 8) und auf beste Qualität der Ausgangsprodukte. Hier sorgt kein Erhitzungsvorgang für eine keimtötende Wirkung! Auch unter besten Voraussetzungen kann die Herstellung von Rohwürsten im eigenen Haushalt nur bedingt empfohlen werden. Damit die Verkeimungsgefahr so stark wie möglich reduziert wird, sollten Starterkulturen verwendet werden, die den pH-Wert schnell absenken und dadurch die Reifung beschleunigen. Alle Arbeitsschritte müssen unter kühlen Temperaturbedingungen vonstatten gehen, das gilt vom Zeitpunkt der Schlachtung bis zur Lagerung der fertigen Würste. An Rohwurst sollte man sich wirklich erst dann wagen, wenn man schon einige Erfahrung gesammelt hat und auch dann nur kleine Mengen herstellen.*

ROHWURST

GERÄTE

Messer, hier ist die Schärfe besonders wichtig! Schüsseln, Topf, Fleischwolf/Küchenmaschine, Digitalwaage, Thermometer, Hygrometer, Schöpflöffel, Wurstgarn

HINWEIS: Wichtig sind ein ausreichender Kühlraum für das Fleisch und kühle Räume für die Wurstherstellung. Deshalb weichen Sie besser auf die kalte Jahreszeit aus.

ZUTATEN

Fleisch, Speck, Wurstband für Naturdarm, Nitritpökelsalz, Ascorbinsäure, Gewürze, Zucker, Starterkultur, Darm: siehe Tabelle Seite 191.

HINWEIS: Kunststoffdärme sind nicht geeignet, da mit diesen die nötige At-

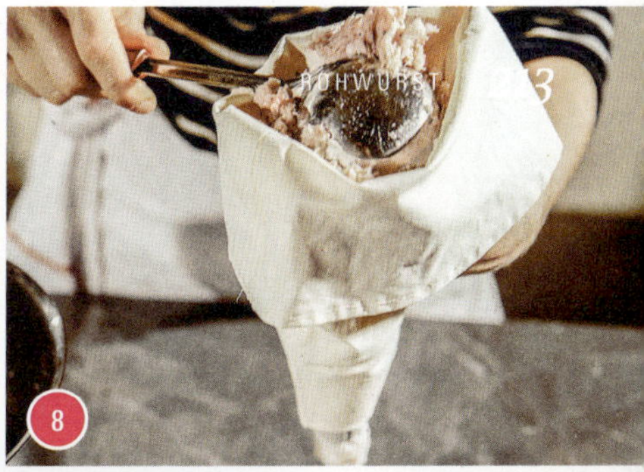

mung und Trocknung der Rohwürste nicht möglich sind.

ZUBEREITUNG SCHNITTFESTE ROHWURST

HINWEIS: Das verwendete Fleisch muss immer kühl gehalten werden, es sollte nie 2 °C überschreiten. Ideal: Am Vortag einfrieren und 3 bis 4 Stunden vor dem Verarbeiten in einem kühlen Raum antauen. Dann lässt es sich auch am besten schneiden.

1–3 Fleisch in Streifen schneiden, die gut in einen Fleischwolf passen. Fleischstreifen in einer Schüssel mit Gewürzen und Zusatzstoffen, auch die Starterkultur, vermengen, bis die Gewürze und Zusatzstoffe restlos am Fleisch haften. Ist das Fleisch nicht mehr angefroren, sondern nur kühl, gibt man das Salz erst später dazu. Es könnte sonst zum Verkleben des Fleisches führen.

HINWEIS: Immer wieder die Temperatur messen und gegebenenfalls das Fleisch wieder kühl stellen, wenn es zu warm ist. Das gilt auch für die folgenden Arbeitsschritte.

4 Nun das Fleisch rasch durch den Wolf drehen. Den Wolf nicht leer laufen lassen, was ihn erwärmen würde.

5 Die Masse mit der Küchenmaschine oder mit den Händen kräftig durchkneten, bis sie bindet. Wurde bisher noch kein Salz verwendet, dieses nun zufügen. Die Kunst ist dabei, die richtige Bindung zu erhalten, denn mit nicht ausreichender Bindung wird die Wurst bröckelig und zu starkes Mischen erzeugt eine schlechte Optik und die Wurst bleibt weich.

TIPP: Tragen Sie beim Kneten per Hand am besten Gummihandschuhe. Sie schützen das Fleisch vor Keimen und der Handwärme und den Kneter vor der Kälte des Fleisches. Die Temperatur beträgt idealerweise 0 bis 2 °C.

6–11 Zum Füllen der Wurstdärme einen Handfüller verwenden. Der Elektrowolf würde das Brät zu sehr aufwärmen. Gut und fest stopfen, es dürfen keine Luftlöcher bleiben, die Verkeimungen fördern würden.

HINWEIS: Schrumpffähige Faserdärme oder Naturdärme eignen sich für Rohwürste am besten, denn sie sind luftdurchlässig und hygienisch vorteil-

12

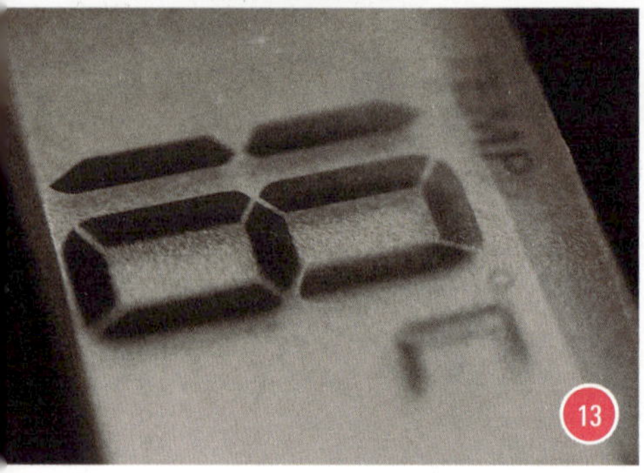

13

14

15

haft. Die Schrumpffähigkeit ist wichtig, denn die Würste verlieren viel Volumen bei der Trocknung, das muss die Hülle mitmachen.

12–13 Nun kommt der Reifeprozess. Hierfür die Würste so aufhängen, dass die Luft an alle Stellen kommen kann. Am besten das zum Verschließen verwendete Wurstgarn nutzen.
WICHTIG: Für den Reifeprozess ist das richtige Klima ausschlaggebend. Man braucht einen dunklen Raum mit mäßiger Luftumwälzung, einer Temperatur von 18 bis 22 °C und einer hohen Luftfeuchtigkeit von 75 bis 90 %. Bei zu niedrigen Temperaturen wachsen die Starterkulturen zu langsam und es kann ein grauer Rand entstehen. Diese Temperatur bietet für die Bakterien, die den Reifeprozess steuern, ideale Bedingungen und die hohe Luftfeuchtigkeit sorgt dafür, dass die Wurst nicht zu schnell trocknet, denn zu schnelles Trocknen würde auch wieder zu Fehlbildungen oder Verderb führen. Während des Reifeprozesses immer wieder Temperatur und Luftfeuchtigkeit mit Thermo- und Hygrometer überprüfen. Das ist eine sensible Angelegenheit!

14–16 Um Schimmelbildung zu verhindern und das charakteristische Aroma zu erhalten, werden die meisten Rohwürste kaltgeräuchert (siehe Seite 180). Dies sollte während des Reifeprozesses am besten 2 bis 3 Tage nach der Herstellung erfolgen, wenn der pH-Wert abgefallen ist. Das Räuchern muss unter denselben klimatischen Bedingungen ablaufen, eventuell für das Erreichen der Luftfeuchtigkeit einen nassen Sack in den Räucherschrank hängen oder auf das Luftverteilerblech eine Schale mit Wasser stellen. Luftfeuchtigkeit immer wieder kontrollieren. Nach dem Räuchern ist die Wurst verzehrbereit.

17 Wer mit Starterkulturen arbeitet, hat nach etwa 1 Woche – je nach Wurstdurchmesser – fertige schnittfeste Rohwürste. Erkennbar ist das an der erfolgten Umrötung und an der Konsistenz. Schnittfeste Rohwürste sollten sich dann auch gut schneiden lassen.
HINWEIS: Es ist immer zu empfehlen, die Würste nach dem Füllen und dann noch einmal nach der Fertigstellung

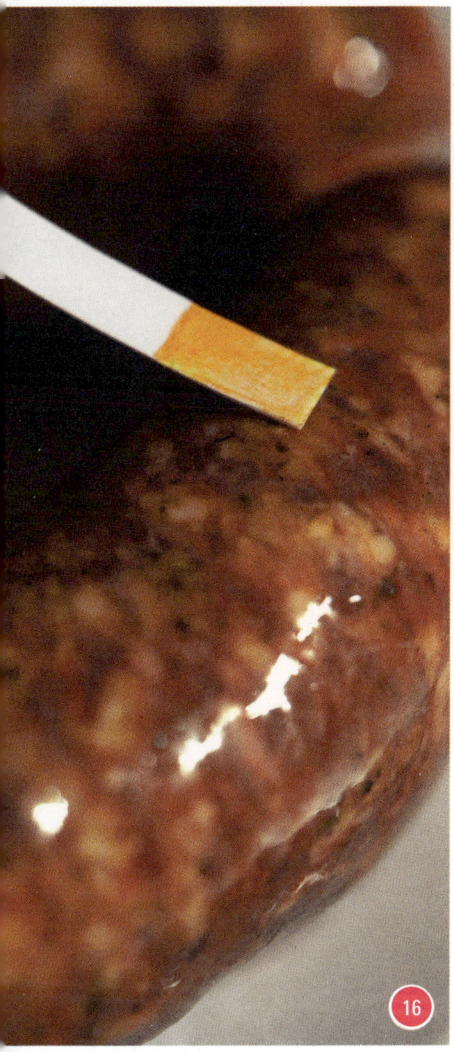

16

17

zu wiegen und damit den Abtrocknungsverlust zu ermitteln. Dieser sollte bei streichfähigen Rohwürsten mindestens 10 % und bei schnittfesten Rohwürsten mindestens 20 % betragen.

LAGERUNG

Rohwürste sollten luftig hängen und vor Zugluft geschützt werden, die einen grauen Rand verursachen kann. Die Raumtemperatur darf 18 °C nicht übersteigen und die relative Luftfeuchtigkeit muss zwischen 75 und 90 % liegen. Werden sie aber zu kühl gelagert, kann sich der Kern grau verfärben. Helles natürliches Licht sollte man wegen der schädigenden Wirkung von UV-Strahlen vermeiden, die Würste werden schnell ranzig oder bekommen einen grauen Rand. Auf Abweichungen der Bedingungen reagieren Rohwürste sehr sensibel und werden schnell ungenießbar.

HALTBARKEIT

Werden alle Lagerbedingungen eingehalten, sind schnittfeste Rohwürste mehrere Monate haltbar, streichfähige nur wenige Tage. Einfrieren ist möglich.

Streichfähige Rohwurst *Sie wird nach demselben Prinzip wie schnittfeste Rohwurst hergestellt. Hier darf das Salz aber schon zusammen mit den Gewürzen vor dem Wolfen zugefügt werden. Auch hier nimmt man als Wursthüllen durchlässige Kunst- oder Naturdärme. Die Reifedauer ist mit etwa 4 Tagen kürzer, dann werden die Würste 12 Stunden geräuchert. Sie brauchen anschließend noch 2 Tage zum Nachreifen. Streichfeste Rohwurst eignet sich nicht zum Lagern und sollte daher bald verbraucht oder eingefroren werden.*

Eine streichfähige, sehr feine Wurst.

TEEWURST

200 g weicher Schweinebauch
200 g Rindfleisch
300 g mageres Schweinefleisch
300 g Speck
2 g weißer Pfeffer, gemahlen
2 g Paprika edelsüß
0,5 g Starterkultur für streichfähige Rohwurst (oder nach Herstellerangabe)
2 g Zucker
0,5 g Ascorbinsäure
10 cl Rum
24 g Nitritpökelsalz
durchlässiger Kunstdarm

Gekühlt 4–5 Tage haltbar.

1. Noch leicht angefrorenen Schweinebauch, Speck und Fleisch in Streifen schneiden.

2. In einer Schüssel mit Pfeffer, Paprika, Starterkultur, Zucker, Ascorbinsäure, Rum und Nitritpökelsalz vermischen, bis alles gut am Fleisch haftet.

3. Alles durch die 2-mm-Scheibe des Fleischwolfs drehen und mit den Händen oder der Küchenmaschine gründlich durchkneten.

4. In durchlässige Kunstdärme von ca. 40 mm Durchmesser füllen und 1–2 Tage in einen warmen Raum bei 22–24 °C und hoher Luftfeuchte hängen. (Dies ist notwendig, damit die Starterkulturen sich vermehren können.)

5. Dann etwa 1 Tag trocknen lassen oder direkt kalträuchern. Die Räucherdauer ist abhängig von der Rauchintensität und kann bis zu 2 Tage betragen.

6. Etwa 2 Tage nachreifen lassen.

Kräftige Wurst, die sich gut auf ein Vollkornbrot gestrichen macht.

GROBE STREICHMETTWURST

600 g Schweinefleisch
400 g Schweinebauch
2 g weißer Pfeffer, gemahlen
1 g Paprika edelsüß
0,5 g Macis
1 g gemahlener Kümmel
0,5 g Starterkultur für streichfähige Rohwurst (oder nach Herstellerangabe)
2 g Zucker
0,5 g Ascorbinsäure
24 g Nitritpökelsalz
durchlässige Kunstdärme

Gekühlt 4–5 Tage haltbar.

1. Noch leicht angefrorenes Schweinefleisch und Schweinebauch in Streifen schneiden.

2. In einer Schüssel mit Pfeffer, Paprika, Macis, Kümmel, Starterkultur, Zucker, Ascorbinsäure und Nitritpökelsalz vermischen, bis alles gut am Fleisch haftet.

3. Alles durch die 5-mm-Scheibe des Fleischwolfs drehen, das Salz zugeben und mit den Händen oder der Küchenmaschine gründlich durchkneten.

4. In durchlässige Kunstdärme von ca. 40 mm Durchmesser füllen und 1–2 Tage in einen warmen Raum bei 22–24 °C und hoher Luftfeuchte hängen. (Dies ist notwendig, damit die Starterkulturen sich vermehren können).

5. Dann etwa 1 Tag trocknen lassen oder direkt kalträuchern. Die Räucherdauer ist abhängig von der Rauchintensität und kann bis zu 2 Tage betragen.

Teewurst

Cervelatwurst

Ursprünglich aus Eselsfleisch hergestellt, heute kommt Rind und Schwein in die schnittfeste Wurst.

CERVELATWURST

330 g mageres Rindfleisch
330 g mageres Schweinefleisch
330 g Speck
2 g weißer Pfeffer, gemahlen
0,5 g Kardamom, gemahlen
0,5 g Starterkultur für schnittfeste Rohwurst (oder nach Herstellerangabe)
0,5 g Ascorbinsäure
4 g Zucker
26 g Nitritpökelsalz
durchlässige Kunstdärme

Gekühlt mehrere Monate haltbar.

1. Noch leicht angefrorenes Fleisch und Speck in Streifen schneiden.

2. Rindfleisch durch die 3-mm-Scheibe wolfen.

3. In einer Schüssel mit Schweinefleisch, Speck, Pfeffer, Kardamom, Starterkultur, Zucker, Ascorbinsäure und Nitritpökelsalz vermischen, bis alles gut am Fleisch haftet.

4. Alles zusammen durch die sehr scharfe 5-mm-Scheibe des Fleischwolfs drehen und mit den Händen oder der Küchenmaschine gründlich durchkneten.

5. In durchlässige Kunstdärme von ca. 40 oder 50 mm Durchmesser oder in Schweinedünndärme von ca. 30 mm füllen. 1–2 Tage in einen warmen Raum bei 22–24 °C und hoher Luftfeuchte hängen. (Dies ist notwendig, damit die Starterkulturen sich vermehren können.)

6. Dann etwa 1 Tag trocknen lassen oder direkt kalträuchern, spätestens aber nach 2–3 Tagen, um Schimmelbildung zu verhindern. Die Räucherdauer ist abhängig von der Rauchintensität und kann bis zu 2 Tage betragen. Der Gewichtsverlust muss mindestens 20–30 % betragen.

Leicht feurig und sehr würzig.

PAPRIKA-PFEFFER-SALAMI

750 g Rindfleisch
250 g Speck
1 Knoblauchzehe
5 g schwarzer Pfeffer, gemahlen
10 g schwarzer Pfeffer, grob geschrotet
2 g scharfes Paprikapulver
2 g Paprika edelsüß
0,5 g Starterkultur für schnittfeste Rohwurst (oder nach Herstellerangabe)
3 g Zucker
0,5 g Ascorbinsäure
26 g Nitritpökelsalz

Gekühlt mehrere Monate haltbar.

1. Noch leicht angefrorenes Fleisch und Speck in Streifen schneiden. Knoblauch fein hacken.

2. In einer Schüssel mit Knoblauch, Pfeffer, Paprika, Starterkultur, Zucker, Ascorbinsäure und Nitritpökelsalz vermischen, bis alles gut am Fleisch haftet.

3. Alles zusammen durch die 5-mm-Scheibe des Fleischwolfs drehen und mit den Händen oder der Küchenmaschine gründlich durchkneten.

4. In durchlässige Kunstdärme von ca. 40 oder 50 mm Durchmesser oder in Schweinedünndärme von ca. 30 mm füllen. 1–2 Tage in einen warmen Raum bei 22–24 °C und hoher Luftfeuchte hängen. (Dies ist notwendig, damit die Starterkulturen sich vermehren können.)

5. Dann etwa 1 Tag trocknen lassen oder direkt kalträuchern, spätestens aber nach 2–3 Tagen, um Schimmelbildung zu verhindern. Die Räucherdauer ist abhängig von der Rauchintensität und kann bis zu 2 Tage betragen. Der Gewichtsverlust muss mindestens 20–30 % betragen.

FISCH – FRÜHER GRUNDNAHRUNGSMITTEL, HEUTE DELIKATESSE

Für viele Angler ist das Räuchern der selbst gefangenen Fische selbstverständlich, um den Fangerfolg über längere Zeit genießen zu können. Doch nicht nur Räuchern lässt sich auch im eigenen Haushalt umsetzen, sondern einige weitere reizvolle Methoden der Konservierung, die dem Lebensmittel eine große Aromenvielfalt verleihen. Neben dem üblichen Braten, Kochen oder Grillen bringt das Konservieren mit Salz, Säure oder durch Wasserentzug noch ganz andere Seiten der Wasserbewohner zum Vorschein.

Die Bedeutung von Fisch für die menschliche Ernährung hat sich im Laufe der Jahrhunderte stark verändert. Lange Zeit war Fisch ein gut erhältliches, günstiges Nahrungsmittel – vorausgesetzt, man hatte leichten Zugang zu seinem Lebensraum, dem Wasser. Für Fleisch, das Wohlstand symbolisierte, war Fisch ein günstiger Ersatz, der aber als Statussymbol nichts hermachte. Seen, Flüsse und Meere waren voll von Fischen und ganze Familien lebten vom Fischfang. Heute sieht die Situation ganz anders aus, denn einige Bestände sind überfischt und auch Seen und Flüsse haben aufgrund von Verschmutzungen lange Zeit nur schlechte Lebensbedingungen geboten, erholen sich aber derzeit wieder, wenn auch nur langsam. Fischfarmen, die diesen Mangel auffangen sollen, haben zwar enorme Zuwächse, die weltweite Nachfrage können sie aber nicht decken. Einige Fischarten sind so überfischt, dass sich ihre Bestände kaum mehr erholen können und viele beliebte Speisefischarten sind bereits von Überfischung bedroht. Das alles führt dazu, dass Fisch auf dem Teller längst nicht mehr selbstverständlich ist und diese zusammen mit Meeresfrüchten zu einer Delikatesse geworden sind.

TREND ZU KONSERVEN UND TIEFKÜHLGERICHTEN

Dieser Trend erklärt auch, warum der Konsum von frischem Fisch im Jahr 2011 nur einen Marktanteil von neun Prozent ausmachte, denn Frischfisch ist teuer. Dennoch steigt der Fischkonsum weiter an, er liegt zurzeit bei einem Pro-Kopf-Verbrauch von 15,2 Kilo/Jahr. Erklären kann man das durch den steigenden Verbrauch von Fisch-Fertigprodukten und haltbar gemachten Erzeugnissen. Viele Verbraucher wissen heute nicht mehr, wie frischer Fisch zubereitet wird. Fertige Erzeugnisse sind dann eine Alternative. Tiefkühl- und andere Fertiggerichte machen zusammen ein Drittel des Fischverbrauchs aus, Konserven und Marinade, also marinierter Fisch, ein Viertel. Diese puncto sind dank industrialisierter Methoden erschwinglich und die Angebotspalette ist vielfältig. Was die hygienische Qualität betrifft, sind solche Produkte sehr verlässlich. Die industrielle Verarbeitung kennt Verfahren, die das heikle und schnell verderbliche Ausgangsprodukt zu einem haltbaren macht und damit in puncto Hygiene Vorteile bietet. Dennoch muss einen das nicht abhalten, es selbst zu versuchen.

DAS SCHICKSAL DES SALZHERINGS

Selbermachen ist heute wieder angesagt und der Spaß und die Neugierde daran, aus einem natürlichen Grundprodukt dem persönlichen Geschmack entsprechende Produkte zu erzeugen, hat auf jeden Fall seine Berechtigung. Dabei ist es erst wenige Jahrzehnte her, dass man die meisten Techniken noch ganz selbstverständlich kannte. Ein schönes Beispiel ist der Salzhering: Noch vor wenigen Jahrzehnten standen in zahllosen Lebensmittelgeschäften große Holzfässer, bis oben hin voll mit Salzheringen. Sie waren über lange Jahre eine Volksspeise, die man als preiswert, nahrhaft und vielseitig verwendbar überaus schätzte. Man konnte die Salzheringe aber nicht einfach so essen, sondern musste schon genau wissen, wie man sie wässerte, entgrätete, häutete und schließlich dann erst zu Salaten, Frikadellen, Marinaden oder würzigen Bissen zubereitete. Das Wissen darüber wurde jedoch nicht allein innerhalb der Familien weitergegeben, die alle ihre mehr oder weniger speziellen Rezepte hatten – der Umgang mit Salzheringen gehörte schlicht zum Allgemeingut. Und heute? Das Produkt Salzhering ist im Einzelhandel zu einer Rarität geworden, geschweige denn dass noch jemand weiß, wie man dem bereits auf hoher See salzkonservierten Fisch kulinarisches Leben einhaucht.

KONSERVIEREN WAR NOTWENDIG

Heute ist es nicht mehr unbedingt nötig, Fänge aus Fluss, Meer und See durch die althergebrachten Methoden im Haushalt zu konservieren, denn es gibt die Möglichkeit des Tiefkühlens. Eine Ausnahme bilden Fische mit einem hohen Fettgehalt wie Makrele, Aal oder Lachs, die auch tiefgekühlt schnell durch Fettverderb ungenießbar werden. Dennoch setzt man die unterschiedlichen Möglichkeiten der Weiterverarbeitung wie Einsalzen, Räuchern oder Marinieren noch heute gerne ein, denn es geht und ging schon immer auch darum, dem Fisch von Anfang an und auf möglichst raffinierte Weise reizvolle Geschmacksrichtungen zu verleihen.

DIE WICHTIGSTEN FISCHSORTEN

Die im Handel erhältliche Fischvielfalt ist riesig, aber nicht alle kennt man so gut, als dass man spontan weiß, was man damit machen kann. Die folgenden gut erhältlichen Fischarten bieten sich im Haushalt zur Weiterverarbeitung an. Nicht aufgeführt sind regionale Arten, wie der Bodenseefelchen, der außerhalb der Region nur schwer erhältlich ist. Lateinische Namen werden dann genannt, um eine klare Zuordnung zu gewährleisten, denn

Sprotten
Thunfisch
Lachs
Hering
Makrele
Forelle

Fischbezeichnungen können im Deutschen verwirrend sein. So sind z. B. Lachs und Seelachs, obwohl die Namen es vermuten lassen, nicht miteinander verwandt.

AAL

Der Europäische Flussaal ist ein Fisch, der in europäischen Küsten- und Binnengewässern wild vorkommt. Er lebt die meiste Zeit im Süßwasser und begibt sich nur zum Laichen ins Meer. Sein Bestand steht allerdings unter einem sehr großen Druck, daher sollte man den Fisch nur aus Aquakulturen beziehen, die aber auch aus wild gefangenen Jungfischen bestückt werden (siehe Seite 228). Der geschmacklich besonders reizvolle, festfleischige Fisch eignet sich wegen seines hohen Fettgehalts gut zum Räuchern. Aal in Gelee ist eine traditionelle Verarbeitungsform. Zum Tiefkühlen ist dieser Fisch wegen seines hohen Fettgehalts nicht geeignet.

FORELLE

Der Süßwasserfisch kommt als Regenbogen- oder Bachforelle fast ausschließlich aus Zuchten in den Handel. Als Lachsforelle werden große, rote Forellen mit einem Gewicht von mehr als 1,5 Kilogramm bezeichnet. Rot wird ihr Fleisch, wenn sich die Fische größtenteils von Bachflohkrebsen ernähren. Es ist keine biologische, sondern eine Handelsbezeichnung. Das Fleisch der Forelle ist hell, zart und fein im Geschmack und eignet sich für fast alle Zubereitungsarten. Forellen sind beliebte Räucherprodukte. Der heute bereits häufiger erhältliche Saibling ist mit der Forelle eng verwandt.

HERING

Ehemals Volksnahrung, gehört er immer noch zu den beliebtesten Speisefischen. Er lebt im Nordostatlantik, in der Ost- und Nordsee. Kaum ein anderer Fisch zeigt sich so vielseitig hinsichtlich seiner Verwendung in der Küche. Aber auch seine Bestände sind zum Teil überfischt, deshalb immer auf nachhaltigen Einkauf achten (siehe Seite 228). Hering kennt man geräuchert als Bückling, gereift als Matjes, in Gelee, als Bismarckhering und Rollmops in Marinade sowie vielfältig als Konservenprodukt.

KABELJAU (DORSCH)

Als junger, noch nicht geschlechtsreifer Fisch heißt er Dorsch, sonst Kabeljau. Aus der Ostsee stammende Fische werden ohne Ausnahme Dorsch genannt. Der Fisch kommt im Nordostatlantik, in der Nord- und Ostsee vor. Der bei den Verbrauchern besonders beliebte Fisch mit seinem zarten, aber dennoch festen und leicht salzig schmeckenden Fleisch ist immer wieder von Überfischung bedroht. Es gibt aber Ausnahmen, beispielsweise die norwegischen Bestände. Gesalzen und getrocknet wird er als Klippfisch oder getrocknet als Stockfisch angeboten. Auch Tiefkühlen, Räuchern und Einmachen sind geeignete Verarbeitungsmethoden.

KARPFEN

Er lebt in langsam fließenden oder stehenden Gewässern mit reichem Pflanzenbewuchs und schlammigem Grund. Wildfänge sind selten, meist stammt er aus Süßwasserzuchten. Erhältlich ist er häufig frisch als lebender Fisch, denn möglichst frisch ist sein kostbares Fleisch am besten, auch im Ganzen oder als Filets. Traditionell sind die Monate mit „r", also von September bis März, die „Karpfenmonate", dann sind die Fische ausgewachsen und aromatisch, von Kennern als nussig geschätzt. Meist wird der Fisch frisch zubereitet und weniger konserviert.

KÖHLER

Auch Seelachs genannt. Im Gegensatz zum verwandten Alaska-Seelachs, der ebenfalls zur Dorschfamilie gehört, findet man den Seelachs hauptsächlich als Frischware in den Fischtheken. Außerdem wird sein Fleisch zum sogenannten Lachsersatz in Öl verarbeitet. Sein festes Fleisch hat einen besonders hohen Anteil an dunklen Muskeln und erscheint daher grau, wird aber durch das Garen hell. Seine Lebensregion ist der nördliche Atlantik. Mit den Lachsen – Salmoniden und Oncorhynchen – hat er nichts zu tun. Angeboten wird er auch getrocknet als Klippfisch oder Stockfisch. Für die Verarbeitung zu Hause ist das Trocknen eine beliebte Methode. Tiefgefrieren ist möglich.

LACHS

Man unterscheidet bei den Salmoniden den Atlantischen Lachs, der zur Gattung Salmo gehört, und den Pazifischen Lachs, der der Gattung Oncorhynchus zugerechnet wird. Der Handel bietet Atlantischen Lachs fast ausschließlich aus Zuchten in Norwegen, Schottland, Irland und Chile an, während die Oncorhynchusarten fast immer Wildfänge sind. Der pazifische Zweig besteht aus fünf Typen, wovon der Königslachs aufgrund seines relativ hohen Fettgehalts noch am ehesten mit seiner atlantischen Verwandtschaft vergleichbar ist. Beide Familien haben nichts mit dem Seelachs oder Alaska-Seelachs zu tun, der eine eigene Familie bildet. Unter „Lachs" und „Räucherlachs" versteht man traditionell den Atlantischen Lachs, der den feinsten Geschmack hat. Heute haben auch kaltgeräucherte pazifische Lachse eine große Marktbedeutung. Bekannte Produkte sind Räucherlachs, heißgeräucherter Stremellachs und gebeizter Graved Lachs. Tiefgefrieren ist möglich.

MAKRELE

Die kleine Verwandte des Thunfischs bewegt sich in Schwärmen im Mittelmeer, Atlantik und in der Nordsee. Der Fettanteil schwankt je nach Reifezyklus zwischen 3 Prozent im Frühjahr und 30 Prozent im Herbst. Die Bestände sind schon seit Jahrzehnten auf geringem Niveau. Da ihr fettreiches Muskelfleisch sehr stark durchblutet ist, hat es eine rötliche Färbung. Es ist zart, saftig und dabei aromatisch. Angeboten werden Makrelen hauptsächlich heißgeräuchert und als Konserve. Mit diesen beiden Konservierungsmethoden sind sie auch im eignen Haushalt gut zu verarbeiten. Tiefgefrieren ist möglich.

ROTBARSCH

Der auffällig rot gefärbte Fisch lebt größtenteils im Nordatlantik, von vier vorkommenden Arten sind zwei für die Fischerei interessant: Flachsee-Rotbarsch, auch Goldbarsch genannt, und Tiefsee-Rotbarsch. Ihr Fleisch ist sehr wohlschmeckend, besonders fettarm und vielfältig verwendbar. Erhältlich ist der Fisch frisch, tiefgekühlt oder heißgeräuchert. Im eigenen Haushalt sind Räuchern und Einmachen geeignete Methoden.

SARDELLE

Der kleine Fisch aus der Familie der Heringsartigen wird gesalzen auch Salzsardelle genannt. Meist wird er filetiert und eingesalzen, weil sein Fleisch ein bitteres Aroma hat. Durch das Salz setzt eine Fermentation ein, die den Geschmack deutlich verbessert. Wegen des dann hohen Salzgehalts isst man Sardellen im Allgemeinen nicht pur – es sei denn in kleiner Menge wie auf Pizza oder in Salaten. Man trifft die Sardelle im Mittelmeerraum und in vielen anderen europäischen Meeren an. Es gibt auch unechte Anchovis-Produkte, die aus Sprotten hergestellt werden und in Skandinavien sehr beliebt sind. Erhältlich sind Sardellen eingesalzen, in Öl und als würzige Anchose in Konserven – all diese sind Konservierungsmethoden, die sich für die kleinen Fischchen auch im Haushalt eignen.

SARDINE

Der Heringsfisch (siehe links) ist in den meisten Weltmeeren anzutreffen. Besonders beliebt ist die Sardine im Mittelmeerraum, wo man sie grillt und brät. Bei uns kennt man den Fisch mit dem äußerst würzigen, kräftigen Geschmack vor allem in Konservenform als Ölsardine. Sie ist auch eingesalzen erhältlich, tiefgefrieren ist möglich. Wer Sardinen selber verarbeiten möchte, kann sie in Garbädern konservieren.

SCHOLLE

Auch Goldbutt genannt, gehört die Scholle zu den Plattfischen, die auf dem Meeresboden leben. Zarte Maischollen, die in den Monaten Mai, Juni und Juli gefangen werden, sind besonders begehrt. Aber auch ausgewachsene Fische haben zartes, weißes und dabei schmackhaftes Fleisch. Man bekommt den beliebten Speisefisch frisch und tiefgefroren, er eignet sich auch als Konserve und zum Räuchern.

SCHWARZER HEILBUTT

Er kommt aus den Tiefen der Nordmeere, aber auch aus Aquakulturen und ist ein Klassiker unter den heißgeräucherten Fischen. Er ist auch marinadentauglich, neigt aber aufgrund seines hohen Fettgehaltes zur Vertranung. Sein Fleisch ist weiß und zart und gilt als Delikatesse. Geeignet ist der Fisch für fast alle Zubereitungsarten (Räuchern, Marinieren, Einsalzen).

SPROTTEN

Man kennt sie aus der Fischtheke ausschließlich in geräucherter Form als Kieler Sprotten. Außerhalb Norddeutschlands sind frische Sprotten kaum erhältlich. Wer im Norden wohnt, wendet sich am besten an eine Fischräucherei, die auch Sprotten verarbeitet. In Skandinavien kennt und liebt man sie als unechte Anchovis, genannt „Appetitsild", in würzigen Anchosen, weil sie als Mitglied der Heringsfamilie geschmackliche Eigenschaften des Herings mitbringen. Sprotten sind mit ihrem hohe Fettgehalt und dem feinen Geschmack ideal zum Räuchern und zur Herstellung von Anchosen.

THUNFISCH

Dank seiner Vielseitigkeit in der Küche und seines feinen, charakteristischen Geschmacks ist Thunfisch einer der beliebtesten Fische weltweit. Sein Fleisch erinnert manche an zartes Kalbsfilet mit einer mild-salzigen Note. Thunfisch lebt in den Meeren der tropischen und gemäßigten Zonen und einige Arten werden bis zu 300 kg schwer. Acht Arten zählt man, daneben noch Verwandte wie den echten Bonito. Die Bestandssituation der einzelnen Arten ist unterschiedlich, einige, wie der begehrte, weil besonders wohlschmeckende Blauflossen- bzw. Rote Thunfisch, sind stark überfischt. Welche Thunfischart in der Dose landet, ist für den Verbraucher schwer festzustellen, da alle in Deutschland unter der Handelsbezeichnung „Thunfisch" vermarktet werden können. Nutzen Sie deshalb alle Möglichkeiten der Information, im Zweifel keinen Thunfisch aus der Dose kaufen und beim Kauf von frischem Fisch immer nach der Art erkundigen (siehe Seite 228). Besonders verbreitet ist Dosenware. Tiefgefrieren ist möglich. Wer Thunfisch selber verarbeiten möchte, kann ihn zum Beispiel einmachen.

WAS BEDEUTET „FRISCH" BEI FISCH?

Unter Fachleuten steht der Begriff „Frischfisch" einfach nur für den nicht weiterverarbeiteten Fisch; nach dem Lebensmittelrecht gibt es keine zeitliche Festlegung, aufgrund derer „Frischfisch" definiert werden kann. Es gibt also frischen, genauso wie mittelalten und älteren Frischfisch. Der Begriff „frisch" in Zusammenhang mit Frischfisch sollte aber nur verwendet werden, wenn der Fisch noch alle relevanten Eigenschaften aufweist, die er auch direkt nach dem Fang hat.

Als „Frischfisch" darf dann jeder filetierte, zerteilte, enthäutete, ausgenommene und geköpfte Fisch bezeichnet werden, der in schmelzendem, zerstoßenem Eis bzw. Eisschnee oder bei Temperaturen zwischen 0 und 2 °C gelagert wird. Schmelzendes Eis hat die Funktion, den Fisch schnell herunterzukühlen. Zusätzlich spült das abfließende Schmelzwasser den Fisch ständig ab, bewahrt seine Schleimschicht, vermindert so die Ansiedlung von Bakterien und entfernt Geruchsstoffe. Scharfkantiges Eis kann Einschnitte in das Fischfleisch verursachen und eignet sich nicht.

Fisch, der am ersten Tag auf See gefangen und in Eis gebunkert wurde, darf beispielsweise genauso als frisch bezeichnet werden wie solcher, der am Ende der Fahrt nach fünf Tagen gefangen wurde oder nach drei Wochen angeboten wird. Fischverarbeitende Betriebe kaufen oft nur die zuletzt gefangenen Tiere. Im Fischgeschäft erfährt man im Allgemeinen nicht, wie alt ein Fisch tatsächlich ist. Die Frage, ob ein Fisch (noch) frisch ist, wird der Fischhändler sicher

MAGERFISCHE

(Schellfisch, Kabeljau, Köhler, Pollack, Rotbarsch, Goldbarsch oder Tiefenbarsch, Merlan, Leng, Seehecht, Brachsenmakrele, Seeteufel, Zwergdorsch und Franzosendorsch, Gelbstriemen, Laxierfische, Meeraal, Knurrhahn, Meeräsche, Scholle oder Goldbutt, Scheefsnut, Seezunge, Scharbe, Echte Rotzunge, Flunder, Degenfische/Haarschwänze)

	Beurteilungsschema Frischeklasse Extra (E)	Frischeklasse A	Frischeklasse B	Nicht zugelassen
Haut	Kräftige, glänzende Farbe (außer bei Rotbarsch, Goldbarsch oder Tiefenbarsch) oder schillernde Farbe; ohne Verfärbung	Kräftige Farbe, aber ohne Glanz	Verblassende und stumpf werdende Farbe	Stumpfe Farbe (oder noch stärker verdorben)
Schleimmantel	Wasserklar	Etwas wolkig	Milchig	Gelblich-grauer trüber Schleim
Augen	Hervortretend (prall); schwarze glänzende Pupille; durchsichtige Hornhaut	Hervortretend, aber nicht mehr prall; schwarze stumpfe Pupillen; leicht schillernde Hornhaut	Flach; schillernde Hornhaut; getrübte Pupille	In der Mitte eingesunken; graue Pupille; milchige Hornhaut (oder noch stärker verdorben)
Kiemen	Kräftige Farbe; kein Schleim	Nachlassende Farbe: durchsichtiger Schleim	Braun/grau, blasser werdend; trüber zähflüssiger Schleim	Gelblich; milchiger Schleim (oder noch stärker verdorben)
Peritoneum (bei ausgenommenem Fisch)	Glatt; glänzend; schwer vom Muskelfleisch abzulösen	Etwas stumpf; kann vom Muskelfleisch abgelöst werden	Uneben; leicht vom Muskelfleisch abzulösen	Löst sich von selbst ab (oder noch stärker verdorben)

	Beurteilungsschema Frischeklasse Extra (E)	Frischeklasse A	Frischeklasse B	Nicht zugelassen
Geruch von Kiemen und Leibeshöhle bei Magerfischen außer Scholle oder Goldbutt	Nach Seetang	Kein Geruch nach Seetang; neutraler Geruch	Fermentiert; leicht säuerlich	Säuerlich (oder noch stärker verdorben)
Geruch von Kiemen und Leibeshöhle bei Scholle oder Goldbutt	Nach frischem Öl; Pfeffergeruch; Erdgeruch	Nach Öl; nach Seetang oder leicht süßlich	Nach Öl; fermentiert, verschimmelt, leicht ranzig	Säuerlich (oder noch stärker verdorben)
Muskelfleisch	Fest und geschmeidig; glatte Oberfläche (vor Eintritt der Totenstarre ist frischer Fisch nicht fest und geschmeidig, er wird aber dennoch in Frischeklasse Extra eingestuft)	Weniger geschmeidig	Etwas weich (schlaff), weniger geschmeidig; wächserne (samtene) und stumpfe Oberfläche	Weich (schlaff); Schuppen lösen sich leicht vom Muskelfleisch ab, ziemlich runzelige Oberfläche (oder noch stärker verdorben)

FETTFISCHE

(Weißer Thun, Roter Thun, Großäugiger Thun, Blauer Wittling, Heringe, Sardinen, Makrelen, Bastardmakrele, Sardellen, Sprotte)

	Beurteilungsschema Frischeklasse Extra (E)	Frischeklasse A	Frischeklasse B	Nicht zugelassen
Haut	Kräftige glänzende Farbe, leuchtend und irisierend; deutlicher Unterschied zwischen Rücken- und Bauchseite	Weniger kräftig und leuchtend; blassere Farben; weniger Unterschied zwischen Rücken- und Bauchseite	Stumpf und ohne Glanz, verwaschene Farben; faltige Haut beim gebogenen Fisch	Sehr stumpfe Farbe; Haut löst sich von selbst vom Fleisch (oder noch stärker verdorben)
Schleimmantel	Wasserklar	Etwas wolkig	Milchig	Gelblich-grauer trüber Schleim (oder noch stärker verdorben)
Muskelfleisch	Sehr fest, steif	Ziemlich steif, fest	Etwas weich	Weich (schlaff) (oder noch stärker verdorben)
Kiemendeckel	Silbrig	Silbrig, leicht rötlich oder bräunlich	Braunfärbung und großflächiges Austreten von Blut	Gelblich (oder noch stärker verdorben)
Augen	Hervortretend, prall; schwarzblaue glänzende Pupille, durchsichtiges „Lid"	Hervortretend, aber weniger prall; dunkle Pupille; leicht schillernde Hornhaut	Flach; verschwommene Pupille; ausgetretenes Blut rund um die Augen	In der Mitte eingesunken; graue Pupille; milchige Hornhaut (oder noch stärker verdorben)
Kiemen	Gleichmäßig dunkelrot bis purpur; kein Schleim	Farbe weniger kräftig; blasser am Rand; durchsichtiger Schleim	Geschwollen, verblasst; zähflüssiger Schleim	Gelblich; milchiger Schleim (oder noch stärker verdorben)
Geruch der Kiemen	Nach frischem Seetang; würzig nach Jod	Kein Geruch nach Seetang; neutraler Geruch	Fetter, etwas schwefeliger Geruch nach ranziger Hefe oder verfaultem Obst (in Eis gelegter Fisch wird ranzig, bevor er verschimmelt riecht)	Faulig, säuerlich (oder noch stärker verdorben)

NEMATODEN-RISIKO *Nematoden sind die Larven von Fadenwürmern, Parasiten, die sich in Fischen als Zwischenwirt aufhalten können und sich vor allem in den Bauchlappen der lebenden Fische ansiedeln. Sie können sich auch in frischem Fisch befinden. Lebende Nematodenlarven stellen für den Menschen ein gesundheitliches Risiko in Form von geschwürähnlichen Prozessen im Darm dar, das unbedingt vermieden werden muss! Die Parasiten lassen sich dadurch abtöten, indem man den Fisch entweder durch Erhitzen komplett durchgart (mindestens 65 °C Kerntemperatur, messbar mit einem Fleischthermometer), oder ihn vor der Verarbeitung für eine Woche bei minus 20 °C Kerntemperatur tiefkühlt. Diese Vorgehensweise ist seit Langem für Restaurants und fischverarbeitende Industrie gesetzlich vorgeschrieben, um jegliche Gefährdung auszuschließen. In der Industrie wird eine Nematodenkontrolle von Filets an Leuchttischen vorgenommen, ein Befall mit Nematoden lässt sich so sehr schnell erkennen. Mit Nematoden befallene Teile werden entfernt und vernichtet.*

immer mit einem klaren „Ja" beantworten. Besser ist es, wenn man sich dann auf seine eigenen Sinne verlässt – also sehen, und riechen. Leider ist Tasten beim Kauf von Frischfisch aus hygienischen Gründen nicht erlaubt.

Für die Bewertung von Frischfisch hat die europäische Verordnung die drei Frischekategorien Extra oder E, A und B vorgesehen, die für einzelne Fischfamilien nach unterschiedlichen Kriterien bestimmt werden. Die einzelnen Kriterien sind auch für den Laien recht gut nachvollziehbar. Auf Seite 226 finden Sie diese Kriterien für Mager- und Fettfische.

Tipp: Wenn Sie sich zu Beginn noch unsicher sind, kennen Sie vielleicht jemanden, der sich richtig gut auskennt und viel Erfahrung beim Fischkauf hat und Sie auf Ihren ersten Einkaufszügen begleiten kann? Oder lassen Sie sich vom Fischhändler die Merkmale direkt an seinen Produkten zeigen.

BEZUGSQUELLEN FÜR FISCH

Am einfachsten haben es Angler, die sich – etwas Geduld vorausgesetzt – ihren Fisch selbst aus dem Wasser ziehen können. Aber dabei sollte man die gesetzlichen Regelungen kennen, denn einfach Drauflosangeln geht in Deutschland nicht (siehe Kasten rechts).

Wer in der Nähe von Küstenhäfen lebt, wo manchmal noch kleine Fischkutter ihre frischen Fänge anlanden und anbieten, kann sich ebenfalls glücklich schätzen. Denn hier kann man fangfrische Ware und manchen seltenen Fischfang erstehen. Alle anderen sind auf einen guten Fischhändler angewiesen. Man sollte ihm sagen, was man mit dem Fisch vorhat und gegebenenfalls Ware, die besonders frisch sein muss, vorbestellen (man nennt das heute auch „Sushiqualität"). In der Industrie wird auch viel Tiefkühlfisch verarbeitet, der unter professionellen Bedingungen aufgetaut und ständig fachlichen Qualitätskontrollen unterzogen wird.

FISCH VERANTWORTUNGSVOLL AUSWÄHLEN

Es ist selbstverständlich, dass man nur solchen Fisch verwendet, der nach dem Lebensmittelrecht als frisch bezeichnet werden darf. Wer verantwortungsvoll mit diesem Lebensmittel umgehen möchte, muss sich aber auch die Frage stellen, unter welchen Bedingungen der Fisch gefangen wurde und ob der Bestand womöglich gefährdet ist. Besonders genau sollte man bei Seefisch hinschauen, denn hier sind die Folgen der Überfischung noch größer als bei Süßwasserfisch. Doch auch bei den Süßwasserfischen ist schon jede dritte Art vom Aussterben bedroht. Der Handel bietet Ware aus Wildfang und Aquakulturen an. Wildfang klingt zwar nach sauberer Natur und Traditionalität, aber die hochtechnisierten Methoden besonders bei der Hochseefischerei können zweifelhaft sein, weil sie große Mengen wegfischen und der nicht verwertbare Beifang teils enorm ist. Beifang besteht aus zu kleinen oder wirtschaftlich uninteressanten Arten, die dann entsorgt und nicht sinnvoll weiterverwertet werden. Aquakultur hingegen signalisiert zwar eine Schonung natürlicher Ressourcen, aber es könnte sich um eine umweltschädigende Produktion handeln, in der den Fischen außerdem Hormone und Zusatzstoffe verabreicht werden können, von der Qualität des Futters einmal abgesehen. Deshalb empfiehlt es sich beim Kauf von Farmfisch darauf zu achten, dass er in Bioqualität produziert wurde. Eine Orientierung bietet auch das Fischetikettierungsgesetz von 2002, das vorschreibt, Fischart, Produktionsmethode, Fanggebiet bzw. Herkunft aus Aquakultur auszuweisen, wenn Fisch in den Verkehr gebracht wird. Eine hundertprozentige Transparenz über die jeweiligen Voraussetzungen bietet diese Kennzeichnung aber leider auch nicht.

FISCH NACHHALTIG EINKAUFEN

Zur besseren Orientierung für den Fischkonsumenten können Nachhaltigkeitssiegel hilfreich sein: Das Marine Stewardship Council (MSC) vergibt sein Ökosiegel auf umweltgerechtes Fischereimanagement und fördert nachhaltigen Fischfang. Das blaue MSC-Siegel gibt Gewissheit, Fisch aus nachhaltig befischten Beständen zu erhalten und nicht zum Problem des Überfischens beizutragen. Für Farmfisch gibt es analog das ASC-Siegel des Aquaculture Stewardship Councils. Hier werden Aufzuchtbedingungen, Besatzdichte und meeresbiologische Aspekte unter die Lupe genommen und bewertet.

FISCH AUFBEWAHREN

Lagern kann man Fisch nur um den Gefrierpunkt, zwischen 0 und 2 °C. Wenn möglich, bedeckt man den Fisch zusätzlich mit Eis. Das Eis sollte möglichst nicht schmelzen. Man stellt den Kühlschrank auf die kälteste Stufe, die kälteste Stelle im Gerät befindet sich auf der Platte oberhalb des Gemüsefachs. Hier sollte der Fisch aufbewahrt werden. Ausgenommener Fisch hält sich so 4 bis 5 Tage. Ältere Kühlschränke sind möglicherweise nicht in der Lage, die erforderliche Niedrigtemperatur zu erreichen, das also unbedingt berücksichtigen.

Fisch ist sehr leicht verderblich und sollte auch während der Verarbeitung so kalt wie möglich sein, am besten um 0 °C. Deshalb bei größeren Mengen immer nur einzelne Portionen aus dem Kühlschrank nehmen, bearbeiten und bis zum nächsten Arbeitsschritt wieder zurücklegen. Ebenfalls zu beachten: Die Zimmertemperatur so niedrig wie möglich halten und während der warmen Monate auf die Verarbeitung von Fisch besser ganz verzichten.

Angeln erlaubt *Wer selber Fische fangen möchte, darf sich nicht einfach an einen Teich, See oder Fluss stellen und die Angel auswerfen. Voraussetzung sind gleich zwei besondere Erlaubnisse: der Fischereischein sowie der Gewässerschein. Da Fischereirecht Ländersache ist, hat jedes Bundesland zum Erwerb des Fischereischeins eigene Bedingungen. Beantragen kann man diesen Schein, den man erst nach bestandener Fischerprüfung erhält, bei den zuständigen Gemeinden, Fischereibehörden oder Bezirksregierungen. Darüber hinaus ist ein Gewässerschein nötig, über den der Gewässereigner die Erlaubnis zur Nutzung seiner Gewässer erteilt. Diesen erhält man vom Fischereirecht-Inhaber. Angeln ohne diese Erlaubnisse wird als Fischwilderei geahndet.*

METHODEN DER FISCHVERARBEITUNG

Das Verarbeiten von Fisch erfordert einige Vorbereitung, bevor es an die eigentliche Verarbeitung gehen kann. Hier einige grundsätzliche Methoden, die vor fast jeder Verarbeitungsform notwendig sind, ob Räuchern, Salzen, Trocknen oder Einmachen.

Bei der Verarbeitung von Fisch im Haushalt steht die Einhaltung der Hygiene an oberster Stelle, denn kaum ein Lebensmittel ist so schnell verderblich und anfällig für Verkeimung wie Fisch. Es muss so sorgfältig wie möglich gearbeitet werden. Hält man sich penibel an alle Hygieneregeln (siehe hier und auch Seite 8), kann man Fisch zu sehr vielfältigen Produkten verarbeiten: Räuchern, Trocknen, Salzen, Marinieren, Anchosen oder Einkochen führt zu begrenzt haltbaren Produkten mit ganz unterschiedlichen Eigenschaften und verschiedensten Aromen.

ZUBEHÖR

Bevor es losgeht, muss der Fisch meist noch vorbereitet werden. Dabei sind folgende Utensilien hilfreich:

Ein Fischentschupper ist etwa messergroß und hat statt einer Klinge eine gezackte Kante, mit der man die Schuppen vom Schwanz zum Kopf hin vom Fischkörper schabt. Ein stabiles Küchenmesser kann man aber ebenfalls verwenden.

Ein Stück Baumwolltuch oder Haushaltsrolle hilft beim Festhalten glatter und schleimiger Fische am Schwanz, wenn man den Fisch entschuppen, filetieren oder enthäuten möchte.

Eine Haushaltsschere zum Entfernen von Flossen, beim Abtrennen von Schwanz oder Kopf und vor dem Ausnehmen beim Öffnen des Bauchs.

Ein spitzes, scharfes Messer ist beim Filetieren unverzichtbar. Es gibt spezielle Filetiermesser mit einer langen und biegsamen Klinge, die sich den Wölbungen des Fischkörpers etwas anpassen und man so besonders nah an der Haut das Filet abtrennen kann.

Die Grätenpinzette hat sehr breite kantige Enden. Damit lassen sich auch dicke und tiefsitzende oder versteckte Gräten wie Stehgräten mit einem Ruck herausziehen. Ersatzweise kann man eine normale Pinzette mit breiter Spitze verwenden.

Schneidbretter – ob aus Holz oder Kunststoff – müssen immer besonders gut gereinigt sein, denn der Fisch kommt direkt damit in Berührung und vorhandene Bakterien würden übertragen. Holz hat selber antibakterielle Eigenschaften, Kunststoff dagegen lässt sich in der Spülmaschine reinigen.

Hygieneregeln *Bei der Verarbeitung von Fisch sollten Sie unbedingt auf penible Hygiene achten, um das Risiko einer Verkeimung zu minimieren. Dazu gehört:*

- *Schneidbretter, Messer und andere Küchenutensilien nach jedem Kontakt mit Fisch und Meerestieren mit heißem Wasser und Reinigungsmittel gründlich reinigen, eventuell auch desinfizieren (mit Desinfektionsmitteln oder zehnminütigem Abkochen im kochenden Wasser).*
- *Schneidbretter oder Unterlagen mit glatter Oberfläche verwenden. Bei Arbeitsende möglichst in der Spülmaschine reinigen – oder in sehr heißem Wasser mit Spülmittel abwaschen bzw. bürsten.*
- *Küchentücher regelmäßig wechseln und gründlich waschen (auskochen) oder Einmal-Papiertücher verwenden.*
- *Weder Erde noch anderer Schmutz darf sich im Arbeitsraum befinden.*
- *Möglichst Handschuhe tragen – auch, um selber nicht direkt mit giftigem Blut mancher Arten wie zum Beispiel von Wels, Aal, Schleie, Barsch, Zander, Karpfen oder Regenbogenforelle in direkte Berührung zu kommen.*
- *Immer auf die Einhaltung der Temperaturen achten, die der verarbeitete Fisch nicht überschreiten sollte (siehe Anleitungen einzelner Methoden).*
- *Hände vorher mit warmem Wasser und Seife, wenn nötig mit Bürste, waschen – vor allem nach dem Besuch der Toilette, nach dem Windelwechseln, Gartenarbeiten und Tierkontakten. Wunden an den Händen vor der Essenszubereitung mit wasserundurchlässigem Verband abdecken.*

FISCH VORBEREITEN

1 ENTSCHLEIMEN

Fisch, der geräuchert oder getrocknet werden soll, muss vorher entschleimt werden. Durch die Nässe der Schleimschicht würde der Räuchervorgang den Fisch sonst eher kochen als räuchern, was nicht erwünscht ist. Dafür den Fisch unter fließendem Wasser gründlich abspülen. Bei Fischen mit einem dicken Schleimmantel wie bei Aal hilft das zusätzliche Einreiben mit Salz.

2 ENTSCHUPPEN

Um die Schuppen zu entfernen, mit einem Fischentschupper die Schuppen vom Schwanz zum Fischkopf hin von der Fischhaut abschaben. Dabei den Fisch am Schwanz festhalten. Damit die Hand von der Haut nicht abrutscht, umwickelt man die schmale Übergangsstelle zwischen Körper und Schwanz mit einem Stück Tuch. Zum Entschuppen hält man den Fisch am besten in ein großes Waschbecken oder unter Wasser, da die Schuppen weit wegspringen können. Deshalb auch die Augen mit einer Brille schützen, die Schuppen können nur schwer wieder entfernt werden! Danach den Fisch abspülen.

3 AUSNEHMEN

Zum Ausnehmen mit einer Schere die Flossen abschneiden. Dann mit der Schere oder einem spitzen, scharfen Messer den Bauch von der Afteröffnung bis zum Kopf aufschneiden. Dabei aufpassen, dass man nicht in die Eingeweide hineinschneidet. Leibeshöhle des Fisches auseinanderziehen und die Eingeweide beherzt herausziehen. Eventuelle Reste nachträglich entfernen. Zum Schluss die lange, tiefliegende Niere entfernen, die sich durch den ganzen Bauchraum des

Fisches zieht und direkt unter der Wirbelsäure liegt. Fisch gründlich mit reichlich Leitungswasser abspülen.

Eventuell vorhandenen Rogen von den Eingeweiden lösen. Man kann ihn wie Fischfleisch verarbeiten. Allerdings ist das Risiko eines Befalls mit Nematodenlarven gerade bei Herings- und Kabeljaurogen erheblich. Hier ganz genau kontrollieren und im Zweifel nicht verwenden. Nur das Braten wird empfohlen.

4 KOPF ENTFERNEN

Dieser Arbeitsschritt ist nicht bei allen Zubereitungen notwendig (siehe Anleitungen einzelner Methoden). Dafür den Fisch auf die Seite legen und mit einem scharfen Messer hinter der Kieme möglichst schräg zum Bauch hin einen Einschnitt bis auf die Mittelgräte machen. Auf der anderen Fischseite wiederholen. Mittelgräte am Kreuzungspunkt der Einschnitte mit einem starken Messer durchtrennen.

5–6 FILETIEREN

Einen Fisch zu filetieren ist einfacher, als es aussieht. Das verwendete Messer muss unbedingt spitz und sehr scharf sein. Also vorsichtig arbeiten. Man kann Fische auf unterschiedliche Arten filetieren. Diese Technik lässt sich bei den meisten Fischen anwenden: Mit dem Messer vom Kopfende her auf der Rückenlinie einen möglichst tiefen Einschnitt bis zum Schwanz machen. Die Messerspitze sollte dabei schon auf der Mittelgräte entlanglaufen. Dann vom Kopfende und Rücken her erst auf der einen Seite die Messerspitze nach und nach zwischen das Fischfleisch und die von der Mittelgräte abgehenden Bauchgräten schieben. Dabei das Filet von den Gräten lösen und das Messer gleichzeitig immer weiter nach hinten schieben. Möglichst keine Gräten durchtrennen, die am Filet haften bleiben würden. Auf der anderen Seite ebenso vorgehen. Restliche Gräten, die sich auch in den Bauchlappen befinden können, mit der Grätenpinzette entfernen. Ränder gerade schneiden bzw. Bauchlappen abschneiden. Filets abspülen. Um Fisch grätenfrei zu bekommen, müssen die Stehgräten, die nach dem Filetieren im Filet verbleiben (13 bis 17 Gräten auf Höhe der Seitenlinie) und die man gut mit dem Finger erfühlen kann, durch einen v-förmigen Schnitt entfernt werden oder bei größeren Fischen (Lachs) mit der Grätenpinzette gezogen werden.

RÄUCHERN

In früheren Zeiten diente das Räuchern vor allem dem Haltbarmachen von Fischen, heute räuchert man vor allem wegen des delikaten Raucharomas und der goldgelben Farbe.

Die Fische werden in spezielle Räuchergeräte oder -öfen gelegt oder gehängt, in denen Sägemehl zum Glimmen gebracht wird, sodass Rauch entsteht. Er lagert sich auf den Oberflächen des Fischs ab und bedeckt ihn mit chemischen Stoffen, die Keime abweisen und Bakterien schädigen. Außerdem verliert das Fischfleisch genug Flüssigkeit, um Verderbnis auslösenden Mikroorganismen die Lebensgrundlage weitgehend zu entziehen und damit den Verderb stark zu verzögern.

Vor dem Räuchern muss der Fisch gesalzen und – ganz wichtig! – gründlich getrocknet werden, am besten an frischer Luft im Wind hängend. An einem warmen Sommertag bei Temperaturen über 24 °C reichen schon zwei Stunden. Dabei muss man darauf achten, dass der Fisch im Schatten hängt, denn pralle Sonne tut ihm nicht gut! Je länger der Fisch anschließend im Rauch hängt, desto tiefer dringt dieser ein und desto nachhaltiger ist auch die konservierende Wirkung und Würzung. Allerdings ist der konservierende Effekt des Räucherns sehr begrenzt. Länger als zwei bis drei Wochen hält Räucherfisch sich selbst bei optimalen Lagertemperaturen von 2 bis 4 °C nicht.

Fisch lässt sich kalt- und heißräuchern. Klassische Kalträucherprodukte sind Räucherlachs und -forelle. Die bekanntesten Fischarten, die nach dem Heißräucherverfahren geräuchert werden, sind Bückling (Hering), Makrele, Aal, Seeaal (Rückenteil des Dornhais), Schillerlocken (Bauchlappen des Dornhais) und Stremellachs.

Räuchergeräte *Bei den traditionellen Großraum-Räucherschränken und Aalschränken, die meistens aus verzinktem Stahlblech bestehen, sollte man unbedingt auf die Verarbeitung achten. Sonst kommt es beim Räuchern zu einem Verziehen der Wände. Neben diesen großen Geräten und der Räuchertonne aus dem Eigenbau (siehe Seite 178) gibt es noch weitere Vorrichtungen. Die Tele-Räuchertonne ist wie ein Teleskop bis zu 90 cm ausziehbar und kann sich damit verschiedenen Räuchermengen anpassen. Sie bestehen ebenfalls aus Stahlblech. Kompaktgeräte wie Tischräucheröfen sind gut für das gelegentliche Räuchern geeignet, sie fassen allerdings nur zwei Fische gleichzeitig. Neu ist der Räuchersack. Im Foliensack befindet sich schon Räuchermehl. Der Fisch kommt hinein und wird im Backofen, im Grill oder auf dem offenem Feuer im geschlossenen Sack geräuchert. Vorteil: Eine saubere Sache, es tritt kein Rauch aus, Nachteil: Auch nur für kleine Mengen geeignet.*

Stremellachs ist keine besondere Lachsart, vielmehr bezeichnet der Begriff die Art des Zuschnitts des Filets in portionsgroße Tranchen. Im Norddeutschen bedeutet Stremel Streifen.

ZUBEHÖR

Wichtigstes Utensil ist natürlich das Räuchergerät. Es gibt Geräte zum Kalträuchern, zum Heißräuchern und solche, die beides können. Ob man ein Tischgerät, einen kleinen Ofen, einen BBQ-Smoker aus dem Grillbereich oder ein großes, schrankartiges Modell verwendet, hängt von der zu verarbeitenden Fischmenge, der verfügbaren Stellfläche und der geplanten Nutzungsintensität ab. Wer einen Grillkamin besitzt, kann es damit versuchen. Da der technische Anspruch an Räuchergeräte nicht so hoch ist, kann man sich aus Ziegelsteinen oder unter Verwendung einer Blechtonne die nötige Räuchergelegenheit selbst bauen (siehe Seite 178).

Zur Raucherzeugung braucht man das richtige Holz. Am besten ist Buchenholz bzw. Buchenholzmehl. Auch Ahorn und Esche verleihen ein angenehmes Aroma und geben eine ansprechende Farbe. Birken und Nadelhölzer sind ungeeignet, denn der Räuchergeschmack wird schnell streng und das Räuchergut sehr dunkel. Die Raucherzeuger gibt es zum Beispiel in Angelfachgeschäften. Wer sich preislich günstigeres Material aus Tischlereien oder Sägewerken besorgen möchte, sollte unbedingt darauf achten, dass er nur unbehandeltes Holz und ohne anhaftende Farbe bekommt. Wenn Sie sich dabei nicht sicher sein können, lassen Sie das Holz dort und kaufen Sie es lieber im Fachhandel. Sägemehl bzw. Holz muss sehr gut getrocknet sein.

Außerdem benötigt man lebensmitteltaugliche Behältnisse aus Edelstahl, Kunststoff, Glas oder Keramik – Eimer, Schüssel, Wannen – zum Salzen der Fische. Ein Thermometer zum Kontrollieren der Räuchertemperatur ist erforderlich. Je nach Art des Räuchergeräts braucht man Haken zum Aufhängen der Fische.

VOR DEM RÄUCHERN: SALZEN UND TROCKNEN

Fisch hat einen sehr hohen Wasser-, aber einen sehr geringen Salzgehalt. Salzwasserfisch hat zwar minimal höhere Salzgehalte als Fisch aus Süßwasser, einen konservierenden Effekt üben diese Konzentrationen aber keinesfalls aus. Vor dem Räuchern muss Fisch daher eingesalzen werden, um einen Konservierungseffekt und gleichzeitig eine Geschmacksverbesserung zu erreichen. Dabei sind zwei Techniken möglich: das Trockensalzen und das Nasssalzen. Häufig werden beide Techniken kombiniert: Dann wird dem Fisch zunächst mit der Trockensalzmethode schon ein Teil des Wassers entzogen, anschließend mit der Nasssalzmethode eine gleichmäßige Salzung gewährleistet. Für das Räuchern muss der Fisch gut getrocknet sein, entweder bereits im Ofen oder an der Luft 1 bis 2 Stunden trocknen lassen (siehe Seite 233).

TROCKENSALZEN

Beim Trockensalzen wird der Fisch innen und außen sorgfältig mit Kochsalz – eventuell zusammen mit Zucker und Gewürzen je nach Rezept – eingerieben und kann je nach Größe schon nach einer Einziehzeit von eineinhalb bis zwei Stunden und einer Trockenphase an der frischen Luft, an einem schattigen, gut belüfteten Platz – im Sommer reichen zwei Stunden – geräuchert werden. Das Salz muss anschließend durch gründliches Abschütteln oder durch Abwischen mit einem feuchten Tuch entfernt und der Fisch gut abgetrocknet werden, noch nasses Fleisch ist zu wässrig und fällt leicht von den Haken. Nachteil des Trockensalzens: Die Salzung kann ungleichmäßig erfolgen, weil das Salz nicht gleichmäßig verteilt ist. Hat man mehrere Fische, legt man sie während der Einsalzungsphase in lebensmitteltaugliche Gefäße, wobei man sie Kopf auf Schwanzflosse schichtet. Der Behälter sollte im Boden eine Ablaufmög-

---

Kalträuchern oder Heißräuchern? Der Unterschied zwischen den beiden Methoden liegt hauptsächlich in der Temperatur des Rauches und des zu räuchernden Fisches. Der Effekt, der damit erzielt wird, ist aber unterschiedlich. Beim Kalträuchern herrschen Temperaturen von 15 bis maximal 30 °C (siehe Seite 236). Der langwierige Prozess sorgt für eine ganz gute Haltbarkeit von zwei bis drei Wochen, denn dadurch, dass die Fische dem trockenen Rauch lange ausgesetzt sind, wird ihnen recht viel Wasser entzogen. Heißräuchern geht schneller, die Temperaturen betragen 50 bis 90 °C, die Temperatur im Inneren des Fisches muss 65 °C erreichen (siehe Seite 238). Dadurch wird der Fisch während des Räucherns gleichzeitig gegart. Die Haltbarkeit entspricht etwa der von kaltgeräuchertem Fisch.

---

lichkeit für die sich bildende Lake haben. Die Fische können vor oder nach dem Salzen filetiert werden.

BEIM TROCKENSALZEN WÜRZEN

Die vor dem Räuchern notwendige Einsalzung eignet sich, um dem Fisch gleich bestimmte Würzaromen zu verleihen: Man mischt das Salz im Verhältnis zwei zu eins oder – je nach Geschmacksvorlieben – bis zu eins zu eins mit Zucker, außerdem mit würzenden Zutaten wie Wacholderbeeren, Koriander- und Pfefferkörnern, die man vorher mit dem Mörser oder der Küchenmaschine zerstoßen hat, auch frische Kräuter wie Dill sind möglich. Mit dieser Mischung wird der einzelne Fisch eingerieben und dann in Frischhaltefolie gewickelt 10 bis 13 Stunden zum Durchziehen kühl gestellt. Anschließend noch 10 bis 15 Minuten wässern, je nach gewünschter Aromaintensität, und wie gewohnt weiter verfahren.

NASSSALZEN

Beim Nasssalzen werden die Fische in eine Lake gelegt, das Mengenverhältnis Fisch zu Lake beträgt dabei 1 : 1,5. Die Lake hat üblicherweise eine Salzkonzentration von fünf bis acht Prozent (für einen Liter Lake 50 bis 80 g Salz mit Wasser auf einen Liter auffüllen). Abhängig von der Konzentration der verwendeten Lake liegt der Fisch bis zu einen Tag darin. Vorteil gegenüber dem Trockensalzen: Die Salzung ist gleichmäßig, und man kann der Lake viele Aromaspender zufügen. Sehr kleine Fische, die kaltgeräuchert werden sollen, werden beim Nasssalzen aufgrund ihrer geringen Größe gleichmäßig vom Salz durchdrungen. Sehr viel schneller geht das Nasssalzen mit einer gesättigten Salzlösung, die um die 30 Prozent Salz enthält. Gesättigt bedeutet, dass das Wasser nicht mehr Salz aufnehmen kann als das bereits gelöste. Auf einen Liter Wasser nimmt man in der Regel 365 g Salz. Anders: Für einen Liter gesättigte Salzlösung mischt man 267 g Salz mit 733 g Wasser. Darin darf der Fisch höchstens zwei bis drei Stunden liegen. Wie nach dem Trockensalzen muss das Räuchergut für das Kalträuchern auch nach dem Nasssalzen gründlich getrocknet werden. Bei der Heißräuchermethode kann die Trocknung auch im angeheizten Ofen mit geöffneter Klappe geschehen, bis zu 30 Minuten lang. Denn der Ofen wird hier schnell heiß genug, um den Trocknungsprozess zu übernehmen, beim Kalträuchern werden die zum Trocknen benötigten Temperaturen nicht erreicht.

Räuchern ohne Räuchergerät *Wer einen Wok zum Räuchern benutzen möchte, braucht ein Gerät mit einem Gittereinsatz. Notfalls kann man auch ein rundes Kuchengitter umfunktionieren. Dann legen Sie den Wok mit Alufolie aus und heizen ihn bei starker Hitze vor. Ist der Wok heiß genug (Test: Ein darauf gegebener Wassertropfen verdampft zischend), dann verteilen Sie die Räucherspäne darauf, bevor Sie den Gittereinsatz auflegen. Zusätzlich können Sie noch eine Einweg-Aluschale, deren Rand sie mit einem Spieß mit Luftlöchern versehen und deren Mitte Sie etwas eindrücken, über die Späne stülpen und legen noch einige zu Kugeln gerollte Alufoliekugeln als Abstandshalter dazwischen. Der Wokdeckel muss ein Loch haben, durch das Sie ein Thermometer stecken können. Oft kann man den Griff abschrauben und dieses Loch nutzen. Das Räuchergut auf das Gitter legen, Deckel drauf, Thermometer eingesteckt und weiter geht es auf dem Herd: Auf 70 °C aufheizen und die Temperatur halten, bis das gewünschte Ergebnis erreicht ist.*

Kalträuchern

Kalträuchern ist für fetthaltige Fische die bessere Räuchermethode. Doch man braucht etwas Geduld, denn es kann Tage dauern, bis das gewünschte Ergebnis erreicht ist. Belohnt wird man aber mit dem besonders feinen und gut erhaltenen Eigenaroma des Fisches und einem dezenten Rauchgeschmack.

Diese Methode wendet man hauptsächlich für fetthaltige Fische wie Lachs, Forelle, Makrele und Hering an. Vor dem Räuchern müssen die Fische bereits eingesalzen und getrocknet sein, bei großen Fischen ab 500 g bietet sich die Trockensalzmethode an (siehe Seite 234). Um sicherzugehen, dass eventuell vorhandene Nematodenlarven abgetötet werden, wird empfohlen, den Fisch vor dieser Behandlung einmal tiefzugefrieren und wieder aufzutauen. Es können ganze Fische, aber auch Filets geräuchert werden.

GERÄTE

Räuchergerät, Haken oder Gitter, beides aus Edelstahl, Sägemehl oder -späne, Kohle oder Spiritus zum Anzünden

ZUTATEN

Fisch, bevorzugt Lachs, Forelle, Salz für die vorangehende Trocken- oder Nasssalzung

ZUBEREITUNG

1 Fisch ausnehmen und säubern (siehe Seite 231). Größere Fische (ab etwa 400 g) können auch filetiert werden. Fisch mit der Nass- oder Trockensalzmethode salzen, also entweder mit Salz bedeckt Wasser ziehen lassen oder in Lake einlegen und anschließend gut trocken tupfen.

2 Sägemehl oder -späne maximal 10 cm hoch in den Räucherkasten des Räuchergeräts schütten und gut festdrücken, damit es nicht zu schnell zu glimmen beginnt. Darauf achten, dass die Späne trocken sind, sonst kann der Fisch schwarz werden. Behandeltes oder zu feuchtes Räuchermittel kann einen medizinischen Geschmack verursachen.

3 Mit einem kleinen Stück glühender Kohle oder mit Spiritus anzünden und zum Glimmen bringen. Es darf nicht brennen.

4 Räuchergut gut an den Haken befestigen und mit Abstand zueinander und zu den Wänden des Räuchergeräts einhängen. Der zu räuchernde Fisch

Und so geht's

darf sich nicht berühren, sonst wird er fleckig. Man kann das Räuchergut auch auf den Rost legen. Hier muss nicht gewendet werden, da der Rauch durch das Gitter von allen Seiten an den Fisch herankommt. Wichtig ist, dass das Räuchergut trocken ist, bevor es in das Räuchergerät kommt, sonst ergibt sich am Ende ein unangenehmer bissiger Geschmack.
TIPP: Auf dem Gitter geräuchert klebt der Fisch schnell fest, deshalb wenden Sie ihn nicht und räuchern ihn, wenn möglich, lieber hängend.

5 Die Temperatur immer wieder prüfen, sie darf nicht über 30 °C steigen und sollte mindestens 15 °C betragen. Wird die Temperatur zu hoch, muss die Luftzufuhr durch das Schließen der Lüftungsklappen reduziert werden. Aber aufpassen, wenn zu wenig Luftzug im Ofen ist, kann das zu einem säuerlichen Aroma und einem schmierigen Belag führen. Zu hohe Temperaturen bringen das Fett zum Schmelzen.
TIPP: Beim Kalträuchern ist es wichtig, dass Sie regelmäßig die Temperaturen kontrollieren.

6 Bei langen Räucherphasen (je nach Rezept kann es bis zu mehreren Tagen dauern) bietet es sich an, in mehreren Etappen zu räuchern, zum Beispiel täglich 8 bis 12 Stunden. Das Räuchergut muss zwischendurch vollständig abkühlen können.
TIPP: Egal, wie lange Sie räuchern, hängen Sie das Räuchergut regelmäßig um, dann kommt an alle Stellen der Rauch gut heran.

HINWEIS: So lange räuchern, bis das Räuchergut eine intensive Farbe angenommen hat.

HALTBARKEIT

Bei kühler Lagerung zwischen 2 und 4 °C wird empfohlen, kaltgeräucherte Fische möglichst bald zu verbrauchen. Es gilt eine Haltbarkeit von 2 bis 3 Wochen, der Verzehr innerhalb von 6 bis 8 Tagen wird aber empfohlen. Im Handel ist die Lagerdauer etwas höher, da in der Regel niedrigere Kühltemperaturen herrschen.

Heißräuchern

Beim Heißräuchern erhält der Fisch einen recht intensiven Rauchgeschmack und die hohen Temperaturen sorgen gleichzeitig dafür, dass das Fischfleisch gegart wird. Die Zeit im Rauch ist beim Heißräuchern sehr viel kürzer als bei der Kalträuchermethode, der Fischgenuss dadurch aber in schneller erreichbarer Nähe.

Beim Heißräuchern bekommt der Fisch nicht nur das typische Aroma, sondern er wird durch die Hitze gleichzeitig gegart. Die Temperatur im Inneren des Fisches muss dabei 65 °C betragen. Bei diesen Temperaturen wird das Eiweiß denaturiert und auch eventuell vorhandenen Nematodenlarven wird der Garaus gemacht. Das vorherige Tiefgefrieren ist daher nicht zwingend notwendig.

GERÄTE

Räuchergerät, Haken oder Gitter aus Edelstahl, Sägespäne und -mehl, Kohle oder Späne zum Anzünden, evtl. Kohle zum Heizen

ZUTATEN

Fisch, bevorzugt Forellen, Karpfen, Schleie, Weißfischarten, Aal, Salz für vorangehende Trocken- oder Nasssalzung

ZUBEREITUNG

1 Fisch ausnehmen und säubern (siehe Seite 231). Größere Fisch (ab etwa 400 g) können auch filetiert werden. Den Fisch mit der Nass- oder Trockensalzmethode salzen. Danach den Fisch gut trocknen. Nicht ausreichend getrockneter Fisch kann schwarz werden. Ausnahme Aal: Dieser wird noch nass in den Räucherschrank gehängt. Dafür muss die Ofentemperatur beim Einhängen schon 90 °C erreicht haben.
TIPP: Trocknen Sie den Fisch gut, sonst wird er beim Räuchern durch den hohen Flüssigkeitsgehalt gekocht. Bei der Heißräuchermethode können Sie ihn auch im heißen Ofen ohne Späne bis zu einer halben Stunde vortrocknen.

2 Den Glutkasten des Räuchergeräts mit Holzkohle oder Holzspänen anheizen und zum Glimmen bringen. Darauf achten, dass das Holz unbehandelt und trocken ist, sonst bekommt der Fisch einen medizinischen Geschmack.

3 Räuchergut an Haken mit Abstand zueinander und zu den Wänden des Räuchergeräts einhängen bzw. auf ein Gitter legen, es darf sich nicht berühren. Zu dicht gehängter oder gelegter Fisch wird fleckig.

4 Ofen schließen und Glutkasten einschieben.

5 Räucherschale mit Sägemehl oder -spänen füllen und anzünden. *Vorsicht:* Behandeltes oder zu feuchtes Räuchermittel kann einen medizinischen Geschmack verursachen.

6 Warten, bis die Späne zu rauchen beginnen. Um Bakterien und Keime abzutöten, die Temperatur für wenige Minuten auf gut 100 °C erhöhen und dann auf 60 bis 80 °C reduzieren. Die Temperatur sollte immer wieder geprüft werden. Der Fisch muss an allen Stellen, auch im Innern, eine Temperatur von 65 °C erreichen, um Nematodenlarven sicher abzutöten.
HINWEIS: Ohne Überprüfungsmöglichkeit den Fisch nach oder vor dem Räuchervorgang sicherheitshalber tiefgefrieren.

7 Zwischendurch kontrollieren: Die Bauchlappen sollten leicht geöffnet sein. Geschlossene weisen auf eine zu niedrige Temperatur hin, nach außen geöffnete auf zu starke Hitze.

8 So lange räuchern, bis das Räuchergut eine intensive Farbe angenommen hat. Die Räucherdauer liegt zwischen 1,5 und 2,5 Stunden und hängt von der Größe des Fisches und der Temperatur ab.
TIPP: Öffnen Sie die Ofenklappe so selten wie möglich, um die Temperatur stabil zu halten. Aber passen Sie gut auf, denn zu wenig Zug im Ofen kann zu einem säuerlichen Aroma und einem schmierigen Belag führen.

9 Wenn sich bei dem Fisch eine Rückenflosse leicht herausziehen lässt und das sichtbar werdende Fleisch weiß und nicht mehr rosa ist, ist der Fisch gar. Allein eine goldgelbe oder dunkle Färbung gibt keinen Hinweis auf den Garzustand des Fisches.

HALTBARKEIT

Bei kühler Lagerung im Kühlschrank zwischen 2 und 4 °C gilt eine Haltbarkeit von 2 bis 3 Wochen. Es wird aber empfohlen, heißgeräucherte Fische möglichst bald innerhalb von 5 bis 6 Tagen zu verbrauchen. Im Handel ist die Lagerdauer etwas höher, da in der Regel niedrigere Kühltemperaturen herrschen.

Trockensalzen mit Zucker macht sich geschmacklich bei Lachs besonders gut.

KALTGERÄUCHERTER LACHS

- *50 g Salz*
- *50 g Rohrohrzucker*
- *1 kg Lachsfilet*

Gekühlt 6–8 Tage haltbar.

1. Salz und Zucker gründlich mischen.

2. Das vorbereitete Lachsfilet von allen Seiten gut damit einreiben und damit bedecken.

3. Mindestens 12 Stunden trockensalzen.

4. Salzmischung gründlich abwaschen und das Fischfilet gut trocken tupfen.

5. Lachs in das Räuchergerät hängen oder auf ein Gitter legen.

6. Bei höchstens 25 °C kalträuchern.

7. Fische 3–5 Stunden räuchern, bis die Späne verglüht sind. Dann die Späne erneuern und den Räuchervorgang 3–4-mal wiederholen, das Räuchergut immer vollständig abkühlen lassen. Die Dauer hängt vom Gerät, der Größe der Fische und der gewählten Temperatur ab.

Die klassische Räucherforelle mit einem Hauch von Dill aus Gurken-Einlegegewürz.

HEISSGERÄUCHERTE FORELLEN ODER SAIBLINGE

- *160 g Salz*
- *60 g Einlegegewürz für Gurken*
- *1,3 kg Forellen oder Saiblinge, ausgenommen*

Gekühlt 5–6 Tage haltbar.

1. Salz und Gurkengewürz in 2 l Wasser aufkochen und abkühlen lassen.

2. Fische so in den Sud legen, dass in den Bauchhöhlen keine Luftblasen entstehen. Kühl stellen und 12 bis 16 Stunden nasssalzen.

3. Fische herausnehmen, anhaftende Partikel abstreifen und vor dem Anheizen 1–2 Stunden im Räucherofen hängend und unter Luftzirkulation gründlich trocknen lassen.

4. Die Temperatur für wenige Minuten auf gut 100 °C erhöhen und dann auf 60–80 °C herunterschalten.

5. Fische nach insgesamt 1,5–2,5 Stunden herausnehmen. Die Dauer hängt vom Gerät, der Größe der Fische und der gewählten Temperatur ab.

Heißgeräucherte Forellen

Wunderbar würzig mit Knoblauch und mediterranen Kräutern.

HEISSGERÄUCHERTE KRÄUTERMAKRELEN

- *160 g Salz*
- *4 Knoblauchzehen, klein geschnitten*
- *je 1 Strauß Thymian, Basilikum und Petersilie (oder Kräuter nach Wahl)*
- *1,3 kg Makrelen, ausgenommen*

Gekühlt 5–6 Tage haltbar.

1. Salz, Knoblauch und Kräuter in 2 l Wasser aufkochen. Abkühlen lassen.

2. Fische so in den Sud legen, dass in den Bauchhöhlen keine Luftblasen entstehen. Kühl stellen und 12 bis 16 Stunden nasssalzen.

3. Fische herausnehmen, anhaftende Partikel abstreifen und vor dem Anheizen 1–2 Stunden im Räucherofen hängend und unter Luftzirkulation gründlich trocknen lassen.

4. Die Temperatur für wenige Minuten auf gut 100 °C erhöhen und dann auf 60–80 °C herunterschalten.

5. Fische nach insgesamt 1,5–2,5 Stunden herausnehmen. Die Dauer hängt vom Gerät, der Größe der Fische und der gewählten Temperatur ab.

MARINIEREN

Marinieren kennt man üblicherweise in der Küche als Methode, um Fleisch, Fisch und anderes vor dem Braten, Grillen oder Schmoren zu aromatisieren und zarter zu machen, das geschieht durch kurzzeitiges Einlegen in Würzmarinaden.

Im ursprünglichen Sinne ist das Marinieren, auch Beizen genannt, aber eine Methode zur Haltbarmachung. Durch das Einlegen in eine Lake mit Salz und Essig wird das Fischfleisch, in den meisten Fällen ist es Hering, kalt gegart, denn die Säure und das Salz denaturieren, ähnlich wie bei einer Erhitzung, das Eiweiß. Das Salz sorgt auch für den richtigen Biss. Das Fischfleisch verändert dabei den weichen, etwas glasigen, durchscheinenden Charakter, wird weiß und fester. Außerdem tritt Fischgewebewasser aus, und der Fisch verliert 15 bis 20 Prozent seines Gewichts. Der Begriff Marinade ist also in diesem Zusammenhang als Fischverarbeitungsprodukt mit längerer Haltbarkeit bei Kühllagerung zu verstehen.

Je nach Vorbehandlung des Fisches unterscheidet man in Kalt-, Brat- oder Kochmarinaden.

Um einer eventuellen Gefahr durch Nematodenlarven zu entgehen, wird vor dem Marinieren das Tiefgefrieren empfohlen.

DAS GARBAD

Zunächst wird der (wieder aufgetaute) Fisch in ein Garbad gelegt, das aus einem festgelegten Anteil von Essig und Salz in Wasser besteht, dabei beträgt die Essigkonzentration vier bis neun Prozent und die Salzkonzentration sechs bis 19 Prozent (siehe Kasten). Er wird bei Temperaturen von 10 bis 15 °C etwa fünf Tage darin gegart. Industriell wird bei Temperaturen nahe dem Gefrierpunkt sehr schonend mariniert, was kürzere Marinierzeiten möglich macht. Diese Methode kann im Haushalt aber nicht imitiert werden.

WEITERVERARBEITUNG MIT DEM VEREDELUNGSBAD

Mit dem Garbad alleine erhält man noch kein verzehrfähiges Erzeugnis, da die Garbadware viel zu sauer und salzig ist. Der Fisch muss mit einem daran anschließenden Veredelungsbad auf ein genießbares Maß an Salz und Säure gebracht werden, gleichzeitig kann man ihm damit Aroma geben. Das Veredelungsbad besteht wieder aus Essig, Salz und Wasser, diesmal in geringeren Konzentrationen, beinhaltet aber auch diverse Gewürze (siehe Kasten Seite 244).

***Garbad herstellen** Für die Berechnung der richtigen Konzentration von Essig und Salz ist es der beste Weg, in zwei Schritten vorzugehen: Zunächst die Essigkonzentration berechnen, dann mit Wasser auffüllen, anschließend für diese Essiglösung die notwendige Salzmenge berechnen und zugeben. Es kommt natürlich auf die Konzentration des verwendeten Essigs an, die in die Berechnung einfließen muss. Meist wird eine 8%ige Essiglösung angesetzt.*

Für einen Liter Essiglösung rechnet man mit folgenden Komponenten: Konzentration des verwendeten Essigs, gewünschte Konzentration der herzustellenden Essiglösung und Menge des Endprodukts in ml. Verwendet man beispielsweise eine 25 %ige Essigessenz und möchte einen Liter 8 %iger Lösung erhalten, sieht die Formel so aus:

$$\frac{8\,\% \times 1000\ \text{ml}}{25\,\%}$$

Die Unbekannte x entspricht in diesem Fall 320 ml, also benötigt man 320 ml Essigessenz. Um einen Liter Essiglösung zu erhalten, füllt man sie mit 680 ml Wasser auf.

Im nächsten Schritt berechnet man die Salzkonzentration auf eine Gesamtmenge von einem Liter Lösung. Benötigt man zum Beispiel 15 % Salz, füllt man 850 g der erhaltenen Essiglösung mit 150 g Salz auf und erhält damit einen Liter Garbadlösung. Ausgehend von einem Liter Essiglösung kann man die Salzbeigabe aber auch im Dreisatz berechnen:

$$\frac{150\ \text{g} \times 1000\ \text{ml}}{850\ \text{g}}$$ *ergibt etwa 176 g Salz.*

GARBAD AUS ESSIGESSENZ
MENGEN FÜR 1 L FERTIGE ESSIGLAKE

Lakenstärke in %	25%ige Essigessenz in ml	Menge Wasser in ml
1	40	960
1,5	60	940
2	80	920
2,5	100	900
3	120	880
3,5	140	860
4	160	840
4,5	180	820
5	200	800
5,5	220	780
6	240	760
7	280	720
8	320	680
9	360	640

GARBAD AUS SPEISEESSIG
MENGEN FÜR 1 L FERTIGE ESSIGLAKE

Lakenstärke in %	5%iger / 6%iger Speiseessig in ml	Menge Wasser in ml bzw. g
1	200 / 167	800 / 833
1,5	300 / 250	700 / 750
2	400 / 333	600 / 667
2,5	500 / 417	500 / 583
3	600 / 500	400 / 500
3,5	700 / 583	300 / 417
4	800 / 667	200 / 333
4,5	900 / 750	100 / 250
5	1000 / 833	– / 167
5,5	/ 917	/ 83
6	/ 1000	/ –
7		
8		
9		

Statt in einem Veredelungsbad können die Marinadeerzeugnisse aber auch in Aufgüssen, Tunken, Mayonnaisen, Remouladen oder Öl eingelegt werden (siehe Seite 248). Beliebt und weit verbreitet sind Bismarckheringe aus Heringsfilets in Essigaufguss, Rollmöpse aus Heringsfilets mit eingewickelter Gurke in Essigaufguss, eingelegte Heringe, die nicht filetiert sind und in diversen Saucen oder Aufgüssen reifen, sehr kleine, nicht entgrätete Heringe als Kronsild; außerdem Heringsstipp, der mindestens zur Hälfte aus Heringsfleisch besteht und meist Zwiebel, Gurken und Sellerie sowie manchmal auch Mayonnaise enthält.

Zum Marinieren bieten sich hauptsächlich frische Heringe, aber auch Salzheringe an, wie man sie im Handel bekommt. Diese werden nur gewässert und anschließend wie frische Heringe verarbeitet. Allerdings schmeckt das Produkt anders als das aus frischem Hering, denn der Salzhering ist durch das Salzen bereits vorgegart.

LAGERUNG

Bei Lagertemperaturen von unter 7 °C hält sich das im Haushalt hergestellte Erzeugnis dann gut zwei bis drei Wochen.

Marinieren in zwei Bädern

Zuerst wird der Fisch im hoch konzentrierten Garbad mit Salz und Säure einem Garprozess ausgesetzt. So vorbereitet, darf er in das wesentlich sanftere geschmacks- und aromagebende Veredelungsbad eintauchen: Es entsteht ein mehrere Tage haltbares würziges Fischprodukt, das die Aromen vieler Kräuter und Gewürze annehmen kann.

Veredelungsbad herstellen *Ähnlich wie das Garbad wird auch das Veredelungsbad hergestellt. Die Salzkonzentration ist aber geringer und liegt bei etwa 3 %, als Berechnungsgrundlage dient die Formel für das Garbad. Die Zugabe von aromagebenden Gewürzen, Kräutern und von Zucker erfolgt je nach Rezept. Wasser, Essig, Salz, Zucker, eventuell verschiedenes Gemüse und Gewürze in einen Topf geben, aufkochen und 5 bis 10 Minuten köcheln lassen. Das Veredelungsbad vor der Weiterverarbeitung vollständig abkühlen lassen.*

GERÄTE

verschließbare Gläser, z. B. Einmachgläser, lebensmitteltaugliche bzw. säurefeste Behältnisse aus Edelstahl, Kunststoff, Glas oder Keramik

ZUTATEN

Sehr frischer oder Tiefkühl-Fisch, bevorzugt Hering, gut gekühlt, im Ganzen oder als Filet, Essigessenz oder Speiseessig, Salz, Aromageber (Gewürze, Kräuter, Zucker)

ZUBEREITUNG

HINWEIS: Die Umgebungstemperatur sollte möglichst niedrig sein, also nicht in der beheizten Küche arbeiten oder bei sommerlichen Außentemperaturen.

1 Den gekühlten Fisch waschen, ausnehmen und filetieren.

2 Das Garbad zubereiten (siehe Seite 242). Für 1 kg Fisch braucht man 1,5 l Garbad.
HINWEIS: Sie müssen die Konzentration des Garbads, also die Menge an Essig und Salz im Verhältnis zum Wasser, genau beachten, damit der Konservierungseffekt ausreichend ist.

Und so geht's

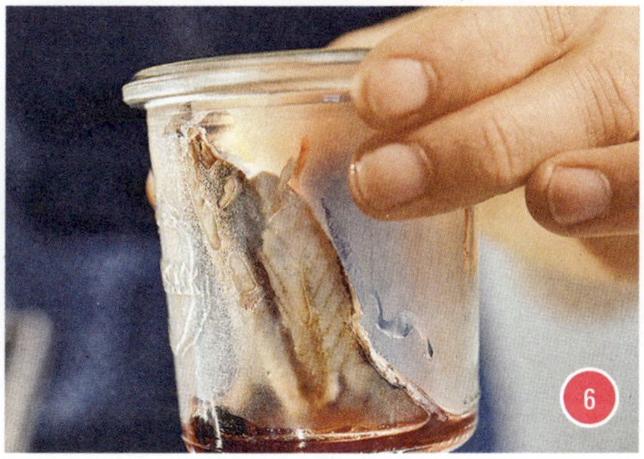

3 Fisch in ein Gefäß schichten und das Garbad hinzufügen. Abgedeckt für 5 Tage in den Kühlschrank stellen. Ein kühler Keller kann sich bei ausreichend niedriger Temperatur, aber maximal 15 °C, ebenfalls eignen.

TIPP: Achten Sie darauf, dass die Filets locker schwimmen und nicht zusammenkleben, sodass das Garbad an alle Stellen gelangen kann.

4 Den Fisch aus dem Garbad nehmen und gut abtropfen lassen. Der Fisch ist jetzt für den Verzehr noch zu sauer und zu salzig.

5 Ein Veredelungsbad aus Wasser, Essig, Salz, Zucker und Gewürzen sowie evtl. Gemüse herstellen (siehe Kasten links).

6 Die stückigen Aromageber aus dem Sud fischen. Die Fische locker in die verschließbaren Gläser geben, die Aromageber jeweils dazwischenschichten und darauf achten, dass keine Luftblasen zurückbleiben. Das geht am besten durch Rütteln und Schütteln des gefüllten Glases.

7 Nun mit dem Veredelungsbad übergießen. Der Fisch muss vollständig bedeckt sein. Wieder darauf achten, dass sich keine Luftblasen im Glas befinden, die für Verderb sorgen könnten. Die Gläser verschließen und kühl stellen. Mindestens 1 bis 2 Tage durchziehen lassen.

HALTBARKEIT

Der Fisch hält sich gekühlt mehrere Tage.

Eingelegt in einem Veredelungsbad mit Lauch, Zwiebeln und Dill.

SCHWEDISCHER HERING

- *6 Heringsfilets (à 150 g)*
- *480 ml Essigessenz (25 %)*
- *265 g Salz*
- *Saft von 2 Zitronen*
- *120 g Zucker*
- *1 TL Pimentkörner*
- *1 TL ganze weiße Pfefferkörner*
- *2 Lorbeerblätter*
- *1 Zwiebel, in feine halbe Ringe geschnitten*
- *1 kleine Stange Lauch, das Weiße in dünne Ringe geschnitten*
- *2–3 EL gehackter Dill*

Gekühlt mehrere Tage haltbar.

1. Hering waschen, ausnehmen und filetieren.

2. Essigessenz mit Salz und 1 020 ml Wasser zu einem Garbad vermischen. Fisch darin 5 Tage kaltgaren, darauf achten, dass die Fische nicht aneinanderkleben.

3. Fisch herausnehmen und gut abtropfen lassen.

4. Für das Veredelungsbad Zitronensaft mit 150 ml Wasser, Zucker und Gewürzen stark erhitzen, aber nicht kochen, bis sich der Zucker aufgelöst hat. Abkühlen lassen.

5. Heringsfilets in mundgerechte Stücke schneiden.

6. Heringe, Zwiebeln, Lauch und Dill abwechselnd in ein großes Glas schichten.

7. Das Veredelungsbad darüber gießen und alles gut vermengen. Das Glas rütteln, sodass keine Lufteinschlüsse bleiben, dann verschließen.

8. 2 Tage im Kühlschrank ziehen lassen.

Tipp: Statt im Garbad kann man den Fisch auch mit der Trockensalzmethode vorbereiten.

Leicht beschwipst und schwimmt doch.

ROTWEINHERING

- *10 Heringsfilets (à 150 g)*
- *720 ml Essigessenz (25 %)*
- *400 g Salz*
- *200 ml Rotweinessig*
- *200 ml Rotwein*
- *1 EL schwarze Pfefferkörner*
- *1 TL weiße Pfefferkörner*
- *10 Wacholderbeeren*
- *2 Gewürznelken*
- *2 Lorbeerblätter*
- *1 Zimtstange*
- *100 g Zucker*
- *2 Zwiebeln, in feine halbe Ringe geschnitten*

Gekühlt mehrere Tage haltbar.

1. Hering waschen, ausnehmen und filetieren.

2. Essigessenz mit Salz und 1 530 ml Wasser zu einem Garbad vermischen. Fisch darin 5 Tage kaltgaren, darauf achten, dass die Fische nicht aneinanderkleben.

3. Fisch herausnehmen und gut abtropfen lassen.

4. Für das Veredelungsbad alle anderen Zutaten mit 200 ml Wasser in einem Topf kurz aufkochen und 10 Minuten auf kleiner Stufe ziehen lassen. Vollständig abkühlen lassen.

5. Heringe in mundgerechte Stücke schneiden und in ein großes Glas schichten.

6. Das Veredelungsbad darübergießen und alles gut vermengen. Das Glas rütteln, sodass keine Lufteinschlüsse bleiben, dann verschließen.

7. 2 Tage im Kühlschrank ziehen lassen.

Schwedischer Hering

Rotweinhering

Einsalzen und mit einem Aufguss marinieren

Ob Tunke oder Aufguss: In Sachen Aroma ist hier eine Menge möglich. Gleichzeitig bringt diese Mariniermethode das Eigenaroma des Fisches mehr zur Geltung als die Zwei-Bäder-Methode. Durch das vorherige Einsalzen wird das Produkt auch länger haltbar.

Statt der Kaltgarung in einem Garbad ist es auch möglich, den Fisch mit der Methode der Trockensalzung (siehe Seite 234) vorzubereiten. Die Trockensalzung entzieht ihm Wasser und sorgt für eine bessere Haltbarkeit, das Fischfleisch ist weniger sauer als aus einem Garbad und das Eigenaroma des Fisches tritt mehr in den Vordergrund. Ein zwischengeschaltetes Veredelungsbad, das dem Fisch überschüssiges Salz und Säure entzieht, ist überflüssig.

Auch bei diesem Verfahren sollte die Umgebungstemperatur möglichst niedrig sein, also nicht in der beheizten Küche arbeiten oder bei sommerlichen Außentemperaturen.

EINEN AUFGUSS HERSTELLEN

Zum Einlegen von Bismarckheringen, Rollmöpsen, Sardinen und anderen Fischen gibt es eine Unzahl von Aufgüssen und Tunken. Während man in Mitteleuropa die säuerlichen Typen bevorzugt, liebt man es in Skandinavien zum Teil sehr süß – das ist Geschmackssache. Wer häufiger Fisch mariniert, wird schnell herausfinden, wie einfach es ist, mit den Zutaten zu experimentieren. Irgendwann hat man den persönlichen Wunschgeschmack genau getroffen. Der Salzgehalt dieses Marinade-Grundrezeptes ist relativ niedrig, weil der Fisch aufgrund der Vorbehandlung bereits nach Salz schmeckt.

MARINADEN-GRUNDREZEPT

Für etwa 1,75 l Aufguss: 1 l Essig (5 %ig), 1 EL (15 g) Salz, 300 g Zucker und Gewürze mit 500 ml Wasser in einem Topf zum Kochen bringen, bis sich Salz und Zucker aufgelöst haben. Vollständig abkühlen lassen.

Und so geht's

GERÄTE

verschließbare Gläser, z. B. Einmachgläser, lebensmitteltaugliche bzw. säurefeste Behältnisse aus Edelstahl, Kunststoff, Glas oder Keramik

ZUTATEN

Sehr frischer oder Tiefkühl-Fisch, bevorzugt Hering, gut gekühlt, im Ganzen oder als Filet, Essigessenz oder Speiseessig, Salz, Aromageber (Gewürze, Kräuter, Zucker)

ZUBEREITUNG

1 Einen Aufguss je nach Rezept kochen, der erkaltet sein soll, wenn der Fisch eingelegt wird. Für 1 kg Fisch braucht man etwas weniger als 1,5 l Aufguss.

2 Den gekühlten Fisch waschen, ausnehmen und filetieren. Es ist nicht unbedingt notwendig, aber empfehlenswert, die Filets zu häuten. Die Haut kann zäh werden und das ist nicht jedermanns Sache. Nur für Rollmöpse entfällt das Häuten. Die Filets Stück für Stück von beiden Seiten dick einsalzen. Für 1 kg Fisch braucht man etwa 400 g Salz.

3 Den Fisch in eine Schüssel schichten und abgedeckt für 3 Stunden kühl stellen.

4 Den Fisch aus der Schüssel nehmen und sehr gut abspülen. Das in der Form befindliche abgelaufene Gewebewasser wegschütten.

5–6 Den Fisch in verschließbare Gläser schichten und mit dem Aufguss übergießen. Der Fisch muss vollständig bedeckt sein. Darauf achten, dass sich keine Luftblasen im Glas befinden, die für Verderb sorgen könnten. Das geht am besten durch Rütteln und Schütteln des gefüllten Glases. Die Gläser verschließen.

7 Kühl stellen und 3 Tage durchziehen lassen.

HALTBARKEIT

Der Fisch hält sich bei Kühlschranktemperatur mindestens 3 Wochen.

Ein beliebtes schwedisches Rezept – köstlich zu Bratkartoffeln oder Bauernbrot, macht sich aber auch auf einem kalten Buffet sehr gut.

GLASMEISTERHERING

8 Heringsfilets (à 150 g)
600 g Salz
500 ml Weißweinessig
300 g Zucker
5 cm Meerrettich, geschält und in Scheiben geschnitten
3 rote Zwiebeln, in Ringe geschnitten
1 Stange Lauch, das Weiße und Hellgrüne in Ringe geschnitten
1 Möhre, in dünne Scheiben geschnitten
1 cm Ingwerwurzel, geschält und in dünne Scheiben geschnitten
2 TL Pimentkörner
2 TL Senfkörner
4 Lorbeerblätter
1 TL Korianderkörner
4 Nelken
8 Wacholderbeeren, angedrückt
4 Chilischoten, angestoßen, nach Geschmack
1 Msp. Macis

Gekühlt bis zu 3 Wochen haltbar.

1. Heringsfilets dick einsalzen und dabei in eine Schüssel schichten. 3 Stunden in einem abgedeckten Gefäß kühl stellen.

2. Filets abspülen, gegebenenfalls häuten und in mundgerechte Stücke schneiden.

3. Essig, 1 l Wasser und Zucker aufkochen und abkühlen lassen.

4. Den Fisch und alle anderen Zutaten gut verteilt in das Glas schichten. Mit der Essiglösung aufgießen.

5. Lufteinschlüsse herausschütteln, Glas verschließen und kühl stellen.

6. Der Glasmeisterhering braucht 2–3 Tage im Kühlschrank zum Durchziehen.

Wunderbar zu Pellkartoffeln.

HERING IN SÜSS-SAURER MARINADE

6 Heringsfilets (à 150 g)
400 g Salz
1 l Kräuteressig 5 %
600 g Zucker
2 EL Senfkörner
6–8 Pimentkörner
2 TL Pfefferkörner oder bunter Pfeffer
1–2 getrocknete Chilischote
2 TL Korianderkörner
4–6 Lorbeerblätter

Gekühlt bis zu 3 Wochen haltbar.

1. Hering waschen, ausnehmen und filetieren. Filets von beiden Seiten mit ca. 375 g Salz dick einsalzen.

2. Fisch für 3 Stunden in einem abgedeckten Gefäß kühl stellen.

3. Restliches Salz mit 1 l Wasser und allen anderen Zutaten zusammen in einem Topf zum Kochen bringen, bis sich Salz und Zucker aufgelöst haben. Erkalten lassen.

4. Fischfilets in Gläser geben. Mit der Marinade übergießen und die Gewürzzutaten zwischen den Fischen verteilen. Darauf achten, dass keine Luftblasen zurückbleiben.

5. Kühl stellen, 3 Tage durchziehen lassen.

In Salz einlegen

Salz dient vielen Lebensmitteln als einfaches Konservierungsmittel, denn es entzieht Wasser und damit verderbniserregenden Mikroorganismen die Lebensgrundlage. Für größere Fische ist die Methode nicht so gut geeignet, denn das Salz dringt nicht tief genug ein. Doch für kleine Fischchen ist es eine ganz simple und leicht umzusetzende Konservierungsart.

Diese Methode der Konservierung in Salz bietet sich vor allem für Heringe, Sardinen, Sardellen, Sprotten und andere kleine Fischarten an. Im Prinzip kann man aber jeden Fisch in Salz legen. Besonders, wenn man plötzlich größere Mengen an Fisch zu konservieren hat, bietet sich diese einfache Methode an. Außerdem kann man die Fische beim Einsalzen mit weiteren Zutaten fein aromatisieren und sich deshalb auf eine besondere Spezialität freuen.

Salz *Für das Einsalzen eignen sich übrigens grobe Salzarten besser als feinkörniges Salz. Das normale feinkörnige Speisesalz löst sich zu schnell, zieht damit zu viel Flüssigkeit aus dem Fisch und macht ihn zu salzig. Grobes Stein- oder Meersalz ist dagegen gut geeignet.*
In früheren Zeiten wurde der Fang bei länger dauernden Fahrten auf hoher See schon auf dem Schiff eingesalzen, damit er sich bis zum Anlanden frisch hielt. Üblicherweise verwendete man dafür die Methode der Hartsalzung. Dabei wurde so stark gesalzen, dass bis zu 35 % Salz im Fischgewebewasser vorhanden war. Diese großen Salzmengen mussten vor der Weiterverarbeitung durch Wässern wieder entfernt werden. Heute hat man ausgeklügelte Gefriermethoden schon an Bord der hochtechnisierten Hochseeschiffe. Die Fische werden nach dem Fang ausgenommen und sofort tiefgefroren.

SALZ ENTZIEHT WASSER

Das Salz entzieht dem Fisch Gewebewasser, das den meisten verderbniserregenden Mikroorganismen dann als Lebensgrundlage fehlt. Darin besteht der konservierende Effekt. Allerdings gibt es auf Salzfisch spezialisierte Mikroorganismen, sogenannte halophile Bakterien, die nicht abgetötet werden. Die Bakterien kommen zwar nicht sehr häufig vor und können durch ausreichende Hygiene und exaktes Arbeiten eingedämmt werden (siehe Seite 8 und 230) – dieser Gefahr sollte man sich aber bei der Herstellung bewusst sein und somit äußerste Sorgfalt mit den Hygieneregeln walten lassen.

Während des Salzens wirken fischeigene eiweißabbauende Enzyme, die einen Reifungsprozess auslösen und geschmacksgebend wirken. Der hohe Salzgehalt denaturiert das Fischeiweiß und macht es „salzgar". Je höher der Salzanteil ist, desto höher ist auch der konservierende Effekt. Bei der harten Salzung, der stärksten Stufe, enthalten 100 g Fischgewebewasser mehr als 20 g Salz, das vor der Verarbeitung weitgehend wieder herausgewässert werden muss. Bei der milden Salzung liegt der Salzgehalt zwischen drei und 20 g und wässern ist nur nach Geschmack notwendig.

SPEZIALITÄT MATJES

Das bekannteste Salzfischerzeugnis ist der Salzhering, aber auch Matjes ist im Prinzip ein Salzhering. Nach dem traditionellen Verfahren für „echten" Matjes wird der fangfrische, junge Hering, der mindestens 12 Prozent Fettanteil haben muss und noch nicht geschlechtsreif sein darf, bis auf die sogenannten Pylorusanhänge, Teile der Bauchspeicheldrüse des Fisches, ausgenommen. Diesen Vorgang nennt man Kehlen. Anschließend salzt man ihn mild und er „reift" durch einen Prozess, der durch die Enzyme der Pylorusanhänge ausgelöst wird. Laut Gesetz muss mildgesalzener Matjes – in erster Linie holländische Erzeugnisse – zum Schutz vor Parasiten (Nematoden) eingefroren werden, weshalb er offiziell nicht mehr als „frischer" Matjes bezeichnet werden darf, sondern „neuer" Matjes genannt wird. Bei hartgesalzenem Fisch besteht das Nematodenrisiko nicht. Den „unechten" Matjes, der im Handel als „Hering nach Matjesart" angeboten wird, kann man aus fast jedem anderen Hering herstellen, wobei das Gewerbe bestimmte gesetzlich festgelegte Fettgehalte berücksichtigen muss. Die Industrie setzt dem Fisch meist künstlichen Matjesreifer zu, damit es schneller geht.

SALZSARDELLEN

Salzsardellen sind Sardellenfilets, die eingesalzen werden. Der dadurch in Gang gesetzte enzymatische Reifungsprozess bewirkt den bekannten und sehr charakteristischen Geschmack der kleinen Fische.

IN SALZ EINLEGEN

GERÄTE

verschließbare hohe Gläser, z. B. Einmachgläser, lebensmitteltaugliche bzw. säurefeste flache Formen aus Edelstahl, Kunststoff, Glas oder Keramik, Gegenstand zum Beschweren, z. B. Konservendose oder Wasserflasche, evtl. Klarsichtfolie, sauberes Tuch

ZUTATEN

Fisch, vor allem kleine Fische sind geeignet, grobes Salz, evtl. Gewürze

HINWEIS: Um das Nematodenrisiko auszuschließen, sollte der Fisch vor oder nach der Einsalzung tiefgefroren und wieder aufgetaut werden.

ZUBEREITUNG

HINWEIS: Die Umgebungstemperatur sollte möglichst niedrig sein, also nicht in der beheizten Küche arbeiten oder bei sommerlichen Außentemperaturen.

1 Die Fische sehr sorgfältig ausnehmen (siehe Seite 231) und mit kaltem Wasser abspülen. Köpfe nicht entfernen, denn sie enthalten Öle, die sich aromatisierend auswirken.

2 Die Fische innen und außen gut mit Salz bestreuen. Die eingesalzenen Fische nun nebeneinander in eine Schale legen und abgedeckt für 3 bis 5 Stunden kühl stellen.

3 Die Fische aus dem ausgetretenen Saft nehmen, kurz abspülen und abtupfen. Das Gewebewasser kann weggeschüttet werden.

4–8 Den Boden eines hohen verschließbaren Glases gut mit Salz ausstreuen. Die Fische lagenweise hineinschichten und jede Schicht großzügig mit Salz bestreuen. Werden Gewürze verwendet, diese auf jede Lage Fisch zusammen mit dem Salz einfüllen. Mit Salz abschließen und zum Schluss mit einer gesättigten Salzlösung auffüllen (siehe Seite 235), um alle Hohlräume auszufüllen. Dann gründlich rütteln und schütteln, um möglichst alle Lufteinschlüsse zu entfernen, danach eventuell nochmals mit Salzlö-

sung nachfüllen, damit die Fische ganz mit Lake bedeckt sind.

9 Einen schweren Gegenstand, z. B. ein Gewicht, eine Konservendose oder eine gefüllte Wasserflasche, jeweils mit gereinigtem Boden, zum Beschweren auf die Fische stellen. Das Fischglas mit dem Gewicht in den Kühlschrank stellen oder bei 6 bis 8 °C an einem dunklen Ort deponieren. Das Ganze vorab mit einem sauberen Tuch abdecken.
TIPP: Legen Sie auf den Fisch ein Stück Klarsichtfolie, bevor Sie das Gewicht darauf geben, das verhindert, dass eventueller Schmutz an dem Gegenstand in den Fisch gerät.

10 1 Woche ruhen lassen. Danach ist der Fisch genussreif. Vor dem Servieren einige Stunden in eine 1:1-Mischung aus Milch und Wasser legen, um den Salzgeschmack auszuwaschen. Falls nötig, noch einmal wässern.
TIPP: Wer den Fisch nicht sofort aufessen, sondern langfristig konservieren möchte, kippt das an der Oberfläche angesammelte Öl (von den Köpfen) ab. Da die Fische vollständig bedeckt sein müssen, gießt man danach falls nötig so viel Salzlösung auf, bis der Fisch „schwimmt". Die Salzlösung soll zu gleichen Teilen aus Wasser und Salz bestehen, also z. B. 1 Tasse Salz auf 1 Tasse Wasser.

HALTBARKEIT

Die Fische können sich gekühlt im Salz bis zu einem halben Jahr halten.

Die Salz-Sardinen sind auch ohne das Einlegen in Würzöl schon genießbar. Wer den asiatischen Touch liebt, der legt sie nach dem Salzen noch in das Würzöl ein.

SALZ-SARDINEN IN ASIATISCHEM WÜRZÖL

1 kg frische Sardinen, ausgenommen; alternativ Sprotten, Anchovis oder Heringe
500 g feines Salz
1–1,5 kg grobes Salz

Für das Würzöl:

500 ml Öl nach Belieben, z. B. Oliven-, Raps- oder Nussöl
1 walnussgroßes Stück Ingwer in Scheiben geschnitten
3 Stängel Zitronengras
1 EL geröstete Sesamsaat
Chili nach Belieben

Gekühlt 3–5 Monate haltbar.

1. Fische mit dem feinen Salz von innen und außen einsalzen, in eine Form legen und abgedeckt 3–5 Stunden kühl stellen.

2. Kurz abspülen und trocken tupfen. Den ausgetretenen Saft wegschütten.

3. Etwas grobes Salz in ein verschließbares Glas schütten. Die Fische nach und nach einschichten und jede Lage mit reichlich grobem Salz bestreuen. Zuletzt mit einer dicken Schicht Salz abschließen.

4. Die Fische beschweren, Glas verschließen bzw. abdecken. Das Produkt ist auch ohne Öl schon genießbar: Kleine Fische können nach 1 Woche gegessen werden, größere brauchen ein paar Tage länger. Vor dem Servieren wässern.

5. Zum längeren Konservieren in Würzöl die Fische herausnehmen und filetieren.

6. Fische wieder in Gläser schichten.

7. Die Zutaten für das Würzöl vermischen und blasenfrei in die Gläser füllen. Gut verschließen und kühl stellen.

Auch zur längeren Konservierung in Öl geeignet, dann die Salzung ohne Gewürze vornehmen und die Sardinen anschließend in Würzöl nach Geschmack einlegen.

WÜRZIGE SALZ-SARDINEN

1 kg frische Sardinen, ausgenommen;
alternativ Sprotten, Anchovis oder Heringe
500 g feines Salz
1–1,5 kg grobes Salz
3–5 Lorbeerblätter
1 EL bunter Pfeffer
1 EL Pimentkörner
1 EL Wacholderbeeren
2 Gewürznelken

Gekühlt 2–3 Monate haltbar.

1. Fische mit dem feinen Salz von innen und außen einsalzen, in eine Form legen und 3–5 Stunden kühl stellen.

2. Kurz abspülen und trocken tupfen. Den ausgetretenen Saft wegschütten.

3. Etwas grobes Salz in ein verschließbares Glas schütten. Die Fische nach und nach einschichten und jede Lage mit einem Teil der Gewürze und reichlich grobem Salz bestreuen. Die Lorbeerblätter am besten zwischen Fische und Glasrand schieben. Zuletzt mit einer dicken Schicht Salz abschließen.

4. Die Fische beschweren. Glas verschließen bzw. abdecken. Kleine Fische können schon nach 1 Woche gegessen werden, größere brauchen ein paar Tage länger.

5. Vor dem Servieren wässern.

Tipp: Zum längeren Aufbewahren der Fische das Öl, das sich auf der Oberfläche gebildet hat, behutsam abgießen. Sollten die Fische nach dem Abgießen des Öls nicht mehr von Lake bedeckt sein, eine Lake aus gleichen Teilen Salz und Wasser herstellen und die Fische damit wieder bedecken.

Einmachen

Fisch in Tunken, Saucen, in Öl oder würzigem Aufguss ist eine beliebte Zutat zum Abendbrot, eine schnelle Beilage zu Pellkartoffeln zum Mittagessen, und wer es schon morgens deftig mag, macht sich vielleicht schon zum Frühstück ein Glas auf. Man kann wählen aus einer wunderbaren Geschmacksvielfalt.

Es gibt Bratheringe, Sardinen, Makrelen, geräucherte Sprotten, Thunfisch in Öl oder im eigenen Saft. Auch Fischpasten, Fischpasteten, Fischklöße und Fischsalate gehören in diese Kategorie: Gekaufte Dosenware gibt es in einer großen Vielfalt, sie ist günstig und lange haltbar. Gerne wird Fisch auch in Essiglösungen eingemacht. Essig übt nicht nur einen zusätzlichen konservierenden Effekt aus, der bei verderbnisanfälligem Fisch willkommen ist, sondern die Säure sorgt auch für den typisch sauren Geschmack vieler Fischkonserven.

DAS PRINZIP

Das Einmachen von Fisch im eigenen Haushalt ist vom Prinzip her ähnlich wie das von Obst und Gemüse. Das Einmachgut wird vorgegart oder roh in Gläser gefüllt. Anschließend werden die gut verschlossenen Gläser so stark und lange erhitzt, dass die schädlichen Keime weitgehend abgetötet werden und beim Abkühlen im Glas ein starkes Vakuum entsteht. Gleichzeitig wird der Inhalt durchgegart. Der Deckel sitzt danach fest auf der Öffnung, und Gärungskeime, Bakterien und Sporen von Schimmelpilzen können nicht mehr eindringen. Da es sich bei Fisch aber um ein sehr viel keimanfälligeres Ausgangsprodukt handelt, ist äußerste Vorsicht und maximale Hygiene geboten (siehe Seite 8 und 230).

Die industriellen Methoden können im Haushalt nicht umgesetzt werden und die wirkliche Keimfreiheit wird nicht erreicht und gewährleistet. In der Industrie wird die fertige Dauerkonserve mit einem Autoklaven sterilisiert, der mit hohem Druck und hohen Temperaturen arbeitet. Damit kann heute eine Mindesthaltbarkeit von vier Jahren garantiert werden.

IMMER IM DAMPFDRUCKTOPF

Für das Einmachen von Fisch im Haushalt eignet sich deshalb der Dampfdrucktopf am besten, denn durch den entstehenden Unterdruck wird ebenfalls eine bessere Dezimierung von Keimen bewirkt. Mit industriellen Methoden kann dies aber dennoch nicht mithalten und die Haltbarkeit ist begrenzt.

Ein Dampfdrucktopf, der für das Einmachen verwendet werden soll, sollte einen großen Durchmesser haben, damit möglichst viele Gläser nebeneinander hineinpassen, die sich außerdem nicht berühren dürfen. Man stellt die Gläser auf eine Drahtgitter, das man auch den Boden des Topfes legt.

GLÄSER ODER DOSEN?

Für das Konservieren in Dosen braucht man besondere Geräte, deren Anschaffung sich zu Hobbyzwecken nicht unbedingt lohnt. Aber auch Einkochen in sterilisierten Gläsern ist möglich und damit die bessere Wahl im Haushalt. Man kann ganz normale Schraubdeckelgläser verwenden, die ohnehin in fast jedem Haushalt vorhanden sind. Oberstes Gebot ist auch bei den Gläsern einwandfreie Hygiene. Sie sollten mit kochendem Wasser sterilisiert sein, bevor der Fisch darin Platz nehmen darf. Die Zutaten- und Verarbeitungstemperatur sollten nicht zu hoch sein.

Und so geht's

EINMACHEN

GERÄTE

einwandfreie Einmachgläser oder Schraubdeckelgläser, evtl. Einmachgummis, evtl. Trichter zum Befüllen, Dampfdrucktopf, Drahtgitter zum Einlegen in den Dampfdrucktopf

ZUTATEN

Fisch, alle Sorten sind geeignet. Es bieten sich besonders an: Sardinen, Sprotten, Lachs, Thunfisch, Heringe und Makrelen, Salz, evtl. Essig, Zutaten für Saucen, Aufgüsse, Tunken etc. (je nach Rezept).

ZUBEREITUNG

1 Kochwasser mit Salz und, je nach Rezept, auch mit Essig mischen. Pro Liter Kochwasser braucht man 940 ml Wasser und 60 g Salz. Bei Zugabe von Essig verwendet man 800 ml der Salzlösung plus 200 ml 5 %igen Essig.
TIPP: Die Zugabe von Essig erhöht den konservierenden Effekt, trägt aber auch zum Geschmack von sauer Eingemachtem bei.

2–3 Kochwasser knapp zum Kochen bringen und den Fisch darin 5 bis 8 Minuten bei 90 °C blanchieren (abkochen). Danach den Fisch gut abtropfen lassen. Durch das Blanchieren verliert er etwas Gewebeflüssigkeit. Ohne würde er während des Sterilisierens Gewebewasser abgeben, was die Tunke verdünnen würde. Der Effekt muss dann durch die Zugabe von Bindemittel (z. B. Stärke) ausgeglichen werden. Vorheriges Blanchieren führt zu einem besseren geschmacklichen Ergebnis.

4 Eine würzige Tunke je nach Rezept zubereiten.

5 Gläser und Zubehör gut sterilisieren.

6–7 Etwas Tunke in das Einmachglas geben. Fisch in das Glas schichten und vollständig mit Tunke bedecken. Gläser nicht bis ganz oben hin füllen, zum Rand 1 bis 2 cm Platz lassen. Rand gut säubern und verschließen.
HINWEIS: Achten Sie darauf, dass keine Luftlöcher in dem Glas bleiben!

8 Ein Drahtgitter in den Dampfdrucktopf setzen, die Gläser dürfen nicht unmittelbar auf dem Topfboden ste-

hen. Gläser hineinstellen, sie dürfen sich nicht berühren. Am besten nicht mehr als zwei Gläser hineinstellen.

9 Etwa 250 ml Wasser angießen, das in etwa dieselbe Temperatur wie die Gläser bzw. deren Inhalt hat. Wenn zu viel Wasser eingefüllt wird, können die Gläser überkochen.

10 Topf schließen und das Wasser zum Kochen bringen. Erhitzen und den Druck im Topf aufbauen. Der Kochvorgang startet, wenn die zweite Rille sichtbar wird. 25 Minuten kochen.

11 Den Dampfdrucktopf nach Beendigung der Kochzeit nicht abdampfen oder gar mit kaltem Wasser abschrecken, sondern die Gläser noch 30 bis 40 Minuten im geschlossenen Topf stehen lassen, bis der Druck komplett abgebaut ist. Andernfalls könnte die Flüssigkeit aus den Gläsern herausgedrückt werden oder die Gläser platzen.

12 Die Gläser behutsam herausnehmen und auf Tücher stellen. So wenig wie möglich bewegen, auf keinen Fall schütteln, sie könnten platzen. Bei Zimmertemperatur langsam abkühlen lassen. Auf keinen Fall mit kaltem Wasser in Berührung bringen. Zugluft vermeiden.

13 Nach dem Abkühlen die Vakuumprobe machen: Bei Gläsern mit Schnappverschluss muss die Gummizunge nach unten zeigen. Falls nicht, besteht nicht das erforderliche Vakuum. Bei Gläsern mit Klammerverschluss Klammern abnehmen und prüfen, ob der Deckel unverrückbar fest sitzt. Bei Schraubdeckelgläsern ist das Vakuum durch den nach innen gewölbten Deckel erkennbar. Wenn der jeweilige Fall nicht zu trifft, ist der Vorgang misslungen. In jedem Fall bei nicht zuverlässig eingetretenem Vakuum den Inhalt nicht länger aufbewahren, sondern am besten sofort verzehren.
HINWEIS: In den Tagen und Wochen nach dem Sterilisieren immer wieder prüfen, ob das Vakuum noch besteht. Ist es nicht mehr vorhanden, den Inhalt entsorgen.

HALTBARKEIT

Selbst eingemachter Fisch hält dunkel und kühl gelagert 2 bis 3 Monate.

Feiner Fisch in feiner Tunke mit Gemüse.

THUNFISCH IN WÜRZIGEM OLIVENÖL

- *1–1,2 kg frisches Thunfischfleisch*
- *72 g Salz*
- *300 ml 5%iger Weißweinessig*

Für das Öl:

- *1 EL Salz*
- *4 EL Sherryessig*
- *1 l Olivenöl, evtl. etwas mehr*
- *3 Zwiebeln, in Ringe geschnitten*
- *1 rote Paprikaschote geputzt und in Streifen geschnitten*
- *2 Möhren, geschält und in Scheiben geschnitten*
- *200 g Erbsen (TK, aufgetaut)*
- *3 Gewürznelken*
- *3 lange Rosmarinzweige*
- *1 EL bunte Pfefferkörner*

Für 3 Gläser à 1 l.

Dunkel gelagert und gekühlt 2–3 Monate haltbar.

1. Thunfisch von Haut und Gräten befreien und in dickere Stücke schneiden. 1 230 ml Wasser mit Salz und Essig knapp aufkochen. Thunfisch 5 Minuten bei 90 °C blanchieren. Herausnehmen und gut abtropfen lassen.

2. Für das Öl Salz mit Essig verrühren und etwas Olivenöl zugeben. Einige Zwiebelringe in die Gläser geben und mit der Essig-Öl-Mischung übergießen.

3. Thunfisch und die anderen Zutaten in die Gläser verteilen. Mit Olivenöl begießen. Die Zutaten sollen alle bedeckt sein. Gläser verschließen.

4. Ein Bodengitter in den Dampfdrucktopf setzen. Gläser berührungsfrei hineinstellen. Wasser bis zu drei Viertel angießen, das in etwa dieselbe Temperatur wie die Gläser bzw. deren Inhalt hat. Deckel auflegen und das Wasser zum Kochen bringen. Wenn das Wasser kocht, ca. 100 Minuten sprudelnd kochen lassen.

5. Gläser herausnehmen, auf Tücher stellen und langsam abkühlen lassen. Nach dem Abkühlen die Vakuumprobe machen.

Sehr beliebtes Rezept, ein echter Klassiker.

HERING IN PIKANTER TOMATENTUNKE

- *72 g Salz*
- *300 ml 5 %iger Weißweinessig*
- *1–1,2 kg Heringsfilets (oder Makrele, Sprotten)*

Für die Tunke:

- *Je 30 Pimentkörner und 30 Pfefferkörner*
- *360 ml Sherryessig*
- *270 ml Öl*
- *360 g Tomatenmark*
- *120 g Zucker*
- *1–2 EL Salz*
- *450 ml Wasser*
- *1 Spritzer Tabasco*
- *1 Bund Dill, zerzupft*

Für 3 Gläser à 1 l.
Dunkel gelagert und gekühlt 2–3 Monate haltbar.

1. 1 230 ml Wasser mit Salz und Essig knapp aufkochen. Heringe 5–8 Minuten bei 90 °C darin blanchieren. Herausnehmen und gut abtropfen lassen.

2. Für die Tunke Piment- und Pfefferkörner im Mörser zerstoßen. Zusammen mit den restlichen Zutaten (bis auf den Dill) erhitzen, bis sich Zucker und Salz aufgelöst haben. Pikant abschmecken. Dill zuletzt zufügen. Etwas Tunke in das Einmachglas geben. Fisch in das Glas schichten und vollständig mit Tunke bedecken, aber Gläser nicht bis ganz oben hin füllen. Gläser gut verschließen.

3. Ein Bodengitter in den Dampfdrucktopf setzen. Gläser berührungsfrei hineinstellen. Wasser bis zu drei Viertel angießen, das in etwa dieselbe Temperatur wie die Gläser bzw. deren Inhalt hat. Deckel auflegen und das Wasser zum Kochen bringen. Wenn das Wasser kocht, ca. 100 Minuten sprudelnd kochen lassen.

4. Gläser herausnehmen, auf Tücher stellen und langsam abkühlen lassen. Nach dem Abkühlen die Vakuumprobe machen.

Auch gebraten kann Fisch eingemacht werden.

BRATHERINGE SÜSS-SAUER

1 kg frische Heringe, ausgenommen und ohne Kopf
Salz
frisch gemahlener schwarzer Pfeffer
Mehl zum Bemehlen
Öl zum Braten

Für den Aufguss:

Je 600 ml guter Essig und 600 ml Fleischbrühe oder Gemüsebrühe (instant), sonst Wasser
1–2 EL Salz
240 g Zucker
3–4 dicke Zwiebeln, in Ringe geschnitten
6 kleine Lorbeerblätter
2 EL schwarze Pfefferkörner
12 Wacholderbeeren
2 Gewürznelken
2 EL helle Senfkörner
5 EL Worcestersauce

Für 3 Gläser à 1 l.
Dunkel gelagert und gekühlt 2–3 Monate haltbar.

1. Heringe mit Salz und Pfeffer würzen. Mit Mehl bestäuben und in heißem Öl braten. Herausnehmen und abkühlen lassen. Zutaten für den Aufguss aufkochen und abkühlen lassen.

2. Etwas davon in die Gläser geben. Heringe auf die Gläser verteilen und mit Aufguss bedecken. Gläser verschließen.

3. Ein Bodengitter in den Dampfdrucktopf setzen. Gläser berührungsfrei hineinstellen. Wasser bis zu drei Viertel angießen, das in etwa dieselbe Temperatur wie die Gläser bzw. deren Inhalt hat. Deckel auflegen und das Wasser zum Kochen bringen. Wenn das Wasser kocht, ca. 100 Minuten sprudelnd kochen lassen.

4. Gläser herausnehmen, auf Tücher stellen und langsam abkühlen lassen. Nach dem Abkühlen die Vakuumprobe machen.

Bratheringe süß-sauer

Anchosen

Ob Gabelbissen, Appetitsild oder Graved Lachs: Die sehr würzigen Fischbissen reifen mehrere Tage oder sogar Wochen, sind dann aber nur kurze Zeit haltbar. Meist sind es kleinen Fischchen, die so ganz groß herauskommen

Halbkonserven *Anchosen gehören zu den Halbkonserven, die nur relativ kurze Zeit haltbar sind. Da das Fleisch der verwendeten Fische zu weich für herkömmliche Sterilisationsverfahren ist, würde es bei der Sterilisation zerfallen. Deshalb wird es bei der industriellen Herstellung nur pasteurisiert und luftdicht verpackt. Zusammen mit den konservierendem Effekt des Herstellungsverfahrens haben die Produkte ungekühlt und ungeöffnet eine Haltbarkeitsdauer von etwa sechs Monaten.*

Der Begriff Anchose leitet sich von dem französischen „Anchoes" bzw. dem spanischen „Anchovis" ab und bedeutet Sardellen. Doch nicht nur diese sind das Ausgangsprodukt, sondern auch andere meist kleine Fische – eine Ausnahme ist der Graved Lachs. Für die meisten Anchosen ist vom Gesetzgeber ein Mindestfettgehalt von 10% vorgeschrieben. Denn es eignen sich nur fettreiche Seefische für diese meist sehr würzigen Bissen: frische oder tiefgefrorene Sardellen, Sprotten, Sardinen, Kleinheringe und Lachs.

Im Unterschied zum Konservierungsverfahren mit Salz wird hier zusätzlich Zucker verwendet, der enzymatische Prozesse der Haltbarmachung fördert, also die biologische Reifung. Es gibt zwei Verfahren: Man lässt die rohen, filetierten Fische in einer trockenen Mischung aus Salz, Zucker, auch Salpeter und Gewürzen reifen oder man gart sie durch Erhitzung vor, um sie in würzige Aufgüsse, Tunken, Cremes oder Öl zu geben.

VIELE SORTEN

Anchosen kennt man vor allem in folgenden Angebotsformen:

→ Matjes nach nordischer Art: Diese Matjesheringe haben durch den enzymatischen Verarbeitungsprozess tendenziell eine festere Konsistenz als Matjes holländischer Art. Er ist auch unter der Bezeichnung „Aalrauch" erhältlich.

→ Anchovis sind in der mittel- oder südeuropäischen Küche meistens Sardellen, in der nordeuropäischen eher Sprotten. Dort werden sie manchmal auch Kräutersprotten genannt. Es gibt sie im Ganzen mit oder ohne Kopf und Schwanz, manchmal auch ausgenommen.

→ Appetitsild, das sind entgrätete Anchovis.

→ Kräuter- oder Gewürzheringe sind filetiert und ohne Kopf.

→ Gabelbissen, auch Kräuterhappen und Kräuterbissen genannt, die aus quergeteilten Kräuterheringen bestehen.

→ Graved Lachs gehört ebenfalls zu den Anchosen. Er wird über mehrere Tage gereift.

WIE BEIM SALZEN

Wie beim Salzen wirken eiweißabbauende Enzyme, die einen Reifungsprozess auslösen und gleichzeitig konservierend wirken. In der industriellen Herstellung werden oft Enzympräparate zugesetzt. Anchosen sind sehr würzig, da hohe Salz- und Zuckermengen notwendig sind, um den Reifungsprozess schnell einzuleiten und auch dickere Fischstücke zu durchdringen. Die Menge der weiteren Würzzutaten richtet sich wiederum nach den Salz- und Zuckermengen, damit ein ausgewogenes Aromenverhältnis entsteht. Der eingelegte Fisch reift in Lake, Sauce, Tunke, Aufguss, Creme oder Öl noch nach und verändert sich daher geschmacklich noch etwas.

INDUSTRIELLE HERSTELLUNG

Bei der industriellen Herstellung von Anchosen wird die Haltbarkeit durch die Zugabe von Konservierungsstoffen und Pasteurisierung verlängert, gleichzeitig kann der Nachreifungsprozess damit etwas gehemmt werden. Um die Reifung zu beschleunigen, setzt man auch eiweißabbauende Enzyme ein. Auch die Verwendung von Nitritpökelsalz zur biologischen Reifung ist üblich. Die Produkte erhalten damit ihre rosa Färbung.

Und so geht's

GRAVED LACHS

GERÄTE

scharfes Küchenmesser, evtl. ein Mörser, Frischhaltefolie zum Einwickeln und Abdecken, Küchenpapier, flache Schale oder auch mehrere lebensmitteltaugliche Gefäße, in denen der Fisch reift, evtl Gewichte zum Beschweren, z. B. große Konservendosen oder Wasserflaschen

ZUTATEN

Fisch, geeignet sind lachsartige Fische, Heringe, Sprotten, Sardinen, Sardellen, Forellen, alle als Filets, Salz, Zucker, Essig, Gewürze, Kräuter

ZUBEREITUNG MIT TROCKENWÜRZUNG

1 Salz und Zucker je nach Rezept im Verhältnis 1:1 miteinander mischen.

2–4 Ungehäutete Fischfilets mit der Haut nach unten nebeneinanderlegen. Wenn Gewürze und Kräuter verwendet werden, erst mit der Salz-Zucker-Mischung, dann mit Kräutern bestreuen.

5–6 Filets aufeinanderlegen, sodass die Haut jeweils außen liegt. Stramm in Frischhaltefolie wickeln und in eine Schale legen.

7 Ein Brettchen auflegen; das Brettchen sollte möglichst viel von der Fischoberfläche abdecken. Mit Konservendosen oder anderen Gewichten beschweren. Nun im Kühlschrank 2 bis 3 Tage ruhen lassen, währenddessen das Folienpäckchen dreimal wenden.

8 Fischpäckchen aus der ausgetretenen Flüssigkeit nehmen, auspacken und die noch sichtbaren Gewürze abstreifen. Mit Küchenpapier trocken tupfen.

TIPP: Um den Fisch am besten genießen zu können, mit dem Messer quer und von der Haut weg in hauchdünne Scheiben schneiden.

ZUBEREITUNG MIT VORGAREN UND ANSCHLIESSENDEM WÜRZEN

1 Aus Essig, Wasser und Salz ein Garbad herstellen (siehe Seite 242). Die Fischfilets in eine Schale geben und mit der Lake übergießen. 24 Stunden gekühlt kaltgaren lassen.

2 Alle Zutaten für die Würzmischung vermischen.

3 Die Fische aus der Lake nehmen. Die Lake wegeschütten. Etwas Würzmischung auf den Boden einer flachen Form streuen und eine Lage Fische mit der Haut nach unten nebeneinander hineinbetten. Mit Würzmischung bestreuen. Darauf wieder Fisch legen und wieder bestreuen und so weiter, bis alles verbraucht ist.

4–5 Die Fische mit Frischhaltefolie bedecken und ein Brettchen auflegen; das Brettchen sollte möglichst viel von der Fischoberfläche abdecken. Mit Konservendosen oder anderen Gewichten beschweren. Kühl stellen. TIPP: Nach 2 bis 3 Tagen eine kleine Kostprobe nehmen, ob der Fisch schon gar ist. Eventuell noch etwas ruhen lassen.

6 Den Fisch aus der ausgetretenen Flüssigkeit nehmen und die Gewürze abstreifen. Mit Küchenpapier trocken tupfen. Kleine Stücke im Ganzen servieren, größere quer und von der Haut weg in hauchdünne Scheiben schneiden.

HINWEIS: Die Umgebungstemperatur sollte bei beiden Verfahren möglichst niedrig sein, also nicht in der beheizten Küche arbeiten oder bei sommerlichen Außentemperaturen.

HALTBARKEIT

Bei 4 bis 7 °C halten sich Anchosen mehrere Tage.

Gebeizter Lachs nach schwedischem Rezept – als Vorspeise zu Toast oder Baguette.

GRAVED LACHS MIT STERNANIS

- *1 kg Lachsfilet oder 2 Lachsforellenfilets, jeweils mit Haut*
- *3 EL Salz*
- *2 EL brauner Zucker*
- *1 TL schwarze Pfefferkörner*
- *1,5 TL Fenchelsamen*
- *1 TL Pimentkörner*
- *1 TL Wacholderbeeren*
- *3 Sternanis*
- *1 gestr. TL Korianderkörner*
- *2 Gewürznelken*
- *1 TL Thymian, frisch oder getrocknet*
- *1 großes Lorbeerblatt, zerkleinert*

Gekühlt 4–5 Tage haltbar.

1. Lachsfilet quer halbieren.

2. Alle anderen Zutaten im Mörser mischen und grob zerstoßen.

3. Filets mit der Hautseite nach unten nebeneinander auf ein großzügig bemessenes Stück Frischhaltefolie legen. Mit der Gewürzmischung bestreuen. Filets zusammenklappen, sodass die Hautseiten nach außen zeigen. Stramm in die Frischhaltefolie wickeln und in eine Form legen.

4. Ein Brettchen auflegen; das Brettchen sollte möglichst viel von der Fischoberfläche abdecken. Mit Konservendosen oder anderen Gewichten beschweren.

5. Für 2–3 Tage in den Kühlschrank stellen, täglich einmal wenden.

6. Am Ende der Reifezeit die entstandene Lake weggießen. Fisch auswickeln und die Gewürze abstreifen. In hauchdünnen Scheiben schräg von der Haut weg abschneiden.

Tipp: Die Würzmischung für Graved Lachs klassisch ist weniger aufwendig: 3 EL Salz, 2 EL brauner Zucker, 1 Bund Dill, gezupft, reichen schon. Zubereitung wie im vorstehenden Rezept.

Graved Lachs mit Sternanis

Als Hauptgericht zu Brot oder Bratkartoffeln. Oder die Fische teilen und auf einem kalten Buffet anbieten.

KRÄUTERHERING

- *200 ml Essigessenz (25 %)*
- *100 g Salz*
- *8 Heringe, filetiert, oder 16 Sardinen, filetiert*
- *100 g Zucker*
- *1 EL Pimentkörner*
- *½ EL Gewürznelken*
- *2 Lorbeerblätter*
- *1 TL frischer Ingwer, sehr fein gehackt*

Gekühlt 4–5 Tage haltbar.

1. Essig mit 1 l Wasser mischen und das Salz darin auflösen.

2. Heringsfilets in eine Form legen und die Lake dazugießen. 24 Stunden gekühlt ruhen lassen.

3. Heringe herausnehmen und etwas abtropfen lassen.

4. Zucker mit den Gewürzzutaten vermischen. Etwas davon auf den Boden einer Form mit hohem Rand geben, die in etwa die Maße von Heringsfilets hat.

5. Filets mit der Haut nach unten hineinschichten und jede Lage mit der Würzmischung bestreuen. Mit Gewürzen abschließen.

6. Ein Frühstücksbrettchen, einen glatten Deckel oder Ähnliches auf den Fischstapel legen und beschweren. Die Fische 3 Wochen gekühlt ruhen lassen.

7. Vor dem Servieren die Gewürze abstreifen und die Heringe kosten. Wenn sie zu konzentriert schmecken, ein paar Minuten wässern.

In Gelee betten

Ob Hering, Rollmops, Aal oder Seeaal: Der Fisch muss zunächst durch Kochen oder Dämpfen gegart werden, dann wird er vollständig von Gelee, das mit würzenden Zutaten aromatisiert werden kann, umschlossen. Weitere Zutaten wie Gemüse oder Mayonnaise verleihen dem Fisch in Gelee seine Vielseitigkeit. Und es sieht auch noch toll aus!

Gelatine wird aus Knochen, Sehnen und Hautresten meist vom Schwein, manchmal auch vom Rind gewonnen. Im heißen Zustand flüssig, erstarrt die farblose Masse beim Erkalten und umschließt andere Lebensmittel. Aber genauso kann man das pflanzliche Agar-Agar verwenden. Unter dem Begriff Aspik versteht man eine fertige Zubereitung, bestehend aus Gelatine und meist großstückigen Einlagen, während eine verzehrfertige Sülze aus Gelatine und meist kleinstückigen Einlagen hergestellt wird. Ganz konsequent wird mit den Begriffen aber nicht umgegangen, so wird Aspik als Synonym für Gelatine verwendet, etwa in dem Fachbegriff „Aspikpulver". Gelee steht ebenfalls mal für Gelatine (z. B. „Hering in Gelee" oder „Aal in Aspik"), mal für die fertige Zubereitung (z.B. „Geleewurst", womit die Sülzwurst gemeint ist). Weil der Fisch vorher heiß gegart wurde, spricht man auch von einem Kochfischerzeugnis.

NIE LUFTBLASEN *Durch die luftdichte Umschließung des Fisches wird dieser für kurze Zeit konserviert. Die Luftdichtheit muss aber unbedingt gewährleistet werden, weshalb keine Luftblasen oder offene Stellen in der Masse vorhanden sein dürfen. Verderbniserregende Einflüsse werden mit der Methode nicht unterbunden, aber verlangsamt. Gelatine ist ein idealer Nährboden für Mikroorganismen, sie dient in der mikrobiologischen Forschung und Analyse sogar als Nährsubstanz in der Petrischale, in der Mikroorganismen angezüchtet werden. Deshalb versteht sich, dass so schnell und steril wie möglich gearbeitet werden muss, damit Mikroorganismen wenig Chancen haben (siehe Seite 230). Fisch in Aspik muss auf jeden Fall immer kühl gelagert werden, er hält sich dort nur wenige Tage.*

GERÄTE

Schüssel, Messer, Schneidebrett

ZUTATEN

Fisch (meist Hering und Aal) als Filet, Blattgelatine, Gewürze, andere Zutaten wie Gemüse und Kräuter

ZUBEREITUNG

1 Die Fischfilets heiß garen und abkühlen lassen.

2 Würzfond je nach Rezept vorbereiten, auf 70 bis 80 °C abkühlen lassen.

3 Gelatineblätter nach Packungsangabe in kalter Flüssigkeit einweichen. TIPP: Verwenden Sie statt Gelatine Agar-Agar, dieses nach Herstellerangabe vorbereiten.

4 Eingeweichte Blätter ausdrücken und mit dem heißen Würzfond verrühren. Der Würzfond darf nicht zu heiß sein, sonst wird die Gelatine nicht fest. Gelatine gründlich auflösen, damit die Masse gleichmäßig wird.

5 Der Fond muss bis zur Verarbeitung so weit abkühlen, bis er gerade noch flüssig ist.

6 Etwas Fond evtl. zusammen mit Zutaten in eine kalt ausgespülte Form geben, kalt stellen und erstarren lassen.

7 Fisch auf den festen Geleespiegel setzen und mit etwas Fond übergießen. Kalt stellen, bis die neue Flüssigkeitszugabe erstarrt ist.

8 Auf diese Weise in mehreren Arbeitsschritten den Fisch wie auch evtl. weitere Zutaten vollständig mit Gelee umgeben. Mit einem Geleespiegel abschließen. Um Lufteinschlüsse zu vermeiden, die Masse während des Festwerdens immer wieder kräftig rütteln.

9 Die Masse mehrere Stunden im Kühlschrank fest werden lassen. TIPP: Zum Stürzen über die Unterseite etwas warmes Wasser laufen lassen, damit sich der Inhalt besser löst.

HALTBARKEIT

Geleewaren halten sich im Kühlschrank nur wenige Tage und sollten schnell verbraucht werden.

Schmeckt mit Mayonnaise oder Remoulade zu Brot oder Kartoffeln.

FRISCHER AAL IN BUNTEM ASPIK

150 g frischer Aal
8 Blatt weiße Gelatine
125 ml guter Weinessig
100 ml Madeira
1 Lorbeerblatt
6 Wacholderbeeren
5 Pfefferkörner
1 Möhre, in Scheiben geschnitten
Salz
Pfeffer aus der Mühle
3 Eier, hartgekocht, in Scheiben geschnitten
2 Tomaten, nur das feste Fruchtfleisch
in Scheiben geschnitten
2 Gewürzgurken, in Scheiben geschnitten
4 EL fein gehackte Petersilie

Gekühlt 4–5 Tage haltbar.

1. Aal ungehäutet in kleine Stücke schneiden und etwas salzen.

2. Gelatine in 100 ml Wasser einweichen.

3. Essig mit 500 ml Wasser aufkochen. Madeira, Lorbeer, Wacholderbeeren, Pfefferkörner und Möhrenscheiben hineingeben.

4. Hitze unter den Siedepunkt bringen. Aal zufügen und 25 Minuten ziehen lassen. Aal herausnehmen.

5. Den Sud durch ein Sieb geben und mit Salz und Pfeffer würzig abschmecken.

6. Gelatine ausdrücken und in den Sud rühren. Sud abkühlen lassen, er soll noch flüssig sein.

7. Form oder Glas kalt ausspülen. Etwas Fond hineinlöffeln. Kalt stellen, bis der Fond erstarrt ist, dabei immer wieder rütteln, um Lufteinschlüsse zu vermeiden.

8. Die Hälfte von Eiern, Tomaten, Gurken und Petersilie auf dem Gelatinespiegel verteilen. Wieder etwas Fond auflöffeln und unter gelegentlichem Rütteln fest werden lassen.

9. Aal portionsweise darauf verteilen, jedesmal mit Gelatine begießen und alles unter gelegentlichem Rütteln erstarren lassen.

10. Über die letzte Aalschicht das restliche Gemüse geben. Mit Gelatine abschließen. Für wenigstens 3 Stunden kühl stellen.

11. Zum Stürzen über die Unterseite etwas warmes Wasser laufen lassen, damit sich der Inhalt besser löst.

Tipp: Nach diesem Rezept lassen sich auch Zander, Hecht und andere Fische in Gelee zubereiten. Man dünstet die Filets vorab in Fisch- oder Gemüsefond sanft gar. Für schlichten Aal oder Hering in Gelee lässt man das Gemüse weg. Matjes muss man vorher nicht heiß garen.

Zum Servieren mit einem Klecks Crème fraîche verfeinern.

GERÄUCHERTE FORELLE IN KRÄUTERGELEE

4 geräucherte Forellenfilets, ohne Haut
1 aromatische Tomate, gehäutet
8 Blatt weiße Gelatine
500 ml Fischfond
250 ml sehr trockener Weißwein
Salz, Zucker
5–6 EL gehackte Kräuter (Dill, Petersilie, Schnittlauch etc.)

Gekühlt 4–5 Tage haltbar.

1. Forelle in kleinere Stücke teilen. Tomate entkernen und fein hacken.

2. Gelatine nach Packungsangabe in 4 EL kaltem Fischfond quellen lassen.

3. Restlichen Fischfond zusammen mit dem Wein erwärmen. Mit Salz und Zucker kräftig abschmecken. Gelatine im Fond verrühren. Tomaten und Kräuter einrühren. Fond nahezu erkalten lassen, er muss noch flüssig sein.

4. Form oder Glas kalt ausspülen. Etwas Fond hineinlöffeln. Kalt stellen, bis der Fond erstarrt ist, dabei immer wieder rütteln, um Lufteinschlüsse zu vermeiden.

5. Einen Teil des Fischs auf dem Gelatinespiegel verteilen. Wieder etwas Fond auflöffeln und unter gelegentlichem Rütteln fest werden lassen.

6. Auf diese Weise nach und nach verfahren, bis der Fisch verbraucht ist. Mit einem glatten Gelatinespiegel abschließen. Für wenigstens 3 Stunden kühl stellen.

7. Zum Stürzen über die Unterseite etwas warmes Wasser laufen lassen, damit sich der Inhalt besser löst.

Trocknen

Zum Trocknen von Fisch braucht man spezielle Klimabedingungen, die in unseren Breitengraden selten vorzufinden sind. Doch hat es geklappt, hat man ein lange haltbares Produkt. Wer es also versuchen will, findet hier die Anleitung.

In mediterranen Ländern, aber auch in Norwegen, Island und in Südamerika ist das Trocknen von frisch gefangenem Fisch eine beliebte und sehr alte Art der Fischkonservierung. In einigen dieser Kulturkreise gilt der Fisch sogar ungewässert und pur als Delikatesse – das ist in unseren Breitengraden nicht jedermanns Sache. Eher wird Stock- oder Klippfisch vor der weiteren Verarbeitung gewässert, was ihm wieder Wasser zuführt, ihn weicher und für unsere Gaumen genießbarer macht.

Die typischen Trockenfischzubereitungen Stockfisch und Klippfisch unterscheiden sich in der Herstellungstechnik: Während der knochentrockene und beinharte Stockfisch nur an der Luft getrocknet ist, wurde der weichere und feuchtere Klippfisch vorab gesalzen. Traditionell liegt die Trocknungsdauer für Trockenfrischprodukte bei zwei bis drei Monaten, heute wird in wenigen Stunden maschinell getrocknet. Kabeljau und verwandte Magerfischarten wie Köhler (Seelachs) und auch Schellfisch sind die Fischsorten, die getrocknet werden.

DAS RICHTIGE KLIMA

Zur Herstellung von Stockfisch – ohne konservierendes Salz – benötigt man monatelang und zuverlässig bestimmte klimatische Bedingungen, auf die man aber in unseren Breitengraden nicht hoffen kann. Deshalb wird hier nur auf die Herstellung von Klippfisch – mit Salz – eingegangen, weil dieses Verfahren weniger heikel und von kürzerer Dauer ist. Dennoch ist es risikobehaftet. Man sollte sich in unseren Breitengraden darüber im Klaren sein, dass die optimalen klimatischen Voraussetzungen, wie sie in den traditionellen Produktionsländern häufig herrschen, nur mit etwas Glück oder auch gar nicht eintreten werden. Der Versuch, hierzulande Fisch zu trocknen, kann daher leicht mit Risiken verbunden sein und misslingen. Die Risiken, die man in Kauf nehmen muss, sind Schimmelbildung durch zu hohe Luftfeuchtigkeit und zu niedrige Temperaturen, Insektenbefall und mikrobiologischer Verderb.

Und so geht's

GERÄTE

Fischentschupper, Messer, Leine, Haken, regengeschützte, luftige Trockenfläche, zum Beispiel eine überdachte Terrasse oder ein Carport

ZUTATEN

Fisch, meist Kabeljau und verwandte Magerfischarten wie Köhler (Seelachs) und Schellfisch, Salz

ZUBEREITUNG

HINWEIS: Trocknen sollten Sie Fisch bei niedrigen Temperaturen, bis maximal 15 °C, aber frostfrei. Dann ist auch weniger mit Insektenbefall zu rechnen.

1 Den Fisch entschuppen, ausnehmen und den Kopf entfernen. Auch festfleischige Fischfilets ohne Haut sind geeignet. Den Fisch Stück für Stück innen und außen gründlich einsalzen und in ein Gefäß schichten. Zwischen jede Lage Fisch nochmals eine dünne Schicht Salz aufbringen (siehe auch „Einsalzen" Seite 254). Zum Einsalzen rechnet man pro kg Fisch ca. 100 g Salz.

2–4 3 bis 5 Tage abgedeckt an einem dunklen und kühlen Ort im Salz liegen lassen. Fisch aus der entstandenen Lake nehmen, Salz abklopfen oder feucht abwischen, eventuell auch abwaschen.

5 Fische zum Beispiel an einem Haken aufhängen und bei ausreichender Luftzirkulation und niedriger Luftfeuchtigkeit mindestens 2 bis 3 Monate trocknen lassen.

HINWEIS: Die Fische am Schwanz so hoch hängen, dass sie zum Beispiel für Tiere auch für Krabbelgetier nicht erreichbar sind. Gewährleisten Sie, dass die Fische ausreichend Abstand zueinander haben.

6 Zum Lagern luftig in dünne Pappkartons legen.

HALTBARKEIT

Trockenfisch ist mehrere Monate haltbar.

ESSIG – DAS SAURE TÜPFELCHEN AUF DEM i

Als Grundzutat findet Essig in der Küche meistens wenig Beachtung, dabei kann er so viel mehr, als einfach nur sauer zu sein. Macht man Essig und Ansatzessig selber, kann man ihm die unterschiedlichsten geschmacklichen Nuancen und Aromen verleihen. Es kann Sie überraschen!

Lange Zeit war Essig nicht viel mehr als eine würzende oder konservierende Zutat. Sein Einsatz war mehr oder weniger reduziert auf das Einlegen von Gemüse, wie Gurken, von Fleisch, wie Sauerbraten, und von Fisch, wie Bismarckhering. Außerdem kam er in die Vinaigrette für Blatt- und Kartoffelsalate.

Erst als die Feinschmeckerwelle in der zweiten Hälfte des vergangenen Jahrhunderts einsetzte, wurde Essig plötzlich in einer Vielfalt und Qualität entdeckt, die man vorher nicht kannte. Auf einmal war er nicht mehr nur Würz- und Nahrungsmittel, sondern ein Produkt mit echtem Genusswert. Er wurde als alkoholfreier Aperitif bei gesellschaftlichen Anlässen angeboten und von Liebhabern wie ein teurer Maltwhiskey verkostet.

ESSIG UND SEINE GESCHICHTE

Historiker vermuten, dass Essig schon vor 10 000 Jahren verwendet wurde. Die erste bekannte Erwähnung findet man im Talmud. Vielen alten Kulturen, angefangen von den Babyloniern, die ihn aus dem Saft der Dattelpalmen gewannen, über die Chinesen bis hin zu den Ägyptern diente er als Nahrungsmittel, Konservierungsstoff und vielseitig einsetzbare Medizin. Römische Soldaten trugen ihn in verdünnter Form als Erfrischungsgetränk bei sich – einem Vorläufer der heutigen Limonade.

Seitdem die Essigproduktion industriell möglich war, kam niemand mehr auf die Idee, Essig selbst zu machen. Warum auch – Essig war günstig und das Selbermachen viel zu langwierig, um sich zu rentieren. Aber erst im Mittelalter, als in der Gegend von Orléans in Frankreich neuartige gewerbsmäßige Manufakturen auflebten, war das Selbermachen nicht mehr nötig. Damals wurde die Säure zum ersten Mal in einem gesteuerten Prozess, dem sogenannten Orléans-Verfahren, hergestellt. Bis dahin entstand Essig mehr oder weniger absichtsvoll in den Haushalten überall dort, wo Bier oder Wein unter Sauerstoffeinfluss sauer wurden.

Vor allem in Italien, der Heimat des Balsamico, gibt es heute noch familiengeführte Essigmanufakturen. Auch in Deutschland behaupten sich eine Handvoll kleiner, aber sehr anspruchsvoller Essigmacher. Hier entstehen Essige von außergewöhnlicher Qualität und mit viel Kreativität werden köstliche Sorten gewonnen.

WAS IST ESSIG?

Wer hat das noch nicht selbst erfahren: Lässt man Wein, Bier oder ein anderes alkoholhaltiges Getränk ein paar Tage an der Luft stehen, kann es essigartig sauer werden. Bedauerlicherweise schüttet man den vermeintlich verdorbenen und ungenießbaren Inhalt dann lieber weg, dabei hat hier lediglich ein Prozess eingesetzt, der aus dem Getränk unter dem Einfluss von Sauerstoff auf natürliche Weise Essig werden lässt.

Hauptbestandteile von einfachem Essig sind Wasser und Essigsäure. Die EU-Norm sieht vor, dass der Essigsäuregehalt mindestens 5 g/100 ml und höchstens 15,5 g/100 ml betragen darf. Der Restalkoholgehalt darf 0,5 Prozent nicht übersteigen. Außer Wasser und Essigsäure sind in natürlich gewonnenem Essig meist noch Aromen, Geschmacks-, Duft- und Farbstoffe enthalten, die charakteristisch für die verschiedenen Essigsorten sind und vom Grundprodukt bestimmt werden. So wird beispielsweise aus Weißwein ein heller Essig, der nach ihm riecht und schmeckt, während Rotweinessig eindeutig die Eigenschaften des Rotweins angenommen hat. Auch der Verlauf des Gärprozesses hat Einfluss auf die Qualität. Unter den verschiedenen Essigsorten kann es sehr große geschmackliche Unterschiede geben, die das Produkt zu einer vielseitig einsetzbaren Zutat in der Küche machen. Ein guter Essig zeichnet sich durch einen frisch-fruchtigen Geruch und Geschmack aus, die das Ausgangsprodukt gut erkennen lassen. Negativ sind ein untypischer Fehlgeschmack, eine fade oder dumpfe, muffige Note.

DIE ESSIGSORTEN

Aufgrund des Herstellungsprozesses und der Eigenschaften unterscheidet man folgende Sorten:

GÄRUNGSESSIG

Gärungsessig entsteht auf natürliche Weise aus alkoholhaltigen Flüssigkeiten wie Weinen, Fruchtsäften und Fruchtmaischen.

Italienischer Balsamessig, der Aceto Balsamico di Modena, ist ein süßlich-intensiver, dunkler Sirup aus Weinessig und Traubenmostkonzentrat. Bieressig wird meist aus Bierresten hergestellt, die beim Brauen anfallen. Branntweinessig, auch Agraressig genannt, entsteht hauptsächlich auf der Basis alkoholischer Flüssigkeiten aus Getreide, Kartoffeln sowie Zuckerrüben, aber auch aus Obst, Zuckerrohr und Beeren. Whiskey, Wodka, Korn, Rum und andere Spirituosen lassen sich ebenfalls zu Branntweinessig verarbeiten. Champagner-, Cidre- und Sherryessig sind Produkte auf Basis der gleichnamigen alkoholischen Getränke. Die Herstellung von Gemüseessig ist aufwendig und heikel, da Gemüse nur wenig Zucker enthält. Aus Honig wird Honigwein und daraus Honigessig. Malzessig wird auf der Basis von gemälztem Getreide gewonnen. Obstessig lässt sich sortenrein oder gemischt aus Früchten herstellen. Reisessig ist ein Reiswein-Produkt mit mild-süßem Geschmack. Tresteressig wird da gewonnen, wo Trester bei der Weinproduktion anfällt. Rote oder weiße Weine werden zu Weinessig.

Diese Aufzählung ist noch immer nicht vollständig, weltweit gibt es kulturell bedingt weitere Sorten. Kleine Essigmanufakturen in unseren Breitengraden tüfteln an immer neuen Sorten herum.

ANSATZESSIG

Ansatzessig ist aromatisierter Essig. Basis ist immer ein schon vorhandener Essig, der durch weitere Behandlung veredelt wird. Der Vorgang ist denkbar einfach: In fertig durchgegorene Essige werden Kräuter, Blüten, Früchte oder Gewürze eingelegt, um deren Aromen herauszuziehen (siehe Seite 290).

ESSIGESSENZ UND EISESSIG

Essigessenz ist gereinigte Essigsäure, die meist synthetisch im Labor hergestellt wird, es gibt aber auch biologische Herstellungsverfahren. Der Essigsäuregehalt liegt über dem von Essig und reicht von 15,5 g / ml bis 25 g / ml. Ab einem Anteil von 11 Prozent muss die Flaschenbeschriftung den Hinweis „Vorsicht! Nicht unverdünnt genießen." enthalten. Essigessenz enthält außer Säure keine Aromen und lässt sich im Haushalt hilfreich einsetzen. Eisessig bezeichnet reine, wasserfreie Essigsäure, die bei 16 °C erstarrt und dann wie Eis anmutet.

WIE ESSIG ENTSTEHT

Es ist einfach und passiert von selbst: In einem Oxidationsprozess setzen Essigbakterien den vorhandenen Alkohol in Säure um, sobald der Alkohol mit Sauerstoff in Berührung kommt. Aus 1 g Alkohol entstehen dann maximal 1–1,3 g Essigsäure. Dieser Vorgang endet, wenn der gesamte Alkohol zu Essigsäure geworden ist. Dennoch kann ein kleiner Alkoholrest von unter 1 Prozent zurückbleiben.

DIE ESSIGSÄUREBAKTERIEN

Wenn zum Beispiel Wein spontan sauer wird, also die Umwandlung des enthaltenen Alkohols in Essigsäure eingesetzt hat, haben sich Essigsäurebakterien angesiedelt. Diese Mikroorganismen befinden sich überall in der Luft. Einmal auf ihrem Substrat angelangt, vermehren sich die Bakterien, von denen es unterschiedliche Stämme gibt, unter bestimmten Temperaturbedingungen und dem Einfluss von Sauerstoff stark. Schwefel ist ihr Feind, in sehr schwefelhaltiger Umgebung sterben sie ab. Geschwefelter Wein ist daher nicht optimal für die Herstellung eines Weinessigs.

ESSIGMUTTER BZW. STARTER

Die Essigmutter bildet sich unter günstigen Voraussetzungen aus einer Vielzahl von Essigsäurebakterien während der Anfangsgärung von ganz allein. Ausreichende Sauerstoffzufuhr über einige Zeit genügt in der Regel schon. Sie ist von gallertartig-schleimiger Beschaffenheit wie eine Qualle, von relativer Festigkeit und schwimmt obenauf (siehe Seite 285). Wenn der Umsetzungsprozess abgeschlossen ist, wird die Essigmutter entfernt. Sie lässt sich für weitere Fermentationen verwenden, indem man ein kleines Stück abtrennt und als neuen Starter verwendet.

Wer sich nicht darauf verlassen will, dass durch in der Luft befindliche Bakterien eine Wildgärung einsetzt, muss Essigmutter verwenden. Im Gegensatz zu dem kissenartigen Gebilde, das im Verlauf der Gärung auf der Oberfläche entsteht, ist gekaufte Essigmutter als Starterkultur flüssig. Alternativ kann man sich naturbelassenen Essig besorgen, der nicht keimfrei filtriert, geschwefelt oder pasteurisiert wurde. Im Gegensatz zu handelsüblichem Essig enthält er noch lebende Essigbakterien. Als Ansatz für einen Liter Wein reichen 100 ml Essigmutter bzw. Naturessig.

PRODUKTIONSVERFAHREN

Am einfachsten zur Herstellung von Essig ist das Oberflächenverfahren, auch Orléans-Verfahren genannt. Gleichzeitig ist es die älteste Technik der Essigproduktion. Hierbei befindet sich das Ausgangsmaterial z. B. in einem Fass. Durch ein Luftloch strömen Mikroorganismen und Sauerstoff ein, wodurch sich die Essigmutter bildet, was mehrere Wochen bis Monate dauert. Das Fesselverfahren wurde 1815 entwickelt. Hier tröpfelt das Ausgangsmaterial über Holzspäne, die mit Essigbakterien infiziert sind. Beim wenig später entstandenen Generatorverfahren wird ein Luftstrom durch die Holzspäne geblasen, um mehr Sauerstoff einzubringen. Die Fermentation ist dadurch bereits nach einigen Tagen beendet. Die modernste und industriell angewandte Technik ist das Submersverfahren, auch Acetator-Verfahren genannt. Bei diesem Verfahren bewegen sich Essigbakterien frei im Ausgangsmaterial. Es wird in nur wenigen Stunden zu Essig.

Weinessig

Weil das Essigmachen zwar etwas langwierig, aber doch so einfach ist, bietet es sich im eigenen Haushalt an. Eine Flasche Rotwein, Weißwein, Beerenwein oder Fruchtwein ist im Prinzip schon alles, was man für einen Versuch braucht.

Möchte man ganz bewusst Essig herstellen, stellt man bald fest, dass die Qualität des fertigen Produkts stark schwanken kann. Das Ergebnis fällt mal mehr, mal weniger sauer aus. Doch auch wenn sich bei der Herstellung im eigenen Haushalt nicht auf Anhieb das Ergebnis erzielen lässt, das man sich vorgestellt hat, sollte man nicht so schnell aufgeben. Immer das Ziel im Auge behalten und sich durch Ausprobieren an das Wunschprodukt annähern. Hier spielt auch die Erfahrung eine Rolle.

GÄRUNGSESSIG

DIE AUSGANGSSUBSTANZ

Wein ist für Einsteiger eine gute Basis, denn der Umgang mit ihm ist vergleichsweise unkompliziert, während man beispielsweise bei Branntwein nicht ohne weitere Zusätze zu einem Ergebnis käme. Ob man sich für Rotwein, Weißwein, Beerenwein oder Fruchtwein entscheidet, ist reine Geschmackssache. Für den Anfang empfiehlt sich aber ein Traubenwein, besonders Rotwein ist geeignet. Er hat im Allgemeinen einen geringeren Schwefelgehalt als weißer und bietet damit den schwefelsensiblen Essigbakterien bessere Wachstumsvoraussetzungen. Schwefel wird bei der Weinherstellung als Konservierungsstoff eingesetzt. Weine, die mehr als 10 mg Schwefel pro Liter enthalten, sollte man besser nicht auswählen; sie sind erkennbar an dem Etikettenhinweis „enthält Sulfite". Die Bakterien sterben zwar erst bei 50 mg Schwefel je Liter ab, aber ihre Lebensfähigkeit sinkt mit steigendem Schwefelanteil. Drei bis fünf Jahre alte Rotweine, idealerweise in Bioqualität, sind die beste Wahl. Auf den Alkoholgehalt achten: Er sollte 10 Volumenprozent nicht übersteigen, viel mehr vertragen die Essigbakterien nicht. Die meisten Weine wird man daher etwas verdünnen müssen (siehe Seite 284).

Auch die Qualität des Weins ist von Bedeutung: Nicht den allerbilligsten verwenden, sondern einen wählen, der sehr duftig und aromatisch riecht. Denn aus einem schlechten Wein ist noch nie ein guter Essig geworden. Weinfehler, z. B. Korkgeschmack, übertragen sich auf den Essig.

DER GÄRUNGSVORGANG

Prinzipiell kann man den Essig wild gären lassen, dabei muss man sich aber bewusst sein, dass der Vorgang lange dauert und schwer steuerbar ist. Besser ist es, man gibt der alkoholischen Ausgangssubstanz einen Starter in Form von Essigsäurebakterien hinzu. Mit weniger als einem Liter Ausgangssubstanz sollte man nicht beginnen, besser sind drei bis vier Liter, weil sich dabei ein stabileres Gärvolumen entwickeln kann.

Oft praktiziert, aber ohne Erfolgsgarantie ist es, in den noch frischen Wein ein kleines Stück Natursauerteigbrot zu geben, was die Bildung der Essigmutter beschleunigen kann. Natursauerteigbrot enthält bereits Essigbakterien. Meistens wird man aber gekaufte (oder auch selbst gewonnene) Essigmutter zugeben oder fertigen Essig.

GÄRGEFÄSSE UND ZUBEHÖR

Als Gärgefässe kommen neben Flaschen auch Kanister oder Wannen aus lebensmittelechten Kunststoffen wie PE (Polyethylen) oder PP (Polypropylen) sowie Edelstahl- und Steingutbehälter infrage. Professionelle Hersteller von Edelessigen arbeiten häufig mit Flaschen. Da die Flasche nicht vollständig gefüllt werden darf, benötigt man für den Minimalansatz von 1 l Wein eine 1,5-l-Flasche. Für die empfohlene Menge von drei bis vier Litern braucht man ein entsprechend größeres, fünf bis sieben Liter fassendes und möglichst bauchiges Behältnis, einen sogenannten Demijohn. Je bauchiger die Flasche, desto besser, weil eine möglichst große Flüssigkeitsoberfläche entstehen soll. Unbedingt beachten: Die Flasche muss zu Beginn vor allem von innen sehr sorgfältig gereinigt werden (siehe auch unter „Hygiene", Seite 8), sterilisieren ist aber nicht notwendig.

Während des Gärens deckt man die Öffnung der Flaschen mit einem kleinen Stück dünnem, aber dicht gewebtem Baumwollstoff, am besten Gaze oder eine Stoffwindel, ab. Damit wird gewährleistet, dass ausreichend Sauerstoff zirkulieren kann. Gleichzeitig werden schädliche

Essigälchen *Die etwa 1,5 mm langen und durchsichtig schimmernden Fadenwürmer können sich von selbst im Essig entwickeln und tummeln sich dann am Flaschenhals, wo sie eine wimmelnde Oberfläche bilden. Für Menschen gelten sie als unschädlich – in früheren Zeiten hielt man sie sogar für unverzichtbar bei der Essiggärung – sie sehen aber nicht gerade appetitanregend aus. Den Ansatz schüttet man besser weg.*

UM 1 LITER WEIN VOR DER GÄRUNG AUF 5 % ALKOHOLGEHALT ZU VERDÜNNEN, KÖNNEN SIE SICH AUCH NACH FOLGENDER TABELLE RICHTEN.

1000 ml Wein Vol.-%	Wassermenge dazu
10 %	1000 ml
11 %	1200 ml
12 %	1400 ml
13 %	1600 ml
14 %	1800 ml
15 %	2000 ml

(Gegebenenfalls andere Mengen proportional umrechnen)

Essigfliegen und unerwünschte Partikel daran gehindert, ins Flascheninnere zu gelangen. Bei der Verwendung von – weniger sauerstoffdurchlässiger – Watte werden außerdem unerwünschte Kahmhefen herausgefiltert, die sich aber nicht zwangsläufig einfinden müssen und sich auch nur ganz zu Beginn des Umsetzungsprozesses bemerkbar machen können.

Hat man die Ausgangssubstanz zur Gärung angesetzt, kann schon nach wenigen Tagen – im ungünstigsten Fall innerhalb mehrerer Wochen – auf der Oberfläche eine saubere, klare, weinfarbene Haut entstehen, die sich nach und nach zur festen Essigmutter entwickelt. Gleichzeitig steigt ein sehr ungewöhnlicher Geruch auf, der an Klebstoff oder Lösungsmittel erinnert. Das muss so sein. Der Geruch des entstandenen Essigsäureethylesters beweist, dass sich Essigbakterien angesiedelt haben und aktiv sind. Wer Bakterien zusetzt, kann schon nach einigen Wochen mit einem Abschluss der Gärung rechnen, abhängig von der zu vergärenden Alkoholmenge. Ohne Starter kann sich der Vorgang allerdings über mehrere Monate hinziehen. Weil der Vorgang ein natürlicher und sich weitgehend selbst überlassener ist, kann man die jeweilige Dauer nur sehr grob einschätzen.

Ein abseitiges, halbdunkles Eckchen ist der ideale Standort. Bei etwas höherer Zimmertemperatur im Bereich von 24 bis 28 °C entwickeln sich die Bakterien am besten. Bei einer Gärtemperatur unter 24 °C verlangsamen die Essigbakterien ihre Aktivität oder stellen sie ganz ein. Werden 28 °C überschritten, können sich schädliche Mikroorganismen ansiedeln. Vor allem in den ersten Tagen empfiehlt es sich, die Flasche behutsam zu schwenken (nicht schütteln!), damit mehr Inhalt mit Sauerstoff in Berührung kommt.

DAS GÄRUNGSENDE

Um herauszufinden, ob sich in der Flasche noch Alkohol befindet, ob also der Gärvorgang abgeschlossen ist oder noch anhält, wendet man einen einfachen Trick an: Zwei Streichhölzer werden so auf dem Flaschenhals angeordnet, dass man einen Taschenspiegel waagerecht darauflegen kann und ein kleiner Spalt zur Flasche offen bleibt. Solange sich an der Unterseite noch Tropfen bilden, ist die Fermentation noch nicht abgeschlossen. Der Geruch, der sich zu Beginn der Gärung eingestellt hat, ist an ihrem Ende wieder verschwunden.

AUSGANGSSUBSTANZ VERDÜNNEN

Weine – oder auch alle anderen alkoholischen Getränke –, die mehr als 10 % Alkohol enthalten, werden einfach mit Wasser verdünnt. Zum Beispiel 750 ml Wein mit 12 % Alkoholgehalt) mit 250 ml Wasser und 100 ml Bakterien versetzen. Auf einen Liter verdünnten Wein kommen also 100 ml Essigmutter oder Starter. Im Vertrauen auf eine wild einsetzende Gärung kann man auf die Bakterien verzichten. Flasche nur etwa bis zur Mitte füllen, damit ein sehr flächiger Flüssigkeitsspiegel entsteht.

FERTIGEN ESSIG VERDÜNNEN

Hat man aus einem 10 %igen Alkohol eine 10 %ige Essigsäure erhalten, dann reicht es, den Essig mit der gleichen Menge Wasser zu verdünnen, um auf ca. 5 % Säure zu kommen. Wenn man vor der Umwandlung zu Essig den Wein verdünnt hat, braucht man anschließend entsprechend weniger Wasser zum Verdünnen. Hat man beispielsweise Wein mit 12 % Alkoholgehalt mit einem Viertel Wasser verdünnt (siehe Kasten), sieht die Rechnung so aus:

9,25 % Essig:

$$\frac{(750\,\text{ml} \times 12\,\%\,\text{Alk.}) + (250\,\text{ml} \times 0\,\%\,\text{Alk.})}{1000\,\text{ml Gesamtmenge}}$$

(ohne Startersubstanz, Verlust durch Verdunstung nicht eingerechnet)

UM 5 % ESSIGSÄUREGEHALT ZU ERHALTEN, VERDÜNNEN SIE NACH FOLGENDEN SCHEMA.

1000 ml Essig: Essigsäure in %	Wassermenge
6 %	200 ml
7 %	400 ml
8 %	600 ml
9 %	800 ml
10 %	1000 ml

In diesem Fall hat man also einen Essig mit etwa 9 % Essigsäure hergestellt, für einen genussfähigen Essig ist das je nach Wunsch vielleicht zu viel. Er muss jetzt noch verdünnt werden. In diesem Fall muss man mit 800 ml Wasser verdünnen, um auf einen Säuregehalt von 5 % zu kommen. Wie viel Wasser man braucht, kann man anhand der Formel durch Einsetzen verschiedener Wassermengen herausfinden. In unserem Beispiel sieht die Rechnung so aus:

5 % Essigsäure:

(1000 ml x 9 % Säure)
+ (800 ml x 0 % Säure)

1800 ml Gesamtmenge

STARTER GEWINNEN

Nach Abschluss eines Gärvorgangs und bevor der Rohessig zum Reifen in den Keller kommt, bietet es sich an, sofort einen neuen Essig anzusetzen, denn es stehen jetzt jede Menge Starterkulturen zur Verfügung. Man behält also einen kleinen Teil des Rohessigs, der immer noch einige Essigbakterien enthält, zurück und mischt ihn mit frischem Wein. Die zuvor herausgefilterten Schleim- und Trübstoffe gibt man dazu, sie enthalten ebenfalls Essigbakterien. Man kann auch die Essigmutter, die aus dem Rohessig gefischt wurde, über frischem Wein abtropfen lassen, um ihn mit Bakterien zu infizieren. Eine andere Technik besteht darin, die Essigmutter behutsam auf frischen Wein zu setzen. Sie darf aber nicht untertauchen, weil die Bakterien zum Leben Sauerstoff benötigen. Alle diese Möglichkeiten erlauben es, eine einmal entstandene Essigmutter praktisch unbegrenzt zu erhalten. Da es verschiedene Arten von Essigbakterien gibt, von denen sich aber nicht alle gleichermaßen für alle alkoholhaltigen Grundlagen eignen, sollte man zur Sicherheit Essigmutter aus Rotwein besser wieder mit Rotwein zusammenbringen und auch bei allen anderen Ansätzen „sortenrein" verfahren.

Essigmutter *Sie wächst stetig weiter. Ist sie groß genug, lässt sie sich problemlos teilen und für mehrere Gärungsflaschen verwenden, manchmal teilt sie sich auch schon von selbst. Durch den Luftkontakt kann sich auf der an der Oberfläche schwimmenden Mutter Zellulose bilden, was die Oberfläche schwammartig und fester macht. Aufbewahren kann man nicht benötigte Essigmutter im eigenen Essig bei Zimmertemperatur und in einem verschlossenen Glas.*

WEINESSIG

GERÄT

Gärgefäße, Baumwollstoff, Filter (Papierkaffeefilter plus Filterhalter oder ein Leintuch und ein Trichter), Watte
HINWEIS: Für den Gärungstest benötigen Sie einen Taschenspiegel und Streichhölzer.

ZUTATEN

Wein, Essigmutter oder Starter

ZUBEREITUNG

1 Wein in die Gärflasche gießen. Nicht bis zum Flaschenhals auffüllen, sondern darauf achten, dass auf halber Höhe ein flacher Flüssigkeitsspiegel entsteht. Ab einem Alkoholgehalt von 10 % kann es nötig sein, die Ausgangssubstanz zu verdünnen (siehe Seite 284).

2 Starterbakterien in Form von Essigmutter oder naturbelassenem Essig zufügen: 100 ml auf einen Liter Wein.
TIPP: Wird eine wild einsetzende Gärung gewünscht, setzt man keine Bakterien zu.

3–5 Nach dem Füllen der Flasche bzw. des Gefäßes ein dichtes Stück Stoff auf die Öffnung legen und fixieren. Am besten mit einem Gummiring oder einem Faden. Die Flaschen zum Gären warm stellen.
TIPP: Während dieser Zeit die Flasche bzw. das Gefäß mehrmals behutsam schwenken. Verwenden Sie eine Flasche, können Sie noch zusätzlich Watte in den Flaschenhals stecken, darauf achten, das diese nicht in die Flüssigkeit hineinfällt.
HINWEIS: Das Verschließen verhindert, dass Essigfliegen in die Flasche gelangen, die dort ihre Eier auf der Essigmutter ablegen, und Maden wachsen würden. Wenn das passiert, hilft nur eins: den Ansatz wegschütten.

6 Die Entwicklungen gut beobachten: Nach wenigen Tagen bildet sich eine Weinhaut, der Geruch verändert sich und erinnert an Klebstoff oder Lösungsmittel. Die Watte kann nach wenigen Tagen entfernt werden.
HINWEIS: Noch vor Beginn der Gärung können sich auf der Flüssigkeit Hefepilze ansiedeln. Sie bilden ähnlich wie die Essigmutter eine Haut, die aber nicht die Farbe des Weins hat und durchscheinend ist, sondern eine helle, pelzige und pudrige Oberfläche

aufweist. Im Gegensatz zum „Klebstoff"-Geruch entwickelt sich jetzt ein übermäßig fruchtiges, aber untypisches Aroma. In diesem Fall sollte man den Ansatz unbedingt wegschütten und die Flasche vor der nächsten Verwendung sehr sorgfältig reinigen. Hat sich erst einmal die Essigmutter gebildet und bedeckt die Flüssigkeitsoberfläche, setzen sich keine Hefepilze mehr fest.

TIPP: Mit Streichhölzern bzw. Holzspießen und Taschenspiegel den Test machen, ob die Gärung abgeschlossen ist (siehe Seite 284).

7 Nach Abschluss der Vergärung die Essigmutter mit einem Haken oder einem Holzstiel herausziehen oder absieben.

8 Den Essig durch einen dichten Filter, eine Filtertüte oder ein Leintuch gießen, um ihn von den meisten Trüb- und Schleimstoffen zu befreien. Eine zurückbleibende Trübung ist kein Qualitätsmangel.

HINWEIS: Da der fertige Essig in etwa so viel Säure enthält wie der Ausgangswein Alkohol hatte, muss er unter Umständen auf Genussstärke verdünnt werden (siehe Kasten Seite 285)

9 Den gereinigten Rohessig in eine gesäuberte Flasche gießen und verschließen. Darauf achten, dass die Flasche randvoll gefüllt wird. Reste von Essigbakterien können im bereits gefilterten Essig zu Trübungen und Schlierenbildung führen, wenn zu viel Sauerstoff an den Essig gelangt, deshalb ist das gute Füllen und Verschließen so wichtig. Auch eine Nachgärung kann eintreten, wenn nicht darauf geachtet wird.

HINWEIS: Im Nachreifungsprozess bei kühler und dunkler Lagerung – am besten im Keller – über zwei bis drei Monate verbessert sich das Aroma deutlich, die verbliebenen Essigbakterien sterben ab, und es setzt ein Selbstklärungsprozess ein. Die Flasche für die Nachreifung gut verschließen.

HALTBARKEIT

Ungeöffnet kann sich Essig mehrere Jahre halten. Ist die Flasche einmal geöffnet, verringert sich die Haltbarkeit durch die Luftzufuhr auf 1 bis 2 Monate.

Gesundheitsapostel trinken jeden Morgen ein Gläschen davon

APFELESSIG AUS APFELWEIN

1 l Apfelwein

100 ml Essigmutter

Ungeöffnet mehrere Jahre haltbar.

1. Den Apfelwein unverdünnt in eine bauchige Flasche geben. Die Flasche am besten nur zu Dreiviertel füllen.

2. Essigmutter in die Flasche geben.

3. Flasche mit einem Baumwollstoff verschließen und an einen gut zimmerwarmen, abgedunkelten Ort stellen. Flasche zu Anfang einige Male behutsam schwenken.

4. Wenn sich die Essigmutter gebildet hat, nach einigen Wochen eine Gärprobe machen (siehe Seite 284).

5. Nach Abschluss des Gärvorgangs die Essigmutter herausfischen und den Inhalt der Flasche durch einen Filter bis randvoll in eine Flasche gießen und verschließen.

6. Essig einige Wochen oder Monate nachreifen lassen. Wenn der Wein einen höheren Alkoholgehalt hatte, müssen Sie den Essig nun noch verdünnen (siehe Seite 285).

Apfelessig aus Apfelwein

Eine feine Zutat für Vinaigrettes, zu Blattsalaten und für Marinaden.

OBSTWEINESSIG

500 ml Obstwein (15 % Alkoholgehalt)
100 ml Essigmutter

Ungeöffnet mehrere Jahre haltbar.

1. Obstwein in eine bauchige Flasche gießen. Mit 500 ml Wasser verdünnen. Die Flasche nur so hoch füllen, dass der Flüssigkeitsspiegel noch möglichst groß ist.

2. Essigmutter zufügen.

3. Flasche mit Baumwolltuch verschließen und an einen gut zimmerwarmen, abgedunkelten Ort stellen. Flasche in den ersten Tagen ab und zu behutsam schwenken.

4. Wenn sich die Essigmutter gebildet hat, nach einigen Wochen eine Gärprobe machen (siehe Seite 284).

5. Nach Abschluss des Gärvorgangs die Essigmutter herausfischen und den Inhalt der Flasche durch einen Filter bis randvoll in eine Flasche gießen und verschließen.

6. Essig einige Wochen oder Monate nachreifen lassen. Sie müssen den Essig nun noch verdünnen, um ihn genießen zu können (siehe Seite 285).

Ideal für fruchtige Salatdressings und Vinaigrettes

BEERENWEINESSIG

1 l Beerenwein (6–8 % Alkoholgehalt)
100 ml Essigmutter

Ungeöffnet mehrere Jahre haltbar.

1. Den Beerenwein in eine bauchige Flasche gießen. Die Flasche nur bis weit unter den Hals füllen.

2. Essigmutter zufügen.

3. Flasche mit einem Tuchstück verschließen und an einen gut zimmerwarmen, abgedunkelten Ort stellen. Flasche in den ersten Tagen einige Male behutsam schwenken.

4. Wenn sich die Essigmutter gebildet hat, nach einigen Wochen eine Gärprobe machen (siehe Seite 284).

5. Nach Abschluss des Gärvorgangs die Essigmutter herausfischen und den Inhalt der Flasche durch einen Filter bis randvoll in eine Flasche gießen und verschließen.

6. Essig einige Wochen oder Monate nachreifen lassen. Sie müssen den Essig nun noch verdünnen, um ihn genießen zu können (siehe Seite 285).

Ansatzessig

Egal, ob gekauft oder selbst gemacht, am besten nimmt man Wein- oder Apfelessig, natürlich ohne weitere Aromazutaten. Essig für den Ansatz mit Früchten sollte mindestens 7 Prozent Säure enthalten.

DIE AROMEN

Was man als Grundlage für die Aromatisierung wählt, bestimmt der eigene Geschmack. Dabei sollte man möglichst Bioprodukte und auf jeden Fall Ungeschwefeltes bevorzugen. Je mehr man von den Aromaquellen in den Essig gibt, desto intensiver das Aroma. Setzen Sie Ihrer Fantasie keine Grenzen, als Aroma sind geeignet:

→ Blüten von Bärlauch, Borretsch, Holunder, Kapuzinerkresse, Lavendel, Rosenblätter, Schnittlauch

→ Kräuter – im Prinzip alle, die zum Kochen verwendet werden können, wie Curryblätter, Fenchelgrün, Koriandergrün, Lavendel, Veilchen, Ysop

→ Gewürze und Saaten wie Fenchelsaat, Korianderkörner, Lorbeerblatt, Gewürznelke, Pimentkörner, Pfefferkörner, Safran, Senfkörner, Vanilleschoten, Wacholderbeeren

→ Früchte wie Äpfel, alle Beeren, Birnen, Hagebutten, Pflaumen, Quitten, Schlehen, unbehandelte Zitrusfrüchte

→ Trockenfrüchte wie Ananas, Aprikosen, Feigen, Pflaumen, Rosinen

→ Gemüse, Gräser und Wurzeln wie Chili, Ingwer, Knoblauch, Meerrettich, Paprika, Zitronengras, Zwiebeln

→ Nüsse und Kerne wie Macadamianüsse, geröstete oder ungeröstete Pinienkerne, Walnüsse

→ Zweigspitzen wie Fichte, Wacholder, Zirbelkiefer

→ Süßes wie Honig, Ahornsirup

Mit möglichen Kombinationen verschiedener Zutaten muss man behutsam umgehen, denn nicht alles passt optimal zusammen und pure Ansätze lassen später mehr Spielraum beim Würzen. Ausnahmen: Koriandersamen, Kümmel, Lorbeerblatt, Gewürznelken, Piment-, Pfeffer- und Senfkörner sowie Wacholderbeeren lassen sich in verschiedenen Zusammensetzungen (aber nicht alle genannten auf einmal) gut kombinieren.

Für einen Liter Essig braucht man je nach Geschmacksintensität des jeweiligen Krauts 20–50 g bzw. 1–2 Esslöffel Gewürze. Bei Nüssen und Kernen sind 150–200 g, bei Trockenfrüchten 300 g ideal. Von ganzen Früchten (Paprika und Zwiebeln) nimmt man je nach Größe 1–5 Exemplare, von Zweigspitzen 2–3 Stück. Bei Ingwer und Meerrettich sind 1–2 Esslöffel und bei Honig bzw. Ahornsirup 2–3 Esslöffel angebracht.

GERÄTE

Filter, Flasche mit Verschluss

ZUTATEN

Essig, Aromaquellen

ZUBEREITUNG

1–2 Die Zutaten waschen und klein schneiden.

TIPP: Alle Zutaten sollten von der Größe her so beschaffen sein, dass man sie beim Filtern wieder aus der Flasche herausbekommt.

3–4 Die Flasche für den Ansatz nicht ganz bis zum Rand mit Essig füllen, damit beim Füllen nichts überläuft. Zutaten in den Essig geben. Diese müssen ganz von Essig bedeckt sein. Flasche zuschrauben oder verkorken. Die Flasche abgedunkelt bei unter 20 °C stehen lassen. Die Ziehdauer richtet sich nach den Zutaten und liegt bei 2 bis 5 Wochen. Zwischendurch unbedingt kleine Kostproben nehmen, um festzustellen, ob der Geschmack schon wie gewünscht ist.

5 Ansatz durch ein Sieb oder einen Filter in saubere Flaschen gießen. Es sollten keine der verwendeten Aromaten im Essig bleiben, weil sich der Essig bräunen und bitter werden könnte.

TIPP: Wenn der Essig zu wenig Aroma angenommen hat, sollten Sie damit einen neuen Ansatz herstellen, also den Vorgang wiederholen. Fällt das Aroma zu stark aus, bietet sich zum Verlängern neutraler Essig der vorher verwendeten Sorte oder Wasser an.

6 Zu Dekorationszwecken – und schnellerem Wiedererkennen – können Sie zum Beispiel einen Stängel des Krauts in die Flasche stecken, mit dem der Essig aromatisiert wurde. Diese geringe Menge wirkt sich auch auf Dauer nicht negativ auf den Essig aus. Später den evtl. verblassten Zweig noch einmal ersetzen.

HALTBARKEIT

Ansatzessig kann wegen der zugegebenen Zusätze etwas kürzer haltbar sein, denn zugegebene Aromaquellen können Verkeimungen eintragen. Er ist mehrere Monate haltbar und sollte einmal geöffnet innerhalb einiger Wochen verbraucht werden.

Für süß-saure asiatische Gerichte und ideal für ein Dressing zu Herbstsalaten mit Nüssen, Pilzen oder Streifen von geräucherter Entenbrust.

HONIG- ODER AHORNSIRUPESSIG

1 l Weißweinessig
2 EL Honig oder 3 EL Ahornsirup

Ungeöffnet mehrere Jahre haltbar.

1. Essig in eine Flasche füllen.

2. Honig evtl. leicht erwärmen, bis er flüssig ist. Honig oder Ahornsirup mit einer kleinen Essigmenge gut verrühren.

3. Mischung zum restlichen Essig geben. Flasche verschließen. Ca. 2 Wochen ungekühlt ziehen lassen.

Der vielseitig einsetzbare Klassiker unter den Fruchtessigen. Schmeckt selbst gemacht einfach besser.

APFELESSIG MIT ÄPFELN

4 sehr reife, süß-aromatische Äpfel
1 l Weinessig

Ungeöffnet mehrere Monate haltbar.

1. Äpfel waschen, entkernen und in Scheiben schneiden, in eine weithalsige Flasche geben und Essig zufügen.

2. Flasche verschließen.

3. 4–6 Wochen ungekühlt – am besten auf einer sonnigen Fensterbank – ruhen lassen.

4. Essig durch ein feines Sieb oder Mulltuch geben. In eine Flasche füllen und verschließen.

Ein fruchtiges Konzentrat, das behutsam dosiert werden sollte. Für Dressings, Saucen und Süßspeisen.

FRUCHTSIRUPESSIG

1 l Wein- oder Obstessig nach Geschmack
Fruchtsirup
verdünnt nach Geschmack 1:40 oder 1:20

Ungeöffnet mehrere Jahre haltbar.

1. Essig in die Flasche(n) füllen und mit Fruchtsirup auffüllen. Auf 100 ml Essig nimmt man 1 TL Fruchtsirup 1:40 oder 2 TL Fruchtsirup 1:20. Beide Zutaten mischen.

2. Abgedunkelt wenige Wochen ziehen lassen.

Damit erhalten vor allem Saucen und Dips für Gegrilltes und Gebratenes eine besondere Raffinesse.

GEWÜRZESSIG

1 l Weinessig, weiß oder rot
15–20 Pfefferkörner, gemischt
5 Fenchelsamen
10 Pimentkörner
8 Gewürznelken
½ Zimtstange
5 Korianderkörner
1 Lorbeerblatt
Chilis nach Belieben

Ungeöffnet mehrere Monate haltbar.

1. 200 ml Weinessig zusammen mit allen anderen Zutaten in einen Topf geben, kurz aufkochen und 5 Minuten ziehen lassen.

2. In eine Literflasche füllen und mit dem restlichen Essig aufgießen.

3. Flasche verschließen und ca. 2 Wochen ungekühlt – am besten auf einer sonnigen Fensterbank – ruhen lassen.

4. Essig durch ein feines Sieb oder Mulltuch geben. In eine Flasche füllen und verschließen.

Verleiht Süßspeisen und Salatdressings eine besonders elegante Note.

ROSENBLÄTTERESSIG

1 l Weißweinessig
6 Rosenblüten oder mehr, am besten aus dem Garten oder vom Biogärtner

Ungeöffnet mehrere Monate haltbar.

1. Essig nicht ganz bis zum Rand in eine Flasche füllen.

2. Blätter von den Blüten zupfen und die weißen Ansätze entfernen. Behutsam säubern, evtl. mit einem weichen Pinsel. Darauf achten, dass sich keine Insekten zwischen den Blättern befinden.

3. Blätter in den Essig geben und ca. 3 Wochen ungekühlt – am besten auf einer sonnigen Fensterbank – ruhen lassen.

4. Essig durch ein feines Sieb oder Mulltuch geben. In eine Flasche füllen und verschließen.

Hinweis: Konventionell gezogene Rosen aus dem Blumengeschäft sind gespritzt und daher zum Essen völlig ungeeignet. Für den Ansatz eignen sich ungespritzte Biorosen oder ungespritzte Blüten aus dem eigenen Garten. Darauf achten, dass die Rosen für Ihren Essig stark duften und einen hohen Anteil ätherischer Öle haben. Dazu zählen beispielsweise die Provencerose, auch Kohlrose genannt, und die Damaszenerrose.

Ein Würzessig, der frisch nach Garten duftet und vor allem zu Blattsalaten passt.

KRÄUTERESSIG

2 Basilikumzweige
1 Rosmarinzweig
1 Estragonzweig
1 Thymianzweig
2 Dillzweige
2 Oreganozweige
2 Majoranzweige
3 EL bunte Pfefferkörner
1 l Weißweinessig

Ungeöffnet mehrere Monate haltbar.

1. Essig nicht ganz bis zum Rand in eine Flasche füllen.

2. Kräuter und Pfeffer reinigen, trocken schütteln und in die Essigflasche geben. Flasche verschließen.

3. 3 Wochen ungekühlt – am besten auf einer sonnigen Fensterbank – ruhen lassen.

4. Essig durch ein Sieb oder Mulltuch geben. In eine Flasche füllen und verschließen.

5. Zur Dekoration einen beliebigen frischen Kräuterzweig hineinstecken.

Tipps: Basilikum, Dill und Oregano sollten frisch sein, die anderen Kräuter haben auch in getrocknetem Zustand ein kräftiges und typisches Aroma. 1 frischer Zweig kann auch durch 1 TL getrocknetes Kraut ersetzt werden. Die Mengen lassen sich nach persönlichen Vorlieben verändern. Natürlich lässt sich Essig auch mit nur einem einzigen Kraut aromatisieren, von dem man dann mehrere Zweige braucht.

WAS IST WAS?

Zu welcher Wurstart gehört das Wiener Würstchen, welche Teigart ist Basis für ein Baguette und in welche Käse-Kategorie gehört der Kochkäse? Hier erfahren Sie, welche Produkte in welches Kapitel im Buch gehören und wo Sie sie entsprechend nachschlagen können. Nicht zu allen Produkten gibt es auch Rezepte, doch zum Ausprobieren ist eine große Vielfalt zusammengestellt.

PRODUKT	PRODUKTGRUPPE	SO GEHT'S	REZEPT
Chorizo	Rohwurst, schnittfähige	→ Seite 212	
Ciabatta	Brot aus Hefeteig	→ Seite 26	
Clotted Cream	Sahneprodukt	→ Seite 124	→ Seite 125
Corned Beef	Kochwurst	→ Seite 204	
Crème fraîche	Sahneprodukt	→ Seite 124	
Dickmilch	Sauermilchprodukt	→ Seite 78	→ Seite 79
Edamer	Schnittkäse	→ Seite 110	
Eiernudeln	Teigwaren	→ Seite 54	→ Seite 62
Emmentaler	Hartkäse	→ Seite 110	
Farfalle	Teigwaren	→ Seite 57	
Fetakäse	Weichkäse	→ Seite 102	→ Seite 105
Fischpasten, Fischpasteten, Fischklöße, Fischsalate	Fisch einmachen	→ Seite 260	
Fladenbrot	Brot aus Hefeteig	→ Seite 26	→ Seite 33
Fleischkäse	Brühwurst	→ Seite 196	→ Seite 201
Fleischwurst	Brühwurst	→ Seite 196	
Frankfurter Würstchen	Brühwurst	→ Seite 196	
Frischkäse	Quark und Frischkäse	→ Seite 92	→ Seite 94
Fruchtsirupessig	Ansatzessig	→ Seite 291	→ Seite 292
Gabelbissen	Anchosen	→ Seite 268	
Garganelli	Teigwaren	→ Seite 56	
Gelbwurst	Brühwurst	→ Seite 196	
Gewürzessig	Ansatzessig	→ Seite 291	→ Seite 292
Glasmeisterhering	Fisch marinieren	→ Seite 248	→ Seite 250
Gorgonzola	Weichkäse	→ Seite 102	
Gouda	Schnittkäse	→ Seite 110	
Grana Padano	Hartkäse	→ Seite 110	
Grant-Laib	Brot aus Hefeteig	→ Seite 26	→ Seite 29
Graved Lachs	Anchosen	→ Seite 268	→ Seite 270
Gruyère	Hartkäse	→ Seite 110	
Handkäse	Sauermilchkäse	→ Seite 114	→ Seite 116
Hartkäse	Käseprodukt	→ Seite 110	→ ab Seite 112
Harzer	Sauermilchkäse	→ Seite 114	→ Seite 116
Honigessig	Ansatzessig	→ Seite 291	→ Seite 292
Hüttenkäse	Quark und Frischkäse	→ Seite 92	→ Seite 95
Jagdwurst	Brühwurst	→ Seite 196	→ Seite 199
Joghurt	Sauermilchprodukt	→ Seite 86	→ ab Seite 88

PRODUKT	PRODUKTGRUPPE	SO GEHT'S	REZEPT
Kabanossi	Brühwurst	→ Seite 196	
Kassler	Kochpökelware	→ Seite 171	→ Seite 173
Katenschinken	Rohpökelware, geräuchert	→ Seite 166	
Kefir	Sauermilchprodukt	→ Seite 82	→ Seite 83
Klippfisch	Fisch trocknen	→ Seite 277	
Knackwurst	Brühwurst	→ Seite 196	→ Seite 198
Kochkäse	Sauermilchkäse	→ Seite 114	→ Seite 116
Kochschinken	Kochpökelware	→ Seite 171	→ Seite 173
Komissbrot	Brot aus Sauerteig	→ Seite 38	→ Seite 43
Krakauer	Brühwurst	→ Seite 196	
Kräuteressig	Ansatzessig	→ Seite 291	→ Seite 293
Labneh	Quark und Frischkäse	→ Seite 92	→ Seite 95
Leberpastete	Brühwurst	→ Seite 196	→ Seite 202
Leberwurst	Kochwurst	→ Seite 204	→ Seite 206
Limburger	Weichkäse	→ Seite 102	
Lyoner	Brühwurst	→ Seite 196	
Mascarpone	Sahneprodukt	→ Seite 124	→ Seite 125
Matjes	Fisch in Salz einlegen	→ Seite 254	
Matjes nordischer Art	Anchosen	→ Seite 268	
Mettwurst	Rohwurst, streichfähige	→ Seite 212	→ Seite 216
Mortadella	Brühwurst	→ Seite 196	
Mozzarella	Quark und Frischkäse	→ Seite 92	→ Seite 97
Münster Käse	Weichkäse	→ Seite 102	
Obstweinessig	Weinessig	→ Seite 286	→ Seite 289
Orecchiette	Teigwaren	→ Seite 58	
Paneer	Quark und Frischkäse	→ Seite 92	→ Seite 95
Parmaschinken	Rohpökelware, luftgetrocknet	→ Seite 166	
Parmesan	Hartkäse	→ Seite 110	
Pasta/Nudeln	Teigwaren	→ Seite 54	→ Seite 62
Pecorino	Hartkäse	→ Seite 110	
Prager Schinken	Kochpökelware	→ Seite 171	
Presskopf	Kochwurst	→ Seite 204	
Quargel	Sauermilchkäse	→ Seite 114	→ Seite 116
Quark	Quark und Frischkäse	→ Seite 92	→ Seite 94
Ravioli	Teigwaren	→ Seite 59	
Ricotta	Molkeprodukt	→ Seite 120	→ Seite 121

REGISTER

G

H

Die Autorin: Bettina Snowdon ist Diplom-Oecothrophologin und hat viele Jahre als Lektorin und Projektmanagerin Kochbücher betreut, bevor sie selbst zur Autorin für Bücher mit kulinarischem Schwerpunkt wurde. Außerdem arbeitet sie als Lektorin für Verlage und betreut Buchproduktionen. Bisher von ihr bei der Stiftung Warentest erschienen: Sehr gut haltbar machen, Einkochen, Einlegen, Konservieren.

IMPRESSUM

Stiftung Warentest
Lützowplatz 11–13
10785 Berlin
Telefon 0 30/26 31–0
Fax 0 30/26 31–25 25
www.test.de
email@stiftung-warentest.de

USt.-IdNr.: DE136725570

Vorstand: Hubertus Primus
Weiteres Mitglied der Geschäftsleitung:
Dr. Holger Brackemann
(Bereichsleiter Untersuchungen)

Programmleitung: Niclas Dewitz

Autorin: Bettina Snowdon
Projektleitung/Lektorat: Veronika Schuster
Mitarbeit: Petra Gottschalk
Korrektorat: Hartmut Schönfuß

Wissenschaftliche Begutachtung: Institut für Lebensmittelwissenschaft und Biotechnologie, Universität Hohenheim
Fachliche Unterstützung: Karsten Berning, Michael Durst, Dr. Wolfgang Hoffmann, Ralf Hundertpfund, Georg Wiedemann
Gestaltung, Art Direktion, Layout, Bildredaktion: Martina Römer, Berlin
Bildnachweis Umschlag: Peter Schulte, Hamburg (Titel); Phillip Horak, Wien (Umschlagrückseite)
Bildnachweis Innenteil: Phillip Horak, Wien (Seite 3–6, 21–27, 35–41, 46, 47, 50–61, 66, 67, 76–78, 80–82, 84–87, 92–93, 100–103, 106–111, 114–115, 118–120, 122–124, 126, 128–129, 136–139, 143–145, 158–165, 174–175, 180–183, 187–197, 203–205, 210–215, 231–232, 236–239, 244–245, 248–249, 252–255, 258–261, 266–269, 272–273, 273–277, 282–287, 290–291, 294); Peter Schulte, Hamburg (Seite 10, 13, 28, 30, 44, 48, 63–64, 69–70, 73, 79, 83, 88, 91, 96, 117, 121, 125, 130, 132, 135, 141, 146, 148, 150, 153, 167, 168, 171–172, 177, 200, 207, 217, 218, 220, 223, 235, 241, 247, 251, 257, 265, 271, 275, 278, 288); Nada Quenzel (Seite 20); Thinkstock / Cliff Parnell (Seite 127, links); Shutterstock / Warren Price Photography (Seite 127, rechts)
Produktion: Vera Göring
Verlagsherstellung: Rita Brosius (Ltg.), Susanne Beeh
Litho: Bildpunkt, Berlin
Druck: Firmengruppe APPL, aprinta druck, Wemding

ISBN: 978-3-86851-080-5